本书受国家社会科学基金项目资助

(课题名称:《周易》在西方的译介与传播研究;批准号:15BYY027)

任运忠 ○ 著

《周易》
在西方的译介与传播研究

中国社会科学出版社

图书在版编目(CIP)数据

《周易》在西方的译介与传播研究／任运忠著．—北京：中国社会科学出版社，2022.7
ISBN 978-7-5203-9674-5

Ⅰ.①周⋯ Ⅱ.①任⋯ Ⅲ.①《周易》—翻译—研究②《周易》—传播—研究—西方国家 Ⅳ.①B221.5

中国版本图书馆 CIP 数据核字（2022）第 017807 号

出 版 人	赵剑英
责任编辑	刘 艳
责任校对	陈 晨
责任印制	戴 宽

出　　版	中国社会科学出版社
社　　址	北京鼓楼西大街甲 158 号
邮　　编	100720
网　　址	http://www.csspw.cn
发 行 部	010-84083685
门 市 部	010-84029450
经　　销	新华书店及其他书店

印　　刷	北京明恒达印务有限公司
装　　订	廊坊市广阳区广增装订厂
版　　次	2022 年 7 月第 1 版
印　　次	2022 年 7 月第 1 次印刷

开　　本	710×1000　1/16
印　　张	24.75
插　　页	2
字　　数	383 千字
定　　价	128.00 元

凡购买中国社会科学出版社图书，如有质量问题请与本社营销中心联系调换
电话：010-84083683
版权所有　侵权必究

羲皇画卦别蒙野
五帝参天象数连
羑里微言存大义
万物有灵是真诠
感而遂通一句话
道尽古今玄中玄
允执厥中传道统
毋矜大论与巧言

峨眉山人谢祥荣辛丑清明日应
运忠学友雅意颤手书此

目　　录

自　序 …………………………………………………………… (1)

绪　论 …………………………………………………………… (1)
 第一节　《周易》概述 ……………………………………… (1)
  一　《周易》之名 ………………………………………… (1)
  二　《周易》之实 ………………………………………… (4)
 第二节　研究综述 …………………………………………… (7)
  一　《周易》西译及西传史研究 ………………………… (7)
  二　西方易学研究 ………………………………………… (10)
  三　《周易》翻译研究 …………………………………… (17)
  四　研究现状简评 ………………………………………… (24)
 第三节　本书研究概述 ……………………………………… (25)
  一　研究意义 ……………………………………………… (26)
  二　研究内容与研究方法 ………………………………… (27)
  三　研究重点、难点及创新 ……………………………… (27)
  四　本书基本框架 ………………………………………… (29)

第一章　"文化适应"语境下利玛窦对《周易》的解读 ………… (32)
 第一节　耶稣会"文化适应"政策 ………………………… (32)
  一　早期中西交流与基督教传入中国 …………………… (32)
  二　耶稣会"文化适应"政策的提出 …………………… (35)
  三　耶稣会"文化适应"政策的实施 …………………… (37)
 第二节　利玛窦生平及著述 ………………………………… (40)

第三节　利玛窦著述中的《周易》 …………………………（41）
　　一　《天主实义》 …………………………………………（42）
　　二　《二十五言》 …………………………………………（50）
　　三　《乾坤体义》 …………………………………………（55）
小结 ……………………………………………………………（60）

第二章　易经主义者对"文化适应"政策的继承和发展 ……（61）
第一节　易经主义者及其生平简介 …………………………（61）
　　一　白晋生平 ………………………………………………（62）
　　二　傅圣泽生平 ……………………………………………（62）
　　三　马若瑟生平 ……………………………………………（63）
第二节　白晋与傅圣泽在康熙指导下对《周易》的研习 …（64）
　　一　康熙指导白晋与傅圣泽研《易》之经过 ……………（64）
　　二　康熙指导白晋与傅圣泽研《易》之尾声 ……………（70）
第三节　白晋与傅圣泽《周易》研究著述 …………………（71）
第四节　易经主义者对《周易》的索隐法解读 ……………（74）
　　一　索隐法之历史回顾 ……………………………………（74）
　　二　《周易》的索隐法解读 ………………………………（77）
小结 ……………………………………………………………（87）

第三章　"礼仪之争"中《周易》在西方的译介与传播 ……（89）
第一节　礼仪之争 ……………………………………………（89）
　　一　"礼仪之争"的缘起 …………………………………（89）
　　二　"礼仪之争"的经过 …………………………………（92）
第二节　传教士对《周易》的利用与争辩 …………………（94）
　　一　易经主义者对《周易》的利用 ………………………（94）
　　二　教会对易经主义者的干预 ……………………………（96）
　　三　"礼仪之争"双方关于《周易》的辩论 ……………（97）
第三节　耶稣会士对《周易》的译介与传播 ………………（99）
　　一　金尼阁《周易》译本 ………………………………（100）
　　二　《大中国志》中的《周易》 ………………………（101）

目 录

　　三 《中国历史初编十卷》中的《周易》……………………（102）
　　四 《中国新史》中的《周易》……………………………（108）
　　五 《中国哲人孔子》中的《周易》………………………（110）
　　六 《中国近事报道（1687—1692）》中的《周易》………（121）
　　七 《中国天文论》中的《周易》…………………………（123）
　　八 《中华帝国全志》中的《周易》………………………（126）
　　九 刘应与《易经概说》……………………………………（133）
　　十 雷孝思《周易》译本……………………………………（135）
　小结………………………………………………………………（139）

第四章 "启蒙运动"中《周易》在西方的译介与传播……（141）
　第一节 "中国热"中的启蒙运动………………………………（141）
　　一 "中国热"的形成与表现………………………………（141）
　　二 中国文化对启蒙运动的影响…………………………（142）
　第二节 莱布尼茨著述中的《周易》…………………………（144）
　　一 二进制与六十四卦一致性的发现过程………………（145）
　　二 二进制与六十四卦对应关系之辨……………………（146）
　　三 二进制与伏羲卦图的宗教意义………………………（149）
　　四 理、太极与精神实体…………………………………（151）
　第三节 弗雷烈对《周易》的研究……………………………（155）
　　一 区别经典与注疏的研究思路…………………………（155）
　　二 结绳记事的文字研究…………………………………（158）
　第四节 狄德罗对《周易》哲学的介绍………………………（160）
　　一 伏羲：中华帝国的缔造者……………………………（160）
　　二 先因科学与后因科学…………………………………（163）
　　三 宇宙世界的物质本原…………………………………（164）
　第五节 重农主义学派的《周易》思想………………………（169）
　　一 《中华帝国的专制制度》中的《周易》……………（170）
　　二 自然秩序………………………………………………（171）
　　三 农本思想………………………………………………（174）
　　四 《经济表》中的《周易》思想………………………（176）

小结 …………………………………………………………………（181）

第五章　"文化殖民"背景下《周易》在西方的译介与传播 ……（183）
　第一节　文化殖民的传教策略 ………………………………………（183）
　　一　"孔子或耶稣"的传教策略 ……………………………………（183）
　　二　"孔子加耶稣"的传教策略 ……………………………………（186）
　第二节　"God"译名之争中的《周易》 …………………………（189）
　　一　"神"译派 ………………………………………………………（189）
　　二　"帝"译派 ………………………………………………………（193）
　第三节　马礼逊对《周易》的译介 …………………………………（198）
　　一　"卦"的翻译和阐释 ……………………………………………（199）
　　二　卦爻辞和《易传》的翻译 ……………………………………（201）
　第四节　麦格基对《周易》的译介 …………………………………（203）
　　一　麦格基《周易》英译本 ………………………………………（203）
　　二　麦格基《周易》学说 …………………………………………（208）
　第五节　理雅各对《周易》的译介 …………………………………（216）
　　一　"经传分离"的体例 ……………………………………………（216）
　　二　翻译方法 ………………………………………………………（219）
　　三　翻译目的 ………………………………………………………（222）
　　四　译本评价及影响 ………………………………………………（223）
　第六节　世俗汉学家对《周易》的译介与传播 …………………（228）
　　一　拉古贝里对《周易》的译介与传播 …………………………（228）
　　二　霍道生对《周易》的译介与传播 ……………………………（236）
　第七节　哈雷兹对《周易》的译介与传播 …………………………（240）
　　一　哈雷兹《周易》研究著述 ……………………………………（240）
　　二　《周易》文本研究及翻译 ………………………………………（241）
　　三　《周易》哲学批判 ………………………………………………（243）
　　小结 …………………………………………………………………（246）

第六章　"文化反思"语境下《周易》在西方的译介与传播 ……（248）
　第一节　中西方学者的文化反思 ……………………………………（248）

一　西方文化反思与东方转向 …………………………（248）
　　二　新文化运动与传统经学批判 …………………………（251）
第二节　卫礼贤/贝恩斯《周易》译本 ……………………………（252）
　　一　译本缘起及影响 ………………………………………（253）
　　二　译本的哲学阐释 ………………………………………（255）
　　三　"智慧之书"的译介 ……………………………………（259）
第三节　卫礼贤《周易》讲座 ………………………………………（261）
　　一　讲座概述 ………………………………………………（261）
　　二　对立与统一 ……………………………………………（262）
　　三　《周易》之艺术精神 ……………………………………（263）
　　四　变化中的恒定 …………………………………………（264）
　　五　死亡与复生 ……………………………………………（265）
第四节　卫德明对《周易》的哲学阐释 ……………………………（267）
　　一　卫德明易学研究著述概要 ……………………………（267）
　　二　《周易》"占筮"与"哲理"的双重性质 …………………（271）
　　三　"易"之三义 ……………………………………………（273）
　　四　推天道明人事 …………………………………………（275）
第五节　亚瑟·韦利对《周易》的解读 ……………………………（278）
　　一　对《易传》释《易》的叛逆 ………………………………（278）
　　二　农耕文明中的经文考 …………………………………（280）
　　三　民俗考辨 ………………………………………………（282）
第六节　夏含夷对《周易》的研究与译介 …………………………（284）
　　一　语境批评法 ……………………………………………（285）
　　二　文献史料的综合运用 …………………………………（287）
　　三　出土《周易》文献英译本 ………………………………（292）
第七节　孔理霭《周易》译本 ………………………………………（306）
　　一　原始《周易》 ……………………………………………（307）
　　二　《周易》古经译文 ………………………………………（310）
　　三　《周易》古经阐释 ………………………………………（313）
第八节　卢大荣对《周易》的译介 …………………………………（314）
　　一　青铜器时代的历史文献 ………………………………（315）

二　《周易》古经译文 …………………………………………（317）
　　三　《易传》译文 ……………………………………………（323）
　第九节　闵福德对《周易》的译介 ……………………………（328）
　　一　闵福德认识和翻译《周易》的历程 ……………………（329）
　　二　"智慧"与"占筮"共存 ………………………………（331）
　　三　"学术"与"运用"并行 ………………………………（336）
　小结 …………………………………………………………………（342）

结　语 …………………………………………………………………（344）

参考文献 ………………………………………………………………（348）

附录　中外人名对照表 ………………………………………………（377）

后　记 …………………………………………………………………（381）

自　序

《周易》雄居儒家"群经之首",位列道家"三玄之冠",是中国儒家和道家共同的思想之源。《周易》世历上古、中古、近古,经伏羲画卦、文王系辞、孔子作传而成。在漫长的经学时代,中国历代贤哲多援《易》以立说;时至今日,更有众多文人学者阐明易理以挖掘其现代启示。《周易》是当之无愧的中华文化之根,延绵数千年的中国易学印证了源源不绝的中华文明,同时也构筑了华夏民族生生不息的精神命脉。

《周易》不仅属于中国,同时也属于世界,是全人类的文化瑰宝。自1626年法国耶稣会士金尼阁(Nicolas Trigault,1577—1628)将含《周易》在内的《中国五经》译成拉丁文以来,《周易》传入西方已有近400年的历史。典籍的译介与传播从来都不是在真空中进行的,而必然会受到历史文化语境的影响和制约。本书将《周易》在西方的译介与传播划分为"文化适应、礼仪之争、启蒙运动、文化殖民、文化反思"五个不同的历史文化语境。需要特别指出的是,历史文化语境的更替是渐变的,而非突变的,旧语境中孕育着新的语境,而同时新的语境中还可能残留着一些旧语境的痕迹,因此以上相邻的历史文化语境之间并没有绝对明确的时间界限。本书以历史发展为线,依据不同历史时期内主要的历史和文化特征,将《周易》在西方世界的译介与传播划分为上述五个不同的历史文化语境,总体上体现了西方对中国文化由不知到知,由知之甚少到知之渐多,直到对中国文化加以深入研究并综合利用的过程。

16世纪末意大利传教士利玛窦在"文化适应"的语境下发掘基督教教义与儒家文化的契合,17世纪末的易经主义者继续在"文化适应"的语境下挖掘《周易》中隐藏的基督教奥义。易经主义者既继承和发扬了利玛窦路线,但同时也表现出与利玛窦路线明显的区别——利玛窦秉持着对儒家文化既利用又批判的态度,而易经主义者则表现出对儒家文化的全面妥协和依附。尽管利玛窦和易经主义者对《周易》的阐释大部分是用中文写成的，但他们的易学思想却是西方易学的发端，奠定了西方学者研究《周易》的基础，而且他们的易学著述至今仍然存放在西方各大图书馆，成为中西方学者研究早期西方易学的重要史料。

"礼仪之争"将《周易》在西方的译介与传播从宗教领域拓展到世俗社会，在18世纪的"启蒙运动"中《周易》成为西方启蒙思想家倡导理性主义的思想源泉。19世纪正当西方资本主义国家强势崛起之时，中国逐渐沦为了西方列强的殖民对象，而《周易》也成为了西方列强对中国实施"文化殖民"的工具。20世纪，中西方学者展开了深刻的"文化反思"，正当一些西方学者为拯救西方精神危机而寻求东方智慧之时，还有一些西方学者在中国"疑古思潮"的指引下将《周易》拉下神坛，以恢复《周易》的历史原貌，《周易》在西方的译介与传播也因此呈现出两条并行的主线：阐释《周易》义理，以揭示其哲学智慧；还原《周易》的本来面貌，以体现其历史本义。

在过去的近四个世纪里，《周易》在西方的译介与传播尽管有中国学者参与，如前京师大学堂总监劳乃宣与德国传教士卫礼贤（Richard Wilhelm，1873—1930）合作德译《周易》，但总体而言，西方学者一直主导着《周易》在西方世界的译介与传播。新的历史文化语境呼唤一个崭新的《周易》译本，在21世纪这个文化全球化加速发展的历史时代，中国学者应该牢牢把握译介与传播《周易》的主动权，走"学术化"和"大众化"并行的双轨路线。

本书是国家社科基金年度一般项目"《周易》在西方的译介与传播研究"（15BYY027）的最终研究成果。自课题立项以来，作者未尝有丝毫懈怠，唯求竭尽全力以不负众望。几度春秋轮回，数个寒来暑往，不经意间双鬓已染上缕缕白发，额头又增添了几道皱纹。本书几近完稿且权当些许慰藉，然又陡增几分忐忑。本书研究内容跨越了近四个世纪，内容庞杂并涉及多个学科门类，但囿于本书作者浅薄的学识和有限的精力，书中谬误和不足之处在所难免，恳请方家批评指正。

任运忠

2021年7月于涪城青义龙山

绪　　论

第一节　《周易》概述

儒家尊《周易》为"群经之首"，道家奉《周易》为"三玄之冠"，然而古往今来《周易》又被视为神秘的"占筮之书"，似乎高深莫测，那么《周易》究竟是一部什么性质的书呢？征名责实，要回答这个问题，首先应该辨明《周易》书名，厘清其具体所指，然后才能究明其实。

一　《周易》之名

《周易》作为书名常与《易经》混淆使用，《周易》和《易经》均可简称为《易》，完整的《易》包括古经和《易传》两个部分。古经分为上经和下经，共六十四卦。上经从第一卦"乾卦"至第三十卦"离卦"，下经从第三十一卦"咸卦"至第六十四卦"未济卦"；每卦含卦画、卦名及卦序、卦辞、爻题、爻辞。每卦从下往上共六爻，但乾坤两卦多了"用九"和"用六"两句爻辞。《易传》是对古经的阐释和发挥，共七种十篇，即《彖传》上下篇、《象传》上下篇、《系辞传》上下篇，以及《文言传》《说卦传》《序卦传》《杂卦传》。古经和《易传》各篇本各自独立成篇，但自汉代始出现了经传参合的编撰体例，也就是将《彖传》《象传》《文言传》拆分参入到古经之中。

《周易》和《易经》作为书名既相互联系，却又彼此区别，概而言之有如下两种观点：（1）《周易》指古经，《易经》包含《周易》和《易传》；（2）《易经》指古经，《周易》包含《易经》和《易传》。争论的焦点在于究竟是《周易》指代古经，还是《易经》指代古经，以及

1

《周易》和《易经》究竟谁包含谁的问题。要回答这个问题，不能一概而论，必须将作为书名的《周易》和《易经》置于不同的历史时代加以考辨，时代不同，其具体所指也不同。

《周易》一名由来已久，在先秦诸多典籍中已有《周易》作为书名的明确记载，但这些典籍中的《周易》仅指古经而言，如《左传·庄公二十二年》载："周史有以《周易》见陈侯者。"① 《国语·晋语》载："吉。是在《周易》，皆利建侯。"②《易经》一名则相对晚出现，在先秦典籍中未见"易经"二字连用作为书名，而在汉代典籍中才开始出现《易经》作为书名的记载，如《汉书·艺文志》载："易经十二篇，施、孟、梁丘三家。"③ 显然，这里的"易经十二篇"包含了古经上下两篇以及《易传》十篇，也就是将古经和《易传》合称为"《易经》"。然而，汉魏时期王弼所撰《周易注》不仅注解了《周易》古经，而且还注解了《易传》中的《文言传》以及《彖传》和《象传》；晋代的韩伯康又补注了《易传》中的《系辞传》上下篇以及《说卦传》《序卦传》《杂卦传》；唐代孔颖达以王弼和韩伯康所注《周易》为底本加以疏解，题为《周易正义》。以后历代《易》书或以《周易》，又或以《易经》命名，如宋代朱熹撰《周易本义》，明代来知德著《易经集注》（又称《周易》集注），以及清代钦定《日解易经讲义》和《周易折中》。以上《易》书或经传分离，或经传参合，但无一例外均为经传合编本。总之，西汉以降至于唐宋明清，《周易》和《易经》作为书名并无实质差异，均包含古经和《易传》。

尽管传统《易》书有"经传分离"和"经传参合"两种不同的体例，但传统经学一般都遵循"以传释经"的原则。然而随着 20 世纪"疑古思潮"的兴起，"疑古派"学者对《易传》所说是否合于古经原意提出了质疑。他们发现"合的少，不合的多"④，因而主张应该严格区分古经和《易传》，从此《周易》和《易经》的具体所指对象也开始分野。

---

① （春秋）左丘明撰，蒋冀骋标点：《左传》，岳麓书社 1988 年版，第 39 页。
② （春秋）左丘明撰，焦杰校点：《国语》，辽宁教育出版社 1997 年版，第 80 页。
③ （汉）班固撰，（唐）颜师古注：《汉书》（第六册），中华书局 1962 年版，第 1703 页。
④ 李镜池：《序》，载《周易探源》，中华书局 1978 年版，第 13 页。

绪　论

"疑古思潮"的领军人物顾颉刚在《周易卦爻辞中的故事》一文中讲道："易经（即卦爻辞）的著作时代在西周……"① 根据顾颉刚所讲的著作年代，其在文中提到的《易经》显然是指古经，与其文题中的《周易》所指范围有别。李镜池又进一步指出："《易经》卦、爻辞是编纂成的……《周易》分'经'和'传'两部分，内容性质有很大的差别。"② 李镜池所提到的"经"指的是《易经》，也就是古经，"传"指的是《易传》，而《周易》同时包含《易经》和《易传》。金景芳在其著作《周易全解》原序中开篇即指出："本书《周易全解》包括对《易经》和《易大传》的全部解释。"③《易大传》即《易传》，从金老先生在序言中的说明可知，《周易》有别于《易经》，《周易》包含《易经》和《易传》。高亨在《周易大传今注》自序中开宗明义地指出："《周易》本经简称《易经》……《周易大传》简称《易传》，乃《易经》最古的注解。"④ 总之，在现代大多数《易》书中，《周易》和《易经》所指对象有显著差异，主流观点认为《易经》通常指的是《周易》古经，而《周易》包含《易经》和《易传》两个部分。然而，并非所有现代学者都赞同以上观点，如邓球柏在《白话易经》导论中所言："我们说通常人们所说的《周易》是包括通常人们所说的《易经》与《易传》这两个部分的，意味着在通常人们的这种说法之外还有不同的说法。"⑤ 邓球柏所著《白话易经》同时包含了古经和《易传》在内，与通常所说的《周易》无异。需要特别指出的是，本书遵循现代《易》书主流观点，凡书中"《周易》"一名均含"经"和"传"两部分，但为避免歧义，本书用"《周易》古经"、"《周易》经文"或"《周易》卦爻辞"指称《周易》为"经"的部分，而不用《易经》一名；用"《易传》"或用《易传》各篇题名指称《周易》为"传"的部分；凡引文中《易经》和《周易》可通用处，用"《易经》（《周易》）"指代。

---

① 顾颉刚：《周易卦爻辞中的故事》，《燕京学报》1929年第六期单行本。
② 李镜池：《周易探源》，中华书局1978年版，第153—154页。
③ 金景芳：《原序》，载金景芳、吕绍纲著，吕绍纲修订《周易全解》（修订本），上海古籍出版社2005年版，第1页。
④ 高亨：《自序》，载《周易大传今注》，清华大学出版社2010年版，第3页。
⑤ 邓球柏：《导论》，载《白话易经》，人民出版社2012年版，第16页。

二 《周易》之实

《周易》本源于"占筮",在人类文明的孩提时代,当人们遇到疑难而不能决断时便求助于"占筮"或其他类似的巫术行为,这是人类文明最初发展的客观现象,生活在现代社会的人们完全没有理由去苛责古人愚昧无知。然而,经过数千年中国无数先哲的阐释和发挥,《周易》已经上升到了"哲理之书"的文化高度,早已不再是原始的"占筮之书"了。《周易》作为"哲理之书"与"占筮之书"有着本质的区别,就如同"人"和"猿"有着本质的区别一样。尽管"人"由"猿"进化而来,但我们却不能说"人"的本质就是"猿"。现代考古学和文献学证明《周易》古经经历了漫长的形成过程[①],明显有不断取舍、增删等后期人为编撰的痕迹。通行本《周易》古经并不是"占筮"活动最原始的记录,而是参入了大量古代先哲对自然和社会的理性思考,蕴含着丰富的哲学思想。

《周易》卦画由阴爻(--)和阳爻(—)两种符号构成,阴阳爻三画重叠而构成八卦,象征天(☰)、地(☷)、雷(☳)、风(☴)、水(☵)、火(☲)、山(☶)、泽(☱)八种自然物质及其属性。《周易》之《说卦传》曰:"天地定位,山泽通气,雷风相薄,水火不相射,八卦相错。"[②] 这句话的意思是:天地确定了上下位置,山泽互通气息,雷风相应而动,水火彼此不冲突,八卦之间错综交织。《说卦传》精辟地概括了八卦之间彼此联系的关系,由八卦推及万物,充分地揭示了自然界万物之间普遍联系且彼此影响的哲学思想。八卦两两重叠而演绎成六十四卦,共计三百八十四个阴爻和阳爻,《周易》之《系辞传》(上)云:"一阴一阳之谓道。"[③]《周易》用阴阳符号系统模拟宇宙大化流行,

---

① 《左传》和《国语》中载有大量以《周易》为名的筮例,但其筮辞却与通行本《周易》古经不尽相同;1973年在湖南长沙马王堆汉墓出土了西汉初年的帛书《周易》;1977年在安徽阜阳双古堆出土了西汉竹简《周易》;1993年湖北江陵王家台出土了秦简《归藏》,据《周礼》记载,《归藏》为殷商时期的《易》书;1994年上海博物馆从香港文物市场购得战国楚竹书《周易》。以上20世纪考古发现的不同时代的《易》书文本与通行本《周易》古经均存在大量异文,这说明《周易》文本并不是一版定稿的,而是经历了漫长的修订过程。

② 李申:《周易经传译注》,湖南教育出版社2004年版,第228页。

③ 李申:《周易经传译注》,湖南教育出版社2004年版,第201页。

阴阳是事物的两种基本属性,但阴阳绝非静止不变,阴阳爻之变继而产生卦变,这反映了事物运动变化的哲学思想。《系辞传》(上)又云:"刚柔相推而生变化。"① 刚为阳,柔为阴,"刚柔相推"形象地说明了事物发展变化的动力在于阴阳对立的相互作用。

泰卦卦辞曰:"小往大来,吉,亨。"《周易》之《象传》曰:"天地交而万物通也。"② 泰卦(䷊)上卦为坤(☷),代表地;下卦为乾(☰),代表天。天地、阴阳虽然相对而立,但只有彼此相通才能和合。从泰卦的卦象来看,天之阳气往上升腾,地之阴气向下沉降,天地交而阴阳合,万物遂成通泰之势。从泰卦卦辞来看,大和小是一对矛盾,而往和来是矛盾运行的不同方向,泰卦卦辞明确地表现出矛盾双方在运动变化中相互转化的哲学思想。泰卦九三爻曰:"无平不陂,无往不复。"③ 平和陂、往和复既相互对立,同时却又相互依存,矛盾的一方必然以另一方的存在和发展为自身存在和发展的前提,泰卦九三爻体现了矛盾双方既对立又统一的哲学思想④。坤卦六二爻云:"履霜,尖冰至。"⑤《周易》之《文言传》曰:"臣弑其君,子弑其父,非一朝一夕之故,其所由来者渐矣,由辨之不早辨也。"⑥ 事物发展并非一蹴而就,必然要经历一个渐进的过程。坤卦六二爻讲"踩到了霜,尖冰就要到来了",爻辞体现了事物由量变到质变的运动变化规律。《文言传》将"量变到质变"的思想引申到人类社会,对小恶如不及时制止,而任凭其渐进积累,必然将酿成大祸。诸如"臣弑其君,子弑其父"等恶逆之祸绝非一朝一夕所致,乃是长期养成的恶果。"履霜,尖冰至"不仅仅在讲"由量变到质变"的自然哲理,更是在告诉人们"见微知著,防微杜渐"的人生哲理。

《周易》古经中朴素的哲学思想经由《易传》阐发而愈加深刻和系统,从而使《周易》真正成为了当之无愧的"哲理之书"。作为哲学意义上的《周易》古经和《易传》是不可分割的整体,"没有'经'的哲

---

① 李申:《周易经传译注》,湖南教育出版社2004年版,第199页。
② 李申:《周易经传译注》,湖南教育出版社2004年版,第38页。
③ 李申:《周易经传译注》,湖南教育出版社2004年版,第39页。
④ 任运忠:《绪论》,载《周易文化导读》,中国纺织出版社2015年版,第3页。
⑤ 李申:《周易经传译注》,湖南教育出版社2004年版,第10页。
⑥ 李申:《周易经传译注》,湖南教育出版社2004年版,第12页。

学基础,就没有'传'的思想体系;有了'传'的推阐发挥,'经'的哲学就更加显明昭著"①。《周易》作为"哲理之书"而成为"大道之源",如今一些让人耳熟能详的语句及其所蕴含的深刻的思想都发端于《周易》。汉语中有众多成语直接取自《周易》经传或由《周易》经传改写而成,如:否极泰来(否卦/泰卦),群龙无首(乾卦),革故鼎新(革卦),密云不雨(小畜卦),大快朵颐(颐卦),等等。"自强不息,厚德载物"语出乾坤两卦之《象传》,其早已化为中华民族之奋斗精神与包容胸怀,这句话也被清华大学作为永久流传的校训;"保合太和"语出乾卦之《象传》,其体现的"和合"思想是中国传统文化的核心内涵;"损上益下,民说无疆"语出益卦《象传》,其蕴含的"敬民"观念已经成为治国安邦的传统政治理念。其他如"谦谦君子"(谦卦初六),"立人之道,曰仁与义"(《说卦传》),"信及豚鱼"(中孚卦《象传》),"不节之嗟"(节卦《象传》)等《周易》经传所体现的"谦虚"、"仁义"、"诚信"、"节俭"的道德观念已经成为中华民族的传统美德。《周易》由哲理而推及语言,乃至文化、政治、道德与民族精神等方方面面,以至于成为中华文化之根、华夏文明之源。

古往今来多少文人学者耗尽毕生心血不断著书立说阐释《周易》,从而形成了专门研究《周易》的学问——易学,即"阐释《周易》,并以《易》的思维模式探求宇宙变易规律的学问"②。中国易学源远流长,《易传》的出现标志着易学的诞生,后又历经两汉、魏晋、唐宋、明清各代,易学在中国经学史上延绵数千年而从未式微,进入现代社会更有进一步发扬光大之势。易学广大悉备,其以哲学研究为主,旁涉文史、考古、科学、管理、医学、语言、军事、艺术、民俗等方方面面。《周易》是"大道之源",而易学直接探究中国文化最根本的问题,因而易学被誉为"经学的冠冕"③。历代易学著述浩如烟海,为中华民族乃至全人类留下了宝贵的文化遗产,其博大精深的智慧在现代人类社会仍然发挥着不可限量的作用。

---

① 黄寿祺、张善文:《前言》,载《周易译注》,上海古籍出版社2007年版,第14页。
② 张其成:《前言》,载《易学大辞典》,华夏出版社1992年版,第4页。
③ 李学勤:《经学的冠冕是易学——〈易道宇宙观中华古老的象数逻辑〉序》,《光明日报》2014年8月5日第016版。

第二节 研究综述

《周易》是华夏民族的文化元典，也是最早传入西方的中华典籍之一，在西方世界产生了广泛而深远的影响。史蒂夫·摩尔（Steve Moore）指出："如果一本书的重要性可以依据读者的数量，评注的多少，不同版本和翻译的总量……以及更为重要的是，依据数个世纪以来跨越各大洲对人类生活所造成的影响来衡量的话，毫无疑问，有两本书远远超过其他同类书籍，其中一本是《圣经》，另外一本就是《周易》。"[①] 翻译是文化传播的基本手段，从16世纪末17世纪初《周易》传入西方之始至今的数百年里，各种《周易》译本层出不穷，译者处于不同的历史时代，出于不同的文化动机，其对《周易》的解读和翻译也截然不同。《周易》的西译促进了《周易》在西方世界的传播，西方世界对《周易》由不识到认识，由排斥到接受，由知之不多到深入了解，甚至加以综合运用，《周易》在西方世界的译介与传播经历了一个曲折而漫长的历史过程，如今早已成为了全人类的文化宝典。

一 《周易》西译及西传史研究

《周易》的西译及西传是中西方文化交流史的一部分，或者说，《周易》是随着中西方文化交流而译介与传播到西方的，因此中西方学者结合中西文化交流史展开了对《周易》西译及西传的研究。杨宏声分析了《周易》在近代以前传入西方的可能性，他在《易学西传探微》一文中指出早在近代以前，甚至古希腊时期，就有《周易》传入西方的痕迹，其证据是：希腊古物上发现了《周易》卦象[②]；13世纪欧洲手抄本中发现了精确的"洛书"图形；12世纪初《周易参同契》中的炼丹术经阿

[①] Steve Moore, "The I Ching in Time and Space", in Edward Harker, Steve Moore, and Lorraine Patsco, *I Ching: An Annotated Bibliography*, New York and London: Routledge, 2002, p. XIII.

[②] 1987年12月27日至1988年1月5日在美国洛杉矶举办的"《易经》考古学研讨会"上展出的文物中，有一件希腊出土的三千两百年前的陶盆上刻有很多古希腊人物和周易符号图案，盆底用殷代文字刻有："连山八卦图，中国之历数，在遥远之东方。"此文物说明早在三千两百多年前《周易》的文化元素已经传入西方。详见黎凯旋《美国易经考古记》，《中华易学》1988年第1期。

拉伯人传到欧洲，对欧洲的炼丹术有相当深刻的影响。① 张西平、司马富（Richard J. Smith）研究了《周易》在西方世界早期的译介与传播，介绍了早期来华的耶稣会传教士如曾德昭（Álvaro de Semedo）、卫匡国（Martino Martini）、白晋（Joachim Bouvet）、刘应（Claude de Visdelou）及雷孝思（Jean-Baptiste Régis）等对《周易》的译介及其相关易学著述。张西平先生指出，自16世纪始，《周易》已经受到了西方学者的关注，《周易》的西传成为了"中学西传"重要的一部分②，司马富认为耶稣会士对《周易》的译介与传播是《周易》传入其他文化，有时称之为"全球化"（globalization）进程中的一部分③。

  16世纪至18世纪来华的耶稣会士开辟了向西方译介与传播《周易》的先河，但直到19世纪末20世纪初才由基督教新教传教士完成了《周易》全文的翻译，任运忠剖析了19世纪末20世纪初西方世界译介与传播《周易》的历史背景，分析了隐藏在译本背后的翻译动机，他指出这一时期西方译介与传播《周易》的高潮"与西方国家对中国的殖民侵略相伴而生，并且随着中西方文化的交流及不断融合而蓬勃发展"④。李伟荣梳理了20世纪中期以来《周易》在英语世界的译介与传播，他指出20世纪中期以后英语世界的《周易》翻译进入了成熟期⑤。以上学者的研究为在历史文化语境下更广泛而深入地研究《周易》在西方世界的译介与传播奠定了基础。

  中西方学者以历史发展为线索，尝试给《周易》在西方世界的译介与传播史断代分期。林金水、马祖毅和任荣珍将《周易》在西方的译介与传播分为"西传之始"和"西传之兴盛"两个阶段，第一个阶段从17世纪末到19世纪30年代，第二个阶段从19世纪70年代到1949年。林先生认为这两个阶段与明清之际和近现代中西方文化交流史上出现的两

---

① 杨宏声：《易学西传探微》，《上海社会科学院学术季刊》1993年第3期。
② 张西平：《〈易经〉在西方的早期传播》，《中国文化研究》1998年冬之卷。
③ Richard J. Smith, "Jesuit Interpretations of the Yijing (Classic of Changes) in Historical and Comparative Perspective", http: // www. ikgf. uni-erlangen. de/content/articles/Richard_ J_ Smith_ -_ Jesu its_ and_ Yijing. pdf.
④ 任运忠：《19世纪末20世纪初〈易经〉在西方的译介与研究》，《孔子研究》2018年第5期。
⑤ 李伟荣：《20世纪中期以来〈易经〉在英语世界的译介与传播》，《燕山大学学报》（哲学社会科学版）2016年第3期。

次高潮是一致的①。蓝仁哲将《周易》在欧洲的传播分为三个时期：第一个阶段从 17 世纪中叶到 18 世纪末，这一时期的译本以拉丁文译出，且尚无完整的译本，西方对《周易》的研究甚为武断和片面；第二个阶段从 19 世纪至 20 世纪初，这一时期出现了更多更完整的《周易》译本；第三个阶段是以 1924 年卫礼贤（Richard Wilhelm）《周易》德译本为开端，这一时期欧洲汉学家无不涉足《周易》，但鲜有人提出独到见解②。美国夏威夷大学的成中英教授，以及中国学者杨宏声将《周易》在西方的传播分为四个阶段：第一个阶段从 16—17 世纪之际至 18 世纪，是《周易》传入西方，西方人对之初步展开学术研究的时期；第二个阶段是在 19 世纪，这一阶段《周易》被译为多种欧洲现代民族语言，为今后更为深入的研究奠定了基础；第三个阶段是 20 世纪上半叶，是西方研究《周易》的深入时期；第四个阶段是 20 世纪 60 年代至今，是整个国际学术界研究《周易》的兴盛时期③。张继文在《西方〈周易〉译介史论》一文中将《周易》在西方的译介分为四次高潮：宗教附会（17—18 世纪）→宗教比较与融合（19 世纪中后期）→文化传播（20 世纪中前期）→文化汲取（20 世纪 60 年代至今），并认为这一译介理念发展脉络反映了西方对《周易》乃至对整个中国文化的认识不断深入的趋势④。杨平将《周易》在西方世界的传播也分为四个阶段，时间段划分也和上述学者基本相同：第一个阶段从 16—17 世纪之际到 18 世纪，是《周易》传入西方，西方人对《周易》初步展开学术研究的时期，这一时期尚无完整的《周易》西译本，来华传教士特别是耶稣会士充当了译介《周易》的主要角色，他们用拉丁语译介《周易》，而且还用中国古典文言撰写《易》著，译介《周易》主要是出于宗教目的；第二个阶段是在 19 世纪，开始出现《周易》全译本，除拉丁语以外，还包含多种现代欧洲

---

① 林金水：《〈易经〉传入西方考略》，载《文史》第 29 辑，中华书局 1988 年版，第 365—383 页；马祖毅、任荣珍：《汉籍外译史》，湖北教育出版社 2003 年版，第 60 页。

② 蓝仁哲：《〈易经〉在欧洲的传播——兼评利雅格和卫礼贤的〈易经〉译本》，《四川外语学院学报》1991 年第 2 期。

③ ［美］成中英：《欧美〈易经〉研究总论》，载《中华易学大辞典》编辑委员会编《中华易学大辞典》，上海古籍出版社 2008 年版，第 837—848 页；杨宏声：《本土与域外——超越的周易文化》，上海社会科学院出版社 1995 年版，第 182—183 页。

④ 张继文：《西方〈周易〉译介史论》，《开封大学学报》2012 年第 1 期。

民族语言译本，如英语、法语等，这一时期译介《周易》的主要角色是英法基督教新教传教士，他们译介《周易》不只是为了宗教的目的，也注重学术性和思想性，从而奠定了今后西方研究《周易》的基础；第三个阶段在 20 世纪上半叶，这一时期是西方《周易》研究的深入时期，《周易》的史学和科学内涵开始受到重视；第四个阶段从 20 世纪 60 年代至今，是西方《周易》研究的兴盛时期，译本风格开始多样化，解读途径也呈现出多元化趋势①。

郭汉城将《周易》在西方的译介与传播大致分为三个阶段：第一个阶段是鸦片战争前耶稣会士与《周易》象数的传播；第二个阶段是第一次世界大战前经典译文的确立——宋易的传播；第三个阶段是一战后卫礼贤译本的流行及《周易》的西化与普及。郭汉城的断代分期是以历史事件和《周易》在西方的受众群体为标志的，鸦片战争前《周易》的主要受众是西方传教士，鸦片战争后至第一次世界大战前《周易》受众逐渐扩大到西方的人文学术界，而第一次世界大战后《周易》在西方社会广为流传而普及到一般民众②。李伟荣将《周易》在英语世界的译介与传播分为早期传播、英译发轫期、英译发展期以及英译成熟期③，各个时期的分段与上述学者的划分大体一致。综上所述，上述学者对《周易》西传史的断代分期基本上是以《周易》翻译的规模及研究的深度和广度为标志的。明确《周易》西传的历史分期有助于从宏观的历史背景分析《周易》西传的历史轨迹，而且对于分析译者的翻译动机和译本的微观特征都是很有必要的。

二　西方易学研究

易学是一门开放的学问，《周易》传入西方，西方学者从自身的学术背景出发，沿着不同的研究路径，对《周易》展开了不同的研究，从而形成了与中国易学并行不悖的西方易学。

（一）西方易学史概述

随着《周易》在西方的译介与传播，西方世界对《周易》的研究由

---

① 杨平：《易经在西方的翻译与传播》，《外语教学与研究》2015 年第 6 期。
② 郭汉城：《〈易经〉西传史略》，《闽江学院学报》2015 年第 4 期。
③ 李伟荣：《英语世界的〈易经〉研究》，中国社会科学出版社 2016 年版，第 19—20 页。

浅入深，并且与西方独特的思维和研究方法相结合，产生了区别于中国易学之外的西方易学。西方易学经历了一个漫长的渐进发展历程，苏联汉学家休茨基（Iulian K. Shchutskii）将欧洲对《周易》的研究分为三个阶段。他指出欧洲研究《周易》的第一个阶段持续了150多年，在此期间欧洲对《周易》的认识是肤浅的，而且充满了奇幻的理论，这一时期欧洲的易学著述在当前除了易学史上的意义以外，再无任何学术价值。第二个阶段出现了《周易》全译本，在短暂的21年里前后出版了共5个译本①。这一时期西方对《周易》有三种不同的认识，即"占筮之书"、"自然哲学文献"、"字典"②。卫礼贤译本的出现标志着欧洲对《周易》的研究进入了第三个阶段，休茨基详细地评析了卫礼贤译本，但遗憾的是他并没有概括这一时期欧洲《周易》研究的主要学术思想。休茨基对欧洲易学史并没有明确的时间断代，而且对各个阶段学术思想的概括也比较模糊。

台湾师范大学教授赖贵三将《周易》在欧美的流传分为两个时期：一是16世纪末到20世纪中叶，二是20世纪下半叶迄今。随着《周易》在西方的流传，西方易学研究的中心和研究内容也在发生变化。16世纪末意大利耶稣会传教士开启了欧洲易学研究的先河，然后由法国以白晋为代表的索隐派（Figurism）推动了《周易》研究在欧洲大陆的发展。19世纪英国传教士理雅各（James Legge）的英文版《周易》开创了欧洲文本派易学研究，20世纪初德国传教士卫礼贤德文版《周易》开创了欧洲实用派易学研究。20世纪下半叶西方易学研究中心从欧洲转移至美国，欧美易学研究在文本派和实用派研究的基础上快速发展，新出土的《周易》文献对欧美易学研究形成了重大的影响，而且随着社会的多元

---

① 休茨基所指的5个译本分别是：(1) Rov. Canon McClatchie, *A Translation of the Confucian 易经 or the Classic of Changes with Notes and Appendix*, Shanghai: American Presbyterian Mission Press, 1876. (2) James Legge, *The Yi King*, Oxford: Clarendon Press, 1882. (3) Ch. de Harlez, "Le Yih-king, texte primitif rétabli, traduit et commenté", *Mémoires de l'Académie Royale des Sciences, des Lettres et des Beaux-Arts de Belgique*, Tome XLVII, octobre 1888. (4) Charles de Harlez, *Le Yih-king*, Traduit d'après les interpreètes chinois avec la version mandchoue, Paris: E. Leroux, 1897. (5) Auctore P. Angelo Zottoli, *Mutationum Liber*, in *Cursus Litteraturae Sinicae*（Volumen Tertium）, Chang Hai: Ex Typographia Missionis Cathonicae, 1880.

② Iulian K. Shchutskii, *Researches on the I Ching*, New Jersey: Princeton University Press, 1979, pp. 22 – 37.

《周易》在西方的译介与传播研究

发展,西方易学研究在科学、人文、管理等方面各领风骚,应用更趋多元①。赖贵三将西方易学史研究从欧洲延伸至美国,扩大了研究范围。

刘正以第二次世界大战为分水岭将西方易学分为前后两期。前期自1626年耶稣会传教士金尼阁在杭州刊印拉丁文《周易》至第二次世界大战结束,这一时期西方易学的主要特点是:"由西方传教士扮演易学西渐的使者和易学西渐的宗教神学化倾向"。后期是自第二次世界大战结束至今,这一时期"易学已经彻底脱离了传教士的垄断,形成了与中国易学平行发展的相对独立的西方易学"②。刘正与赖贵三两位学者对西方易学史的断代分期大体一致,但研究侧重点各有不同,前者侧重西方易学研究主体和研究方法的变迁,而后者侧重西方易学研究内容的变化。熊谊华和王丽耘将《周易》在英语世界的译介分为三个阶段:第一个阶段从1876年到1882年,这一阶段《周易》的英译主要是为了满足西方在华传教的需要,而且带有随意性和文化殖民的性质,但在这一阶段诞生了西方首个《周易》权威译本——理雅各译本;第二个阶段从1924年到1956年,这一阶段《周易》在西方世界的英译由传统的文本派转向实用派,尊重中国文化,并将《周易》应用到科学、哲学等方面;第三个阶段是从1957年至今,这一阶段产生了第一个帛书本《周易》英译本,而且中国本土的译者逐渐增多③。

吴礼敬和韩子奇两位学者将英语世界认识和理解《周易》的历程分为三个阶段:第一个阶段是在比较神话学和比较宗教学的视域内,将《周易》视为异教经典;第二个阶段是在哲学和心理学视域内,将《周易》视为西方文明可资借鉴和利用的东方"智慧之书";第三个阶段是在历史主义视域内将《周易》作为历史文献④。19世纪以后,英语成为西方译介《周易》的主要语言,卫礼贤《周易》译本也是在将其从德语版转译为英语版之后,才真正在西方造成重大影响。吴礼敬和韩子奇两位学者所言之"英语世界"其实指的是以英语为母语的英美地区,这也

---

① 赖贵三:《东西博雅道殊同——国际汉学与易学专题研究》,台北里仁书局2015年版,第127—167页。
② 刘正:《中国易学》,中央编译出版社2015年版,第354页。
③ 熊谊华、王丽耘:《生生之谓易——〈易经〉英译事业的描写性研究》,《周易研究》2015年第2期。
④ 吴礼敬、韩子奇:《英语世界认识〈易经〉的三个阶段》,《翻译界》2018年第2期。

是西方世界易学研究的重镇，因此厘清英语世界的易学史是梳理整个西方易学史不可或缺的关键内容。

以上学者以时间顺序为轴，旨在概述西方易学发展史，他们对西方易学史的研究既有不同侧重，也有相互重叠之处。西方易学史与《周易》在西方的译介与传播史是密不可分的，《周易》在西方的译介与传播不仅为西方世界研究《周易》提供了素材，而且直接催生了西方易学的产生。同时，西方易学的发展又进一步促进了《周易》在西方世界的译介与传播，二者是相辅相成的关系，透过上述中西方学者对西方易学史的梳理可以反观《周易》在西方世界的译介与传播史。

（二）西方易学流派研究

自《周易》传入西方，《周易》便以其迷人的魅力深深地吸引了西方学者的关注和研究，形成了蔚为壮观的西方易学。沈延发介绍了从16世纪至20世纪三百多年里西方研究《周易》的13位专家学者，列举了他们所取得的易学成就[1]。西方学者从不同的视角去研究《周易》，而且基于对《周易》不同的认识和研究路径形成了纷繁复杂的西方易学流派。

苏联汉学家休茨基将欧洲对《周易》的认识归纳为如下19种不同的观点：（1）占筮之书；（2）哲学之书；（3）占筮之书及哲学之书；（4）中国普世主义的基础；（5）谚语集成；（6）政治家手册；（7）政治百科全书；（8）解释性字典；（9）巴克语—汉语字典；（10）阳物崇拜的宇宙起源说；（11）最古老的中国历史文献；（12）逻辑教科书；（13）二进制系统；（14）幻方之谜；（15）阴阳爻的随意组合和阐释；（16）路边算命术；（17）童稚语；（18）狂言乱语；（19）汉代伪书[2]。尽管休茨基的归纳显得太过于烦琐，但却从侧面反映了西方世界对《周易》研究范围之广、研究内容之深，完全可以与中国易学并驾齐驱。

赵娟将17世纪以来西方易学研究分为三种路径：宗教学路径、分析心理学—比较文化学路径、历史—哲学路径。同时，赵娟也指出"西方易学三种路径并非截然对立，也非完全平行，而是一个交错的网状结构，

---

[1] 沈延发：《〈周易〉——国外研究者点滴信息简介》，《周易研究》1992年第4期。
[2] Iulian K. Shchutskii, *Researches on the I Ching*, New Jersey: Princeton University Press, 1979, p. 55.

《周易》在西方的译介与传播研究

且每种路径本身都在不断变化和分化之中"①,但此三种路径只是西方易学的主流路径,在主流之外还有科学研究、艺术创作、管理决策等实用主义路径,甚至每一条路径还可以派生出不同的旁支。不同的研究路径自然会衍生出不同的流派,西方易学研究路径的多样性决定了西方易学"百家争鸣"的繁荣局面。

美国纽约州立大学韩子奇教授将欧美易学大致分为"文本派"和"实用派"两大体系。文本派重视《周易》的考证,重点研究西周初年的历史,而实用派注重《易传》的阐释,重点研究《周易》的人生哲学②。刘正将西方易学分为四类,即翻译类、数理类、卜筮类、哲学类,其中翻译类的成就在于扩大《周易》在西方传播的广度,提供较为准确和多语种的译本;数理类讨论的是二进制和六十四卦之间的关系问题;卜筮类介绍《周易》筮法及占筮应用;哲学类给予《周易》哲理化的研究③。吴礼敬考察了英语世界对《周易》理解和解释的历史所发生的三次诠释范式的转变,即宗教诠释范式、哲学诠释范式、历史主义诠释范式④。杨平将《周易》在西方的翻译和诠释分为宗教、历史、哲学、科学、应用五个主要流派,另外还有艺术、文学、美学、兵法、语言学、经济学等诠释路径⑤。上述学者将西方易学分为诸多不同的流派,这有助于考察西方易学独特的研究方法和学术思想,但同时我们也应该看到,这些不同流派并非截然独立,其实它们之间并没有清晰的界限,而是相互重叠,彼此渗透。比如,西方易学中的翻译类往往并不是仅仅翻译原文,译者会借助翻译来阐发自己的易学思想,或解释原文的哲学意蕴,而同时译者的易学思想又无不折射到译文之中。

在众多的西方易学流派中,中西方学者重点研究了西方世界对《周易》的宗教学、哲学和数理阐释,其中宗教学路径是《周易》传入西方最早的阐释路径,同时也是西方易学最初的起点,受到了中西方学者们

---

① 赵娟:《问题与视角:西方易学的三种研究路径》,《周易研究》2011年第4期。
② 韩子奇:《近年出土文物对欧美〈易〉学的影响》,载郑吉雄主编《周易经传文献新诠》,台湾大学出版中心2010年版,第80页。
③ 刘正:《中国易学》,中央编译出版社2015年版,第354—366页。
④ 吴礼敬:《英语世界〈易经〉诠释的范式转变》,博士学位论文,北京外国语大学,2017年。
⑤ 杨平:《〈易经〉在西方翻译与诠释的流派》,《外语界》2017年第3期。

的重点关注，如魏若望（John W. Witek）①、陆保禄（Paul A. Rule）②、孟德卫（D. E. Mungello）③、张西平④、吴伯娅⑤、司马富（Richard J. Smith）⑥、杨宏声⑦、龙伯格（Knud Lundbaek）⑧、柯兰霓（Claudia von Collani）⑨、王佳娣⑩、王宏超⑪、杨平⑫、张涪云和陈欣雨⑬等，他们梳理了明末清初西方来华传教士的易学著述，并分析了这些易著对《周易》的宗教学阐释。

中西方学者对西方易学数理阐释路径的研究主要集中在《周易》六十四卦的二进制原理上，如孟德卫⑭、方岚生（Franklin Perkins）⑮、坎曼

---

① John W. Witek, S. J., *Controversial Ideas in China and in Europe: A Biography of Jean-François Foucquet, S. J.* (1665–1741), Roma: Institutum Historicum S. I., 1982.

② Paul A. Rule, *K'ung-tzu or Confucius? The Jesuit Interpretation of Confucianism*, Sydney: Allen and Unwin Australia Pty. Ltd., 1986.

③ D. E. Mungello, *Curious Land: Jesuit Accommodation and the Origins of Sinology*, Honolulu: University of Hawaii Press, 1989.

④ 张西平：《〈易经〉在西方早期的传播》，《中国文化研究》1998 年冬之卷；张西平：《梵蒂冈图书馆藏白晋读〈易经〉文献初探》，《文献》2003 年第 3 期；张西平：《中西文化的一次对话：清初传教士与〈易经〉研究》，《历史研究》2006 年第 3 期。

⑤ 吴伯娅：《耶稣会士白晋对〈易经〉的研究》，载《中西初识二编——明清之际中国和西方国家的文化交流之二》，大象出版社 2002 年版。

⑥ Richard J. Smith, *The I Ching: A Biography*, Princeton and Oxfordshire: Princeton University Press, 2012; Richard J. Smith, "Jesuit Interpretations of the Yijing (Classic of Changes) in Historical and Comparative Perspective", http://www.ikgf.uni-erlangen.de/content/articles/Richard_J_Smith_-_Jesuits_and_Yijing.pdf.

⑦ 杨宏声：《明清之际在华耶稣会士之〈易〉说》，《周易研究》2003 年第 6 期。

⑧ [丹麦]龙伯格著，张西平审校：《清代来华传教士马若瑟研究》，李真、骆洁译，大象出版社 2009 年版。

⑨ Claudia von Collani, "The First Encounter of the West with the Yijing Instruction to and Edition of Letters and Latin Translations by French Jesuits from the 18th Century", *Monumenta Serica*, Vol. 55, 2007.

⑩ 王佳娣：《明末清初来华传教士对〈易经〉的译介及索隐派的汉学研究》，《湖南第一师范学院学报》2010 年第 1 期。

⑪ 王宏超：《中国索隐派与西方易学研究的兴起》，《云梦学刊》2013 年第 3 期。

⑫ 杨平：《耶稣会传教士〈易经〉的索隐法诠释》，《周易研究》2013 年第 4 期。

⑬ 张涪云、陈欣雨：《白晋研〈易〉方法论析》，《四川师范大学学报》（社会科学版）2016 年第 3 期。

⑭ David E. Mungello, *Leibniz and Confucianism, The Search for Accord*, Honolulu: The University Press of Hawaii, 1977.

⑮ Franklin Perkins, *Leibniz and China: A Commerce Light*, Cambridge: Cambridge University Press, 2004.

(Schuyler Cammann)①等,他们对莱布尼茨(Gottfried Wilhelm Leibniz)提出二进制是否受到了《周易》六十四卦的影响展开了激烈的争论。

哲学心理学阐释是西方易学的主要流派之一,瑞士心理学家荣格(Carl Gustav Jung)、德国传教士兼汉学家卫礼贤及其子卫德明(Hellmut Wilhelm)是该流派的主要代表。哲学心理学阐释学派为《周易》在西方的译介与传播做出了重要贡献,中西方学界对该流派的易学思想展开了广泛的研究。陆扬②、彭贤③、汪新建和俞容龄④、李娟和沈士梅⑤等研究了荣格对《周易》的心理学阐释,以及阐述了荣格从《周易》思维的偶然性原则中归纳出的"共时性原则"。赵娟论述了卫礼贤和卫德明父子在德语和英语世界对《周易》的译介和研究,她认为卫氏父子在西方传播《周易》旨在"启发人们思考和探讨《周易》所蕴藏的文化与思想/思维可能性,从而对自身在当下的生存境遇进行精神的内省"⑥。郭汉城从"论政治、论艺术、论生命、论死亡"四个方面论述了卫礼贤对《周易》的哲学阐释,他指出"卫礼贤的易学思想既是中国传统易学的延续,同时也是中国易学思想的西方化"⑦。2017年张丽丽在易学杂志《周易研究》上发表了《卫德明易学宇宙论思想研究》一文,该文讨论了卫德明易学中的宇宙本体论思想。她指出卫德明表达了六十四卦的"抽象时间",同时也建立起了"完整的原型系统",但却没有阐述清楚"宇宙起源"⑧。同年,张丽丽在其博士学位论文《卫德明易学哲学思想研究——本体宇宙论视角下的天地人》中更加系统地阐释了卫德明易学思想中的"宇宙论",她指出卫德明"能够将中西方法都融进自己的释《易》体系,展现出和谐共生的方法论倾向"⑨。林风从哲学诠释学的视角考察

---

① Schuyler Cammann, "Chinese Hexagrams, Trigrams, and the Binary System", *Proceedings of the American Philosophical Society*, Vol. 135, No. 4, December 1991.
② 陆扬:《荣格释〈易经〉》,《中国比较文学》1998年第3期。
③ 彭贤:《荣格与〈易经〉》,《周易研究》2003年第2期。
④ 汪新建、俞容龄:《荣格与〈易经〉:沟通东西方文化的心理学尝试》,《南京师大学报》(社会科学版)2006年第1期。
⑤ 李娟、沈士梅:《荣格的〈易经〉心理学思想探微》,《周易研究》2011年第5期。
⑥ 赵娟:《汉学视野中卫氏父子的〈周易〉译介与研究》,《周易研究》2010年第4期。
⑦ 郭汉城:《绪论》,载《西儒卫礼贤易论举要》,社会科学文献出版社2014年版,第1页。
⑧ 张丽丽:《卫德明易学宇宙论思想研究》,《周易研究》2017年第2期。
⑨ 张丽丽:《卫德明易学哲学思想研究——本体宇宙论视角下的天地人》,博士学位论文,山东大学,2017年。

研究了《周易》西传史上的索隐派、语境批评派以及易经哲学派①。西方易学中的哲学心理学阐释往往源于西方学者对中国传统文化和哲学的推崇,他们致力于在中西方文化和哲学中寻找一条中间路径,以东方文明的智慧去弥补西方文明的不足。

三 《周易》翻译研究

自1626年法国耶稣会传教士金尼阁将《周易》译成拉丁文以来,在过去的数个世纪里西方出现了各种语言的《周易》译本。当前学界对《周易》翻译的研究以中国国内学者为主,这些研究不仅有助于中国学者厘清《周易》在西方译介与传播的历史轨迹,同时也能够为当前中国学者复译《周易》提供有益的借鉴和参考。

(一) 经文意义的传递

准确地传递原文的意义是翻译的基本要求,然而译文意义的准确传递有赖于正确的理解和恰当的表达两个基本步骤,学者们从语言和文化两个层面研究了不同历史时期《周易》译本对原文理解以及表达方面的得与失,以便在新的译文中能够最大限度地、准确地传递原文的意义,尽可能地减少误读和误译。李贻萌和王平②、李贻萌和张次兵③、岳峰④、黄德鲁⑤、龚成云⑥、黄琼英⑦、任运忠和曾绪⑧、王体⑨等学者以丰富的实例,分析了一些权威英译本对《周易》卦爻辞在字、词、句、篇,以

---

① 林风:《生生之谓易:哲学诠释学视域下西方〈易经〉译介研究》,博士学位论文,福建师范大学,2017年。
② 李贻萌、王平:《〈易经〉两种英译的比较》,《外语与外语教学》1993年第4期;李贻萌、王平.《〈易经〉四种英译的比较研究——欢呼新中国成立后国人自译的"汪任译本"出版》,《外语与外语教学》1995年第2期。
③ 李贻萌、张次兵:《〈易经〉四种英译的比较研究(续)——欢呼新中国成立后国人自译的"汪任译本"出版》,《外语与外语教学》1995年第4期。
④ 岳峰:《试析〈周易〉英译的失与误》,《山东科技大学学报》(社会科学版)2001年第1期。
⑤ 黄德鲁:《国内外英译〈周易〉的现状与几点建议》,《安阳大学学报》2003年第2期。
⑥ 龚成云:《从翻译目的论看〈易经〉中文化负载词的翻译》,硕士学位论文,四川外语学院,2010年。
⑦ 黄琼英:《〈周易〉乾卦卦辞英译再探》,《曲靖师范学院学报》2011年第1期。
⑧ 任运忠、曾绪:《〈易经〉卦爻辞辨及其英译》,《周易研究》2009年第3期。
⑨ 王体:《从文化传播视角评述〈易经〉的英译》,《殷都学刊》2014年第4期。

《周易》在西方的译介与传播研究

及文化意象层面的理解偏差及表达上的失误,如通假字、倒装句、省略词的理解和翻译,以及中西方文化意象的异同与翻译等。包汉毅以卫礼贤对《周易》的翻译为例分析了造成误译的根源,并指出其根源主要在于《周易》作为人类文化史上独一无二的文本所具有的无与伦比的特质,如厚重的文化底蕴,《周易》蕴藏的儒家密义,缜密的体系,普应万象的功用等①。任丽丽②讨论了《周易》卦爻辞中数字的英译。另外,邬昆如③、向鹏④研究了《周易》"吉凶"判词的翻译。

任何译本的翻译都不可能是完美的,都会有各种失误或不足,然而正是学者们不断追求完美,甚至有些"吹毛求疵"的精神才使《周易》的翻译日臻完善。同时我们也应该看到《周易》经文言简意赅,其意义本身具有很大的模糊性,而且随着时代的变迁,原文的意义也在不断地发生变化,因此《周易》经文的意义是不确定的,那么译文对原文意义的传递自然也就不会一成不变,而是会随着时代的变迁以及译者的阐释而发生变化。

(二)经文风格的再现

《周易》卦爻辞是中国诗歌的雏形,具有很高的美学价值。传递原文的意义只是翻译的基础层次,翻译《周易》必然要上升到翻译的美学层次。学界以当前中西方权威的《周易》译本为例,分析了《周易》的语言风格在译文中的再现及其美学价值在译文中的重构。英国汉学家彭马田(Martin Palmer)将《周易》经文视为周族人反抗殷商统治的一部历史史诗⑤,因而其译文尽量保留了原文诗歌般简洁的形式,而且还给每篇卦爻辞附上一首英文诗歌以揭示卦爻辞的意义,同时也凸显了原文的诗歌艺术价值。英国神秘学学者阿莱斯特·克劳利(Aleister Crowley)将《周易》经文每卦的爻辞视为一首六行诗⑥,因而其《周易》经文的

---

① 包汉毅:《〈周易〉误译根源与翻译范式创新——以卫礼贤翻译为例》,《周易研究》2018年第5期。
② 任丽丽:《语内与语际翻译双重视角下〈易经〉数字翻译的对比研究》,硕士学位论文,辽宁师范大学,2013年。
③ 邬昆如:《卫理贤(R. Wilhelm)德译〈易经〉"吉凶"概念之探讨》,《周易研究》2000年第2期。
④ 向鹏:《〈周易〉三个英译本中吉凶判词的翻译研究》,《中国翻译》2014年第5期。
⑤ Martin Palmer, Jay Ramsay and Zhao Xiaomin, *I Ching: The Shamanic Oracle of Change*, San Francisco: Thortsons, 1995, p. 6.
⑥ Aleister Crowley, *The I Ching: A New Translation of the Book of Changes*, https://www.doc88.com/p-946596942865.html.

译文全部采用韵文的形式译出。岳峰对比了卫礼贤/贝恩斯译本和理雅各译本,认为尽管卫礼贤/贝恩斯译本译文颇具诗意,而且译文表现文学风格的手法较理雅各译本有了很大的进步,但二者"均远未达到保留原作风格的理想境界"①。任运忠从文学手法和文学形式两个方面分析了《周易》经文的文学性和审美价值,并提出采用释意的翻译方法和灵活的语言形式从整体上重构《周易》的文学性,从形式美、音韵美、意蕴美三个方面再现原文的审美艺术特质,在译文中充分再现《周易》的美学价值②。陈东成分析了《周易》中的古歌,并提出"遵循'以诗译诗'的原则,采取'再造诗形'、'仿创音韵'、'保存易象'、'构筑意境'等手段,再现《易经》古歌的美学意蕴"③。吴钧从文学及文学翻译的角度对《周易》经文进行了研究和解读,具体分析了《周易》经文的音韵之美,言简意赅的语言形式,经文中的象征与比喻,以及以上特质在译文中的重构④。《周易》文本风格在译文中的再现是复译《周易》的重要内容,以上学者的探讨为《周易》美学价值在译文中的重构提供了有益的参考。

(三)《周易》复译研究

在不同的历史时代,《周易》会被赋予不同的时代意义,新的历史时代呼唤新译本的出现,学界为复译《周易》展开了研究并提出复译建议。黄德鲁在分析《周易》英译现状的基础上提出了英译《周易》的几点建议:"为了使易学真正走向世界,易学界应该和英语专业界结合,共同探讨研究《周易》的学术翻译,并制定出一套统一、标准的易学用语与术语。"⑤杨健对比分析了理雅各《周易》译本、卫礼贤/贝恩斯《周易》译本、芮弗勒(Sam Reifler)《周易》译本在文化翻译上的得失,"论证文本的文化解读应该是一个开放性体系,由此不存在'终极'译本,提出'复译'的必要性",而理想的文化翻译模式应该是"富集

---

① 岳峰:《〈易经〉英译风格探微》,《湖南大学学报》(社会科学版)2001年第2期。
② 任运忠:《〈易经〉的文学性及其在译文中的重构》,《四川教育学院学报》2007年第1期;任运忠:《〈周易〉卦爻辞的符号学翻译研究》,《名作欣赏》2012年第20期。
③ 陈东成:《〈易经〉古歌翻译的审美再现》,《中国翻译》2018年第3期。
④ 吴钧:《论〈易经〉的语言特色及其英译策略》,《湖南大学学报》(社会科学版)2019年第3期。
⑤ 黄德鲁:《国内外英译〈周易〉的现状与几点建议》,《安阳大学学报》2003年第2期。

《周易》在西方的译介与传播研究

化循环"模式①。任运忠以中西方权威的《周易》译本为例,分析了目前《周易》翻译中存在的不足,提出了复译《周易》的构想,译者"要努力再现原作艺术风格、保留相关文化意象、反映易学研究的最新成果并补充相关内容"②。陈东成在借鉴以往译本的基础上提出了复译《周易》的四大策略,即"纠错性复译、改进性复译、建构性复译和适应性复译"③。叶艳从翻译目的、解构主义、认知隐喻三个方面讨论了复译《周易》的内在动因,不同历史时期的《周易》译本首先源于译者不同的翻译目的,《周易》文本意义的开放性以及认知隐喻的不确定性决定了复译《周易》的必然性④。王晓农提出《周易》的外译"应以中国文化本位为主,基于学术性研究的文献价值传译应是占主导的",而且从符形学、符义学、符用学三个层面对复译《周易》提出了设定。在符形学的层面,"译文文本格局、体例的建构,应既保留原文基本特征,又有自己的特点";在符义学层面,"译文文本和副文本都应以对原文的原生态指称意义研究为基础,以准确的文献和文化传译为主导,对于不同性质的文本成分英译也具有不同的侧重";在符用学层面,"译文应充分考虑翻译意图和目标读者,不但体现在经文译文中,也应通过副文本加以阐明,以补充经文译文"⑤。在不同的历史文化语境中,《周易》会呈现出不同的面貌,以上学者为新历史文化语境下"理想"译本的面世做出了不懈的努力,他们讨论了复译《周易》的内在动因,提出了复译的基本原则,而且列举了一些具体的操作策略。《周易》是中华民族的文化元典,也是世界文化之瑰宝,复译《周易》不仅能裨益当世,更利在千秋,复译《周易》拓展了《周易》的生存空间,延续了《周易》的文化生命,让《周易》在人类的历史长河中永远绽放着迷人的文化魅力。

(四)译本评析与研究

译本评析与研究是翻译研究的重要内容,不同历史时期的译本以及

---

① 杨健:《文化翻译与翻译文化——从〈易经〉的三个英译本看文化翻译模式》,硕士学位论文,上海外国语大学,2005年。
② 任运忠:《〈易经〉英译现状及重译〈易经〉的构想》,《内江师范学院学报》2006年第5期。
③ 陈东成:《〈周易〉复译策略研究》,《周易研究》2016年第4期。
④ 叶艳:《基于四个英译本的〈周易〉复译动因研究》,《周易研究》2016年第3期。
⑤ 王晓农:《〈易经〉英译的符号学研究》,中国社会科学出版社2016年版,第332—334页。

同一历史时期不同译者的译本不仅风格各异,对《周易》的阐释和理解也不尽相同,学者们从不同的理论视角对这些译本展开了广泛的研究。任运忠对比分析了理雅各《周易》译本和卫礼贤/贝恩斯《周易》译本得以产生的不同历史背景,译者不同的翻译目的和翻译过程,译本不同的解经角度和体例①。王云坤以翻译适应论为理论基础,以理雅各《周易》译本和汪榕培/任秀桦《周易》译本为例,分析了译者在翻译过程中的中心作用②。蒋知洋以"视域融合"原则为导向,从思维、语言、文化三个方面对比分析了理雅各译本和汪榕培/任秀桦译本与作者的视域融合③。李珊以"改写理论"为框架,对比分析了理雅各译本、卫礼贤/贝恩斯译本、汪榕培/任秀桦译本,证明"意识形态、诗学和赞助人确实对《易经》的英译有着重要影响"④。钱婷婷以理雅各译本、卫礼贤/贝恩斯译本、汪榕培/任秀桦译本的语料为基础,将新解构主义与《周易》翻译研究结合起来,讨论了《周易》翻译中原文意义的再现、翻译策略,以及影响《周易》翻译的宏观和微观因素⑤。王淼以理雅各译本、汪榕培/任秀桦译本为基础,从传播学的角度分析了《周易》翻译过程模式以及翻译策略,如加写长绪、加注、归化和异化等⑥。

王晓农基于符号学的相关理论和概念,针对《周易》文本和七部英译本展开了两轮评析:第一轮评析"从译者出发,立足译本语境化,进行描述性分析"⑦;第二轮分析具有较强的规定性,"侧重《易经》(《周易》)原文和译文在历史、古歌和哲理三个层面的对比分析和诸译本的综合比较分析"⑧。王晓农还针对《周易》译本批评的困难和复杂性提出

---

① 任运忠:《理雅各、卫礼贤/贝恩斯〈周易〉译本比较》,《西南科技大学学报》(哲学社会科学版) 2008 年第 2 期。
② 王云坤:《基于翻译适应选择论的译者中心研究:〈易经〉两英译本对比分析》,硕士学位论文,中南大学,2011 年。
③ 蒋知洋:《视域融合导向下〈易经〉英译本三维对比解读——以理译与江/任译为例》,硕士学位论文,中南大学,2011 年。
④ 李珊:《改写理论视角下〈易经〉三个英译本研究》,硕士学位论文,西南石油大学,2012 年。
⑤ 钱婷婷:《〈易经〉英译的新解构主义探索——以〈易经〉的三个英译本为例》,硕士学位论文,安徽大学,2014 年。
⑥ 王淼:《传播学视角下的〈易经〉翻译研究》,硕士学位论文,华北电力大学,2015 年。
⑦ 王晓农:《〈易经〉英译的符号学研究》,中国社会科学出版社 2016 年版,第 58 页。
⑧ 王晓农:《〈易经〉英译的符号学研究》,中国社会科学出版社 2016 年版,第 264 页。

《周易》在西方的译介与传播研究

了"可采用差异化的四重复合模式",也就是将译本分为以传解经和经传分离两个系统,然后分别对这两个系统采用描写性和规定性评析①。蓝仁哲评析了理雅各《周易》译本和卫礼贤/贝恩斯《周易》译本的内容和特色,并给予了高度的赞扬,称理雅各和卫礼贤分别是《周易》在欧洲传播的第二、三时期中最有影响的人物,他们不仅为这两个时期提供了最优秀的译本,还对《周易》做了深入的研究②。倪蕊琴评析了休茨基《周易》俄文译本,介绍了该译本的主要内容、译者生平及该译本的出版过程③。徐梵澄(凡木)评析了卫礼贤/贝恩斯《周易》译本的缘起及该译本对《周易》的阐释,称其"最与原文合"④。

管恩森将理雅各《周易》译本纳入传教士视域下的汉籍传译,分析了理雅各在汉籍传译过程中对中国文化给予的"同情的理解"以及由此而体现出的"汉学"特征⑤。吴钧高度评价了理雅各《周易》译本的成就,视其为《周易》"外译的典范",但同时也指出了该译本在保持原文韵律、传递原文内涵及再现原文意境方面存在的诸多问题⑥。李伟荣从历史的视角评析了西方第一部《周易》英译本——麦格基(Rev. Canon McClatchie)译本,肯定了麦格基译本在《周易》西传史上的历史地位⑦。黎蓉从符号学理论意义视角分析了傅惠生《周易》译本的语义传递⑧。李伟荣介绍了英国汉学家闵福德(John Minford)的汉学成就及其翻译《周易》的缘起,剖析了其英译《周易》的翻译思想及策略、

---

① 王晓农:《论〈易经〉英译文本批评的四重复合模式——兼谈先秦典籍外译文本批评》,《中国文化研究》2017年冬之卷。
② 蓝仁哲:《〈易经〉在欧洲的传播——兼评利雅格和卫礼贤的〈易经〉译本》,《四川外语学院学报》1991年第2期。
③ 倪蕊琴:《〈易经〉的俄文译者和评论家——俄罗斯文化转型的一个动向》,《中国比较文学》1994年第1期。
④ 徐梵澄:《〈周易〉西行——关于〈周易〉的德译与英译》,《国际汉学》2004年第2期。
⑤ 管恩森:《传教士视阈下的汉籍传译——以理雅各英译〈周易〉为例》,《周易研究》2012年第3期。
⑥ 吴钧:《从理雅各的英译〈易经〉试谈〈易经〉的翻译》,《周易研究》2013年第1期。
⑦ 李伟荣:《麦丽芝牧师与英语世界第一部〈易经〉译本:一个历史视角》,《中外文化与文论》2013年第3期。
⑧ 黎蓉:《符号学意义理论视角下〈易经〉傅惠生英译本的语义传递研究》,硕士学位论文,湖南大学,2014年。

易学思想内涵等①。李伟荣还介绍了 20 世纪中期以来英语世界的《周易》译本，重点分析了蒲乐道（John Blofeld）、孔理霭（Richard Alan Kunst）、林理彰（Richard John Lynn）和夏含夷（Edward L. Shaughnessy）的译本②。李世林、郑旭都从厚翻译的角度评析了闵福德《周易》译本，讨论了译者采用厚翻译策略的原因以及具体的翻译方法③。宋雨诗在图里翻译规范视域下展开了对闵福德《周易》英译本的研究，指出译者在翻译过程中时刻受到了翻译规范的约束④。魏燕以布尔迪厄社会学理论为指导，研究了《周易》闵福德译本中的译者主体性⑤。

自 20 世纪下半叶开始，英美译介《周易》呈不断上升的趋势，据王晓农统计，20 世纪下半叶有 64 种《周易》译本或含有经文全译文的著作面世⑥，但目前尚未见西方学者针对《周易》西译本的学术研究专著，他们对《周易》译本的评析主要见于各种书评以及译本前言中。事实上，无论是经典的理雅各译本、卫礼贤/贝恩斯译本，还是 20 世纪下半叶出现的各种新译本一般都有对前代译本的简要分析和评价。特别值得一提的是以下几位西方学者：海克尔（Edward Hacker）、莫尔（Steve Moore）和帕斯卡（Lorraine Patsco）三位学者在《〈易经〉：一本附注解的书目》（*I Ching: An Annotated Bibliography*，2002）一书中共介绍了 502 本《周易》英文译本，并附有简短的评述⑦。美国汉学家司马富在其著作《易经：一本传记》（*The I Ching: A Biography*，2012）中概述了《周易》西行之旅（The Westward Travels of the Changes），其中罗列了从 17 世纪到 20 世纪三百多年里各个历史时期重要的《周易》译本，简要

---

① 李伟荣：《汉学家闵福德与〈易经〉研究》，《中国文化研究》2016 年夏之卷。
② 李伟荣：《20 世纪中期以来〈易经〉在英语世界的译介与传播》，《燕山大学学报》（哲学社会科学版）2016 年第 3 期。
③ 李世林：《闵福德〈易经〉英译本深度翻译研究》，硕士学位论文，西北师范大学，2018 年；郑旭：《厚翻译视角下闵福德〈易经〉英译本研究》，硕士学位论文，西南科技大学，2018 年。
④ 宋雨诗：《图里翻译规范视阈下闵福德〈易经〉英译研究》，硕士学位论文，华中师范大学，2018 年。
⑤ 魏燕：《布尔迪厄社会学理论视域下〈易经〉闵福德英译本的译者主体性研究》，硕士学位论文，西华大学，2019 年。
⑥ 王晓农：《〈易经〉英译的符号学研究》，中国社会科学出版社 2016 年版，第 25 页。
⑦ Edward Hacker, Steve Moore and Lorraine Patsco, *I Ching: An Annotated Bibliography*, New York and London: Routledge, 2002.

介绍并分析了这些译本的主要内容和特色①。英国汉学家卢大荣（Richard Rutt）在其《周易》译本中介绍并分析了译成各种欧洲民族语言的前代《周易》译本，如拉丁文、法文、德文、英文等各种版本②。

四 研究现状简评

上述学者的不懈努力勾勒了《周易》西传的大致轮廓，概述了西方易学的主要流派，评析了自19世纪末以来《周易》在西方的经典译本，他们为研究《周易》在西方世界的译介与传播做出了卓越的贡献。然而，从整体上看，相较于《周易》在西方世界漫长的译介与传播史，以及由此对中西方文化交流产生的重要影响而言，目前学界对《周易》在西方世界译介与传播的研究还不够全面和深入，缺乏系统性和完整性，让我们只知其然，却不知其所以然。概而言之，目前学界对《周易》在西方世界的译介与传播的研究存在以下三个方面的不足：

第一，学科割裂的局限性。现代学术研究分科越来越精细，学科之间的界限割裂了学术研究的整体性和完整性，不利于全面而有联系地展开学术研究。《周易》在中国数千年的研究形成了庞杂的易学体系，涉及哲学、文学、历史、文化等各个领域，而译介与传播研究又涉及语言的转换、文化的交流、译者的阐释、读者的接受等方方面面，因此《周易》在西方的译介与传播研究是一个跨学科、多领域的综合性研究。学科割裂造成了研究视野的局限性，易学领域的专家能从哲学、历史和文化的角度去研究《周易》在西方的译介与传播，但往往流于史实的陈述，难以结合《周易》译本进行具体分析，让人只知大致轮廓而不明具体细节；而语言和翻译领域的学者能深入分析《周易》译本的风格、特色以及语言表达的正误，但缺乏对译本之外社会历史背景的宏观思考以及对易学发展的整体把握，让人只见树木却不见森林。

第二，研究对象的片面性。自16世纪末以来，《周易》传入西方已有约400年的历史，每个时代都产生了各具特色的译本，无论是节译本

---

① Richard J. Smith, *The I Ching: A Biography*, Princeton and Oxfordshire: Princeton University Press, 2012, pp. 170 – 210.

② Richard Rutt, *The Book of Changes (Zhouyi): A Bronze Age Document Translated with Introduction and Notes*, London and New York: Routledge Taylor and Francis Group, 2002, pp. 60 – 82.

还是全译本，所有译本都是特定历史时代的产物。除译本之外，西方还有众多介绍或阐释《周易》的书籍、学术论文或评注。针对《周易》在西方世界的译介与传播研究，目前学界对研究对象的选择存在片面性。具体而言，当前的研究对象以《周易》译本为主，而针对其他西方易学文献资料的研究严重不足。在译本选择中又以西方经典的权威译本为主，如理雅各译本、卫礼贤/贝恩斯译本等，而针对其他在《周易》西传史上产生过重要影响的译本的研究还不多见，一些非经典的译本所具有的价值还没有得到充分的挖掘。

第三，翻译研究的滞后性。易学是一门渐进发展的学问，在中国数千年的经学时代，多少文人学者无不倾心于易学研究，正是无数先人的不断传承使得易学成为了一门显学。当《周易》传入西方，西方学者在中国易学的基础上，结合西方特定的人文思想，形成了别具一格的西方易学。《易》曰："凡益之道，与时偕行。"（益卦《象传》）[①] 20世纪中国易学研究取得了长足的进步，获得了丰硕的学术研究成果。然而，相较于突飞猛进的易学研究，翻译研究却相对滞后，具体表现在中西方20世纪新的易学研究成果并没有融合到翻译研究中去，严肃的学术型译本并没有取得新的突破。20世纪中西方易学突破了传统经学的藩篱，进而采用多元化的研究路径，特别是受中国"疑古思潮"的影响，西方易学转而注重挖掘《周易》在具体历史语境中的本意，但目前大多数翻译研究仍然遵循传统经学思维而专注于《周易》义理的阐释。尽管当前西方各种《周易》译本层出不穷，但真正意义上严肃的学术型译本可谓凤毛麟角，经典译本（如理雅各译本和卫礼贤/贝恩斯译本）的地位难以被新译本取代。

第二节　本书研究概述

当代翻译文化学派的领军人物巴斯奈特（Susan Bassnett）和勒费弗尔（André Lefevere）在《文化构建——文学翻译论集》一书中指出："就翻译而言，我们已经认识到了语境的重要性。当然，其中一个语境

[①] 李申：《周易经传译注》，湖南教育出版社2004年版，第131页。

《周易》在西方的译介与传播研究

是历史,另外一个语境则是文化。……翻译从来都不是在真空中产生的,也从来不在真空中被接受。"①《周易》是最早译介到西方的儒家经典之一,从16世纪末到21世纪《周易》在西方世界的译介与传播历经了不同的时代,历史文化语境的转变给《周易》在西方世界的译介与传播深深地刻上了时代的印记。不同时代的历史文化语境书写了《周易》在西方世界的变迁历程。随着历史文化语境的流变,在西方世界译介与传播《周易》的主体和形式也在发生变化,甚至译介与传播的内容及意义也在改变。因此,只有从具体的历史文化语境出发,才能全面认识和理解《周易》在西方世界的译介与传播。

一 研究意义

典籍的译介与传播是文化交流的重要途径,研究《周易》在西方世界的译介与传播对于中国文化"走出去"具有积极的现实意义。中国文化典籍是传统文化赖以依附的载体,在当前文化全球化加速发展的时代背景下,中国要完成文化"走出去"的伟大战略目标,就必须了解中国典籍在西方世界译介与传播的历史,而作为中国文化元典的《周易》在这项工作中自然是必不可少的。《周易》在西方世界译介之久、传播之广,既源于《周易》强大的对外文化吸引力,同时也有西方汲取外来文化并发展自身文化的内在动因,以及满足西方对外文化输出的需求。《周易》译介到西方需要适应西方特殊的文化土壤才能生存,同时西方世界对《周易》的认知和接受也必然要经受西方文化的改造。从历史文化语境出发,全面准确地研究《周易》在西方世界的译介与传播,把握西方世界认知和接受中国文化典籍的历史文化因素,有助于国家在当前新的历史文化语境下制定适应性的对外文化交流策略,从而真正实现中国文化"走出去"的战略目标。

从历史文化语境出发研究《周易》在西方世界的译介与传播具有重要的学术意义。《周易》在西方世界的译介与传播促成了西方易学的形成,西方易学结合了西方独特的人文思想和研究方法,产生了丰富的有别于中国易学的研究成果。学术研究不能闭门造车,需要相互交流和学

---

① Susan Bassnett and André Lefevere, *Constructing Cultures—Essays on Literary Translation*, Shanghai: Shanghai Foreign Language Education Press, 2001, p. 3.

习。通过研究《周易》在西方世界的译介与传播,梳理西方易学的研究方法和研究成果,对于国内易学研究乃至整个文化典籍的整理及研究都具有重要的借鉴价值。《周易》作为群经之首是中国传统文化的集中体现,厘清《周易》在西方世界的译介与传播轨迹,有助于梳理中国文化典籍的对外译介与传播史,进而促进对中西方文化交流的研究。

二 研究内容与研究方法

本书的研究对象是"《周易》在西方的译介与传播","西方"一词不仅具有地理概念,更具有复杂的文化概念,本书中的"西方"指的是在文化形态上明显区别于中国文化的欧美地区。历史文化语境下《周易》在西方的译介与传播研究主要包括以下内容:(1)《周易》得以译介与传播的历史文化语境;(2)西方译介与传播《周易》的人物主体,以及他们对《周易》的解读和研习;(3)西方主要《周易》译本的内容、特色及相关评析;(4)西方主要易学论著及其影响。

针对上述研究内容,主要研究方法如下:

(1)历时和共时研究的方法:以社会历史发展为经,以西方译介与传播《周易》的人物主体及其译本或著述为纬,描述每个历史文化语境中《周易》在西方世界译介与传播的特征,勾勒《周易》在西方世界流转和变迁的历史轨迹。

(2)文献比较的方法:比较《周易》译本和西方易学著述的主要内容、语言风格、翻译策略、评价及影响等,并结合历史文化语境比较不同人物主体译介与传播《周易》的动机和目的。

(3)阐释学的方法:结合具体的历史文化语境,联系不同人物主体的身份背景,深入各个《周易》译本和易学著述的字、词、句、篇,分析译者或作者对《周易》的解读及阐释,剖析《周易》文本及意义在西方世界的延伸和变异。

三 研究重点、难点及创新

(一) 重点

本书将《周易》在西方世界的译介与传播置于不同的历史文化语境,因此本书重点研究内容之一是对不同历史文化语境的研究,具体来讲，本书依据中西方文化交流发展史，按各历史文化语境在历史长河中出现的先后顺序，将《周易》在西方世界的译介与传播分为五个不同的历史文化语境：（1）文化适应；（2）礼仪之争；（3）启蒙运动；（4）文化殖民；（5）文化反思。以上五个历史文化语境基本上是以16世纪末至今的历史发展为序的，彼此之间依次承接。

在不同的历史文化语境中，西方世界译介与传播《周易》的人物主体不同，他们出于不同的目的和动机，对《周易》的研究和阐释也千差万别，由此产生了风格和内容迥然各异的《周易》译本或易学著述。本书的另一个研究重点是分析不同的历史文化语境下，来自不同背景的人物主体对《周易》不同的研究和解读，分析历史文化语境因素对《周易》译本或西方易学著述的影响及制约，阐释西方学者所秉持的易学思想，并在此基础上梳理《周易》在西方世界译介与传播的历史轨迹。

（二）难点

第一，本书研究的难点首先在于对《周易》西传早期文献资料的收集。《周易》在西方世界译介与传播已有约400年的历史，许多早期的文献资料业已绝版或成为孤本散见于西方各大图书馆；有些文献资料甚至已经遗失，只在一些图书目录中载有只言片语，因此对这些早期文献资料的收集无疑对本书研究构成了巨大的挑战。

第二，对现有文献资料的甄别和筛选也构成了本书研究的难点。研究《周易》在西方世界的译介与传播自然少不了对《周易》本身的研究，而中国易学文献自古有"汗牛充栋"之说，其中不乏伪书或滥竽充数者，从不可计数的中国易学文献中甄别及筛选对本书研究适用的文献资料绝非易事。自20世纪中后期以来，《周易》在西方世界的译介与传播呈高涨之势，各种《周易》译本和易学著述层出叠现，但囿于作者有限的时间和精力以及浅薄的学识，难以对所有文献资料都加以深入研究和解读，因此必须首先梳理出对本书研究最有价值的材料，然而对当前信息时代浩如烟海的文献资料加以甄别及筛选无疑是一项艰巨而繁重的任务。

第三，语言问题也是本书研究的一个难点。《周易》在西方的早期译介与传播以拉丁语和法语为主，本书作者所学为英语，对拉丁语和法语知之甚少，因此对这些拉丁语和法语文献的研究不得不求助于其他语言专业学者的翻译，或者借助相关的英语或汉语文献加以解读，疏漏或谬误之处在所难免，望方家批评指正。

（三）创新

（1）本书的研究内容不仅涉及《周易》的对外翻译，而且还涉及历史、哲学、文化等易学研究领域，本书打破了学科界限的割裂，实现了多学科研究的有机融合。《周易》传入西方已有约400年的历史，本书首次完整地描述并分析了16世纪末至今各个历史时期在西方流传的《周易》译本、易学著述，以及在西方流变的主要易学思想，全面总结了过去约400年里《周易》在西方译介与传播的历史轨迹，分析了《周易》文本意义在西方的延伸和变异，实现了研究内容的创新和突破。

（2）本书根据中西方文化交流的发展脉络，首次将《周易》在西方的译介与传播划分为"文化适应、礼仪之争、启蒙运动、文化殖民、文化反思"五个历史文化语境，详细讨论了历史文化语境对《周易》西传的影响和制约，分析了西方世界在特定历史文化语境下对《周易》的研究和阐释。

（3）本书在总结《周易》西传史的基础上，首次提出在文化全球化加速发展的新时代历史文化语境下，中国本土学者应当牢牢把握《周易》在西方译介与传播的主导权，采用精通外语的中国易学家和西方汉学家合作的模式，走"学术化"和"大众化"双轨并行的译介与传播路线。

四 本书基本框架

本书将《周易》在西方的译介与传播研究置于文化适应、礼仪之争、启蒙运动、文化殖民、文化反思五个不同的历史文化语境，以历史发展为线索，考察各个历史文化语境中不同人物主体译介与传播《周易》的动机和目的，比较各历史时期《周易》译本和西方易学著述的主要内容、语言风格、翻译策略、相关评价及影响等，梳理在过去400年左右的历史长河中《周易》在西方世界的流转与变迁。由于不同历史时期《周易》在西方的译介与传播情况不同，本书对各个历史文化语境下不同人物主体及其《周易》译本或易学著述的研究各有侧重，但基本上都坚持宏观研究和微观研究相结合的原则，力求全面总结16世纪末至今

《周易》在西方译介与传播的历史轨迹。本书包括绪论、六个主体章节以及结语，共八个部分。

"绪论"概述了《周易》的名与实，归纳了当前国内外对《周易》在西方世界译介与传播的研究现状，并提出历史文化语境下《周易》在西方译介与传播的研究意义、研究内容及方法、研究重点、难点及创新，并概述本书的基本框架。

第一章题为"'文化适应'语境下利玛窦（Matteo Ricci）对《周易》的解读"，本章首先介绍了16世纪末耶稣会提出的"文化适应"政策；然后概述了意大利耶稣会士利玛窦的生平及其著述；接着分析了利玛窦及其著述在"文化适应"的语境下对《周易》的解读；最后总结本章的主要内容。

第二章题为"易经主义者对'文化适应'政策的继承和发展"，本章首先介绍了17世纪末来自法国的易经主义者白晋、傅圣泽（Jean-François Foucquet）、马若瑟（Joseph de Prémare）的生平；然后梳理了白晋和傅圣泽在康熙指导下研习《周易》的经过和尾声；接着介绍了白晋和傅圣泽研究《周易》的著述，并详细分析了他们在继承"文化适应"政策的基础上对《周易》所采取的"索隐法"解读；最后总结本章的主要内容。

第三章题为"'礼仪之争'中《周易》在西方的译介与传播"，本章首先分析了17世纪至18世纪"礼仪之争"的缘起及经过；然后讨论了在"礼仪之争"的历史文化语境中西方传教士对《周易》的利用和争辩；接着介绍并分析了在"礼仪之争"中耶稣会士对《周易》的译介与传播；最后总结本章的主要内容。

第四章题为"'启蒙运动'中《周易》在西方的译介与传播"，本章首先概述了18世纪在欧洲兴起的"中国热"对欧洲"启蒙运动"的影响；然后分四个小节分别讨论了欧洲启蒙思想家如莱布尼茨、弗雷烈、狄德罗，以及重农学派对《周易》的译介与传播；最后总结本章的主要内容。

第五章题为"'文化殖民'背景下《周易》在西方的译介与传播"，本章首先分析了19世纪西方在华推行的"孔子或耶稣"及"孔子加耶稣"的文化殖民传教策略；然后讨论了在文化殖民的驱动下，

绪 论

"God"译名之争促进了《周易》在西方世界的译介与传播,西方传教士及世俗汉学家如马礼逊(Robert Morrison)、麦格基、理雅各、拉古贝里(Albert Étienne Jean-Baptiste Terrien de Lacouperie)、霍道生(Paul-Louis-Félix Philastre)、哈雷兹(Charles de Harlez)等将《周易》在西方的译介与传播推向了高潮;最后总结本章的主要内容。

第六章题为"'文化反思'语境下《周易》在西方的译介与传播",本章首先分析了20世纪初以来中西方学者对各自本土文化的反思;然后分析了在"文化反思"的语境下,西方汉学家如卫礼贤、卫德明、亚瑟·韦利(Arthur Waley)、夏含夷、孔理霭、卢大荣、闵福德对《周易》的译介与传播;最后总结本章的主要内容。

"结语"简要回顾了自16世纪末以来《周易》在西方译介与传播的历史轨迹,并展望在文化全球化加速发展的新时代历史文化语境下《周易》在西方的译介与传播,指出中国本土学者应发挥主导作用,并提出译介与传播《周易》的模式和路线。

第一章 "文化适应"语境下利玛窦对《周易》的解读

第一节 耶稣会"文化适应"政策

《周易》在西方世界的译介与传播是中西方文化交流的重要内容,同时中西方文化交流又与西方基督教在中国的传播有着千丝万缕的联系。在16世纪以前,基督教曾有两次传入中国的历史,但在中西方文化交流史上并没有留下厚重的历史印迹,而16世纪末基督教耶稣会在中国的传播却为中西方文化交流书写了浓墨重彩的一笔。耶稣会在华传教制定了适应中国文化的"文化适应"政策,解读和译介中国儒家典籍是执行"文化适应"政策的重要路径,因而在"文化适应"的语境下耶稣会开启了包括《周易》在内的中国儒家典籍的西传之旅。

一 早期中西交流与基督教传入中国

中西交通与文化交流源远流长,根据考古和神话传说推定,中西方文化交流可上溯至史前远古时代,有文字记载的中西交流也可以追溯至公元前7世纪,即中国西周时期。古希腊史学之父希罗多德(Herodotus)在其所著《史书》(*The Histories*)中记载:"公元前七世纪时,自今黑海东北隅顿河河口附近,经窝瓦河流域,北越乌拉尔山脉,自额尔齐斯河而入阿尔泰、天山两山脉间之商路,已为希腊人所知。"[①] 这条商路就是著名的丝绸之路的前身"草原之路",通过这条商路,中国华丽的丝绸源源不断地运往欧洲,成为欧洲王公贵族们把玩的奢侈品。古罗

---

① 莫东寅:《汉学发达史》,大象出版社2006年版,第1—2页。

第一章 "文化适应"语境下利玛窦对《周易》的解读

马的文学作品将中国人称为"赛里斯人",诗人维吉尔(Virgil)在其《田园诗》中写道:"叫我怎么说呢?赛里斯人从他们那里的树叶上采集下了非常纤细的羊毛。"① 显然维吉尔诗歌中的"羊毛"指的是制作丝绸的"蚕丝"。中国自秦汉以降,历经晋隋唐宋,各朝各代苦心经营的丝绸之路推动着中西交通与文化交流蓬勃发展,并且在13世纪达到了前所未有的高潮。

13世纪蒙古铁骑经过三次西征建立了横亘欧亚大陆的庞大帝国,将亚洲和欧洲之间相互阻隔的国家和地区连成一片,使中西交往的陆路通道变得畅通无阻,欧洲商人、旅行家源源不断地前往中国,呈现出"使者向望于道,商旅不绝于途"的繁荣景象。一些到过中国的商人和旅行家将自己在中国的所见所闻写成游记在欧洲广为流传,他们在欧洲塑造了一个天堂般的中国形象。在众多跟中国有关的游记中,《马可·波罗行纪》无疑影响最为深远,马可·波罗(Marco Polo)将中国称为"契丹",他向欧洲刻画了一个繁荣、富庶的"契丹王国",在那里有富足的大都市、取之不尽的财富、四通八达的交通、慷慨乐施的统治者、富丽堂皇的宫殿。中国的富庶和繁荣在欧洲代代相传,激起一波又一波"中国热",诱惑着欧洲商人到中国谋取巨大的利润,同时也刺激了欧洲基督教会到中国传教的强烈欲望。马可·波罗既是商人,又是天主教徒,马可·波罗的中国之行既带有商业目的,同时又肩负宗教使命。通过马可·波罗一家的穿针引线,蒙古政权与罗马教廷互派使节,建立了正式的官方交流。

在蒙古政权建立元帝国以前,基督教曾经传入过中国,但随后便消失殆尽,对中西方文化交流并没有造成实质性的影响。基督教第一次传入中国是唐代贞观九年(635年)传入的景教(Nestorian Christianity),景教是古基督教的一个教派——聂斯托里派。景教在唐代流行了二百一十年,会昌五年(845年)唐武宗下诏灭佛毁寺,景教亦受牵连,自此景教在中国中原地区销声匿迹,唯散布在周边少数民族中,直到1625年在陕西西安出土《大秦景教流行中国碑》,这段历史才被后人重新拾起。基督教第二次传入中国是在蒙古政权统治下的元代,除景教外,罗马天

---

① [古罗马]维吉尔:《田园诗》,载[法]戈岱司编《希腊拉丁作家远东古文献辑录》,耿昇译,中华书局1987年版,第2页。

主教所属方济各会此时亦传入中国，元代称基督教为"也里可温"。1368年元朝灭亡，基督教在中国也随之消失。

基督教第三次传入中国是16世纪末天主教耶稣会的传入。寻找《马可·波罗行纪》中那个繁荣、富庶的"契丹王国（中国）"是每一代欧洲人梦寐以求的愿望，然而随着14世纪中叶蒙古政权的衰落，奥斯曼土耳其帝国迅速崛起，土耳其人切断了欧亚大陆的传统交通路线，曾经畅通无阻的中西交往一度中断，欧洲人要到达中国，必须另辟蹊径。15世纪末随着航海技术的发展，欧洲人开辟了从欧洲出发向西航行到达东方的新航路。与此同时，欧洲社会也在发生深刻的变化，经过文艺复兴，欧洲逐渐走出中世纪的黑暗统治，进入了资本主义发展阶段。资本主义经济的发展需要扩张海外市场以倾销商品并掠夺原材料，因此随着新航路的开辟，欧洲殖民者迅速将海外殖民地拓展到东方。殖民扩张和宗教传播是形影相随的，基督教向来宣扬普世价值观，宣称"凡有人类的地方就该有基督教"[①]。传教士随着殖民者的步伐迅速奔赴到世界各地，因此当欧洲殖民者在东方建立起殖民地，欧洲基督教传教团便接踵而至。

新航路开辟以后，最早到东方传教的是天主教耶稣会的奠基人之一"方济各·沙勿略"（Francis Xavier）。沙勿略先后到过印度、马六甲、日本等地。在日本传教时，沙勿略切身感受到日本对中国文学和哲理无不深致敬佩，他在与日本有学识者的辩论中经常被人责问："汝教如独为真教，缘何中国不知有之？"[②] 沙勿略由此受到启发，中国是日本文化和思想的策源地，要归化日本，必先归化中国。1548年沙勿略向一位在中国经商的商人询问中国人中是否有基督徒式的生活方式或习惯，是否有十字架或者西方似的教堂，他得到的回答是："从来没有看到或听说过基督或类似之事，也没有行使我们礼仪的人。"[③] 沙勿略认识到中国还是一片未经基督福音开垦过的"处女地"，他认为将基督的精神注入这样一个繁荣、富庶却没有基督礼仪的国度无疑是一项非常伟大的事业。

基督教进入中国面临着重重困难，明朝政府实行海禁政策，严格限

---

① 王加丰：《"地理大发现"的双重背景》，载黄邦和、萨那等主编《通向现代世界的500年——哥伦布以来东西两半球汇合的世界影响》，北京大学出版社1994年版，第52页。
② ［法］费赖之：《在华耶稣会士列传及书目》，冯承钧译，中华书局1995年版，第2页。
③ ［葡］费尔南·门德斯·平托：《葡萄牙人在华见闻录》，王锁英译，海南出版社1998年版，第3页。

第一章 "文化适应"语境下利玛窦对《周易》的解读

制对外交往,没有中国官方允许,任何外国人都严禁进入中国内陆地区。1552年沙勿略乘坐葡萄牙殖民者的商船登上了广东外海的上川岛,虽然上川岛距离广州只有三十里之遥,沙勿略曾多次尝试进入中国内地均以失败告终,同年12月沙勿略在无限期焦灼的等待中死去。耶稣会士们锲而不舍地要求进入中国内地,但一次又一次遭到拒绝。面对明王朝严厉的海禁政策,耶稣会士们只能无奈地望"陆"兴叹,当时耶稣会的远东巡视员范礼安(Alessandro Valignano)望着中国大陆,大声而几乎绝望地喊道:"岩石呀,岩石,你何时打开,岩石呀?"① 沙勿略去世后耶稣会士们又苦苦等待了三十一年,终于迎来了明朝海禁政策的松动,经过耶稣会士坚持不懈的努力,1583年意大利耶稣会士罗明坚(Michael Ruggieri,S.J.)和利玛窦终于获准移居广东肇庆,由此开启了耶稣会在华长达200年的传教历程。

二 耶稣会"文化适应"政策的提出

耶稣会士终于如愿以偿进入了中国内地,但他们很快发现海禁给他们带来的只是与中国人空间上的隔离,这种空间隔离最终是可以跨越的,然而由于两种不同文明所造成的文化障碍和心理隔阂似乎才是不可逾越的鸿沟。中国数千年的文明史赋予了中国人强大的文化自信,相较于来自"蛮夷之地"的西方文化,中国人自信拥有一种"西方蛮夷"无法比拟的文化优越感,中国人对基督教形成了一种近乎本能而又顽固的抵制,基督的福音难以获得中国民众的好感。基督教向外扩张无非依赖两种方式,一是通过武力胁迫,二是采用和平规劝。针对耶稣会在华传教之初举步维艰的境况,西班牙耶稣会士阿隆索·桑切斯(P. Alonso Sanchez)提出了武力胁迫的传教策略,声称"我以为劝化中国,只有一条好法,就是借重武力"②。采用武力的方式在基督教向海外传播的过程中并不鲜见,然而在华传教依靠武力胁迫显然是行不通的,16世纪末明王朝虽然已经走向衰落,但无论政治、经济,还是军事实力都丝毫不逊色于欧洲各国。

如果说《马可·波罗行纪》中描绘的富庶、文明的中国只能激起欧

---

① [葡]曾德昭:《大中国志》,何高济译,商务印书馆2012年版,第247页。
② [法]裴化行:《天主教十六世纪在华传教志》,萧濬华译,商务印书馆1936年版,第231页。

洲人无限的遐想和憧憬，那么耶稣会士对中国的强盛却有着切身的感受。明智的耶稣会士并没有忘记他们的先驱沙勿略对中国的高度评价，"全国（中国）统于一尊，人民无不服从，国家富强"①。利玛窦见证了中国强大的军事实力和严密的军事部署，"政府花钱维持着百万人以上的军队服役，……它（中国）四周的防卫非常好，既有由自然也有由科学所提供的防御。……敌舰很难接近大陆"②。耶稣会士对中国的评价充满了赞叹和羡慕，但更多的是敬畏，他们不敢贸然采用武力胁迫的方式在中国传教。在世界其他地方，如在美洲、印度、菲律宾等地，欧洲人往往首先采用武力征服的方式，然后再向当地民众强行灌输基督教思想，但武力胁迫明显不适用于富庶、文明、强盛的中国。耶稣会士要在中国立足并传播基督教，必须采用和平规劝的方式。

　　耶稣会采用的和平规劝方式被称为"文化适应"政策，主张"对中国人及中国文化采取同情而灵活的方式"③。最早提出"文化适应"政策的是西班牙传教士何塞·德·阿科斯塔（José de Acosta）和意大利耶稣会士范礼安。阿科斯塔反对采用武力胁迫的传教方式，他提出了适应性的传教思想，主张"教化和福音化要适应当地的准则，要考虑到当地的社会结构以及自然和历史状况"④。阿科斯塔的适应性主张为制定"文化适应"政策奠定了思想基础。1578年范礼安作为耶稣会在远东地区传教的巡视员来到被葡萄牙殖民当局占据的澳门，发现当地的神父们深受葡萄牙殖民主义思想的影响，他们主张欧洲文化至上，要求澳门当地的中国信徒尽可能"葡萄牙化"，规定"凡欲进教保守者，须葡萄牙化，学习葡国语言，取葡国名姓，度葡国生活，故不菅进教即成为葡国人也"⑤。这种"葡萄牙化"思想使中国信众和西方传教士关系非常紧张，结果导致耶稣会在澳门的传教很不顺利。因此，范礼安要求传教士们应当入乡随俗，适应当地的风土人情，尊重当地民众的礼仪规范。范礼安

---

① 方豪：《中国天主教史人物传》，宗教文化出版社2007年版，第45页。
② ［意］利玛窦、［法］金尼阁：《利玛窦中国札记》，何高济、王遵仲、李申译，中华书局2010年版，第9页。
③ D. E. Mungello, *Curious Land: Jesuit Accommodation and the Origins of Sinology*, Honolulu: University of Hawaii Press, 1989, p. 49.
④ 张国刚、吴莉苇等：《明清传教士与欧洲汉学》，中国社会科学出版社2001年版，第88页。
⑤ 徐宗泽：《中国天主教传教史概论》，上海世纪出版集团2010年版，第105页。

第一章 "文化适应"语境下利玛窦对《周易》的解读

结合自己对中国文化的理解，拟定了明确的在华传教路线："必须了解中国的礼俗、社会和民情；要选派懂得中国语言文字的传教士进入中国传教。"① 范礼安是耶稣会"文化适应"政策的奠基人，他不仅提出了"文化适应"政策，而且在耶稣会进入中国内地之前就开始广募人才，为日后执行"文化适应"政策作准备。在东方传教的耶稣会士中，范礼安选中了年轻而且才华出众的罗明坚和利玛窦，并指示他们学习汉语，研读四书五经，尽可能了解中国风俗礼仪，范礼安的准备工作为耶稣会的"文化适应"政策能够在中国得以顺利开展奠定了坚实的基础。

三 耶稣会"文化适应"政策的实施

耶稣会进入中国时，儒家文化已经在中国浸染了两千多年，儒家思想和礼仪早已深入中国民众骨髓，基督教要获得中国民众的赞同和认可就必须从儒家文化中寻找突破口，并努力去适应儒家文化。耶稣会士要适应儒家文化首先得改变自身形象，当耶稣会士初入中国时，他们发现中国民众信奉佛教，而且中国人将西方传教士称为"洋和尚"，于是他们剃须去发披上袈裟，将自己装扮成佛家僧人模样以期博得中国民众好感。然而，不久他们就发现"和尚"根本不受人尊重，但熟读四书五经的儒家士大夫却享有很高的社会地位，于是他们决定改换装束，仿效儒士头戴儒冠，身着长袍。耶稣会士改变的不仅仅是自己的外表，更重要的是他们的言谈举止都入乡随俗，他们行儒礼、游士林、讲儒学，俨然一派儒士风范。耶稣会士的儒士形象是很成功的，他们获得了"泰西诸君子"②的美誉，利玛窦本人甚至被中国儒家士大夫赞为"泰西儒士"③。

耶稣会士将自己装扮成儒士形象，其目的在于广交中国儒家士大夫，接近权贵统治阶层。耶稣会士在华传教奉行上层路线，"首先赢得最有文化修养阶层的友谊"，并最后进入到宫廷内部④。耶稣会在进入中国内

---

① 顾卫民：《中国与罗马教廷关系史略》，东方出版社2000年版，第25页。
② （明）杨廷筠：《七克序》，载［西］庞迪我《七克》，上海土山湾印书馆1931年版，第1页。
③ （明）王应麟：《利子碑记》，载徐光启《增订徐文定公集》，徐顺兴印刷所1933年版，第13页。
④ ［法］谢和耐：《中国与基督教——中西文化的首次撞击》，耿昇译，商务印书馆2013年版，第2页。

37

地之前就已经深谙中国严密的封建等级制度，全国上下统一于一尊，下级唯上级马首是瞻，只要统治阶层发号施令，老百姓无不唯命是从。鉴于此，耶稣会士们远离了接近普通民众的"大路"，而沿着接近上层人士的"小道"前进。他们期望首先归化占统治地位的儒家士大夫阶层，然后让中国实行自上而下的社会变革，从而归化全中国。耶稣会士的上层路线取得了预期的效果，利玛窦在1605年2月致罗马公学马塞利神父（Ludovico Maselli）的信中提到："中国每个会院皆有很多人受洗，有些还具有皇家血统，名门贵族的有，做官的有，知识分子也有，这后两者较皇亲贵族还更受人重视；目前教友已超出一千位。"① 在受洗的知识分子中包括徐光启、李之藻、杨廷筠三人，他们被称为中国天主教的三大基石。他们是中国放眼看世界的第一批人，在同西方传教士的交流中他们感到中国正在走向衰落。他们思想开明，易于接受西方思想。他们不仅是受人尊敬的儒家士大夫，而且在朝廷身居要职，在耶稣会士看来，他们皈依基督教能够为中国民众产生良好的示范效应。

耶稣会士接近儒家士大夫的一个重要手段是向士大夫们传输西方先进的科学技术知识。耶稣会士来华之前都必须经过严格的科学课程培训，具有渊博的数学、物理、天文、地理等科学知识。他们在与中国儒家士大夫交往之初绝口不提传教之事，而是向他们展示西方精美的自鸣钟、三棱镜、地图等，并以此为契机向他们展示西方基督教文化的先进性。明末中国儒家士大夫对空谈"心学"已经有些厌倦了，而逐步转向能够经世致用的"实学"，因此耶稣会带来的西方先进的科学技术知识对他们很具有诱惑力。然而，传播科技只是一个用来掩盖其传教的真实目的幌子而已，利玛窦在其著述中写道："我们有关科学知识的叙述，都成为未来丰收的种子，也成为中国新生教会的基础。"② 利玛窦及其他耶稣会士与中国儒家士大夫合作翻译了大量西方科学著作，为中国绘制了精确的地图，而且耶稣会士长期在朝廷中担任钦天监一职，负责观测天象，制定历法。尽管耶稣会带有明显的宗教目的，但在客观上确实促使了西

---

① ［意］利玛窦：《利玛窦书信集》（下），罗渔译，台北辅仁大学出版社1986年版，第265页。
② ［意］利玛窦、［法］金尼阁：《利玛窦中国札记》，何高济、王遵仲、李申译，中华书局2010年版，第356页。

第一章 "文化适应"语境下利玛窦对《周易》的解读

方先进科学知识输入中国,使封闭保守的中国闻到了一股清新的科学气息,"西学东渐"也由此初见端倪。

为适应儒家文化,耶稣会士不仅结交儒家士大夫,而且还研读儒家经典,努力从儒家经典中寻找上帝存在的证据,并用基督教教义去阐释儒家经典。利玛窦曾经在《中国札记》一书中如此写道:"我们会说这个国家本土的语言……还专心致意日以继夜地攻读过他们的文献。"① 耶稣会士研读儒家经典是执行"文化适应"政策的重要内容,他们努力在儒家经典中挖掘儒家和基督教的"共同点",然后基于这些"共同点"去传播基督教教义。通过耶稣会的长期努力,耶稣会士们在儒家经典中找到了大量的所谓"共同点"。在利玛窦 1595 年 11 月致罗马总会长阿桂委瓦(Claudio Acquaviva)的信中,他写道:"我们曾从他们的经中找到不少和我们的教义相吻合的地方。过去这数年,我由良好的教师为我讲解六经、四书,获知如一位天主、灵魂不在不灭、天堂不朽等思想全部都有。"② 虽然现在看来这些所谓的"共同点"只是耶稣会士的一厢情愿,甚至还有些牵强附会,但在当时这些"共同点"确实给基督教接近儒家士大夫提供了良好的契机,至少让儒家士大夫们不会对基督教产生反感,并在此基础上进一步认识和接受基督教。

在华的耶稣会士不仅钻研儒家经典,而且还将儒家经典翻译成拉丁语或其他欧洲语言。罗明坚、利玛窦在进入中国内地之前已经学习过多年汉语,他们研读儒家经典尚且困难,那么对于刚刚来华或者准备来华却不懂汉语也不了解中国文化的西方传教士而言,研读儒家经典几乎是一件不可能完成的事情。因此,翻译儒家经典就势在必行了。译成拉丁语或其他欧洲语言的儒家经典成为培养来华传教士的教材,让他们尽快熟悉儒家文化并适应儒家文化,进而在华顺利开展传教工作。同时,儒家经典译本也寄往欧洲,以证明耶稣会"文化适应"政策的合理性和可行性,从而获取罗马教廷对耶稣会更多的支持。耶稣会为传教而执行"文化适应"政策,为适应儒家文化而研读并翻译儒家经典,却不期为

---

① [意]利玛窦、[法]金尼阁:《利玛窦中国札记》,何高济、王遵仲、李申译,中华书局 2010 年版,第 3 页。
② [意]利玛窦:《利玛窦书信集》(上),罗渔译,台北辅仁大学出版社 1986 年版,第 209 页。

儒家经典在西方的译介与传播开启了山林，为"中学西传"铺就了一条崭新的道路。

在华传教的"文化适应"政策对耶稣会而言是非常成功的，"在200年时间里，来华传教的耶稣会士共有456人。他们大都成为御用数学家、地理学家、画家或园林设计家，照顾了151个堂区"①。这一次基督教在耶稣会的主导下传入中国堪称"西学东渐"之滥觞、"东学西传"之发端，是"天主教第一次与中国文化、社会、制度发生实质性的、和平的、平等的交流、融合与冲突"②。从1583年耶稣会传教士罗明坚和利玛窦进入中国内地传教起，至1783年罗马教皇解散耶稣会为止的200年间，耶稣会士一直是在中国传播基督教的中坚力量，他们不畏艰险，远涉重洋来到中国，只为叩开古老中国尘封已久的大门，希望用所谓基督的福音教化这里的异教徒。同时，耶稣会士也成为16世纪至18世纪中国形象在欧洲的缔造者与传播者，他们不仅将自己在中国的见闻带回欧洲，而且还翻译中国经典作为来华传教士学习和了解中国的教材，甚至直接用中文撰写书籍以作为传教的工具，这在客观上促进了中国文化典籍在西方的传播，同时也促进了中西方文化交流。耶稣会士的著述现藏于欧洲各国的国家图书馆，成为研究中西方文化交流的重要史料。

第二节 利玛窦生平及著述

利玛窦是意大利耶稣会传教士，原名玛提欧·利奇，为在传教过程中消除与中国人的文化差异与隔阂，并方便与中国人交游，故取中文名为"利玛窦"，别号"西泰"。"利"是其姓"Ricci"中"Ri"的音译，而"玛窦"是其名"Matteo"的音译。"泰"是"极"的意思，"西泰"寓意来自极为遥远的西方③。利玛窦16岁时遵从父亲之命前往罗马大学

---

① [德]彼得·克劳斯·哈特曼：《耶稣会简史》，谷裕译，宗教文化出版社2003年版，第52页。
② 孙尚扬、[比]钟鸣旦：《1840年前的中国基督教》，学苑出版社2004年版，第105页。
③ 关于利玛窦其名及别号的含义学界颇有争议，详见方豪《中国天主教史人物传》，宗教文化出版社2007年版，第59页；谭树林《Matteo Ricci之中文名字"利玛窦"新释》，《北京行政学院学报》2015年第6期；庞乃明《晚明所见利玛窦名称字号琐谈》，《西北师大学报》（社会科学版）2011年第1期。

攻读法律，然而在罗马求学期间，利玛窦却清楚地认识到："如果人类的生命不能在这个世界继续而将随着躯体的死亡在另一个世界实现永恒，那么对人类最有益的帮助就是救赎他们的灵魂。"① 利玛窦对此深信不疑，并于1572年圣灵降临节之际正式加入耶稣会，决心用一生致力于拯救人类灵魂的事业。同年，利玛窦进入耶稣会圣祖依纳爵·罗耀拉（Ignacio de Loyola）创办的罗马公学继续学业，在那里他系统学习了各种人文课程和科学知识，其中包括修辞学、记忆法、物理学、天文学、数学等，利玛窦在罗马公学的学习为其日后在华传教奠定了坚实的基础。1578年利玛窦随耶稣会印度传教团前往东方传教，翌年到达印度果阿，又于1582年受耶稣会远东巡视员范礼安派遣，随中国传教团前往中国传教，并于同年到达中国澳门，由此开启了他在中国的传教生涯。利玛窦终其一生在华传教28年，于1610年在北京逝世，葬于北京阜成门外二里沟。

利玛窦是"文化适应"政策的忠实拥护者和积极执行者，他不仅学习中国语言，钻研中国典籍，而且还用中文著书立说，与中国学者合作翻译西方自然科学书籍，并将儒家四书译成拉丁文。利玛窦一生著述丰富，逾半皆为中文作品，现存世中文著述达20种以上，广泛涉猎哲学、神学、语言学、自然科学、艺术等诸多领域，其中《乾坤体义》《测量法义》《几何原本》（前六卷）《同文算指前编》四部科学著述收入《四库全书》子部天文算法类，而《辨学遗牍》《重刻二十五言》《天主实义》《畸人十篇》（附《西琴曲意》）《交友论》五部著述归入《四库全书》子部杂家类存目。法国传教士金尼阁根据利玛窦在华传教日记编撰而成的《利玛窦中国札记》（又名《基督教远征中国史》）是研究基督教在中国传教史的必备文献。

第三节　利玛窦著述中的《周易》

利玛窦一生撰写了大量著作阐释基督教教义，他利用儒家经典证明基督教思想自古就已经存在于中国人的信仰中了，并以此为基础引导儒

---

① ［意］菲利普·米尼尼：《利玛窦——凤凰阁》，王苏娜译，大象出版社2012年版，第19页。

家士大夫皈依基督教。《周易》是利玛窦著述中经常引用的儒家经典，他以基督教教义解读《周易》，对《周易》中的儒家思想既有附会，也有批判。利玛窦对《周易》的解读集中在《天主实义》《二十五言》《乾坤体义》等著述中，这些著述体现了"文化适应"语境下西方传教士对《周易》最初的认识和理解。

一 《天主实义》

《天主实义》（又名《天学实义》）是利玛窦寄寓南京期间撰写的一部基督教神学著作，据费赖之（Aloys Pfister）《在华耶稣会士列传及书目》一书中的记载，《天主实义》于1595年在南昌初刻，后在北京、杭州、土山湾、澳门、阿枝等地多次重刻，并被译为日文、朝鲜文、法文等，足见该书流传之广[1]。另据《明末清初耶稣会思想文献汇编》，该书在梵蒂冈教会图书馆、法国国家图书馆，以及俄罗斯科学院东方文献研究所均有藏本[2]。全书分为上下两卷，共八篇。

《天主实义》一书在很大程度上吸收了前辈耶稣会士的观念和思想，同时也不乏利玛窦本人的创意。"这种创意建立于他个人独特的观察及研究之上，也离不开他跟中国士大夫几十年的交往。"[3] 从《天主实义》一书的结构和内容可以看出中国士大夫和儒家经典对该书的重大影响。全书采用"中士"（实为中国儒家士大夫）和"西士"（实为利玛窦本人）对话问答的语录体形式写成，"中士"提出问题和质疑，而"西士"作答，这是中西文化史上第一次真正意义上的交流和对话。《天主实义》旨在阐明基督教教义，以规劝"中士"皈依基督教为目的，但书中却旁征博引《中庸》《诗经》《礼记》《周易》等儒家经典，其中有"十一条引用用来证明中国古人朝拜上帝（第二篇）；六条用来证明中国古人相信灵魂不朽（第四篇）；四条证明中国古人相信天堂存在（第六篇）"[4]。在

---

[1] ［法］费赖之：《在华耶稣会士列传及书目》，冯承钧译，中华书局1995年版，第41页。
[2] 郑安德：《明末清初耶稣会思想文献汇编》（第一卷），北京大学出版社2003年版，第63页。
[3] ［意］利玛窦著，［法］梅谦立注，谭杰校勘：《天主实义今注》，商务印书馆2014年版，第24页。
[4] ［意］利玛窦著，［法］梅谦立注，谭杰校勘：《天主实义今注》，商务印书馆2014年版，第25页。

第一章 "文化适应"语境下利玛窦对《周易》的解读

《天主实义》中利玛窦多次引用《周易》阐述基督教的一些基本要义在中国古已有之，力图通过《周易》中的概念去解释基督教。他批评了《周易》中的太极学说，以证明上帝才是万物之源。他又利用《周易》对"利"的阐释来提出基督教的利害观，以达到"以儒证耶"和"以儒释耶"的效果，并规劝中国儒家士大夫最终投入到耶稣的怀抱，而这正是利玛窦奉行"文化适应"政策的最终目的。

（一）太极非万物之本原

在《天主实义》第二篇"解释世人错认天主"中，利玛窦对《周易》中的太极学说提出了尖锐的批评，极力否定太极是天地万物之本原的思想。"太极"源于《周易》之《系辞传》（上）："是故易有太极，是生两仪，两仪生四象，四象生八卦。"[1] 易有太极，太极即天地处于阴阳未分之前混沌状态时的元气；太极产生两仪，即从处于混沌状态的元气中产生了天和地，或者阴阳二气。两仪又产生四象，即天地又分为春、夏、秋、冬四个季节，或者阴阳二气又划分为少阳、老阳、少阴、老阴。四象又产生八卦，即春夏秋冬各有阴阳刚柔之分，因此八卦生焉。在《周易》中八卦又可以分别对应天、地、雷、风、水、火、山、泽八种基本自然物质，八卦又可以两两重叠而演化为六十四卦代表宇宙万物，由此可见在《周易》中"太极"是万物创始化生的本原——元气。

宋儒又进一步发挥了太极说，宋儒理学创始人周敦颐作《太极图说》提出"无极而太极"的思想。"无极而太极。太极动而生阳，动极而静；静而生阴，静极复动。一动一静，互为其根；分阴分阳，两仪立焉。"[2]《太极图说》勾勒出了一个宇宙生成和发展图式，展示了长宇广宙发生演化的一个过程。太极就是无极，无形无状。太极具有动和静两种属性，动静相互演化，互为其根。由动静产生阴阳二气，再由阴阳二气演化为万事万物。宋代大儒朱熹作《太极图说解》，通过解析《太极图说》借以阐发自己的理学思想。"故周子曰'无极而太极'盖云无此形状，而有此道理耳。"[3] 朱熹把太极纳入理学的范畴，"无极而太极"其实是说太极是形而上之道，因此无任何形状，但太极作为"理"却是

---

[1] 李申：《周易经传译注》，湖南教育出版社2004年版，第209页。
[2] （宋）周敦颐撰，梁绍辉、徐苏铭等点校：《周敦颐集》，岳麓书社2007年版，第5页。
[3] （宋）黎靖德编，王星贤点校：《朱子语类》（第六册），中华书局1986年版，第2365页。

存在无疑的，因此朱熹在《周易本义》中给出了太极的含义："大极者，其理也。"① 大极即太极，太极就是理，而理是物质世界的最终根源，具有至上性和唯一性，宇宙万物无不是由"理"演化而来的，因此太极也就是至高无上且唯一的宇宙大化流行之理。

从《周易》之《系辞传》到宋儒对太极的阐发，儒家赋予了太极丰富的含义，如"元气"、"无极"、"理"等，但这些含义与基督教宣扬的"上帝造物"论是相悖的。依据《圣经》，上帝才是万物之源，"万物是藉着他（上帝）造的。凡被造的，没有一样不是藉着他造的"②。"因为万有都是本于他，倚靠他，归于他。"③ "上帝造物论"是基督教的核心思想，而儒家之"太极说"却从根本上否定了"上帝造物论"，这对利玛窦在中国传播基督教是极为不利的，因此利玛窦必须不遗余力地批判和否定"太极说"。利玛窦首先否定了太极在儒家学说中的正统性，认为儒家古经未尝有"尊奉太极"一说④。而事实上尽管"尊奉太极"并不如"敬天"、"事奉上帝"等概念在先秦儒家经典中有明确记载，但太极却是儒家宇宙生成论的核心概念，作为宋儒理学的最高哲学范畴，"太极"回答了万物化生最本原的问题，因此太极在儒家学说中的权威性是不言而喻的。

利玛窦又否定了太极成为天地万物之本原的合理性。利玛窦将万物分为两类，"有自立者，有依赖者"⑤，而其中只有自立者才能成为本体存在。利玛窦在来华传教前曾受过严格的经院哲学教育，善于利用古希腊和中世纪西方经院哲学来批判儒学思想。"自立者"和"依赖者"这两个概念来自中世纪哲学家多马斯·阿奎纳（Thomas Aquinas）提出的"自立体"（subsistentia）和"依附体"（accidentia）。自立体不依附他物而独立存在，是存在的本质；依附体必须依赖他物存在。"自立体不可能是任何一物的依附体。是以，在一物内是依附体的，在另一物内就不

---

① （宋）朱熹著，苏勇校注：《周易本义》，北京大学出版社1992年版，第148页。
② 《新约》，载《圣经》（"神"版），中国基督教协会2009年版，第104页。
③ 《新约》，载《圣经》（"神"版），中国基督教协会2009年版，第179页。
④ ［意］利玛窦：《天主实义》，载利玛窦著，朱维铮主编《利玛窦中文著译集》，复旦大学出版社2001年版，第17页。
⑤ ［意］利玛窦：《天主实义》，载利玛窦著，朱维铮主编《利玛窦中文著译集》，复旦大学出版社2001年版，第18页。

第一章 "文化适应"语境下利玛窦对《周易》的解读

可能是自立体。"① 利玛窦通过观察太极图,只看到太极图"不过取奇偶之象",而且认为这些象是"虚象无实理之可依"②,因此利玛窦认为"太极"是不能自立的,必须依附于他物而存在。如果"太极"只解释为"理"的话,那么"理"也是不能自立的,因而在利玛窦看来,"太极"和"理"都不能成为万物之本原。

利玛窦对太极和理不能自立的批判至少犯了两个错误。其一,太极图不仅仅有奇偶之象,更重要的是太极图反映了太极通过阴阳奇偶之变而演化为万物的形象,利玛窦对此却浑然不知。其二,宋儒理学之"理"并非"依赖之物",而是作为世界最高本体而自立,先天地而存在的。利玛窦对太极的错误批判不仅来自其本人对"太极说"的误解,更是由于传教的需要而故意为之,他只有在否定太极乃万物之本原的基础上才能告诉中国儒士"天主"才是万物之本原。

利玛窦否定的不仅仅是太极,而是借否定太极来否定以理学为代表的宋儒学说。利玛窦把儒家区分为"先(古)儒"和"后(今)儒",又将儒家典籍分为"经"和"疏",总体而言,利玛窦尊先儒而抑后儒,崇"经"而斥"疏"。利玛窦将先儒称为古儒,先儒古经中"记载着他们(古代中国人)所承认和崇拜的一位最高的神,他们称之为天帝,或者加以其他尊号表明他既管天也管地。看来似乎古代中国人把天地看成是有生灵的东西,并把它们共同的灵魂当作一位最高的神来崇拜"③。于利玛窦而言,中国古人对"天帝"的崇拜带有原始的有神论色彩,这对于耶稣会在中国传教是很有利的。然而随着时间的流逝,这种原始的有神论却逐渐被人淡忘了,而陷入一种严重的无神论和泛神论的错误之中,而这种错误在利玛窦看来正是后儒错解儒家古经造成的。在《天主实义》中利玛窦将后儒称为时儒、世儒或今儒,甚至贬之为"迂儒"④或

---

① [意]圣多马斯·阿奎纳:《神学大全》(第一册),高旭东、陈家华译,台南碧岳学社、中华道明会2008年版,第45页。
② [意]利玛窦:《天主实义》,载利玛窦著,朱维铮主编《利玛窦中文著译集》,复旦大学出版社2001年版,第17页。
③ [意]利玛窦、[法]金尼阁:《利玛窦中国札记》,何高济、王遵仲、李申译,中华书局2010年版,第99页。
④ [意]利玛窦:《天主实义》,载利玛窦著,朱维铮主编《利玛窦中文著译集》,复旦大学出版社2001年版,第33页。

"俗儒"①。他认为后儒特别是宋儒理学对儒家古经的注疏吸收了大量佛教和道教的理论,以致后世儒学逐渐背离了古儒学正统而走向无神论和泛神论,这对于耶稣会在中国传教是很不利的。由此可见,利玛窦对儒学的褒贬完全是建立在对华传教基础上的,于传教有利则捧之奉之,于传教不利则诋之毁之,而《周易》只不过成为了利玛窦批判后儒学说的一个工具而已。

(二) 帝乃天主

利玛窦否定太极是万物之本原,继而让中国儒生认识到"造物之功盛也,其中固有枢纽矣。然此为天主所立者"②。然而,中国儒生从未听闻有"天主"一词,那么"天主"是什么呢?利玛窦引用《周易》和周公的话来证明儒家典籍中的"帝"或者"上帝"就是基督教中的"天主"。

> 吾天主,乃古经书所称上帝也。……《易》曰:"帝出乎震"。夫帝也者,非天之谓,苍天者抱八方,何能出於一乎?……《金縢》周公曰:"乃命于帝庭,敷佑四方",上帝有庭,则不以苍天为上帝,可知。历观古书,而知上帝与天主,特异以名也。③

"帝出乎震"出自《周易》之《说卦传》,"震"在八卦方位图中代表东方,乃旭日升起之地;在二十四节气中"震"代表春分,乃万物生长之时。"帝出乎震"意谓"主宰大自然生机的元气使万物出生于(象征东方和春分的)震"④。利玛窦引用"帝出乎震"是想纠正人们对"帝"的传统认识,他认为"苍苍之天"环抱八方,不可能只出于一个地方,由此否认儒家经典中的"帝"乃"苍苍之天",即物质之天。"金縢"是《尚书》中的篇目,记载的是周成王消除对周公误解的历史事

---

① [意]利玛窦:《天主实义》,载利玛窦著,朱维铮主编《利玛窦中文著译集》,复旦大学出版社2001年版,第35页。
② [意]利玛窦:《天主实义》,载利玛窦著,朱维铮主编《利玛窦中文著译集》,复旦大学出版社2001年版,第20页。
③ [意]利玛窦:《天主实义》,载利玛窦著,朱维铮主编《利玛窦中文著译集》,复旦大学出版社2001年版,第21页。
④ 黄寿祺、张善文:《周易译注》,上海古籍出版社2007年版,第431—432页。

件，周公是《周易》"人更三圣，世历三古"中的三圣之一①。"帝庭"即"天庭"，乃上天最高统治中心。"乃命于帝庭，敷佑四方"意谓"（周成王）在天庭接受了敷佑天下四方的使命"，而利玛窦从"乃命于帝庭，敷佑四方"中有选择性地只取"上帝有庭"之意，并由此推论出"不以苍天为上帝"，更进一步得出结论："历观古书，而知上帝与天主，特异以名也。"利玛窦深知儒经将"上帝"或"帝"视作天地万物之主宰，其在中国民众心目中拥有至高无上的地位，儒家文化中也素有"敬天"的传统。然而依据基督教教义天地万物只能有一个主宰，人们敬仰的唯一真神只能是基督教之"天主"（Deus），于是利玛窦引用儒家经书证明"上帝"就是"天主"，二者只不过是"特异以名"罢了。

在中国传统文化信仰中，"天"既指物质之天，与地相对，泛指宇宙空间；也指神格化之天，如黄天、昊天等。而《周易》中"帝出乎震"之"帝"则完全是物质的，指"主宰天地万物生长之元气"。基督教之"天主"隐含了基督之人性和神性，完全是人格化和神格化的概念，其与中国文化中的"天"和"帝"是不能完全等同的。利玛窦之所以用"天主"指称基督教至高无上之神，并将其等同于儒家经典之"上帝"或"帝"，只不过是在"文化适应"的语境下，面对中国儒家士大夫们根深蒂固的儒家文化信仰而做出的妥协。

（三）利者义之和

在《天主实义》一书的第六章"释解意不可灭，并论死后必有天堂地狱之赏罚，以报世人所为善恶"中，利玛窦又引用了《周易》来阐明基督教之利害观。

……既不宜望利以为己，犹必当广利以为人。以是知利无所伤于德也。利所以不可言者，乃其伪，乃其悖义者耳。《易》曰："利者，义之和也。"又曰："利用安身，以崇德也。"②

---

① 传统经学也认为"三圣"应该是伏羲、周文王和孔子，因周公是周文王之子，根据古代父子相从的宗法观念而将周公省略了。
② ［意］利玛窦：《天主实义》，载利玛窦著，朱维铮主编《利玛窦中文著译集》，复旦大学出版社2001年版，第62页。

"利者，义之和也"来自《周易》之《文言传》对乾卦卦辞"元、亨、利、贞"的解释："元者，善之长也；亨者，嘉之会也；利者，义之和也；贞者，事之干也。"①"乾"代表天，天道运行周而复始，刚健不已。"元、亨、利、贞"分别对应"春、夏、秋、冬"四个季节②。四季依天道更替循环，和谐而有序。元是开始的意思，万物在春天开始滋生，这是自然界最大的善事，因而称"元者，善之长也"。亨是亨通的意思，嘉是美好的意思，万物在夏天生长旺盛，畅通无阻，一切美好的事物无不汇聚于此时，因而称"亨者，嘉之会也"。利是利益的意思，万物经过春生、夏长，到秋天成熟后就应该收获果实了，而人们在分配果实的时候需要充分考虑各方面的利益。义是正义的意思，利益分配必须符合正义，让大家在利益面前处于一种和谐不乱的状态，因而称为"利者，义之和也"。贞是"正"的意思，干是"主干"和"根本"的意思，即本质属性。冬天万物凋零，只剩下根和主干；于人而言，为人处世的本质在于坚守正道，因而称为"贞者，事之干也"。

"利"于自然层面而言体现了天道运行的自然观，"利"是春夏秋冬四季更替不可或缺的环节，而这种自然观与基督教"起初神创造天地"③的创世观念是不相融的。因此"利者"所体现的自然观并不是利玛窦所需要的内容，利玛窦看中的是"利者，义之和也"所体现的利益观——追逐利益是为了正义及和谐。凡是不能说清楚的利益，都不是真实的，也违背了"义之和"的原则。利玛窦认为人不宜奢望自己的利益，而应当为他人谋取利益，只有这样的利益才不会有损于道德。利玛窦又引用《周易》之《系辞传》（下）"利用安身，以崇德也"，以证明"利无所伤于德"的道理。

  往者屈也，来者信也，屈信相感而利生焉。尺蠖之屈，以求信也；龙蛇之蛰，以存身也；精义入神，以致用也；利用安身，以崇德也。④

---

① 李申：《周易经传译注》，湖南教育出版社2004年版，第3页。
② 金景芳、吕绍刚：《周易讲座》，吉林大学出版社1987年版，第100页。
③ 《旧约》，《圣经》（"神"版），中国基督教协会2009年版，第1页。
④ 李申：《周易经传译注》，湖南教育出版社2004年版，第217页。

第一章 "文化适应"语境下利玛窦对《周易》的解读

在《周易》之《系辞传》中,"利"是"屈信相感"的结果,即一屈一伸产生利益。"用"是"精义入神"的结果,即精细地研究义理,进入神妙的境地才能够应用自如。"利用安身"意谓人们如能达到屈信相感而精义入神的境界就可以安身了,而其目的是"崇德",即提高思想道德。《系辞传》所言"利用安身,以崇德也"与利玛窦提出的"利无所伤于德"二者虽不完全一致,但就强调"德"的重要性而言,此二者又是相通的。

利玛窦并没有将"利"的阐述止于道德层面,而是由此引申出"现世之利"和"来世之利"的基督教观念,利玛窦告诉人们现世之利"虽至王天下,犹为利之微",而与现世之利形成鲜明对比的是来世之利"至大也,至实也,而无相疑,纵尽人得之,莫相夺也"[①]。利玛窦规劝人们轻现世之利,而重来世之利,这与儒家"经世致用"以及"未知生,焉知死"的世俗观念是完全相反的。儒家思想着眼于现世关怀,利玛窦对现世之利给予了坚决的批判。利玛窦将现世中的世俗之利害分为三等:"一曰'身'之利害,……二曰'财货'之利害,……三曰'名声'之利害。"此三者中,"世俗大概重名声之利害,而轻身财之损益"[②]。利玛窦承认儒家"仁义"、"仁政"等思想对于提高个人的道德名声起到了积极的作用,但较之于来世之利害,儒家的现世关怀就不值一提了。"来世之利害甚真,大非今世之可比也。吾(西士)今所见者,利害之影耳,故今世之事,或凶或吉,俱不足言也。……人生世间,如俳优在戏场;所为俗业,如搬演杂剧。"[③] 在利玛窦看来,相较于来世之利害,现世之利害显得何其渺小,现世俗务如同"演戏",短暂而又不真实,因此人们应当超越现世,着眼于来世之利害。

对于信奉基督教的人而言,最大的来世之利莫过于死后灵魂进入天堂,在末日审判后进入新天地;而最大的来世之害莫过于死后灵魂坠入

[①] [意]利玛窦:《天主实义》,载利玛窦著,朱维铮主编《利玛窦中文著译集》,复旦大学出版社2001年版,第62页。

[②] [意]利玛窦:《天主实义》,载利玛窦著,朱维铮主编《利玛窦中文著译集》,复旦大学出版社2001年版,第62页。

[③] [意]利玛窦:《天主实义》,载利玛窦著,朱维铮主编《利玛窦中文著译集》,复旦大学出版社2001年版,第63页。

地狱，在末日审判后被扔进烧着硫磺的火湖里①。利玛窦引入来世之利害的概念，旨在让儒家士大夫们明了天堂地狱之赏罚，以报世人所为善恶。"故终身为善，不易其心，则应登天堂，享大福乐而赏之；终身为恶，至死不悛，则宜堕地狱，受重祸灾而罚之。"②利玛窦又用儒家"近君子而远小人"的思想来证明天堂与地狱的利害之分是符合正道的。"天堂非他，乃古今仁义之人所聚光明之宇；地狱亦非他，乃古今罪恶之人所流秽污之域。"③儒家注重现世对善恶的报应，而利玛窦认为现世善恶之报是微不足道的，非天堂不能赏其善，非地狱不能惩其恶，即只有天堂与地狱才是对善恶的最终赏罚。

利玛窦从《周易》之《文言》"利者，义之和也"引出基督教之利害观，从"利"的道德层面延伸至现世之利和来世之利的区别，进而引导儒家士大夫相信天堂与地狱之赏罚，整个论述过程充满了利玛窦对儒家经典的"适应性"解读，然而这种"适应"是有选择的，并不是对儒家文化的一味妥协。凡儒家思想与基督教教义相通之处，则加以附会利用；凡相异之处则弃而不用；凡相悖之处则加以否定和批判。

二 《二十五言》

《二十五言》与利玛窦的其他著述不同，其并非由利玛窦本人撰写，而是他根据古罗马斯多葛派哲学家爱比克泰德（Epictetus）的《手册》（*The Encheiridion*）改写而成的，利玛窦在《二十五言》中利用《周易》阐述了儒家思想与西方斯多葛派哲学以及基督教思想之间的契合。

（一）《二十五言》简介

《二十五言》成书于1599年，1604年冯应京出资刊印。据《明末清初耶稣会思想文献汇编》，该书在梵蒂冈教会图书馆和法国国家图书馆均有藏本④。《二十五言》阐释了西方斯多葛哲学的道德观及修养之法，

---

① 《新约》，载《圣经》（"神"版），中国基督教协会2009年版，第290—291页。
② ［意］利玛窦：《天主实义》，载利玛窦著，朱维铮主编《利玛窦中文著译集》，复旦大学出版社2001年版，第68页。
③ ［意］利玛窦：《天主实义》，载利玛窦著，朱维铮主编《利玛窦中文著译集》，复旦大学出版社2001年版，第65页。
④ 郑安德：《明末清初耶稣会思想文献汇编》（第一卷），北京大学出版社2003年版，第301页。

第一章 "文化适应"语境下利玛窦对《周易》的解读

力图建立起《周易》和斯多葛哲学之间的契合,并在此基础上逐渐突出儒家思想和基督教思想的一致性,如利玛窦认为儒家和基督教都重视"无以自夸"的道德观,以及强调"以力行为贵"的行为观①。

《二十五言》涉及平和、处难、静心、修学、守仁、克己、毋傲、行善等内容,全书共计二十五段,故取名《二十五言》。中国儒家士大夫对该书给予了高度评价,甚至认为"一位来自一直被视为蛮夷民族的外国人(利玛窦)能够这样熟练地论述如此微妙的问题实在难以置信"②。后来金坛名医王肯堂将其中的十四言收入《郁冈斋笔麈》,并称之"若浅近而其旨深远",明末科学家李之藻汇编《天学初函》时将此书全文收入其中,明末文渊阁大学士徐光启为其作跋,赞之曰:"是亦所谓万分之一也,然大义可睹矣。"明末户部主事冯应京为其撰序,并感叹利玛窦"载此道腴,梯航而来以惠我中国"③。然而,并非所有中国文人都对此书持褒扬态度,在《四库全书总目提要》中编撰者就极尽诋毁之词,曰"大旨多剽窃释氏,而文词犹拙"④。总体而言,中国文人对《二十五言》的褒扬远远超过诋毁,特别是徐光启、冯应京、王肯堂、李之藻等官绅名流的赞誉使得该书在中国文人学者中广为流传,其积极影响甚至远在《天主实义》之上。

(二)《二十五言》对《手册》的改写

《二十五言》刻印后,耶稣会和中国儒家士大夫都误认为该书是利玛窦的原创之作。《利玛窦中国札记》写道:"利玛窦神父还就各种道德问题和控制灵魂的罪恶倾向的问题写过二十五篇短文(《二十五言》)。"⑤ 冯应京在《二十五言》一书的序言中写道:"兹《二十五言》,实本天数,大西国利先生作也。"⑥ 民国天主教《圣教杂志》主编徐宗泽也认为该书由

---

① [意]利玛窦:《二十五言》,载利玛窦著,朱维铮主编《利玛窦中文著译集》,复旦大学出版社2001年版,第133页。
② [意]利玛窦、[法]金尼阁:《利玛窦中国札记》,何高济、王遵仲、李申译,中华书局2010年版,第484页。
③ 徐宗泽:《明清间耶稣会士译著提要》,上海世纪出版集团2010年版,第250—252页。
④ (清)纪昀:《四库全书总目提要》,河北人民出版社2000年版,第3233页。
⑤ [意]利玛窦、[法]金尼阁:《利玛窦中国札记》,何高济、王遵仲、李申译,中华书局2010年版,第484页。
⑥ (明)冯应京:《二十五言序》,载[意]利玛窦著,朱维铮主编《利玛窦中文著译集》,复旦大学出版社2001年版,第137页。

"大西利玛窦述"①。《四库全书总目提要》对《二十五言》的记述首句即为"明利玛窦撰"②，当代学者方豪也沿用前人的这种说法③。利玛窦来华传教前曾在罗马公学受过严格的经院哲学教育，利玛窦后来的许多著作处处渗透着古希腊和古罗马的人文思想，其中《二十五言》就直接取材于古罗马哲学家爱比克泰德的《手册》。

利玛窦并没有告诉世人《二十五言》内容的真实来源，只是在1605年2月致罗马马塞利神父的信中提到："在此小册子中我只谈修德养性，如何善用光阴，完全以自然哲学家的口吻论事，不攻击任何宗教，当然是现天主教伦理的色彩。"④ 同年5月在利玛窦致法比奥·德·法比神父（Fabio de Fabii）的书信中又提及此书"只谈人内心修养，颇呈现希腊斯多葛派学人的意味"⑤。利玛窦在这两封书信中透露了《二十五言》的内容可能与西方斯多葛派哲学存在一些相似之处，但并没有明确地向世人展示这两本书之间的渊源关系，直到1975年学者斯帕拉廷（Christopher Spalatin）首次考证出《二十五言》是利玛窦对斯多葛学派哲学家爱比克泰德的著作《手册》的部分翻译⑥。严格地讲，《二十五言》并非对《手册》逐字逐句的翻译，而是以《手册》为蓝本，采用了"选译、改编、组合、添加、替换、删节、附会、杜撰"⑦ 等改写手段，将《手册》中斯多葛学派哲学思想中的修身实践理念以基督教道德观的名义呈现出来，也就是利玛窦所言"现天主教伦理的色彩"。

《手册》原文共有五十三节，利玛窦改写了其中的二十五节。二十五这个数字跟《周易》密切相关，正如冯应京在《二十五言》序言中所谓"实本天数"，《周易》之《系辞传》（上）云："天数二十有五，

---

① 徐宗泽：《明清间耶稣会士译著提要》，上海世纪出版集团2010年版，第250页。
② （清）纪昀：《四库全书总目提要》，河北人民出版社2000年版，第3233页。
③ 方豪：《中国天主教史人物传》，宗教文化出版社2007年版，第58页。
④ ［意］利玛窦：《利玛窦书信集》（下），罗渔译，台北辅仁大学出版社1986年版，第268页。
⑤ ［意］利玛窦：《利玛窦书信集》（下），罗渔译，台北辅仁大学出版社1986年版，第276页。
⑥ Christopher Spalatin, "Matteo Ricci's Use of Epictetus' Encheiridion", *Gregorianum*, Vol. 56, No. 3, 1975.
⑦ 符金宇：《"重写者"利玛窦——〈二十五言〉重写手段与策略分析》，《解放军外国语学院学报》2011年第1期。

第一章 "文化适应"语境下利玛窦对《周易》的解读

地数三十,凡天地之数五十有五,此所以成变化而行鬼神也。"①《易》与天地准,故能弥纶天地之道,利玛窦取二十五这个天数是很有讲究的,他向中国的儒家士大夫们暗示该书恰如《周易》一般弥纶天地之道,从而给这本基督教道德箴言集披上一件儒家经典的外衣。《二十五言》实际讲述的是西方斯多葛学派哲学的修身实践,表达的内涵却是基督教的道德伦理,而呈现方式和语言却是地道的儒家经典的方式和语言,或教导,或劝诱,或警示,或训诫,并辅以对话、反问等。全文短小精悍,字字珠玑。每小节各自独立成篇,但都主题鲜明,中心突出。

利玛窦所书《二十五言》保持了爱比克泰德所撰《手册》的基本内容,但有所改写,最突出的是利玛窦用《周易》中的圣贤和《周易》本身来替换《手册》中的希腊人名和典籍,如用"伏羲"或"《易》"替换"Chrysippus"(克利西波斯,古希腊哲学家,斯多葛派哲学领袖),用"《周易》"替换"works of Chrysippus"(克利西波斯的著作),用"文王、周公、仲尼"替换"someone who explains them"(能解释克利西波斯著作的人),又用"乐府"替换"Homer"(荷马,古希腊盲人诗人)等②。

以《手册》第四十九条为例,"克利西波斯(Chrysippus)"这个名字在《手册》第四十九条中共出现五次,对于学习过西方经院哲学的耶稣会传教士而言,这个名字可谓耳熟能详,然而对于尚未接触过西方哲学的中国儒家士大夫而言,这个名字就显得太过陌生了,于是利玛窦在《二十五言》第二十一节中将"克利西波斯(Chrysippus)"这个希腊哲人的名字替换成了中国儒家士大夫们熟悉的儒家圣贤伏羲氏,伏羲是中华文明的开创者,也是《周易》哲学的奠基人,其在中国人心目中的威望和地位就相当于克利西波斯在古希腊斯多葛学派中的威望和地位。"文王、周公、仲尼"都是《周易》哲学中的关键人物,也是中国人熟知的古代圣贤,利玛窦用他们来替代古希腊时代能真正"理解并解释克利西波斯著述的人"(He understands and can expound the works

---

① 李申:《周易经传译注》,湖南教育出版社2004年版,第205页。
② Epictetus, "Encheiridion", in Steven M. Cahn, *Classics of Western Philosophy* (Fourth Edition), Indianapolis and Cambridge: Hackett Publishing Company, Inc., 1995, p.351.

of Chrysippus)①。古希腊诗人荷马从民间流行的短歌中取材,经过重新加工整理而成的《荷马史诗》是西方最早的长篇史诗,在《手册》中爱比克泰德用"荷马"(Homer)指代古希腊广为传唱的民间短歌。在《二十五言》中利玛窦用"乐府"替代《手册》中的"荷马"(Homer),"乐府"是古代中国专门掌管音乐的行政机关,其任务就是大量采集民歌,在一些重要的场合配乐吟唱,后来"乐府"用以指代中国古代的民间音乐。"荷马"(Homer)和"乐府"具有极为相似的指称意义,利玛窦巧妙地利用二者的相似性缩短了中西方文化之间的距离。

利玛窦将"克利西波斯的著作"(works of Chrysippus)替换成位居儒家群经之首的《周易》,克利西波斯的著作(works of Chrysippus/ some Chrysippus)是古希腊斯多葛学派的哲学经典,但对于中国儒家士大夫而言却闻所未闻。利玛窦并非是要儒家士大夫们知晓克利西波斯著作的名字,而是要让士大夫们了解到这是一部伟大的典籍,因此利玛窦用《周易》来替代之,儒家士大夫们就不难理解原著的经典地位了。在《手册》中爱比克泰德使用"哲人"(a philosopher)指称能够践行斯多葛哲学的人,而用"语法家"(grammarian)指那些只将斯多葛哲学挂在嘴边而从不付诸行动的人,此二者之间的地位差异是相当悬殊的,利玛窦用"儒士"和"优伶"来指代《手册》中的"哲人"(a philosopher)和"语法家"(grammarian)②,在"万般皆下品,唯有读书高"的中国封建社会,"儒士"是受众人景仰的阶层,而"优伶"只不过属于下九流之列,原文中二者之间的地位高下在利玛窦的改写中立见分晓。

利玛窦对《手册》的改写不仅体现在词汇的层面,更体现在他对原文句义的重新阐释,如《手册》第四十九条第二段第二节"To learn to understand nature and follow it"(了解自然并顺从自然)③,利玛窦将之改写为"然有人欲学儒,则慕性命之理,心将明之,身将行之"④。此处利

---

① Epictetus, "Encheiridion", in Steven M. Cahn, *Classics of Western Philosophy* (Fourth Edition), Indianapolis and Cambridge: Hackett Publishing Company, Inc., 1995, p. 351.
② Epictetus, "Encheiridion", in Steven M. Cahn, *Classics of Western Philosophy* (Fourth Edition), Indianapolis and Cambridge: Hackett Publishing Company, Inc., 1995, p. 351.
③ Epictetus, "Encheiridion", in Steven M. Cahn, *Classics of Western Philosophy* (Fourth Edition), Indianapolis and Cambridge: Hackett Publishing Company, Inc., 1995, p. 351.
④ [意]利玛窦:《二十五言》,载利玛窦著,朱维铮主编《利玛窦中文著译集》,复旦大学出版社2001年版,第133页。

玛窦将"了解自然"（understand nature）译为"学儒"，然后再用"性命之理"加以解释。"自然"（nature）是道教术语，利玛窦对道教基本上持否定态度，因此如果将《手册》中"自然"（nature）一词直译为"自然"是极为不妥的。"性命"一词来自乾卦之《象传》中的"乾道变化，各正性命"，意思是说："《乾》道象征了天道的变化规律，人们掌握了大自然的各种属性，遵循大自然的变化规律。"① 《周易》是儒家经典，利玛窦采取了适应儒家文化的态度，因此利玛窦用"性命之理"来解释"自然"（nature）是对其有利的。"心将明之，身将行之"其实是对《手册》第四十九条第二段第七句"what remains is to carry out what has been conveyed to me"② 的改写，利玛窦将这句话提前到了第二段第二句，将"学儒"和"以力行为贵"联系起来。

利玛窦根据爱比克泰德的斯多葛哲学著作《手册》改写而成《二十五言》，其目的并非是要中国儒家士大夫准确无误地了解斯多葛哲学，而是要让士大夫们通过斯多葛主义的修身实践来了解基督教"勿自夸自傲"的道德观以及"以力行为贵"的行为观。翻译目的决定翻译策略，利玛窦灵活应用各种改写手段使《二十五言》读起来恰如在阅读儒家四书五经一般。这种改写对于急需在中国传教的利玛窦而言不仅是必要的，而且是非常"有效"的。《二十五言》消除了士大夫们对基督教的反感和排斥，这比直接向儒家士大夫们灌输基督教思想确实要高明很多。实践证明利玛窦执行的"文化适应"政策达到了他想要实现的效果，以斯多葛哲学典籍《手册》为蓝本改写的《二十五言》在儒家士大夫阶层中产生了强烈的共鸣。《四库全书总目提要》对《二十五言》的记载称："西洋教法传中国亦自此二十五条始。"③ 利玛窦也多次在与罗马教会的通信中提到《二十五言》备受儒家士大夫们青睐，他们开始接受基督教教义，甚至一些很有名望的儒士（如徐光启，教名保禄；李之藻，教名良）都成为了基督教徒。

三 《乾坤体义》

《乾坤体义》是利玛窦编译的一本天文学著作，其主要内容来自古

---

① 邓球柏：《白话易经》，人民出版社2012年版，第212页。
② Epictetus, "Encheiridion", in Steven M. Cahn, *Classics of Western Philosophy* (Fourth Edition), Indianapolis and Cambridge: Hackett Publishing Company, Inc., 1995, p.351.
③ （清）纪昀：《四库全书总目提要》，河北人民出版社2000年版，第3233页。

希腊自然哲学，编译的主要底本是德国耶稣会士克拉维乌斯（Christoph Clavius）所著《萨克罗博斯科天球论注释》(*In Sphaeram Ioannis de Sacro Bosco Commentarius*)①。《乾坤体义》全书分为上、中、下三卷，上卷讲天体，以及构成天地万物的四元行论；中卷讲太阳、月亮、地球三者之间的大小、距离、投影等内容，并附有徐光启作"地圆三论"；下卷列十八道几何题，证明圆形和球体的包容性最大。该书部分内容在三卷本《乾坤体义》刊印前就已经在儒家士大夫之间广为流传了，其中上卷有关天体的内容以及四元行论也曾在南京单独刊印过。中卷部分内容于1602年收入金坛名医王肯堂《郁冈斋笔麈》；下卷更名为"圆容较义"（原名"容较图义"）于1629年收入李之藻编《天学初函》。1782年《乾坤体义》上、中、下三卷合订刊印收入《四库全书》。《四库全书》编撰者评价《乾坤体义》"皆前人所未发。其多方罕譬，亦复委曲详明"②。明末清初中国传统天文学走向衰落，在制定历法、预测日蚀或月蚀等天文学现象时经常出错，而利玛窦等西方传教士传入的天文学知识不仅让人耳目一新，而且准确实用，《乾坤体义》一书因而受到儒家士大夫的极力推崇。

（一）驳五行相生

利玛窦在《乾坤体义》上卷提出"四元行论"，并引用《周易》河图五行数来驳斥中国传统五行相生学说。

> 且《易》注"天一生水，地二生火，天三生木，地四生金，天五生土"，则五者之生，若有先后一定之数矣。今曰金生水，则金四当先于水一矣；曰木生火，则木三当先于火二矣；曰土生金，则土五当先于金四矣；火二虽居土五之前，然隔三四，何以生土？木三虽居土一之后，然隔火二，何以承生于水乎？是其序均非义矣。③

河图五行数是对《周易》之《系辞传》"天地之数"④的进一步阐

---

① 孙承晟：《明末传华的水晶球宇宙体系及其影响》，《自然科学史研究》2011年第2期。
② （清）纪昀：《四库全书总目提要》，河北人民出版社2000年版，第2705页。
③ ［意］利玛窦：《乾坤体义》，载利玛窦著，朱维铮主编《利玛窦中文著译集》，复旦大学出版社2001年版，第526页。
④ 李申：《周易经传译注》，湖南教育出版社2004年版，第205页。

第一章 "文化适应"语境下利玛窦对《周易》的解读

释,其中"一、二、三、四、五"称为生数,即"天一生水,地二生火,天三生木,地四生金,天五生土"。在河图中天数"一"位于北方,在五行中北方属水,因而称天一生水;地数"二"在南方,南方五行为火,因而称地二生火;天数"三"在东方,东方五行为木,因而称天三生木;地数"四"在西方,西方五行为金,因而称地四生金;天数"五"在中央,中央五行为土,因而称天五生土。中国传统五行观念认为五行相生,即金生水,水生木,木生火,火生土,土生金。利玛窦利用《周易》说明五行之生是有一定顺序的,然而根据这种固定的顺序,那么五行的相生关系却是混乱的。如果说金生水,那么金应该排在水之前,然而在《周易》中金排在第四位,而水却排在第一位;如果说木生火,那么木应该排在火之前,而在《周易》中木排在第三位,而火却排在第二位;如果说土生金,那么土应该排在金之前,然而在《周易》中土排第五,而金却排第四;如果说火生土,尽管在《周易》中火的排位确实在土之前,但火和土之间还隔着木和金,因此火也不可能生土;如果说水生木,尽管木在《周易》中的排位确实后于水,但木和水之间还隔着火,因此木也不可能由水生。如此,利玛窦试图借用《周易》指出五行相生的谬误。

利玛窦利用儒家经典来批判儒家学说,这种"以彼之矛攻彼之盾"的做法非常"高明",《周易》贵为群经之首,既然五行相生与《周易》的说法不一致,那么五行相生的说法自然就不成立了,利玛窦是想利用《周易》在儒经中的权威性劝说儒家士大夫们放弃五行学说。然而,利玛窦对《周易》"天地之数"的理解是错误的,因此其对五行相生的批驳也就无足为据了。《周易》之《系辞传》(上)曰:"天一,地二,天三,地四,天五,地六,天七,地八,天九,地十。"[1] 这里的天和地其实就是"阳"和"阴","也就是把自然数划分为两类,单数叫做天,也叫做阳,双数叫做地,叫做阴。天地、阴阳,与奇偶是一样的"[2]。因此,"一、二、三、四、五"跟顺序没有任何关系,只是表示阴阳属性不同的两组数,即"一、三、五"是天数,而"二、四"是地数。在五行中,"木生火,火生土,土生金,金生水,水生木",这种相生关系是

---
[1] 李申:《周易经传译注》,湖南教育出版社2004年版,第208页。
[2] 金景芳、吕绍刚:《周易讲座》,吉林大学出版社1987年版,第12页。

循环反复的，无所谓始，也无所谓终，因此五行相生也就没有先后次序的问题，利玛窦用先后次序来驳斥五行相生是没有根据的。利玛窦之所以不遗余力地批判五行相生说，是因为五行学说与基督教宇宙观有冲突，利玛窦认为构成宇宙万物的不是"金、木、水、火、土"五行，而是"火、气、水、土"四行。

（二）四元行论

利玛窦批判中国传统的五行相生关系是要提出西方的"四元行论"。"四元行论"源于古希腊哲学家恩培多克勒（Empedocles）的四根说和亚里士多德（Aristotle）的四元素说。恩培多克勒认为"火、气、水、土"是万物构成之根，亚里士多德将"火、气、水、土"称为四元素，并认为四元素就是四种性质，而元素性质的组合只有四对，即"热与干、热与湿、冷与湿、冷与干，这四对组合要依附于显然的单纯物体，即火、气、水、土"[①]。干与冷合成土，干与热合成火，湿与冷合成水，湿与热合成气，然而"火、气、水、土"四种元素并不是孤立存在的，而是根据冷、热、干、湿性质的变化而彼此相互生成。

古希腊的四元素论与中国传统的五行论对世界万物的构成有不同的认识，五行论认为构成万物的是金、木、水、火、土五种基本物质，而四元素论认为世界是由火、气、水、土四种单纯物质构成的。利玛窦在《乾坤体义》中将"四元素论"改称为"四元行论"，元是最初和根本的意思，元行就是最基本的元素，而"金木者实有水、火、土之杂乎！杂者不得为元行矣"[②]。在利玛窦看来，金和木已经包含了水、火、土三种元素，因此金和木并不是构成世界的最基本的元素，由此确立四元行论在世界最初物质构成上的合理性。

当然利玛窦并非是要儒家士大夫们理解古希腊自然哲学，而是要他们理解四元行论中的神学思想，因此利玛窦接着对四元行论进行了神学阐释。"当初造物者，欲创作万物于寰宇，先混沌造四行，然后因其情

[①] ［古希腊］亚里士多德著，苗力田主编：《亚里士多德全集》（第二卷），中国人民大学出版社1991年版，第443—444页。

[②] ［意］利玛窦：《乾坤体义》，载利玛窦著，朱维铮主编《利玛窦中文著译集》，复旦大学出版社2001年版，第525页。

第一章 "文化适应"语境下利玛窦对《周易》的解读

势,布之于本处矣。火情至轻,则跻于九重天之下而止;土情至重,则下凝而安天地之当中;水情比土而轻,则浮土之上而息;气情不轻不重,则乘水土而负火焉。"① 利玛窦很自然地赋予了四元行论以造物主创造天地万物的神学意义,造物主在创造天地万物之前的混沌状态中先造了火、气、水、土四行,然后再根据四行的不同性质将它们置于各自本该归属的位置。火的性质是干而热,因此最为轻而稀薄,呈向上运动的趋势,最终处于最上方的九重天之下;土的性质是冷而干,最为沉重,呈向下运动的趋势,因而位于最下面;水的性质冷而湿,相对较重,也呈向下运动的趋势,但水比土轻,因而位于土之上;气的性质是热而湿,不轻不重,呈向上运动的趋势,因而位于水和火之间。利玛窦将源自古希腊自然哲学思想的"四元行论"纳入基督教造物论的神学体系,造物主先天地而造"火、气、水、土"四行,然后再利用四行作为初始元素创造了天地万物。

利玛窦竭力向儒家士大夫引入四元行论,但值得注意的是,利玛窦并没有完全否定五行学说,利玛窦对五行说既有批驳,也有保留和补充。五行学说和四元行论同中有异,异中有同。利玛窦批驳了五行的相生关系,他在四元行论中去掉了五行中在他看来"杂而不纯"的金和木,但却保留了五行学说中的火、水、土三种元素,而且同时又增加了"气"。"气"是《周易》哲学乃至整个儒学中一个非常重要的哲学范畴,但并非是作为物质而存在的"空气","气"的观念在中国哲学中经历了一个发展演化的过程,总体而言是指"中国古代哲学中表示现代汉语中所谓物质存在的基本观念"②。四元行论中的"气"作为一种物质存在的基本元素,其与儒学思想中的"气"极为相似,由此利玛窦在基督教思想和儒家学说之间再次建立起一个"契合点"。在"文化适应"的语境下,为在中国传播基督教,利用《周易》或其他儒家经典中的概念去诠释基督教教义是以利玛窦为代表的耶稣会士们惯用的传教手段。

---

① [意]利玛窦:《乾坤体义》,载利玛窦著,朱维铮主编《利玛窦中文著译集》,复旦大学出版社2001年版,第526页。

② 张岱年:《中国古典哲学概念范畴要论》,中华书局2017年版,第35页。

小　结

　　16世纪末基督教所属天主教耶稣会传入中国，为在中国顺利开展传教活动，耶稣会采取了调和儒家文化的"文化适应"政策。耶稣会传教士利玛窦是最早进入中国内地传教的西方传教士之一，他积极倡导并不遗余力地执行"文化适应"政策，努力在儒家经典中寻找基督教的痕迹。利玛窦利用《周易》向儒家士大夫证明基督教要义的合理性，揭示儒家思想与基督教思想之间的高度契合，但同时也批判了"太极"、"五行相生"等违反基督教要义的儒家思想。

　　利玛窦对《周易》的解读反映了他对《周易》乃至整个儒学的态度，为适应在华传教的需要，利玛窦既要合儒，也要补儒。他将《周易》的解读纳入到整个西方基督教思想体系中去考量，对《周易》与基督教思想相通的地方采取"合儒"的态度，并充分加以利用，而对《周易》与基督教思想相互抵牾之处则首先加以批判，然后再利用基督教思想改造之，以达到"补儒"的目的。对于利玛窦而言，无论是"合儒"，还是"补儒"，其最终目的是在适应儒家文化的基础上传播西方基督教思想。利玛窦倡导并执行的"文化适应"政策不仅得到了中国儒家士大夫的支持，而且获得了中国统治者和罗马教廷的认同。利玛窦对《周易》的"文化适应性"解读体现在他撰写的大量著述以及与西方教会往来的书信中，客观地讲，这些著述和书信传播的范围是比较有限的，而且在西方其阅读对象基本上以传教士为主，但其影响却不容小觑。利玛窦对《周易》的"文化适应性"解读为后世来华的耶稣会士译介与传播《周易》奠定了基础，同时也给利玛窦去世后在中国和欧洲旷日持久的"礼仪之争"埋下了伏笔。

第二章　易经主义者对"文化适应"政策的继承和发展

第一节　易经主义者及其生平简介

17世纪末有一批自法国来华的耶稣会士,他们继承了前辈耶稣会士制定的"文化适应"政策,将《周易》作为有力的传教工具,他们在一起形成了一个研究和学习《易经》(《周易》)的小学术团体,这个耶稣会小团体被称为"《易经》学派"。他们采用索隐学或象征学的释经法解释古老的中国典籍①,特别注重从《易经》(《周易》)中发掘基督教的痕迹,认为《易经》(《周易》)就是中国的《圣经》,甚至"《易经》(《周易》)中蕴涵着《圣经》所缺少的、不为人知的救恩史的秘密"②。《易经》学派的观点严重动摇了《圣经》的神圣地位,因而遭到了其他耶稣会士和教派的强烈批评,他们被反对者称为"易经主义者(Ykingistes)"③。"《易经》学派"以法国耶稣会传教士白晋、傅圣泽和马若瑟为代表。白晋是第一批由法国国王路易十四选派到中国的法国耶稣会传教士之一,傅圣泽和马若瑟都是由白晋返回法国招募,并由路易十四派遣到中国的第二批法国耶稣会传教士中的成员,他们后来成为《易经》学派的主要成员,协助白晋研究《周易》。

---

① [丹麦]龙伯格著,张西平审校:《清代来华传教士马若瑟研究》,李真、骆洁译,大象出版社2009年版,第7页。
② [德]柯兰霓:《耶稣会士白晋的生平与著作》,李岩译,大象出版社2009年版,第99页。
③ Richard Rutt, *The Book of Changes (Zhouyi): A Bronze Age Document Translated with Introduction and Notes*, London and New York: Routledge Taylor and Francis Group, 2002, p.62.

一 白晋生平

白晋原名约阿西姆·韦布，白晋是其中文名，字明远。白晋于1656年出生在法国勒芒（Le Mans）市，年少时被送入弗莱彻（La Flèche）耶稣会学校，在那里他广泛学习各种人文及自然科学知识，这些知识为他今后的人生道路奠定了重要的基础。1673年10月9日白晋加入了耶稣会。在弗莱彻求学期间，白晋将前辈耶稣会士沙勿略视为偶像，他还听说了利玛窦在神秘的中国传教的故事，于是便立下夙愿前往中国传教①。1685年3月白晋随另外五名耶稣会士受法国国王路易十四派遣离开欧洲，于1687年7月进入中国，并于1688年2月抵达北京②。1730年6月白晋在北京去世，从白晋入华到去世共计43年间，白晋曾受康熙皇帝委托，短暂返回欧洲招募更多有学识的耶稣会士来华，其余大部分时间都在中国度过，他不仅传教，而且还著书立说向中国传授西方先进的科技知识，同时也向西方传播中国文化，从而为中西文化交流做出了卓越的贡献。

二 傅圣泽生平

傅圣泽，原名让·弗朗索瓦·富凯，傅圣泽是其中文名，字方济。傅圣泽1665年出生在法国荣纳省（Yonne）的维泽莱（Vézelay）镇。傅圣泽曾就读于巴黎的大路易学院，他在那里接受的教育引领他热爱并进入耶稣会，在接受来自耶稣会士的初级教育时傅圣泽发下誓愿为传教献身。傅圣泽于1681年9月17日成为耶稣会的一名见习修士进入巴黎修院，他在那里研究哲学三年，神学四年，教授古典学四年，数学一年，而且还在巴黎大路易学院当了三年（1686—1689）学监③。1697年白晋奉康熙皇帝之命返回巴黎招募更多传教士为中国服务，傅圣泽应召成为第二

---

① [德] 柯兰霓：《耶稣会士白晋的生平与著作》，李岩译，大象出版社2009年版，第12—13页。
② 方豪：《中国天主教史人物传》，宗教文化出版社2007年版，第417页。
③ [美] 魏若望：《耶稣会士傅圣泽神甫传：索隐派思想在中国及欧洲》，吴莉苇译，大象出版社2006年版，第69—70页；[法] 费赖之：《在华耶稣会士列传及书目》，冯承钧译，中华书局1995年版，第556页。

批法国国王派遣赴华的传教士。1698年傅圣泽一行在白晋的安排下前往中国,并于次年到达厦门。傅圣泽初到中国时,先是在福建、江西等地传教,后经白晋举荐,进入皇宫协助白晋一起研习《周易》,并直接为宫廷服务。1720年傅圣泽奉罗马耶稣会总会长坦布里尼(Michelangelo Tamburini)之命返回欧洲,并带回大量中国典籍。傅圣泽深受中国文化影响,他返回欧洲后继续热衷于宣传中国文化,为中国文化在欧洲的传播做出了不可磨灭的贡献。

三 马若瑟生平

马若瑟,原名约瑟夫·戴·普雷马尔,马若瑟是其中文名,字龙周。马若瑟于1666年出生于法国北部城镇瑟堡城(Cherbourg),1683年在法国教区加入了耶稣会,并于1698年与傅圣泽以及其他十位耶稣会传教士在白晋的带领下启程前往中国[①]。马若瑟到达中国后被派往江西传教,曾久居饶州、建昌、南昌、九江等地,1714年马若瑟奉召进入清王朝宫廷协助白晋工作。1723年马若瑟被任命为法国传教会咨询员,但1724年随着雍正皇帝在中国禁止传播基督教,马若瑟和其他宫廷之外的传教士被放逐到广州。1732年马若瑟奉命回法国汇报传教团在中国的遭遇,次年卒于返华途中[②]。马若瑟本来是肩负着传播基督教的使命来到中国的,但他却将主要精力放在中国语言文字和文学的研究上,法国汉学家雷慕沙(Jean-Pierre Abel-Rémusat)称其与宋君荣(Antoine Gaubil)同为"中国文学造诣最深者,……非当时之同辈与其他欧洲人所能及"[③]。马若瑟一生著述丰厚,其中《汉语札记》(又名《中国语言志略》或《中国语文札记》)是西方第一部系统介绍汉语语法的书籍,成为欧洲汉语语法研究的奠基之作。马若瑟还首次将元代杂剧《赵氏孤儿》翻译成法语,并由此开启中国戏剧在欧洲的传播之旅。

---

① [丹麦]龙伯格著,张西平审校:《清代来华传教士马若瑟研究》,李真、骆洁译,大象出版社2009年版,第9页。

② [丹麦]龙伯格著,张西平审校:《清代来华传教士马若瑟研究》,李真、骆洁译,大象出版社2009年版,第17—18页;[法]费赖之:《在华耶稣会士列传及书目》,中华书局1995年版,第526页。

③ [法]费赖之:《在华耶稣会士列传及书目》,中华书局1995年版,第528页。

第二节　白晋与傅圣泽在康熙指导下对《周易》的研习

为更好地利用《周易》在中国传教，同时也为了充分挖掘《周易》中隐含的基督教秘密以博取西方教会的支持和同情，易经主义者展开了对《周易》持久的研习，并得到了中国皇帝康熙的大力支持甚至亲自指导。民国三十年（1941年）5月21日，历史学家阎宗临先生在桂林《扫荡报·文史地副刊》第十七期发表了《白晋与傅圣泽学易》一文，该文是阎先生亲临梵蒂冈图书馆实地调查后撰写而成的。他根据梵蒂冈图书馆编号为 Borg Cin. 439 的文献，辑录了白晋与傅圣泽有关学习《周易》的十条记录，时间从康熙四十九年（1710年）至康熙五十五年（1716年），该文后来被全文收录到阎先生生前论文集《传教士与法国早期汉学》中[1]。方豪先生在《中国天主教史人物传》"白晋、傅圣泽"一节中收录了这十条记录[2]，在方豪《中西交通史》（下）中也有部分节录[3]。1996年中国社会科学出版社出版了《康熙朝满文朱批奏折全译》（以下简称《全译》），共有康熙朝朱批奏折4297条，其中直接与白晋、傅圣泽等学习《周易》相关的记录有20条，时间从康熙五十年（1711年）五月初七至康熙五十一年（1712年）二月二十三日。在《全译》中，白晋被译为博津、白进或白金，傅圣泽被译为富生哲。梵蒂冈图书馆中文文献和《全译》相互印证，或互为补充，为研究白晋与傅圣泽学习《周易》提供了翔实的史料。

一　康熙指导白晋与傅圣泽研《易》之经过

在清朝历代帝王中，康熙皇帝是比较开放的，他不仅积极地学习西方科学知识，而且还支持西方传教士在中国传教，但其前提是西方传教士必须奉行利玛窦遗留下来的"文化适应"政策。执行"文化适应"政

---

[1] 阎宗临著，阎守诚编：《传教士与法国早期汉学》，大象出版社2003年版，第169—172页；张西平：《梵蒂冈图书馆藏白晋读〈易经〉文献初探》，《文献》2003年第3期。
[2] 方豪：《中国天主教史人物传》，宗教文化出版社2007年版，第417—423页。
[3] 方豪：《中西交通史》（下），上海世纪出版集团2015年版，第882—886页。

第二章　易经主义者对"文化适应"政策的继承和发展

策就必须熟悉中国经典，耶稣会中的白晋和傅圣泽是"文化适应"政策坚定不移的支持者，康熙亲自指导他们研习《周易》，以确保基督教在中国的传播继续沿着"文化适应"政策既定的路线进行。

（一）康熙对白晋的指导与批评

白晋进入中国后主要留在宫廷内直接为康熙皇帝服务，给康熙讲授数学、天文学、解剖学等西方科学知识和西方哲学，康熙也十分重视西洋人学习中国典籍，对白晋学习《周易》尤为关注，梵蒂冈图书馆编号为 Borg. Cinese. 439. A（c）1—3 的中文文献清楚地记载了康熙询问白晋学习《周易》的进展情况："上谕，七月初五日上问白晋所释易经如何了……"① 负责西洋事务的官员王道化以及白晋本人都详细地回奏了康熙的询问。白晋回奏："今蒙圣上问及所学《易经》如何了，臣等愚昧无知，倘圣恩不弃鄙陋，假半月，容臣白晋同傅圣泽细加考究。倘有所得，再呈御览，求圣恩教导，谨此奏闻。"② 在白晋给康熙皇帝的回奏中，白晋表达了对皇帝圣恩的感激，同时也流露出他学习《周易》时面临的巨大困难和压力。康熙对白晋学习《周易》不仅仅是敦促，而且有具体的指导。在七月五日的上谕中，康熙指出："白晋释《易经》，必将诸书俱看，方可以考验，若以为不同道则不看，自出己意敷衍，恐正书不能完。……必将古书细心校阅，不可因其不同道则不看，所释之书，何时能完，必当完了才是。"③《周易》研究自古分为两派六宗④，各派各宗各具其理，而又相互依存，只有综合各家先贤对《周易》的解读才能见《周易》之全貌。康熙告诫白晋学习《周易》当摒弃门户之见，广泛涉猎各家著述，不能因"道不同"而偏废。

在康熙帝亲自关怀下，白晋学习《周易》颇为用功，从康熙五十年（1711年）五月十三日到康熙五十一年（1712年）二月二十三日白晋共向康熙进呈御览《周易》解读文稿43篇，河图洛书泮释10篇，图9张。康熙认为"在中国之众西洋人，并无一人通中国文理者，惟白晋一人稍

---

① Yu Dong, *Catalogo delle opere cinesi missionarie della Biblioteca Apostolica Vaticana* (XVI – XVIII SEC.), Città Del Vaticano：Biblioteca Apostolica Vaticana, 1996, p. 11.
② 阎宗临著，阎守诚编：《传教士与法国早期汉学》，大象出版社2003年版，第170页。
③ 阎宗临著，阎守诚编：《传教士与法国早期汉学》，大象出版社2003年版，第170页。
④ 两派指象数派和义理派；六宗指卜筮宗、机祥宗、造化宗、老庄宗、儒理宗、史事宗。参见（清）纪昀《四库全书总目提要》，河北人民出版社2000年版，第50页。

知中国书义，亦尚未通"①。康熙对白晋学习《周易》要求十分严格，曾多次对白晋撰写的《周易》文稿提出了严厉的批评。康熙五十年（1711年）五月初十武英殿总监造和素谨奏："恭进王道化送到博津（白晋）所书易经五张。"康熙对这道奏折朱批如下："览博津（白晋）书，渐渐杂乱。彼只是自以为是，零星援引群书而已，竟无鸿儒早定之大志。"②鸿儒，即大儒，也就是熟读四书五经、知识渊博的儒家学者。在康熙看来，白晋撰写的《周易》文稿不仅文辞杂乱，更重要的是根本没有读懂《周易》，完全没有揭示《周易》中的正统儒家思想。五月十三日白晋再次进呈《周易》文稿四篇，五月十九日进呈《周易》文稿五篇，五月二十二日又进呈《周易》文稿六篇，同日康熙朱批"览博津（白晋）引文，甚为繁冗"③。武英殿总监造和素等人召集白晋等西洋人传达了康熙的谕旨，并商议"嗣后博津（白晋）注释易经时，务令裁其繁芜，惟写真情，奏览皇上。所写得法，随写随奏，所写复失真，不便奏皇上阅览，即令停修"④。由此可见，白晋等人学习《周易》不仅得到了康熙的指导，而且也有清朝文人官员的帮助。

（二）傅圣泽的到来

康熙为白晋学习《周易》尽可能提供各种方便，他不仅嘱咐中国文官为其审阅著述，仔细把关，而且还为其提供西洋人助手。根据梵蒂冈图书馆编号为 Borg. Cinese. 439. B（i）1 和 Borg. Cinese. 439. B（i）2 的文献记载："四月初九日李玉传旨与张常住，据白晋奏说'江西有一个西洋人曾读过中国的书，可以帮得我'，而等传与众西洋人著带信去将此人叫来。"⑤ 这是康熙皇帝发给主管西洋事务大臣张常住的一道圣旨，其中白晋提到的西方人就是傅圣泽，这与傅圣泽到中国后最初在江西传教的史实吻合。白晋此前曾向康熙皇帝提出在江西传教的傅圣泽可以帮

---

① 方豪：《中国天主教史人物传》，宗教文化出版社 2007 年版，第 418 页。
② 中国第一历史档案馆：《康熙朝满文朱批奏折全译》，中国社会科学出版社 1996 年版，第 721—722 页。
③ 中国第一历史档案馆：《康熙朝满文朱批奏折全译》，中国社会科学出版社 1996 年版，第 725 页。
④ 中国第一历史档案馆：《康熙朝满文朱批奏折全译》，中国社会科学出版社 1996 年版，第 726 页。
⑤ Yu Dong, *Catalogo delle opere cinesi missionarie della Biblioteca Apostolica Vaticana* (XVI – XVIII SEC.), Città Del Vaticano: Biblioteca Apostolica Vaticana, 1996, p. 40.

第二章 易经主义者对"文化适应"政策的继承和发展

助他研究《周易》,康熙立即颁旨命傅圣泽进京与白晋一起研习《周易》。据《康熙朝汉文朱批奏折汇编》记载,江西巡抚郎廷极接到上谕,立刻差人前往江西临江府传与傅圣泽,但傅圣泽患病初愈,不能立即乘骑,五月十五日在家人的护送下改从水路进京[①]。梵蒂冈图书馆编号为 Borg. Cinese. 439. A(e)的文献对此事也有记载:"臣傅圣泽在江西叩聆圣旨命臣进京相助臣白晋同草易经稿……"[②] 傅圣泽星夜兼程,历时一月有余,于六月二十三日晚进入北京。

在傅圣泽抵京之前,白晋又多次向康熙进呈《周易》文稿数篇,五月二十八日进呈文稿四篇,六月七日又进呈文稿五篇,图两张。六月初七的一篇奏折写道:"捧接皇上御书朱谕:博津(白晋)所著易经,颁此旨前具奏。该书内所引事项甚多,但全篇文章、书名、前后、初终、始末,其意义各异。"[③] 康熙退回白晋书《周易》文稿九段,图两张,武英殿总监造和素即刻召集在京耶稣会士苏琳、吉利安等人传达了康熙朱谕,众耶稣会士商议后于六月初十日回奏:"惟臣等均不谙易经,故先颁旨。俟江西西洋人富生哲(傅圣泽)至,再与博津(白晋)详定,俟皇上入京城,进呈御览。为此谨奏。请皇上指教。等语。"[④] 从耶稣会士的回奏中可以看出,傅圣泽进京不仅仅是出于白晋的推荐和康熙的旨意,同时也是耶稣会集体商议所作出的决定,并且耶稣会对傅圣泽本人也寄予了很高的期望。

康熙在回复六月十日武英殿总监造和素进呈的一篇奏折中问:"博津(白晋)之易经看不懂,不知尔等懂否?"[⑤] 六月十九日和素、王道化等人回奏道:"奴才等留存博津所著易经(《周易》)数段,原以为其写得

[①] 中国第一历史档案馆·《康熙朝汉文朱批奏折汇编》(第三册),档案出版社 1985 年版,第 460 页。

[②] Yu Dong, *Catalogo delle opere cinesi missionarie della Biblioteca Apostolica Vaticana* (*XVI – XVIII SEC.*), Città Del Vaticano:Biblioteca Apostolica Vaticana, 1996, p. 40.

[③] 中国第一历史档案馆:《康熙朝满文朱批奏折全译》,中国社会科学出版社 1996 年版,第 731 页。

[④] 中国第一历史档案馆:《康熙朝满文朱批奏折全译》,中国社会科学出版社 1996 年版,第 732 页。

[⑤] 中国第一历史档案馆:《康熙朝满文朱批奏折全译》,中国社会科学出版社 1996 年版,第 734 页。

尚可以。奴才等读之，意不明白，甚为惊讶。"① 六月十三日白晋再进呈《周易》文稿五篇，图一张，同日康熙朱批："以后隔一报少进一些。"② 康熙从小勤勉好学，而且熟读四书五经，和素虽为满人，但同时精通满语和汉语，是康熙朝著名的满汉翻译家，康熙以及和素均言看不懂白晋所作《易经》（《周易》）片段，而且康熙还命和素等人日后少报些，由此可以推断康熙对白晋研习《周易》的成效非常失望，甚至渐渐失去了耐心。因此，当时在京的耶稣会士十分焦虑，他们期待傅圣泽的到来对白晋研习《周易》的状况会有所改观。

康熙五十年（1711年）六月二十五日《武英殿总监造和素报西洋人到京报折》中记载，傅圣泽刚到北京，和素、王道化即召集白晋和傅圣泽，并了解傅圣泽学习《周易》的情况，傅圣泽言："我在江西无事，故学中国书。时通览五经，其中易经甚为奥秘，倍加勤习之，故今略知其大概。"③ 傅圣泽无疑是众多耶稣会士中学习和研究中文的佼佼者，其经史子集无所不涉，这也正是白晋竭力向康熙推荐傅圣泽帮助自己研究《周易》的原因。然而，傅圣泽言其于《易》则"略知其大概"亦绝非谦虚之辞。《周易》言辞简洁古奥，而且寓意抽象深刻，于中国文人而言已十分艰深难懂，更何况于一个母语并非汉语的西方人呢？

傅圣泽辅助白晋研习《周易》不可谓不尽心尽力，刚入京城，在身患疾病尚未痊愈之时便投入到《周易》的研究中。傅圣泽在给康熙的奏折中写道："于六月二十三日抵京，臣心即欲趋赴行宫，恭请皇上万安，奈受暑气，不得如愿，惟仰赖皇上洪福，望不日臣躯复旧，同臣白晋竭尽微力，草《易经》（《周易》）稿数篇，候圣驾回京，恭呈御览。"④ 白晋也在奏折中写道："皇上若不弃鄙陋，教训引导，宽假日期，则臣等二人，同专心预备，敬呈御览……后傅圣泽一至，即与臣同修前稿，又

---

① 中国第一历史档案馆：《康熙朝满文朱批奏折全译》，中国社会科学出版社1996年版，第735页。
② 中国第一历史档案馆：《康熙朝满文朱批奏折全译》，中国社会科学出版社1996年版，第734页。
③ 中国第一历史档案馆：《康熙朝满文朱批奏折全译》，中国社会科学出版社1996年版，第736页。
④ 方豪：《中西交通史》（下），上海世纪出版集团2015年版，第882页。

增几端。"① 从白晋和傅圣泽报给康熙的奏折可以看出二人研习《周易》是颇为用功的,甚至有些诚惶诚恐,然而囿于《周易》文本的难度,二人又长期患病②,特别是来自"礼仪之争"(第三章论述)的干扰,白晋和傅圣泽研习《周易》的进展并不顺利。梵蒂冈图书馆编号为 Borg. Cinese. 439. A(f)的文献记载了康熙五十二年(1713 年)四月傅圣泽上报的一篇奏稿:"臣傅圣泽系外国迂儒……蒙我皇上洪恩命臣纂修历法之根……"③ 根据这篇文献,傅圣泽进京后除辅助白晋研习《周易》以外,还担任了修历的工作,这在一定程度上也干扰了白晋和傅圣泽对《周易》的研究。

傅圣泽本来是作为白晋研习《周易》的助手来到北京的,但后来傅圣泽和白晋在解释《周易》时却产生了严重的分歧。白晋的研究重点始终是《周易》本身,并不断强化对《周易》数理的描述和解释,而傅圣泽的研究则超出了《周易》的范围。魏若望在《耶稣会士傅圣泽神甫传:索隐派思想在中国及欧洲》(以下简称《傅圣泽传》)中写道:"当白晋将注意力集中在《易经》(《周易》)中的算术和几何成就时,傅圣泽却因其对道教的兴趣而超越了这一点。"④ 傅圣泽与白晋的分歧越来越大,最后甚至到了分道扬镳的地步,这对于白晋研习《周易》无疑是一个沉重的打击。

(三)康熙对白晋的赞赏

虽然康熙对白晋和傅圣泽研习《周易》的进展很不满意,但并不认为他们对《周易》的研究一无是处。康熙对西方数学有着十分浓厚的兴趣,白晋和傅圣泽都曾作为康熙的数学老师在宫廷供职,康熙对白晋和傅圣泽在《周易》研究中的数理思想赞赏有加,在梵蒂冈图书馆的一篇中文文献中有如下记载:"尔等所译之书甚好了,朕览的书合于一处,朕所改凡卜所谓地形者之处,可另抄过送上……白晋所作的数甚是明白,

---

① 方豪:《中西交通史》(下),上海世纪出版集团 2015 年版,第 883—884 页。
② 梵蒂冈图书馆中文文献多处提及白晋和傅圣泽患病,见方豪《中国天主教史人物传》,宗教文化出版社 2007 年版,第 421—422 页。
③ Yu Dong, *Catalogo delle opere cinesi missionarie della Biblioteca Apostolica Vaticana* (*XVI – XVIII SEC.*), Città Del Vaticano: Biblioteca Apostolica Vaticana, 1996, p. 40.
④ [美] 魏若望:《耶稣会士傅圣泽神甫传:索隐派思想在中国及欧洲》,吴莉苇译,大象出版社 2006 年版,第 185 页。

难为他。"① 康熙还将白晋等所著《周易》研究书稿传与文渊阁大学士李光地阅读。李光地是康熙九年进士，饱读经书，是康熙朝著名的《周易》研究专家，曾奉康熙之命纂修《周易折中》，除此之外还撰有《周易通论》《周易观象》等大量《周易》研究著作。李光地在回复康熙的奏折中写道："本月初八日接魏廷珍、王兰生手札，蒙皇上发出西洋图样三幅，图说一篇，命臣观看，钦此。臣反覆累日，粗得意指，大抵与比例数同根，而用先天加倍之法，则从前所未闻，其与八卦、六十四卦之位相应处尤为奇巧。其以空数为阴，则与朱子无阳处便是阴之说相合。而以全空当坤卦，又与邵子坤为无极之说不异也。"② 李光地在奏折中不仅赞扬了白晋所作有"前所未闻"和"尤为奇巧"之处，而且认为白晋对《周易》的阐释多合于中国先贤的论述。

二 康熙指导白晋与傅圣泽研《易》之尾声

根据《康熙朝满文奏折朱批全译》，康熙五十一年（1712年）二月十四日白晋进呈河图洛书注释两篇，图两张，二月十七日进呈河图洛书注释三篇，图一张，二月二十日又进呈河图洛书注释三篇，图一张，以及河图洛书注释两篇。从康熙五十一年（1712年）二月二十日以后至康熙五十五年前，《康熙朝满文奏折朱批全译》和梵蒂冈图书馆中文文献中再无关于白晋、傅圣泽研习《周易》的记载。康熙五十五年（1716年）闰三月初二康熙回复了众耶稣会士的一篇奏折，奏折的具体内容不详，但康熙在回复中写道："所奏甚是，白晋他做的《易经》（《周易》），作亦可，不作亦可；他若要作，着他自己作，不必一个别人，亦不必忙；俟他作全完时，再奏闻。钦此！"③ 康熙在回复中对白晋研习《周易》冷淡的态度与以往积极主动的关切和指导形成了鲜明的对比。此时康熙对白晋研习《周易》已经完全没有了兴趣，甚至还有些厌倦了，这在马若瑟与其他耶稣会士的通信中得到了印证，马若瑟写道：

---

① 《梵蒂冈图书馆中文文献》，编号 Borg. Cinese. 317（4），见韩琦《再论白晋的〈易经〉研究——从梵蒂冈教廷图书馆所藏手稿分析其研究背景、目的及反响》，载荣新江、李孝聪编《中外关系史：新史料与新问题》，科学出版社2004年版，第317页。

② 中国第一历史档案馆：《康熙朝汉文朱批奏折汇编》（第八册），档案出版社1985年版，第1171页。

③ 方豪：《中国天主教史人物传》，宗教文化出版社2007年版，第422页。

第二章　易经主义者对"文化适应"政策的继承和发展

"当白晋谈到皇帝陛下对他的工作充满了期待的时候，其实是皇帝陛下已经在一年前就对他产生了厌倦，并且认为这个可怜的老头儿已因思考《易经》（《周易》）而走火入魔。"① 这封信写于1716年4月，由此推断，早在1715年康熙已经流露出了对白晋研习《周易》的厌倦情绪。

康熙指导白晋和傅圣泽等人学习《周易》，本打算借助白晋等人的力量来调和由于"礼仪之争"② 引发的清政府和罗马教会之间的冲突，但1715年罗马教皇克雷芒十一世（Giovanni Francesco Albani）再次向中国传教团颁布通谕，重申他于1704年登基时颁布的禁止中国信徒参加"尊孔祭祖"的禁令，违者将被逐出教会。克雷芒十一世此举表明"礼仪之争"已经达到不可调和的地步，康熙作为"天朝圣君"自然也不愿意退让，他对白晋等传教士也彻底失去了信心，因此继续指导白晋等人研习《周易》也就完全没有必要了。

第三节　白晋与傅圣泽《周易》研究著述

白晋和傅圣泽一生撰写了大量著述，涉及语言学、教理、哲学、历史、天文、地理等方方面面，其中二人在研习《周易》过程中撰写的易学类著述尤为丰富，现藏于梵蒂冈图书馆。据阎宗临先生在罗马梵蒂冈图书馆实地考证，见到"西士研究《易经》（《周易》）华文抄本14种"③，但并未明确说明具体作者。张西平先生也曾亲临梵蒂冈图书馆调查明清天主教文献，并撰有《梵蒂冈图书馆藏白晋读〈易经〉文献初探》一文，指出在梵蒂冈图书馆里"明确归白晋所做的读易文献有16份，未明确归白晋所做的读易文献有15份"④。又据方豪，"白晋与傅圣泽奉康熙帝命学习《易经》（《周易》）之文献，藏梵蒂冈图书馆，编号Borg. cin. 439，共十件"⑤。伯希和（Paul Pelliot）在《梵蒂冈图书馆所藏汉籍目录》（2006年版，以下简称《伯希和目录》）中指出梵蒂冈图书

---

① ［丹麦］龙伯格著，张西平审校：《清代来华传教士马若瑟研究》，李真、骆洁译，大象出版社2009年版，第154页。
② 关于"礼仪之争"的经过及其对《周易》西传的影响将在本书第三章详细阐述。
③ 阎宗临著，阎守诚编：《传教士与法国早期汉学》，大象出版社2003年版，第169页。
④ 张西平：《梵蒂冈图书馆藏白晋读〈易经〉文献初探》，《文献》2003年第3期。
⑤ 方豪：《中国天主教史人物传》，宗教文化出版社2007年版，第418页。

《周易》在西方的译介与传播研究

馆有 16 个手写本的小册子，"都或多或少与 Yijing《易经》（《周易》）有关"①。在这 16 本小册子中，其中有 2 本明确了为白晋所作，分别是：（1）《易考》②：对《易经》的研究，是对《易经》（《周易》）和圣经传统的协调性的研究，最后一条似乎是一篇日记，记录了大概是 1712 年以来关于《易经》（《周易》）及关于皇帝的诸多事件，③ 该文献编号为 Borgia Cinese 317—4°；（2）《易引原稿》：正是 Borgia Cinese 317—4°第一部分文本的原始草稿，该文献编号为 Borgia Cinese 317—6°。编号为 Borgia Cinese 317—15°的《天学本义》未标明作者，但谈到了该书"序由礼部尚书韩菼于 1703 年所作"④。根据徐宗泽《明清间耶稣会士译著提要》，白晋所作《古今敬天鉴天学本义》"有经筵讲官礼部尚书韩菼序，时在康熙四十二年（1703），又于四十六年（1707）白晋自序"。《古今敬天鉴天学本义》序中写道："予观西洋诸君所辑《天学本义》一书，见圣朝声教之隆渐被海外。"⑤ 由此可见，梵蒂冈图书馆编号为 Borgia Cinese 317—15°的《天学本义》应该是《古今敬天鉴天学本义》的简称，作者可确定为白晋无疑。

另据余冬编著的《梵蒂冈图书馆藏早期传教士中文文献目录（十六至十八世纪）》（以下简称《余冬目录》），《伯希和目录》中未标明作者的 13 本《周易》研究著述被归于白晋名下⑥，分别是：（1）《总论布列类洛书等方图法》，编号 Borgia Cinese 317（12）；（2）《天象不齐考古经籍解（据古经传考天象不均齐）》，编号 Borgia Cinese 317（13，14），Borgia Cinese 380（6，7），Borgia Cinese 380（469）；（3）《太极略说》，编号 Borgia Cinese 317（5），在其封面上有按语："平方根和立方根的汉

---

① ［法］伯希和编，［日］高田时雄校订：《梵蒂冈图书馆所藏汉籍目录》，郭可译，中华书局 2006 年版，第 36 页。
② 魏若望考证该文献为傅圣泽所作。见［美］魏若望《耶稣会士傅圣泽神甫传：索隐派思想在中国及欧洲》，吴莉苇译，大象出版社 2006 年版，第 191 页。
③ ［美］魏若望：《耶稣会士傅圣泽神甫传：索隐派思想在中国及欧洲》，吴莉苇译，大象出版社 2006 年版，第 191 页。
④ ［法］伯希和编，［日］高田时雄校订：《梵蒂冈图书馆所藏汉籍目录》，郭可译，中华书局 2006 年版，第 37—38 页。
⑤ 徐宗泽：《明清间耶稣会士译著提要》，上海世纪出版集团 2010 年版，第 98 页。
⑥ Yu Dong, *Catalogo delle opere cinesi missionarie della Biblioteca Apostolica Vaticana (XVI - XVIII SEC.)*, Città Del Vaticano: Biblioteca Apostolica Vaticana, 1996, pp. 9 – 11.

第二章　易经主义者对"文化适应"政策的继承和发展

语描述。我并没有呈现给中国皇帝。巴多明？此文作于 1711 年，同年白晋神父绘制了《天尊地卑图》"①；（4）《释先天未变始终之数由天尊地卑而生》，编号 Borgia Cinese 317（11）；（5）《易学外篇原稿十三节》，编号 Borgia Cinese 361（6，5）；（6）《易学外篇八节》，编号 Borgia Cinese 317（4，10）；（7）《易学总说》，编号 Borgia Cinese 317（8）；（8）《易经总说汇》，编号 Borgia Cinese 317（3）；（9）《易稿》，编号 Borgia Cinese 317（7）；（10）《易钥》，编号 Borgia Cinese 317（16），该书成于 1712 年，其正文一共分为两部分："一是阐述天主教的教义，以三位一体为开端，以耶稣的生活为结束；二是用《易经》的注释作为对第一部分的证明"②；（11）《易钥自序》，编号 Borgia Cinese 317（2）；（12）《周易原义内篇》，编号 Borgia Cinese 317（9）；（13）《周易原旨探目录理数内外二篇》，编号 Borgia Cinese 317（1）③。

《余冬目录》中有四篇《周易》文稿标注为无名氏，但据魏若望《傅圣泽传》考证，这四篇著述出自傅圣泽之手：（1）《周易义例》，编号 Borgia Cinese 361（2）；（2）《周易理数》，编号 Borgia Cinese 361—4°，这是对关于《易经》（《周易》）的中文本文的系列摘要，有傅圣泽的亲笔注解；（3）《易学诸家解说》，编号 Borgia Cinese 317（8）；（4）《经义精要》，Borgia Cinese 380（2），380（4）④。另外，傅圣泽还编有《中国经本于天》，认为中国经籍都从伏羲的《易经》中衍生而来，编号 Borgia Cinese 380（5），1—92b⑤。

以上白晋和傅圣泽的易学著述均用中文写成，其中相当一部分是他们写给康熙皇帝御览的研《易》心得。从以上易学著述题目和内容来看，白晋和傅圣泽对《周易》的研习所涉内容之广、难度之大，涉

---

① ［法］伯希和编，［日］高田时雄校订：《梵蒂冈图书馆所藏汉籍目录》，郭可译，中华书局 2006 年版，第 36 页。
② ［德］柯兰霓：《耶稣会士白晋的生平与著作》，李岩译，大象出版社 2009 年版，第 75 页。
③ 伯希和推测该作可能出于马若瑟（Joseph de Premare，1666—1736）之手，见［法］伯希和编，［日］高田时雄校订《梵蒂冈图书馆所藏汉籍目录》，郭可译，中华书局 2006 年版，第 36 页。
④ ［美］魏若望：《耶稣会士傅圣泽神甫传：索隐派思想在中国及欧洲》，吴莉苇译，大象出版社 2006 年版，第 191 页。
⑤ ［美］魏若望：《耶稣会士傅圣泽神甫传：索隐派思想在中国及欧洲》，吴莉苇译，大象出版社 2006 年版，第 433 页。

《周易》的义理、数理、天文、易学流派,他们还利用《周易》阐释基督教基本原理,为耶稣会"文化适应"政策提供理论依据。这些著述辗转流传到西方,为西方学者研究《周易》提供了重要的资料来源。从白晋和傅圣泽的易学著述可以认识西方传教士对《周易》特殊的解读方式,这些著述同时也为研究《周易》在西方的早期译介与传播提供了重要的史料。

第四节 易经主义者对《周易》的索隐法解读

易经主义者在继承"文化适应"政策的基础上,对《周易》采取了索隐法解读,力图发掘隐藏在《周易》中的基督教奥义。索隐在中国古已有之,"索隐"一词源于《周易》之《系辞传》(上)"探赜索隐,钩深致远"[①]。中国古人阅读古籍常用索隐之法,即通过对古籍的注释和考证以探索古籍中幽深玄妙、隐秘而深远的奥秘。在西方,索隐法是一种神学阐释法,"强调上帝之启示真理的隐秘性,并大胆在别的文化材料里面寻找这些隐秘真理的印证"[②]。基督教耶稣会进入中国后,他们中的一部分人,即后来被称为易经主义者的耶稣会士,将西方神学中的索隐法与中国古人阅读古籍之索隐法结合起来,力图在儒家经典(特别是在《周易》)中找到基督教的痕迹,证明儒家文化是从基督教文化衍生而来的,从而化解儒家文化与基督教文化的矛盾和冲突。

一 索隐法之历史回顾

在中西方文化交流史上索隐法由来已久,外来文化传入中国都必然要依附于中国传统文化的力量,并借助中国传统文化阐释外来文化,以证明外来文化与中国传统文化同宗同源。在易经主义者采用索隐法解读中国经典之前,外来宗教传入中国就已经采用了索隐的方法。佛教最初传入中国之"老子化胡说"与"索隐法"别无二致,为迎合中国文化,

---

[①] 李申:《周易经传译注》,湖南教育出版社2004年版,第209页。
[②] 刘耘华:《诠释的圆环——明末清初传教士对儒家经典的解释及其本土回应》,北京大学出版社2005年版,第260页。

第二章 易经主义者对"文化适应"政策的继承和发展

佛教徒称老子西出函谷关化为佛陀而教化胡人。早在唐代当基督教之景教传入中国时,基督教之索隐法就已经初见端倪。唐建中二年大秦寺僧景净述《大秦景教流行中国碑颂》云:"常然真寂,先先而无元;窅然灵虚,后后而妙有。惣玄抠而造化,妙众圣以元尊者,其唯我三一妙身无元真主阿罗诃欤!"① 这段话阐述了"三位一体"(Trinity)的基督教思想,然而却引用了众多中国道教、佛教用语。"真寂"乃佛家用语,即佛之涅槃;"妙有"是道教和佛教共用术语,指非有之有。"元尊"是对道教地位最为尊贵之天神"天尊"的模仿;"阿罗诃"是佛家名词"翻应供",而景净直接借用"阿罗诃"来指称基督教之"三一妙身无元真主"。

康熙二年(1663年)《重建清真寺记》云:"夫一赐乐业之立教也,其由来远矣。始于阿耽,为盘古氏十九世孙;继之女娲,继之阿无罗汉。"② 古代一些以色列犹太人的祖先希伯来人寄居中国开封时自称"一赐乐业"③,而"一赐乐业"是对"以色列"(Israel)的音译。阿耽即《圣经》中的"亚当"(Adam),是上帝依照自己的形象而造的第一个人,而在《重建清真寺记》中阿耽被解释为中国上古神话故事中创世之神盘古的后裔,中国上古神话中的创世女神女娲也被指为是一赐乐业人的立教者。"阿无罗汉"是对基督教先知"亚伯拉罕"(Abraham)的音译,而"罗汉"本为佛教用语,指通过修行达到的最高果位。

索隐法不只是用中国传统文化名词去比附基督教中的众多人物,而且还用儒家思想和典籍去阐释基督教思想。明正德七年(1512年)《尊崇道经寺记》详细记述了一赐乐业教之教义,如"重五伦,遵五常,敬祖风,孝父母……由此而全,修道之教,由此而入,仁义礼智之德,由此而存"④。《尊崇道经寺记》完全采用了儒家思想去阐发基督教教义,

---

① (唐)景净:《大秦景教流行中国碑颂》,载[德]基歇尔《中国图说》,张西平等译,大象出版社2010年版,第409页。
② (清)刘昌:《重建清真寺记》,载徐宗泽《中国天主教传教史概论》,上海世纪出版集团2010年版,第36页。
③ 蔡桂林:《东方际遇:中国犹太人千年历史揭秘》,文化艺术出版社2006年版,第10页。
④ (明)左唐:《尊崇道经寺记》,载徐宗泽《中国天主教传教史概论》,上海世纪出版集团2010年版,第34页。

并且认为一赐乐业教的经书所载之道无不合于儒家经书所传之道,"然教是经文字,虽与儒书字异,而揆撅其理,亦有常行之道,以其同也"①。康熙二年(1663年)《重建清真寺记》云:"小者如斋,斋者精明之志也,七日者专致其精明之德也。"②这句话记载的是基督教小斋的修行方式,基督徒通过自我控制、节制和戒除一定的活动、习惯、食物和饮料来"节制己身"③。小斋在耶稣受难日星期五进行,也就是每七天一次,以"节制己身"作为救赎,《重建清真寺记》引用《周易》阐释了这种修行方式,"易曰七日来复,复见其天地之心乎……。易曰先王以至日闭关,商旅不行,后不省方,其斯之谓欤"④。"七日来复"是《周易》复卦的卦辞,复卦讲的是天地间阴阳反复更替的自然规律,从姤卦一阴初生到复卦一阳复出刚好经历了七次变化。"至日"指的是冬至日,万物开始闭藏,在这一天君王和庶人都停止一切对外活动,闭关静心修身。基督教之"小斋"与《周易》复卦既有相通之处,也有很大的差异。二者都是"七日"一个循环,但二者对"七日"的所指意义是不同的,前者是一周中的第七天,而后者是卦的七次变化。"小斋"和"至日闭关"都强调节制行为,但二者的目的是不一样的,前者是为了救赎,而后者是对自然规律的主动适应。《重建清真寺记》用《周易》复卦来阐释基督教之"小斋",这正是索隐法在基督教传入中国过程中的具体应用。

《大秦景教流行中国碑颂》《尊崇道经寺记》《重建清真寺记》见证了基督教在中国的早期传播,虽然这些文献出自不同的朝代,但都毫不例外地采用了索隐法,在这些基督教文献中充斥着儒家、道教、佛教的用语和思想。儒家和道教思想都是中国本土固有的传统文化,佛教虽然是外来文化,但在中国经过儒家文化和道家思想的浸染,佛教已经成为中国传统文化不可分割的一部分。面对中国文化的成熟和强势,倚重中

---

① (明)左唐:《尊崇道经寺记》,载徐宗泽《中国天主教传教史概论》,上海世纪出版集团2010年版,第34页。
② (清)刘昌:《重建清真寺记》,载徐宗泽《中国天主教传教史概论》,上海世纪出版集团2010年版,第37页。
③ 《基督教词典》编写组:《基督教词典》,北京语言学院出版社1994年版,第544页。
④ (清)刘昌:《重建清真寺记》,载徐宗泽《中国天主教传教史概论》,上海世纪出版集团2010年版,第37页。

国本土文化思想是基督教在中国得以传播的必由之路。清朝初年来华的易经主义者不但继承了先辈们的索隐思想，更是将"索隐法"推向了极致。

二 《周易》的索隐法解读

"索隐法"在中西方文化经典解读中由来已久，为了从《周易》中挖掘隐含的基督教思想，易经主义者对《周易》展开了充分的"索隐法"解读，他们通过追根溯源、人物比附、概念引申、汉字解构的方式，证明基督教思想在儒家经典中古已有之。

（一）追根溯源

《周易》是中华文化之根，儒家和道家都将《周易》作为各自的思想源泉，儒家奉《周易》为"群经之首"，道家尊其为"大道之源"。关于《周易》一书的来源，《汉书·艺文志》载"易道深矣，人更三圣，世历三古"①。三圣和三古分别是伏羲所居之上古，周文王（及周公）所在之中古，以及孔子所处之下古。按照传统经学的主流观点，伏羲画八卦奠定了《周易》成书的基础，周文王将八卦演绎成六十四卦，（周公）作卦爻辞形成了《周易》之古经，孔子作《易传》将《周易》升华到哲学之书的高度，而后历朝历代文人学者对《周易》的阐发又不断推陈出新，从而形成了在中国延绵数千年而不绝的易学研究。《周易》之成书并非一人一时而作，而是经历了漫长的历史时期，并且是由中国三代圣人先贤承前启后相继完成的。《周易》之《系辞传》（下）云："古者包牺氏之王天下也，仰则观象于天，俯则观法于地，观鸟兽之文，与地之宜，近取诸身，远取诸物，于是始作八卦，以通神明之德，以类万物之情。"②"包牺氏"即伏羲，这段话清楚地表明了《周易》是观物取象的结果，是《周易》作者对自然的直观体验和感悟，并在此基础上创立八卦，以洞悉自然万物的客观规律。《系辞传》（下）又曰："易之兴也，其于中古乎？作易者，其有忧患乎？"③ 中古是殷末周初之时，殷商末年纣王昏庸无道，社会政治腐败，《周易》作者通过《周易》来表现自己

---

① （汉）班固撰，（唐）颜师古注：《汉书》（第六册），中华书局1962年版，第1704页。
② 李申：《周易经传译注》，湖南教育出版社2004年版，第214页。
③ 李申：《周易经传译注》，湖南教育出版社2004年版，第222页。

的忧患意识，并提出对人类社会的思考。

　　《周易》是地道的中华文化典籍，书中凝结了中华民族先辈们的智慧和才干，是中国古典自然哲学和社会哲学的集成之作，然而在耶稣会士易经主义者眼里，《周易》并不是中国人的书籍，而是"一部拥有犹太天主教传统的著作"①。据《圣经》记载，人类的始祖亚当和夏娃（Eve）在人间生息繁衍，后来上帝为惩罚人类的罪恶用大洪水淹没了世界，人类只有诺亚（Noah）一家八口因蒙上帝之恩才在诺亚方舟中存活了下来，因此后来的人类都是诺亚一家繁衍的子孙。易经主义者认为，在大洪水之后诺亚长子闪（Shem）带领族人向东迁徙，他们后来成为了中国人的祖先。闪族人在向东迁徙的过程中，将上帝的各种启示和奥秘也带到了中国，中国人自然也就成为得到神启的民族之一，"早期圣教先祖们所拥有的真知也在中国人那里被保留了下来"②。易经主义者坚信中国人的祖先将上帝的各种启示和奥秘都隐藏在了他们的上古典籍中，白晋甚至认为"伏羲应该出现在诺亚之前，并且掌握着关于创世纪更准确的认识，所以伏羲才会把创世纪六天的情形用他的卦中的六条线表示出来"③。易经主义者通过追根溯源确立了《周易》一书的基督教属性，这是由17世纪西方基督教史观所决定的，那就是"《圣经》是对人类历史起源的唯一可靠记载，任何民族的历史都可以也应该被纳入这个框架下进行解释或验证"④。尽管易经主义者通过追根溯源将《周易》纳入了基督教神学体系，然而他们同时也认为中国人错误地理解了《周易》中的基督教信息。对于易经主义者来说，他们的任务就是要采用索隐的方法将隐藏在《周易》中的神启和奥秘揭示出来，让中国人明白他们的祖先早已知晓但后来却失传了的基督教信仰。

　　易经主义者鉴于《周易》的神秘性以及《周易》在中国儒家典籍中的重要地位，将《周易》视为帮助中国人重新打开上帝之门的一把钥

---

① ［丹麦］龙伯格著，张西平审校：《清代来华传教士马若瑟研究》，李真、骆洁译，大象出版社2009年版，第147页。
② ［德］柯兰霓：《耶稣会士白晋的生平与著作》，李岩译，大象出版社2009年版，第48—49页。
③ ［德］柯兰霓：《耶稣会士白晋的生平与著作》，李岩译，大象出版社2009年版，第40页。
④ 张国刚、吴莉苇：《启蒙时代欧洲的中国观：一个历史的巡礼与反思》，上海古籍出版社2006年版，第86页。

匙，通过重新阐释《周易》促使中国人重归上帝的怀抱。白晋坚信《周易》中隐含了上帝的信息，而这些信息是可以被揭示出来的，他宣称找到了解读《周易》的正确途径，即"通过天主教的方法去解释那些被伏羲——中国第一位哲学家，也就是第一个创立起自己王国的人——隐藏在《易经》（《周易》）中的'神秘符号'后的知识"①。白晋所谓的"天主教的方法"其实就是索隐法，用基督教神学思想去阐释《周易》，并从中探寻基督教的痕迹。在索隐法的指导下，易经主义者声称在《周易》中发现了大量关于弥赛亚玄言的内容，因此《周易》也就成为了上帝的预言之书。傅圣泽相信六十四卦的每一爻"都被预定为一个相应的数字，这数字当有某种指代含义，诸如某位贤人的形象或救世主的玄义或其教会中某件重大事件"②。傅圣泽还认为构成"卦"的爻"无可置疑地表达了至圣之圣（Holy of Holies）的品德与玄义或者自世界诞生到灭亡期间宗教的不同形态"③。易经主义者马若瑟认为《周易》是一本神圣的书籍，"而且事实上，它是一部关于弥赛亚的预言性的著作"④。在中国古代社会，由于社会生产力低下，以及人们对自然和社会认识水平的限制，《周易》曾作为"占筮之书"用以预测未来，这是古人对《周易》的滥用，即使在中国古代社会，占卜也被列入旁门左道，在中国数千年的《周易》研究史上，占卜预测并不是主流。《周易》被中国古人视为预测之书，也只是体现了中国古人的自然宗教观念，反映了人们对自然的崇拜和敬畏，这与基督教神学预言是有本质区别的。

（二）人物比附

人物比附是易经主义者常用的索隐手法，即用《圣经》中的人物去比附儒家经典中的人物。人物比附并非易经主义者首创，在16世纪末当基督教第三次传入中国时，耶稣会在中国传教的先驱利玛窦就曾断言

---

① ［德］柯兰霓：《耶稣会士白晋的生平与著作》，李岩译，大象出版社2009年版，第34页。
② ［美］魏若望：《耶稣会士傅圣泽神甫传：索隐派思想在中国及欧洲》，吴莉苇译，大象出版社2006年版，第144页。
③ ［美］魏若望：《耶稣会士傅圣泽神甫传：索隐派思想在中国及欧洲》，吴莉苇译，大象出版社2006年版，第146页。
④ ［丹麦］龙伯格著，张西平审校：《清代来华传教士马若瑟研究》，李真、骆洁译，大象出版社2009年版，第160页。

"吾国天主，即华言上帝"①。易经主义者不仅继承了利玛窦路线，甚至走得更远，他们认为《周易》中预示了摩西（Mose）、以诺（Enoch），以及《圣经》中的其他人物，甚至还预言了基督本身。《易传》中的"君子"、"大人"等圣人无不预示着弥赛亚（Messiah）②。在易经主义者白晋看来，《周易》描述的就是"圣人中的圣人"（der Heilige der Heiligen），中国典籍的核心内容就只有一个，那就是关于"那位最大的圣人"（Heiligen par excellence），而这位圣人"其实就是全人类的救世主——耶稣基督"③。在中国文化中，"圣人"指的是道德和才智都极高的人。墨子曰："圣人以治天下为事者也。"④ 圣人以治理天下为自己毕生追求的事业，他以自己高超的才智造福于民，用至善至美的言论去施教于民，因而在中国古代社会，一些贤明的君王也被赋予"圣人"的称号。《周易》之《文言传》曰："圣人作而万物睹。"⑤ 圣人的一言一行和一举一动都受到万众瞩目，他们用自己高尚的德行为民众树立起效仿的榜样，从而在民众中起到良好的示范作用。显然易经主义者认识到了圣人对民众的教化和引领作用，因此他们将《周易》中的圣人比附为《圣经》中的救世主——弥赛亚或耶稣基督。弥赛亚和耶稣基督都是《圣经》中的人物，古代以色列人认为上帝派到尘世的救世主是弥赛亚，而在基督教中耶稣就是弥赛亚⑥。基督教认为人类犯有原罪，救世主来到人世间帮助那些相信他的人摆脱罪恶，并且在末日审判时得到永生。"救世主"降临人世间以"救世"，而在中国文化中圣人通过教化和引领民众以"治世"，此二者之间的区别是显而易见的。易经主义者将圣人比附为基督教之救世主，其根本目的不外乎是假借圣人在中国民众中的崇高地位，为耶稣基督或弥赛亚在中国民众心目中树立起良好而神圣的形象。

白晋认为《周易》创始人伏羲就是《圣经》中亚当长子该隐

---

① ［意］利玛窦著，［法］梅谦立注，谭杰校勘：《天主实义今注》，商务印书馆2014年版，第99页。
② Richard Rutt, *The Book of Changes (Zhouyi): A Bronze Age Document Translated with Introduction and Notes*, London and New York: Routledge Taylor and Francis Group, 2002, p.62.
③ ［德］柯兰霓：《耶稣会士白晋的生平与著作》，李岩译，大象出版社2009年版，第134—135页。
④ （春秋）墨子编撰，东篱子解译：《墨子全鉴》，中国纺织出版社2016年版，第100页。
⑤ 李申：《周易经传译注》，湖南教育出版社2004年版，第5页。
⑥ 《基督教词典》编写组：《基督教词典》，北京语言学院出版社1994年版，第345页。

（Cain）的儿子埃诺克（以诺）[①]。白晋之所以将伏羲比附为埃诺克是因为二者有颇多相似之处。伏羲是中华文明的始祖，《周易》之《系辞传》（下）详细地记载了伏羲对中华文明的创始之功，伏羲"始作八卦，以通神明之德，以类万物之情。作结绳而为罔罟，以佃以渔"[②]。伏羲创作八卦以会通天地之运行规律，以类推万物生长之情理，由此而促进了人们对天地万物之思考。伏羲还将绳子打结做成网以打猎捕鱼，由此而极大地推动了社会生产力的进步。八卦还被视为文字之始，《周易宏纲序》云："卦者其名，而画者非卦也。此伏羲氏初制之字也。"[③] 文字的发明结束了中国原始先民"结绳记事"的时代，极大地推动了中国文明的发展。《世本八种》一书载"伏羲制俪皮嫁娶之礼，伏羲作琴"[④]，这句话表明伏羲还创制了礼乐嫁娶之制，这标志着中国先民在伏羲时代就已经踏上了文明之途。毫无疑问，中华民族在伏羲时代已经走出了原始的"野蛮"状态，在伏羲的带领下迎来了文明社会的曙光。

伏羲，这位当之无愧的中华文明的奠基者，在易经主义者白晋眼中却成为了《圣经》中的埃诺克。白晋如此描述埃诺克："为后代蒸民之先师，赋之以大聪明，通数典乐之微妙，洞天运之玄奥，修百工之作用器具，极精极详，立诸学，教弟子，制文字，明知历代天文之序，万物之列，一一所像之吉。"[⑤] 对比埃诺克于西方文明之贡献与伏羲对中华文明之创始，二者皆洞悉天地运行之奥妙，均发明了文字并改进了生产工具，埃诺克"通数典乐之微妙"，伏羲创立礼乐嫁娶之制，由此可见埃诺克和伏羲对人类文明的贡献何其相似。由于历史、地理、风俗习惯的差异，不同文明的发展会呈现出千差万别的个性，然而人类文明的发展亦有其特定的规律，在文明进步的历史长河中不同文明必然又表现出诸多共性。中国典籍中的伏羲与《圣经》中的埃诺克都处于人类从蛮荒状态向文明社会逐渐过渡的时期，当人类文明处于萌芽阶段，中西方人民

[①] 许明龙：《中西文化交流先驱——从利玛窦到郎世宁》，东方出版社1993年版，第183页。
[②] 李申：《周易经传译注》，湖南教育出版社2004年版，第214页。
[③] （宋）杨万里著，王琦珍整理：《〈周易宏纲〉序》，载《杨万里诗文集》（中），江西人民出版社2006年版，第1306页。
[④] （汉）宋衷注，（清）秦嘉谟等辑：《世本八种》，商务印书馆1957年版，第35页。
[⑤] ［法］白晋：《易钥》，载陈欣雨《白晋易学研究中的伏羲考》，《国学学刊》2016年第1期。

对客观世界的认知处于相同的水平，人们对文明的追求体现为最基本的物质和精神需求，因而中西方文明在起始阶段表现出诸多共性也就不足为奇了。无论在中国还是在西方，人们都习惯于将文明的进步归功于一个圣王或先师，因此中西方文明的共性投射到了伏羲和埃诺克身上。白晋利用人类文明发展的共性将伏羲比附为埃诺克，其根本目的是将《周易》乃至整个中国文明都纳入基督教神学体系中去。

（三）概念引申

易经主义者不但将《周易》中的圣人比附为基督教人物，而且还从《周易》中的重要概念引申出基督教神学思想。早在16世纪末基督教传入中国不久，耶稣会先辈利玛窦就确立了概念引申的方法，他在《天主实义》中提出"仁者爱天主"，将《易传》中的"仁"引申为基督教之"爱天主"①。概念引申是耶稣会士贯彻"文化适应"政策路线的一贯做法，易经主义者不仅继承了耶稣会前辈开创的"文化适应"政策路线，而且他们做得更加深入和细致。

白晋引用《日讲易经解义》《论语》《中庸》《孟子》等提出"仁智乃性之德，仁乃天赋之德，仁乃人安之宅"②。白晋借用儒家经典来证明儒家思想和基督教教义都强调"仁爱"之心，以凸显儒学和基督教教义的一致性，但白晋并没有将儒家的"仁爱"观念完全等同于基督教之"仁爱"，白晋更强调"仁"在基督教中的引申意义。孟子认为人性本善，因而仁爱是人天生的本性，然而白晋却根据《圣经》认为"人生之初，原秉天理。后因自染于欲，乃仁不仁"③。这句话中的"人生之初"与孟子所指"人之初"完全不同，此处指的是人类的始祖亚当和夏娃最初在伊甸园的时候，原本秉持天理而具有仁爱之心，但后来为满足自己的欲望，违背上帝旨意偷吃了禁果，因而失去仁爱之心。推而广之，基督教认为人类作为亚当和夏娃的后代自然就不会生而具有仁爱之心，因此上帝"将至仁至义之神器，逐邪神人，复立天教，以复正四方之人

---

① ［意］利玛窦：《天主实义》，载利玛窦著，朱维铮主编《利玛窦中文著译集》，复旦大学出版社2001年版，第77页。
② ［法］白晋：《古今敬天鉴》，载郑安德主编《明末清初耶稣会思想文献汇编》（第十九册），北京大学出版社2003年版，第243—244页。
③ ［法］白晋：《古今敬天鉴》，载郑安德主编《明末清初耶稣会思想文献汇编》（第十九册），北京大学出版社2003年版，第244页。

心，以止其乱"①。白晋将"仁"视为上帝驱逐邪神，复正的"神器"，人类只有得到了上帝的拯救才能让仁爱之心失而复得。简而言之，白晋旨在告诉中国民众只有加入基督教，信奉上帝才能重新获得仁爱之心。

白晋又提出"太极即上帝，为万物之源"②。《周易》将"太极"视为万物之源，这与《圣经》中记载上帝创造天地万物的观念是相悖的，因而利玛窦在《天主实义》中严厉地批评了《周易》中"太极"这一概念。然而易经主义者白晋将太极等同于上帝，如此便化解了儒家学说和《圣经》关于天地万物起源的矛盾。白晋在《古今敬天鉴》中写道："万物万形之妙，一一皆合於造物主；所怀至灵至一不变当然之理，而明显其造者之无极而太极之能。"③ 这句话是说，天地万物都由造物主所造，这是一个神圣不变的道理，天地万物反过来又清楚地表明造物主具有"无极而太极之能"。在儒家宇宙生成论中"无极而太极"指的是在天地万物生成之前的宇宙混沌状态，但白晋却将之视为造物主之能，而且这种能力明显指的是造物主创造天地万物之能。造物主即上帝，因此白晋称"太极即上帝，为万物之源"。

白晋又将太极称为"三一太极"，在《易考》中白晋认为《周易》三才之道"各本于函三一太极也"④，在《易稿》中白晋又称"一、二、三者也，一本两元者也，一本两元也者，易所由函三位一之太极者也"⑤。《周易》中的三才之道，即天道、地道、人道，但这三者皆含于太极这一概念之中，因此白晋眼中的太极便成为"三一太极"。当然白晋并不是要阐述太极中的三才之道，而是要通过《周易》三才之道引出基督教思想来。"三一"即三位一体，上帝是三位一体的，而太极也具有三位一体的性质，这就为白晋将太极等同于上帝提供了又一个有力的

---

① ［法］白晋：《古今敬天鉴》，载郑安德主编《明末清初耶稣会思想文献汇编》（第十九册），北京大学出版社2003年版，第271页。
② ［美］魏若望：《耶稣会士傅圣泽神甫传：索隐派思想在中国及欧洲》，吴莉苇译，大象出版社2006年版，第139页。
③ ［法］白晋：《古今敬天鉴》，载郑安德主编《明末清初耶稣会思想文献汇编》（第十九册），北京大学出版社2003年版，第238页。
④ ［法］白晋：《易考》，载张培云、陈欣雨《白晋研〈易〉方法论析》，《四川师范大学学报》（社会科学版）2016年第3期。
⑤ ［法］白晋：《易稿》，载张培云、陈欣雨《白晋研〈易〉方法论析》，《四川师范大学学报》（社会科学版）2016年第3期。

所谓"证据"。然而,太极之"三位一体"与上帝之"三位一体"还是有本质区别的,前者是指天、地、人,体现的是人与自然的关系;后者指的是圣父、圣子、圣灵。圣父是上帝,而圣子是耶稣,是基督教中上帝派到人世间的救世主。基督教认为圣灵是上帝之灵,圣灵进入人心,引导人们获得救赎,因此上帝之"三位一体"体现的是神与人之间的关系。

《周易》简称《易》,而"易"本身也是《周易》中的基本概念之一,有"简易、变易、不易"三层含义,总称为"易之三名"或"易之三义"。正所谓"大道至简",《周易》将天地运行统摄于六十四卦之中,通过卦变来参透天地,因此"易"有"简易"之义;天地万物无时无刻不在运行变化,因此"易"有"变易"之义;然而万变不离其宗,天地运行的规律是恒定不变的,因此"易"有"不易"之义。① "易之三义"体现了中国古代先民对天地万物运行变化的深刻思考,是对自然规律的高度总结,然而白晋从"易之三义"中却引申出了古老的基督教理论。这种理论将世界历史划分为三个阶段:黄金时代、堕落阶段、再生时代。在黄金时代世界充满了和谐和公正;在堕落阶段,因为人类和天使的罪恶,世界发生了改变;在再生时代,由于耶稣的到来,人类重回黄金时代。白晋根据"易之三义"引申出与上述阶段相符的三个世界发展阶段:天道、地道、人道。在天道阶段,世界充满了最初的和谐和公正,这种状态叫"易简";在地道阶段,大地被黑暗所笼罩,原始的和谐发生了变化,这种状态叫"易变";在人道阶段,救世主使叛离了上帝的人和上帝达成了和解,这个状态叫"不易"。② 白晋将"易"阐释为"易简、易变、不易",只是继承了中国先哲对"易之三义"的命名,但他对"易之三义"的解读却完全是基督教性质的,是白晋根据《圣经》对《周易》自然和社会哲学思想的神学改写。

(四)汉字解构

汉字历史悠久,自古就有"伏羲造字、仓颉立书、河图洛书"等关于汉字来源的传说。数千年来中国人一直用汉字来传情达意,并书写悠

---

① 任运忠:《绪论》,载《周易文化导读》,中国纺织出版社2015年版,第7页。
② [德]柯兰霓:《耶稣会士白晋的生平与著作》,李岩译,大象出版社2009年版,第155—156页。

第二章 易经主义者对"文化适应"政策的继承和发展

久的中国历史。为满足在中国传教的需要,西方传教士很早就开始学习和研究汉字。传教士们发现汉字与古埃及的象形文字有很大的相似性,因此易经主义者将汉字称为"中国的象形文字"①。象形文字在英语中用"hieroglyph"表达,在希腊语中"hieroglyph"是"圣书"(sacred writing)的意思,"hieroglyph"也指神秘难解的符号。德国传教士基歇尔(Athanasius Kircher)认为古中国人是埃及人的后裔,而汉字也来源于埃及,并且坚信《周易》的创始人伏羲正是从诺亚的后代那里学会发明文字的②。白晋把中国古老的文字看作是古希伯来人在法典时代之前的残留物③。在易经主义者看来,既然汉字拥有神圣的来源,那么汉字里必定隐藏着有关上帝的神圣内容,因此他们可以把汉字作为索隐法的重要工具加以利用,他们通过解构汉字去领悟汉字中隐藏的基督教信息。

易经主义者马若瑟通过对汉字笔画的解构推导出了《周易》中"三位一体"的基督教思想。在基督教中,上帝是唯一的真神,但包含圣父、圣子、圣灵三个位格,其中圣父指的是上帝本身,圣子是上帝以肉身来到人世间的耶稣基督,而圣灵指的是上帝之灵。《周易》之《系辞传》(下)云:"上古结绳而治,后世圣人易之以书契。"④ 上古时代的人们用绳子打结的方法来治理天下,后来圣人发明了文字,并把文字刻画在竹简上。马若瑟认为《周易》中"圣人易之以书契"是从夬卦开始的。从卦象看,夬卦(☰)上卦为"兑(☱)",象征"嘴或舌头",下卦为"乾(☰)",代表"天",因此夬卦的整个卦象意味着"上天的语言"。马若瑟将汉字中的基本笔画'丶'视作"最高之主的实体",而汉字"一、二、三"并不仅仅是数字,而是"最高之主的三个位格",也就是"耶稣基督、圣子和圣灵"⑤。在中国传统文化中,汉字"一、二、

---

① [德] 柯兰霓:《耶稣会士白晋的生平与著作》,李岩译,大象出版社2009年版,第141页。
② [德] 基歇尔:《中国图说》,张西平等译,大象出版社2010年版,第389—393页。
③ [德] 柯兰霓:《耶稣会士白晋的生平与著作》,李岩译,大象出版社2009年版,第125页。
④ 李申:《周易经传译注》,湖南教育出版社2004年版,第215页。
⑤ [丹麦] 龙伯格著,张西平审校:《清代来华传教士马若瑟研究》,李真、骆洁译,大象出版社2009年版,第197—202页。

三"有特定的文化内涵,《说文》对"一、二、三"的解释是:"一下曰道立于一,二下曰地之数,王下曰三者,天地人也。"① "一"指的是宇宙处于混沌状态之时的"天道","二"是天道运行造分宇宙为天和地,"三"则包含了天、地、人三者。汉字中的"一、二、三"体现了天地的自然属性和人所代表的社会属性,与基督教之"三位一体"所体现的神学属性是不同的。

在易经主义者傅圣泽看来,《周易》之"易"字是圣父和圣子合一(Hypostatische Union)的真实写照:"'易'字由代表太阳的'日'和代表月亮的'月'组成。太阳是光之源,而月亮则是天主圣言的人性灵魂(圣子)的形象。"② 傅圣泽将"易"字分成上"日"下"月"的结构,对于这种拆分应该说还是合理的,但傅圣泽从中引申出圣父和圣子合二为一的形象却难免有些牵强。《说文》引《周易参同契》云:"日月为易,刚柔相当。"③ "易"是会意字,日为刚,月为阴,体现了日月运行不已,昼夜阴阳交替,刚柔相济的自然规律,这也正是《周易》一书的精髓所在,却与基督教之圣父和圣子毫不相关。

易经主义者白晋和傅圣泽通过对"天"和"人"的解构看到了耶稣基督的形象。他们把"天"拆分为"二"和"人"两个字,并且认为这预示了第二个亚当"耶稣基督"的诞生④。"人"字有大小二者,大者指帝天,上主;小者又分为二,一指亚当和夏娃,二指救世主耶稣⑤。姑且不论易经主义者对"天"和"人"的神学阐释是否符合基督教教义,但可以肯定的是这种阐释与"天"和"人"的本义相去甚远。《周易》革卦之《彖传》曰:"汤武革命,顺乎天而应乎人。"⑥ 顺从天意,合乎民心是人类社会革故鼎新的先决条件,同时也构成了《周易》天人思想的二重属性。《说文》对"天"的解释是:"至高无上。从一

---

① (汉)许慎撰,(清)段玉裁注:《说文解字注》,上海古籍出版社1981年版,第9页。
② [德]柯兰霓:《耶稣会士白晋的生平与著作》,李岩译,大象出版社2009年版,第64页。
③ (汉)许慎撰,(清)段玉裁注:《说文解字注》,上海古籍出版社1981年版,第459页。
④ Richard J. Smith, *The I Ching: A Biography*, Princeton and Oxfordshire: Princeton University Press, 2012, p. 172.
⑤ 张培云、陈欣雨:《白晋研〈易〉方法论析》,《四川师范大学学报》(社会科学版)2016年第3期。
⑥ 李申:《周易经传译注》,湖南教育出版社2004年版,第152页。

大。"① 在中国文化中"天"是万物主宰,中国自古就有敬天、畏天、祭天的传统,天处于至高无上的地位,具有超越人的力量。人受命于天,效法于天,但却不能与天相提并论,易经主义者将"天"拆分为"二"和"人",其根本目的还是要从中引申出他们所需要的基督教信息。

《周易》经文由六十四卦构成,"卦"是《周易》的基本单位。易经主义者白晋把"卦"字拆分为"丶、丨、圭",其中"圭"是在觐见帝王或献祭时所用的一种牌子。在白晋看来,"卦"字象征着"正义之光"②。白晋对"卦"字结构的拆分是正确的,但从中推导出基督教之"正义之光"却显得有些牵强。《周易》之《系辞传》(下)曰:"圣人设卦观象,系辞焉而明吉凶,刚柔相推而生变化。"③ 圣人创立了八卦和六十四卦,观察卦爻象,圣人又在卦和爻的下面写上文字表明吉凶,阴阳刚柔相互推移而产生变化。卦爻象是对自然的客观反映,吉凶是针对人类社会而言,《周易》之《系辞传》清楚地表明卦是天道和人事的和谐统一,与基督教之"正义之光"没有任何联系。

小　结

易经主义者为推行"文化适应"政策而研习《周易》,他们对《周易》的研习甚至还得到了中国皇帝康熙的亲自指导,他们撰写的大量易学著述至今还保存在梵蒂冈图书馆,从而为西方学者研究《周易》提供了宝贵的文献资料。易经主义者对《周易》采取了索隐法解读,通过追根溯源、人物比附、概念引申、汉字解构等方式在《周易》中发掘诸如弥赛亚、三位一体等基督教奥义。

易经主义者继承和发展了利玛窦适应儒家文化的"文化适应"政策,但他们对《周易》的阐释和利用与利玛窦推行的"文化适应"政策路线又有明显的区别。利玛窦致力于在《周易》中寻找儒家思想与基督

---

① (汉)许慎撰,(清)段玉裁注:《说文解字注》,上海古籍出版社1981年版,第1页。
② [丹麦]龙伯格著,张西平审校:《清代来华传教士马若瑟研究》,李真、骆洁译,大象出版社2009年版,第172页。
③ 李申:《周易经传译注》,湖南教育出版社2004年版,第199页。

教思想的契合，对儒家思想既有适应，也有批判；而易经主义者力图挖掘在《周易》中隐藏的基督教奥义，并表现出对儒家文化的全面妥协和依附。易经主义者的学说最终被西方教会视为异端邪说，其思想也遭到西方教会严令禁止，但易经主义者对《周易》的解读和阐释却在《周易》西传史上书写了醒目的篇章，并且对后世西方传教士和世俗学者译介和研究《周易》产生了广泛而深远的影响。

第三章 "礼仪之争"中《周易》在西方的译介与传播

第一节 礼仪之争

利玛窦开创的"文化适应"政策有效地促进了基督教在中国的迅速发展,为证明"文化适应"政策的合理性,利玛窦在其著作中反复引用《周易》以阐述儒家思想与基督教的契合。"文化适应"政策为耶稣会士在基督教神学框架内研究和解读《周易》提供了理论支持,他们用《周易》去附会《圣经》,并以此竭力维护"文化适应"政策的合理性。但利玛窦逝世以后,为确保所谓"纯洁"的基督教信仰,西方传教士对"文化适应"政策的合理性产生了严重的分歧,并且围绕中国教徒是否应该参加尊孔、祭祖等礼仪活动爆发了持久的"礼仪之争",《周易》也在这场争辩中成为双方竞相利用或批判的对象。

一 "礼仪之争"的缘起

16世纪末西方耶稣会士进入中国传教,这标志着基督教第三次传入中国的开始。然而中国传统儒家文化对基督教的传入产生了强烈的抵制,为适应在华传教的需要,耶稣会士制定了适应儒家文化的"文化适应"政策。由于利玛窦是"文化适应"政策的主要倡导者和积极执行者,因此"文化适应"政策又被称为"利玛窦规矩"。"利玛窦规矩"包括以下四个特征:(1)采取对中国文化调适的政策,主张学习中国语言,采用儒家精英分子的生活方式和礼节;(2)走"自上而下"的传教路线,专注于对文人士大夫的宣教;(3)采用以欧洲科技吸引中国文人,以欧洲文化说服中国文人的间接传教方式;(4)对中国价值观持开放和容忍的态度。① 由于"利玛窦规矩"积极主动地适应儒家文化，调和基督教思想和儒家文化的矛盾和冲突，16世纪末17世纪初的中国统治者对基督教在中国的传播基本上是包容的，甚至是比较支持的。"利玛窦规矩"无疑取得了耶稣会预期的效果，耶稣会士不仅获得了在中国内地的永久居住权，而且还能够在全国各地自由传教。

尽管"利玛窦规矩"促进了基督教在中国的广泛传播，但并非所有的西方传教士都认同适应儒家文化的"利玛窦规矩"，在利玛窦逝世后，传教士内部展开了旷日持久的"礼仪之争"。"礼仪之争"最初源于译名之争，即关于如何翻译基督教造物主"Deus"一词的争论。"Deus"是拉丁文，西班牙传教士沙勿略最初到东方传教时直接将其音译为"陡斯"，后来意大利传教士罗明坚在《天主圣教实录》中称："盖天地之先，本有一天主，制作乾坤人物，普世固当尊敬之。"② "乾坤"即天地，在此罗明坚将造化天、地、人的"Deus"意译为"天主"。利玛窦在其著作《天主实义》中沿用了"天主"一词，但却又称"吾国天主，即华言上帝"③。此后，利玛窦将"Deus"或译为"天主"，或译为"上帝"。"天"和"上帝"原本是儒家经典中固有的两个概念，利玛窦将"Deus"译为"天主"或"上帝"给人以基督教暗合于儒家传统的感觉。明代进士冯应京在《天主实义序》中写道："天主何？上帝也。"④ 这表明中国学者也认同将"Deus"译为"天主"或"上帝"的译法。

利玛窦于1610年逝世后，其继任者龙华民（Niccolò Longobardi）坚决反对以"文化适应"政策为核心的"利玛窦规矩"。"利玛窦规矩"的前提是中国古儒本来信奉有神论，后来宋儒在新儒家学说中渗入了佛教思想，导致现代儒家走向无神论，然而龙华民却否认儒家从有神到无神的范式转移⑤。由此，龙华民从根本上否定了"利玛窦规矩"的合理性。

---

① ［比］钟鸣旦：《利玛窦：因人成己》，代国庆译，《学术研究》2012年第8期。
② ［意］罗明坚：《天主圣教实录》，载郑安德主编《明末清初耶稣会思想文献汇编》（第一册），北京大学出版社2003年版，第34页。
③ ［意］利玛窦著，［法］梅谦立注，谭杰校勘：《天主实义今注》，商务印书馆2014年版，第99页。
④ （明）冯应京：《天主实义序》，载［意］利玛窦著，［法］梅谦立注，谭杰校勘《天主实义今注》，商务印书馆2014年版，第69页。
⑤ ［法］魏德明：《龙华民与中国神学的谱系学——译名之争、龙华民论文与中国自然神学的发现》，沈秀臻等译，《基督教学术》2015年第14辑。

第三章 "礼仪之争"中《周易》在西方的译介与传播

他首先对"Deus"一词的翻译发难,在《论中国宗教的若干问题》一文中龙华民指出儒家四书中"不少注释给出的'上帝'观念与其神圣的性质多少是对立的"。而且龙华民对用"上帝"来指称基督教之"神"一直心存疑虑,甚至为此"感到痛苦已经二十多年了"[1]。在龙华民看来,"天"指的是"苍苍之天","上帝"也并非造物主。因此,作为耶稣会中国教区会长,龙华民明确主张废除"天"、"上帝"、"天主"等词,而直接采用音译的方式翻译"Deus"[2]。龙华民的观点得到了来自日本、澳门以及少数中国内陆传教士的支持,而多数在中国内陆继承了"文化适应"政策的耶稣会士则坚持继续使用"天主"或"上帝"称呼基督教中的造物主"Deus",双方各执一词,长期争论不休。

"译名之争"不仅仅是一个翻译的问题,更重要的是隐藏在翻译问题之下的中西方深层次的文化冲突和矛盾。"译名之争"很快演变为"礼仪之争",其实质是"以基督教义为宗旨的天主教会应该如何对待中国古老的文化,特别是中国的传统礼仪,具体地说就是敬天、祭祖和尊孔的礼仪活动"[3]。由于"礼仪之争",以前被"利玛窦规矩"掩盖和隐藏的中国传统儒家文化与西方基督教文化之间的冲突和矛盾浮出了水面。敬天、祭祖和尊孔是儒家文化延续了数千年的固有礼仪,也是维系中国传统文化不可或缺的形式载体。奉行利玛窦"文化适应"政策的耶稣会士认为敬天、祭祖和尊孔只是一些世俗礼仪活动,并不具有"偶像崇拜"的性质,因而可以对这些礼仪采取温和而灵活的处理方式,只要中国信众坚持基本的基督教教义,可以允许他们继续保留这些礼仪活动。然而,以龙华民为代表的"文化适应"政策的反对者则坚持强硬的传教路线,强调正视儒家文化和基督教思想之间的冲突和矛盾,他们认为敬天、祭祖和尊孔的礼仪活动充满了迷信思想,为维护纯粹的基督教信仰,这些礼仪活动应当被严厉禁止。"礼仪之争"最初只是耶稣会内部继承或反对利玛窦"文化适应"政策两派之间的争论,但后来随着其他教派(如多明我会和方济各会)的相继加入,"礼仪之争"便波及整个基督教

---

[1] [意]龙华民:《关于中国宗教不同意见的论文》,载李天纲《龙华民对中国宗教本质的论述及其影响》,《学术月刊》2017年第5期。
[2] 许明龙:《欧洲十八世纪中国热》,外语教学与研究出版社2007年版,第41页。
[3] 朱静:《罗马天主教与中国礼仪之争》,《复旦学报》(社会科学版)1997年第3期。

会，甚至从中国延伸到欧洲大陆。不同教派代表着不同的利益集团，他们的传教理念以及对中国文化的态度也截然不同，因此"礼仪之争"充满了各种错综复杂的矛盾和冲突，既有中西方之间的文化冲突和矛盾，也有基督教内部关于不同传教路线的争论，甚至还有不同教会及派系之间的权力斗争。

二 "礼仪之争"的经过

"礼仪之争"中的各派矛盾异常尖锐，长期争论不休，以致数任罗马教皇不得不亲自出面调停，甚至多次作出前后矛盾的裁决。1643年多明我会士黎玉范（Juan Bautista Morales）向罗马教廷提交了一份报告，陈述中国人"尊孔祭祖"等礼仪活动"具有宗教性质，与基督教相悖，应该予以禁止"①。1645年罗马教皇英诺森十世（Giovanni Battista Pamphili）颁布通谕，禁止天主教徒参加"尊孔祭祖"活动。当这个通谕传到中国后，耶稣会立即派意大利传教士卫匡国前往罗马申辩，他指出"祭孔是科举中榜者对孔子表示敬意的一种仪式，与向在世的师长致谢一样；祭祖是对先人寄托哀思的一种仪式，不存在迷信的问题"②。罗马教廷部分认可了卫匡国的辩解，1656年教皇亚历山大七世（Fabio Chigi）决定"允许中国天主教徒们举行祭祖和尊孔的礼仪，而仅应该从中排除那些迷信的做法"③。针对两任教皇完全不同的裁决，在中国的传教士感到无所适从，对"尊孔祭祖"的礼仪问题仍然争论不休。1667年12月18日至1668年1月26日，23名在华传教士集聚在广州召开会议，总结近百年来在中国的传教活动，会上礼仪问题再次成为争论的焦点。但在会后的决议中大家决定对中国礼仪问题继续采取妥协的态度，关键内容如下："至于谈到中国人用来崇敬他们的老师，孔子和死去的人，我们应该完全遵守1656年经由亚历山大七世批复的宗教裁判所的决定。"④然而，争论不但没有就此结束，反而愈演愈烈。被教皇任命为福建宗座代牧主教的颜珰（Charles Maigrot）坚决反对"尊孔祭祖"等礼仪活动。

---

① 许明龙：《欧洲十八世纪中国热》，外语教学与研究出版社2007年版，第45页。
② 许明龙：《欧洲十八世纪中国热》，外语教学与研究出版社2007年版，第45页。
③ [法]安田朴：《中国文化西传欧洲史》，耿昇译，商务印书馆2013年版，第324页。
④ 李天纲：《中国礼仪之争：历史·文献和意义》，上海古籍出版社1998年版，第44—45页。

第三章 "礼仪之争"中《周易》在西方的译介与传播

1693年3月颜珰发表禁令,明确禁止使用"天"或者"上帝"称谓,摘下书有"敬天"的匾额,严禁入会的教徒参加诸如敬孔祭祖的仪式等。①颜珰禁令得到了罗马教廷的支持,1697年教廷重新审视中国礼仪问题,1704年罗马教皇克雷芒十一世发布圣谕支持颜珰禁令。

在这场旷日持久的"礼仪之争"中,中国清朝政府一直支持遵守利玛窦"文化适应"政策的耶稣会士,然而罗马教廷在"礼仪之争"问题上的强硬立场激起了清政府更为强烈的反弹。1706年康熙皇帝下令对传教士的活动严加限制,"故创立票制,即来华西人,如遵守利玛窦遗法,永居中国,由清廷特赐信票,可以在中国内地居住。无票者,便押往广州,或遣回西洋,或解至澳门"②。1715年克雷芒十一世再次重申1704年的圣谕,要求传教士必须宣誓服从禁令,否则将被逐出教会。在华的西方传教士必须在遵守教皇"圣谕"和领取"信票"之间做出选择,面对罗马教廷的强大压力,大多数传教士选择了前者,只有少量传教士继续留在中国内地传教或直接为清政府服务。雍正元年(1723年)清政府开始在全国各地全面禁教,只有少数"精通历数及有技能者起送至京效用",其余西洋人"俱送至澳门安插,毋得潜居内地"③。1742年7月11日,教宗本笃十四世(Prospero Lorenzo Lambertini)发布了《自上主圣意》宪章,这个宪章被称为是有关中国礼仪最后的,也是最明确有力的决定,要求所有传教士必须宣誓"准确地、完全地、无可逃避地和坚定地加以遵守"之前教皇颁布的所有禁令④。1773年罗马教廷宣布解散耶稣会,"礼仪之争"的最终结果使基督教在中国的传播遭到了毁灭性的打击,根据德礼贤《中国天主教传教史》记载,1700年中国天主教信友已达30万人,到了1800年却只有20万⑤。"礼仪之争"归根到底是不同教派之间的传教路线之争以及对中国文化的不同态度之辩,但争辩的双方都致力于在中国扩大基督教的影响力,然而"礼仪之争"的最终结果却使基督

---

① 许明龙:《欧洲十八世纪中国热》,外语教学与研究出版社2007年版,第46页。
② 阎宗临著,阎守诚编:《传教士与法国早期汉学》,大象出版社2003年版,第181页。
③ 吴旻、韩琦:《欧洲所藏雍正乾隆朝天主教文献汇编》,上海人民出版社2008年版,第29页。
④ [美]苏尔、诺尔编:《中国礼仪之争:西文文献一百篇(1645—1941)》,沈保义、顾卫民等译,上海古籍出版社2001年版,第88—99页。
⑤ [意]德礼贤:《中国天主教传教史》,商务印书馆1933年版,第82页。

教在中国的传播严重受挫，这恐怕是"礼仪之争"双方都不愿意看到的。

第二节　传教士对《周易》的利用与争辩

"礼仪之争"严重阻碍了基督教在中国的发展，然而"礼仪之争"的争辩双方却都试图从中国文化典籍中找到有利于自己的证据，在这场关于中国礼仪问题的激烈争辩中，《周易》成为"文化适应"政策的反对者和支持者都争相利用或批判的对象。奉行利玛窦"文化适应"政策的易经主义者力图证明从《周易》中可以发现中国古人对基督教的信仰，同时期冀博取罗马教廷和中国皇帝对"文化适应"政策的支持；而教会中反对"文化适应"政策的传教士则认为《周易》中的学说违反了基本的基督教教义，并且百般阻挠易经主义者对《周易》的研究，甚至对其严加批判。

一　易经主义者对《周易》的利用

为了挽救濒临绝境的传教活动，在华的一批奉行利玛窦路线的耶稣会士虽然表面上不得不遵从罗马教会严禁尊孔祭祖的圣谕，但却仍然在不断积极地为"文化适应"政策寻找理论依据，他们力图在基督教和儒家学说之间找到一些共性，以证明"文化适应"政策的合理性。以白晋为首的易经主义者将目光投向了作为"群经之首"的《周易》，试图将《周易》和《圣经》联系起来，以证明基督教思想与中国儒家思想同出一体，希望罗马教廷能够继续支持他们在华的传教路线。白晋在《易钥》自序中写道："盖易之大旨先天后天而已，天主《圣经》乃无穷完备之圣道，亦不外于先天后天而已。"[1] 白晋认为《周易》和《圣经》所载之大旨同为先天和后天之道，这就为基督教和儒家思想架起了一座相互沟通的桥梁。在白晋看来，"《易经》（《周易》）既是一把联结中国与欧洲的智慧钥匙，又是一把获得满洲皇帝支持的政治钥匙"[2]。1712年10月30日白晋致信耶稣会总会长米开朗基罗·坦布里尼为"易经主义"

---

[1]《梵蒂冈图书馆中文文献》，编号 Borg. Cinese. 317（2），见韩琦《再论白晋的〈易经〉研究——从梵蒂冈教廷图书馆所藏手稿分析其研究背景、目的及反响》，载荣新江、李孝聪编《中外关系史：新史料与新问题》，科学出版社2004年版，第320页。

[2] D. E. Mungello, *Curious Land: Jesuit Accommodation and the Origins of Sinology*, Honolulu: University of Hawaii Press, 1989, p. 249.

第三章 "礼仪之争"中《周易》在西方的译介与传播

辩护，白晋称上帝给予了自己一种特殊的帮助，让他能够向中国皇帝揭示隐藏在中国经书，特别是《易经》（《周易》）中的宗教秘密①。白晋等易经主义者用《周易》去附会《圣经》，力图证明中国经典和《圣经》并非是矛盾和冲突的，而是相互契合的，他们认为这种附会不仅保留了中国经典的至尊地位，而且同时也维护了《圣经》的权威，如此既讨好了中国皇帝，也不得罪罗马教廷。由此可见，白晋等耶稣会士研究《周易》的目的是非常明显的，一方面是博取罗马教廷对"文化适应"政策的同情和理解，另一方面也是最大限度地争取中国皇帝对耶稣会在华传教的支持，甚至规劝中国皇帝皈依基督教，进而利用皇帝的权威让基督教思想在中华大地上开花结果。因此从这个意义上讲，"易经主义"可以视为"礼仪之争"的直接产物。

在"礼仪之争"中，康熙皇帝一直偏袒白晋等奉行利玛窦路线的耶稣会士，不仅允许他们长留北京，而且对他们研究《周易》更是大力支持，甚至亲临指导。康熙时代曾流行"西学中源说"，白晋等耶稣会士作为基督徒本无意去证明"西学中源说"，然而他们在《周易》中挖掘基督教的痕迹却不期为"西学中源说"提供了有利的佐证②。因此，康熙乐于见到白晋等易经主义者研究和利用《周易》，而且康熙也可以利用白晋等人对《周易》的研究在"礼仪之争"中掌握一定的主动权，并且将基督教在中国的传播牢牢地控制在中国政府的手中。

1697年当"礼仪之争"达到高潮的时候，耶稣会士白晋奉康熙皇帝之命回到法国招募更多传教士来中国，白晋借此机会在巴黎做了一场关于《周易》的演讲，他指出《周易》不是迷信，伏羲是中国君主政体的第一个创造者，也是中国第一位哲学家，伏羲的哲学原理与柏拉图（Plato）和亚里士多德哲学一样合理及完美，《周易》以"先知预言"方式表达了基督教教义③。在此之前，西方基督教传教士的主流观点一直认为《周易》是一部"迷信之书"，而白晋在演讲中却将《周

---

① Paul A. Rule, *K'ung-tzu or Confucius? The Jesuit Interpretation of Confucianism*, Sydney: Allen and Unwin Australia Pty. Ltd., 1986, p. 157.
② 韩琦：《白晋的〈易经〉研究和康熙时代的"西学中源"说》，载《科学技术史研究五十年（1957—2007）——中国科学院自然科学史研究所五十年论文选》，中国科学院自然科学史研究所2007年版，第721—730页。
③ 岳峰：《儒经西传中的翻译与文化意象的变化》，福建人民出版社2006年版，第40页。

易》上升到了哲学的高度，而且流露出对《周易》哲学的顶礼膜拜，白晋的这场演讲对于《周易》在西方的传播无疑起到了积极而正面的引领作用。

二　教会对易经主义者的干预

易经主义者的主张在获得中国皇帝青睐的同时，他们的一番"良苦用心"却并没有博得西方教会的理解，反而激起了反利玛窦路线的传教士们更加激烈的反对，他们认为易经主义者用《周易》去附会《圣经》，严重动摇了基督教的正统性，这是西方教会绝对不能容忍的，因此教会对白晋等人研究《周易》做出了种种限制，甚至严加阻挠。法国传教区总会长殷弘绪（François-Xavier d'Entrecolles）对白晋、傅圣泽等人可能与中国皇帝康熙的接触发出了一系列禁令，要求他们"当与皇帝谈到《易经》（《周易》）时，只能限于物理和数学，绝不能谈论这部中国经典里寓意的神圣意义"[①]。事实上，教会不仅严格限制易经主义者与康熙的谈话内容，而且还严令他们交呈康熙审阅的文字材料都必须首先交给耶稣会北京会长龚当信（Cyr Contancin）审查，这种严格的审查制度在梵蒂冈图书馆的中文档案中也有记载："尔等所备御览书内，凡有关天教处，未进呈之先，当请旨求皇上俞允其先察详悉。"[②] 这种审查制度不仅严重干扰了白晋等人对《周易》的研究，而且康熙皇帝本人对此也有所忌惮。据《康熙朝满文朱批奏折全译》，康熙五十年（1711年）五月二十二日收到白晋所书《周易》文稿六篇，康熙朱批："览博津（白晋）引文，甚为繁冗。其中日后如严党（颜珰）、刘英（刘应）等人出，必致逐件无言以对。从此若不谨慎，朕亦将无法解说。"[③] 康熙在朱批中告诫白晋等人研习《周易》务必小心谨慎，切勿让"易经主义"的反对者抓住把柄，但从中也可以看出康熙对来自教会的干扰极为反感，这恐怕也是康熙后来对白晋等人研习《周易》逐渐失去兴趣的原因之一。

[①] John W. Witek, S. J., *Controversial Ideas in China and in Europe: A Biography of Jean-François Fouquet, S. J. （1665 – 1741）*, Roma: Institutum Historicum S. I., 1982, p. 176.

[②] 方豪：《中国天主教史人物传》，宗教文化出版社2007年版，第420页。

[③] 中国第一历史档案馆：《康熙朝满文朱批奏折全译》，中国社会科学出版社1996年版，第725页。严党即巴黎外方传教会主教颜珰，刘英乃耶稣会传教士刘应，此二人是易经主义的坚决反对者。

第三章 "礼仪之争"中《周易》在西方的译介与传播

为了在"礼仪之争"中占据主动,易经主义者还积极地著书立说,翻译儒家经典,并借此不遗余力地向西方社会宣讲他们的"易经主义"思想,但是这些著作和译作却被西方教会严格限制出版。18世纪西方总共刊行了12部易经主义者的译作,这只占他们22部译作中的55%,而且这些译作并不包括《周易》,更为甚者,18世纪易经主义者关于经学研究的作品无一得到刊行[①]。西方教会主流思想认为《周易》是"迷信之书",而且宣扬无神论思想,这违背了基督教的基本原理,因而也就不难理解西方教会为什么会严格限制出版易经主义者的作品了。

三 "礼仪之争"双方关于《周易》的辩论

在"礼仪之争"中对于如何认识《周易》以及中国哲学,西方教会内部对此有过激烈的交锋。易经主义者坚信《周易》隐含了中国古人对基督教最原始的信仰,而其他大多数传教士对《周易》都持一种排斥的态度。他们认为"该书充满了迷信,《易经》(《周易》)本身及其各种注疏都不包含有纯洁的教义"[②]。1693年3月26日福建宗座代牧巴黎外方传教会主教颜珰发布禁令,禁止中国教徒参加礼仪活动,禁令第六条写道:

> 我们注意到有些在口头上,或在书面上流传着的一些说法,正把粗心的人引向错误,甚至为迷信打开方便之门。例如:中国人教授的哲学,如正确加以理解并没有什么和基督教规相违背的;古代贤人用"太极"这词把天主解释为世界一切事物的缘由;……在我们整个代牧区,我们严格禁止散播大量这类似是而非、错误百出的言论或文字。[③]

《周易》是中国古代哲学元典,而源自《周易》的"太极"则是最基本的中国自然哲学概念。针对颜珰禁令第六条,白晋却针锋相对地指

[①] 张国刚、吴莉苇:《礼仪之争对中国经籍西传的影响》,《中国社会科学》2003年第4期。
[②] John W. Witek, S. J., *Controversial Ideas in China and in Europe: A Biography of Jean-François Fouquet, S. J. (1665–1741)*, Roma: Institutum Historicum S. I., 1982, p. 148.
[③] [美]苏尔、诺尔编:《中国礼仪之争:西文文献一百篇(1645—1941)》,沈保义、顾卫民等译,上海古籍出版社2001年版,第17—18页。

出"要让中国人的精神和心灵皈依天主教,就向他们展示天主教如何符合他们祖先的法则和正统的哲学,此外再无更合适的方法了"①。1697年8月30日白晋致信在罗马的法国省教区长代理吉贝,并恳请吉贝在恰当的时候转交省教区长,白晋在信中对颜珰禁令中的第六条做出了明确而坚决的回应:

> (1)中国人信奉的哲学,如果理解正确,没有任何内容违背了基督宗教律法;(2)"太极"即上帝,乃万物之原动力;(3)《易经》(《周易》)是中国最美好的道德和自然学说的缩影。②

"礼仪之争"双方围绕《周易》展开了激烈的争辩,双方各执己见,互不相让。颜珰禁令及其所引发的一系列问题最终提交到罗马教廷圣职部予以裁决,然而在1704年11月20日教宗克雷芒十一世发布的谕令中,对颜珰禁令第六条却并没有给出一个明确的答复,其理由是"需要更多的信息,这个问题留给安提阿宗主教(Patriarch of Antioch),待他咨询主教们、教区代牧们,以及那些博学的在中国的传教士们之后再做出判定"③。教宗模糊的态度并没有平息双方的争论,反而给双方更多自由发挥的空间。颜珰将《周易》视为中国无神论之源,严厉禁止其辖区内的传教士传播中国哲学和"太极"的概念,他认为"它们是错误的,草率的和令人反感的"④。1706年颜珰奉康熙之命搜集儒家经书中与基督教相矛盾的句子,他整理出48个儒家经典与基督教不一致的命题,其中包括了"太极"以及"无极"等《周易》哲学概念,他认为"理"和"太极"完全相同,不可能是事物的"创造原则",即不可能是"God",

---

① John W. Witek, S. J., *Controversial Ideas in China and in Europe: A Biography of Jean-François Fouquet, S. J. (1665 – 1741)*, Roma: Institutum Historicum S. I., 1982, p. 149.

② John W. Witek, S. J., *Controversial Ideas in China and in Europe: A Biography of Jean-François Fouquet, S. J. (1665 – 1741)*, Roma: Institutum Historicum S. I., 1982, pp. 148 – 149.

③ George Minamiki, S. J., *The Chinese Rites Controversy from Its Beginning to Modern Times*, Chicago: Loyola University Press, 1985, p. 49.

④ [美]苏尔、诺尔编:《中国礼仪之争:西文文献一百篇(1645—1941)》,沈保义、顾卫民等译,上海古籍出版社2001年版,第35页。

第三章 "礼仪之争"中《周易》在西方的译介与传播

"太极"（理）和混沌与基督教创造学说是矛盾的①。

在颜珰批判《周易》哲学与基督教相矛盾的同时，易经主义者也在不遗余力地阐述《周易》哲学与基督教信仰的一致性。1712年11月白晋致信北京会团长骆保禄（Jean-Paul Gozani），开篇即宣称"《易经》（《周易》）和'一些中国书籍，特别是经书'，包含着在岁月中消逝的教义"②。易经主义者傅圣泽也在继续对《周易》进行"索隐法"研究，他断言《周易》第十三卦同人卦讲的是人类的堕落以及以马内利（Emmanuel，耶稣基督的别称）的降临，第五十九卦涣卦则预示了天国将最终得以实现③。后来耶稣会士钱德明（Joseph-Marie Amiot）继承了易经主义者的"索隐法"，他"从汉字构造及八卦演绎的逻辑中来寻求共同之'理'，证明上古中国保留着纯洁信仰的痕迹。在他看来，乾卦象征'天'和上帝，三爻平衡，不可分割的三爻构成一个整体"④。从以上文献可以看出，"礼仪之争"双方对《周易》的态度是完全抵牾和冲突的，双方对《周易》的批判和反批判构成了"礼仪之争"的重要内容，尽管他们各自对《周易》有不同的认识和理解，但他们激烈的争辩却在客观上促进了《周易》在西方的传播。

第三节 耶稣会士对《周易》的译介与传播

尽管"礼仪之争"是不同教派之间不同传教路线的争执，但其根源却来自双方对中国文化不同的理解和阐释，要在"礼仪之争"中占据主动，双方必然要深入透彻地了解中国文化。中国儒家经典是中国文化的载体，欲了解中国文化必然要研读儒家经典，即使是"文化适应"政策的反对者也认为研习儒家经典是大有裨益的，他们认为"如果我们不读他们的书，不了解他们的伦理，我们怎能驳斥那些异教徒

---

① [德] 柯蓝妮：《颜珰在中国礼仪之争中的角色》，王潇楠译，《国际汉学》2010年第1期。

② John W. Witek, S. J., *Controversial Ideas in China and in Europe: A Biography of Jean-François Foucquet, S. J. (1665–1741)*, Roma: Institutum Historicum S. I., 1982, p. 202.

③ Richard Rutt, *The Book of Changes (Zhouyi): A Bronze Age Document Translated with Introduction and Notes*, London & New York: Routledge Taylor and Francis Group, 2002, p. 63.

④ 龙云：《钱德明：18世纪中法间的文化使者》，北京大学出版社2015年版，第87页。

大量的错误?"① 然而，对于大多数西方传教士而言，汉语却是研习儒家经典无法逾越的障碍，因此译介儒家经典对于"礼仪之争"双方都是必不可少的。从17世纪始，儒家"四书五经"就被陆续翻译成西方文字，而且在"礼仪之争"中达到了高潮。在"礼仪之争"中，双方围绕《周易》展开了激烈的争论，《周易》也随之在西方世界得以广泛译介与传播。自利玛窦时代始，《周易》一直是耶稣会阐述其"文化适应"政策的有力工具，因此耶稣会士也就成为了译介与传播《周易》的主体。

一 金尼阁《周易》译本

《周易》最早的西译本是由法国耶稣会传教士金尼阁完成的，金尼阁原名尼古拉·特里戈，字四表，于1610年入华传教。1626年金尼阁在杭州刊印了包括《周易》在内的拉丁文《中国五经》(*Pentabiblion Sinense quodprimae atque adeo Sacrae Auctoritatis apud illos est*，中国五经——中国第一部神圣之书)。作为西方世界的第一部《周易》译本，金尼阁译本对后来耶稣会士译介《周易》起到了一定的开创作用，"因此金尼阁又被称为'西方易学史中的哥伦布'，开启了西方易学史的第一页"②。据费赖之《在华耶稣会士列传及书目》载："尼阁又取《五经》译为拉丁文，附以注解。吾人不知此译本之归宿，且不知其是否已寄达欧洲。"③ 法国学者戴密微(Paul Demiéville)在《法国汉学研究史》一文中也指出："金尼阁似乎也曾从事编写过一部中国史《中华帝国史》，并翻译(?)了《五经》(1626年)。但这些著作都没有流传到我们的手里。"④尽管众多文献都记载金尼阁曾翻译过《周易》，但该译本目前已经亡佚，译本中的具体内容也不得而知，甚至欧洲学者也不能确信金尼阁《周易》译本是否已经传到过欧洲，由此可见金尼阁对《周易》的译介并没有在西方社会造成太多的影响。

---

① [西]闵明我：《上帝许给的土地——闵明我行记和礼仪之争》，何高济、吴翊梅译，大象出版社2009年版，第107页。
② 赖贵三：《十七至十九世纪法国易学发展史略》(上)，《巴黎视野》2011年第15期。
③ [法]费赖之：《在华耶稣会士列传及书目》，冯承钧译，中华书局1995年版，第124页。
④ [法]戴密微：《法国汉学研究史》，载戴仁编《法国当代中国学》，耿昇译，中国社会科学出版社1998年版，第5页。

第三章 "礼仪之争"中《周易》在西方的译介与传播

二 《大中国志》中的《周易》

目前有案可查最早向西方介绍《周易》的书籍是葡萄牙耶稣会传教士曾德昭编撰的中国史书——《大中国志》（*Relação da Grande Monarquia da China*），该书原文于1638年在印度果阿用葡萄牙语写成，后被带至葡萄牙，但并未刊印，1642年被译成西班牙语，1643年译成意大利文本出版，1645年和1667年译成法文本出版，1655年译成英文本出版，迄至1956年才有葡萄牙文本出版①，1998年中文本出版。《大中国志》记述了作者在中国的各种见闻以及早期耶稣会士在华传教的过程，其中在该书第十章"中国人的书籍和学术"中介绍了《周易》一书。

> 从最初起，他们的主要目的就是寻求一条最好的统治之道。开始这样做的，是伏羲、神农和黄帝。这三位皇帝最早使用神秘方式——奇数和偶数、及其他图画和符号——阐述他们的道德和伦理的科学，为他们的臣民制定法规。这些法规一代又一代地传给各代的圣贤，即帝王。他们用这种方法治理国家，直到公元前1123年开始的周朝，文王及其幼子周公公布了这些数字和古代的符号，并刊行了一本有关的书，名叫易经（*yechim*，《周易》）。②

曾德昭首先介绍了《周易》的形成过程。"奇数和偶数"是《周易》之数的基本概念，奇数代表天数，也可以指阳，偶数代表地数，也可以指阴。"图画和符号"指的是八卦、六十四卦等《周易》之符号系统。根据《周易》的形成历史，先有数，然后才有卦，伏羲发明八卦，文王将八卦演绎成六十四卦，至周代文王和周公为六十四卦附上文字，《周易》古经才渐次形成，由此可见曾德昭对《周易》古经形成过程的介绍是比较准确的。曾德昭对《周易》的认识与早期耶稣会士的主流观点有所不同，大多数耶稣会士将《周易》视作"迷信之书"，而曾德昭将《周易》视作"治理国家"的经典，这种定性与中国历代文人学者对

---

① 何高济：《中译本序》，载［葡］曾德昭《大中国志》，何高济译，商务印书馆2012年版，第ii页。
② ［葡］曾德昭：《大中国志》，何高济译，商务印书馆2012年版，第73页。

《周易》的应用是吻合的，《周易》中蕴含着丰富的治国理政思想，中国历代统治者无不援《易》以安邦定国。

曾德昭对于《周易》一书的内容和运用给予了客观公正的阐述，他写道："这些书的第一部叫做《易经》（《周易》），论述自然哲学，及事物的盛衰，也谈到命运，即从这样和那样的事情作出的预测，还有自然法则；用数字、图像和符号表示哲理，把这些用于德行和善政。"① 曾德昭将《周易》列为五经之首，这与中国传统经学对《周易》在五经中的排序是一致的，他在《大中国志》中强调《周易》是论述哲学的书籍，但也毫不避讳地谈到了《周易》用于"预测"的功用。在《大中国志》第十九章曾德昭用一个章节谈论了"中国人的迷信和献祭"，其中有《周易》被用于迷信活动的内容："有的算命是用偶数和奇数这些数字，有黑白图像，形成六十四卦和卦的变化，他们随意予以解释、阐述。"② 曾德昭作为一名传教士，他显然对《周易》用于迷信活动是持批评态度的，然而他的批评却在无意中第一次向西方社会提及了《周易》中的一些基本元素，如偶数、奇数、卦、六十四卦、黑白图像（极有可能指的是河图洛书）等，尽管曾德昭并没有花太多的笔墨去阐释这些基本元素的具体含义，然而即使是这种简单的提及对于《周易》在西方的译介与传播也是大有裨益的。

三 《中国历史初编十卷》中的《周易》

在欧洲，对《周易》的译介最早真正产生广泛影响的是意大利耶稣会士卫匡国编撰的中国史书——《中国历史初编十卷》，该书又称为《中国历史概要》或《中国上古史》。卫匡国原名马尔蒂诺·马尔蒂尼，他于1642年入华传教，其时正值明朝政权面临内忧外患而岌岌可危之时，马尔蒂尼为取悦明朝政府便以"卫匡国"作为自己的中国名字，寓意"匡救国家，保卫大明"③，又以"济泰"为字，寓意"济世，国泰民安"。卫匡国一直奉行"文化适应"政策，并且在"礼仪之争"中扮演着积极而重要的角色，其为耶稣会推行"文化适应"政策而作的演讲

---

① ［葡］曾德昭：《大中国志》，何高济译，商务印书馆2012年版，第75页。
② ［葡］曾德昭：《大中国志》，何高济译，商务印书馆2012年版，第137页。
③ 张永奋、白桦：《意大利汉学史》，学苑出版社2016年版，第115页。

和辩护多次获得罗马教廷的同情和支持。卫匡国为中西方文化交流做出了大量贡献,其代表作有《中国历史初编十卷》《鞑靼战纪》和《中国新地图集》等。

《中国历史初编十卷》全名为《中国历史初编十卷,从氏族起源到基督降世的远方亚洲,或有关伟大的中华帝国纪事》(*Sinicae historiae decas prima, res à gentis origine ad Christum natum in extrema Asia, sive Magno Sinarum imperio gestas complexa.*),该书用拉丁语写成,于1658年在德国慕尼黑首次出版,1659年在荷兰阿姆斯特丹再版,1692年在法国巴黎出版了该书的法文版,由此可见该书在欧洲影响甚广。卫匡国在《中国历史初编十卷》中第一次向欧洲人展示了《周易》六十四卦图,而且还阐述了《周易》宇宙生成模式和阴阳哲学,以及利用《周易》证明中国悠久的历史。

(一)《周易》六十四卦图

卫匡国在《中国历史初编十卷》中首次向西方世界展示的《周易》六十四卦图是排列成八行八列的方图,其右上角为乾卦,右下角为泰卦,左下角为坤卦,左上角为否卦,上端第一行从右往左分别是乾卦、姤卦、同人卦、遁卦、履卦、讼卦、无妄卦、否卦;左边第一列从上至下分别是否卦、观卦、晋卦、剥卦、萃卦、比卦、豫卦、坤卦。这种排列顺序与伏羲六十四卦图的次序截然不同,与通行本六十四卦的次序也大相径庭,但经过仔细比对即可发现:卫匡国所示六十四卦图正是伏羲六十四卦图整体沿中轴线上下颠倒而成(如图1和图2所示)。伏羲六十四卦图从乾卦到坤卦的排列顺序反映了事物由阳到阴,再由阴到阳,周而复始的运动变化规律,通行本六十四卦"二二相偶,非覆即变"的排列顺序象征着"阴阳相生,物极必反"的道理,而卫匡国在《中国历史初编十卷》中所示六十四卦图的排列次序并无明显规律,但卫匡国沿中轴线上下颠倒伏羲六十四卦图则可能与中西方不同的阅读习惯有关。中国古人看伏羲六十四卦图采用的是从下往上的顺序,每个具体的卦从初爻到上爻采用的也是从下往上的顺序,而西方人则习惯于从上往下的阅读方式,卫匡国也许为迎合西方人的阅读习惯而颠倒了伏羲六十四卦图,然而这种"颠倒"却完全打乱了六十四卦图的排列顺序。

《周易》在西方的译介与传播研究

（二）《周易》宇宙生成模式及阴阳哲学

卫匡国在《中国历史初编十卷》一书中介绍了《周易》宇宙生成模式和《周易》中的阴阳哲学，并且将《周易》六十四卦视作天人之间的一种数学模式。卫匡国认为，除了一些荒谬的哲学思考，正确的中国哲学将混沌（chaos）看作事物的起源（principium），从混沌中产生灵性（spiritale），并继而生成了物质（materiā）。物质具有"阴"和"阳"两种属性（qualitates），其中"阴"代表隐藏和不完美，"阳"代表公开和完美。"阴"和"阳"是中国哲学思想中的两个基本原理：通过这两个原理形成了4种符号，后来增加到了8个，分别代表"天（☰ caelun）、地（☷ terram）、雷（☳ fulmina）、山（☶ montes）、火（☲ ignem）、云

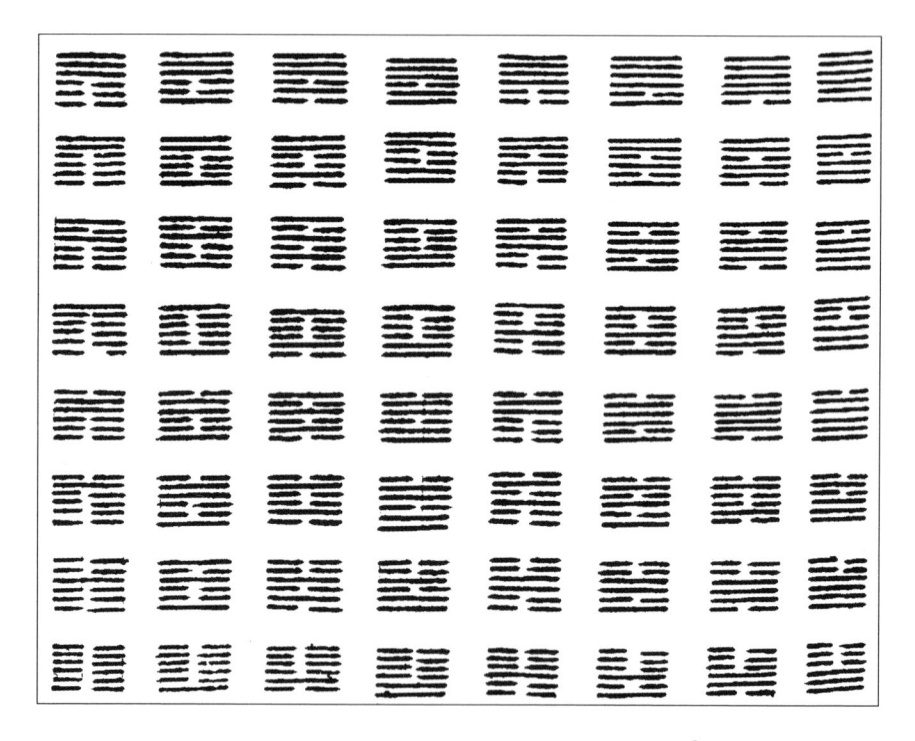

图1 《中国历史初编十卷》中的六十四卦图[①]

---

① Martino Martini, *Histoire de la Chine*, Paris: Claude Barbin et Arnoul Seneuze, 1692, p.13.

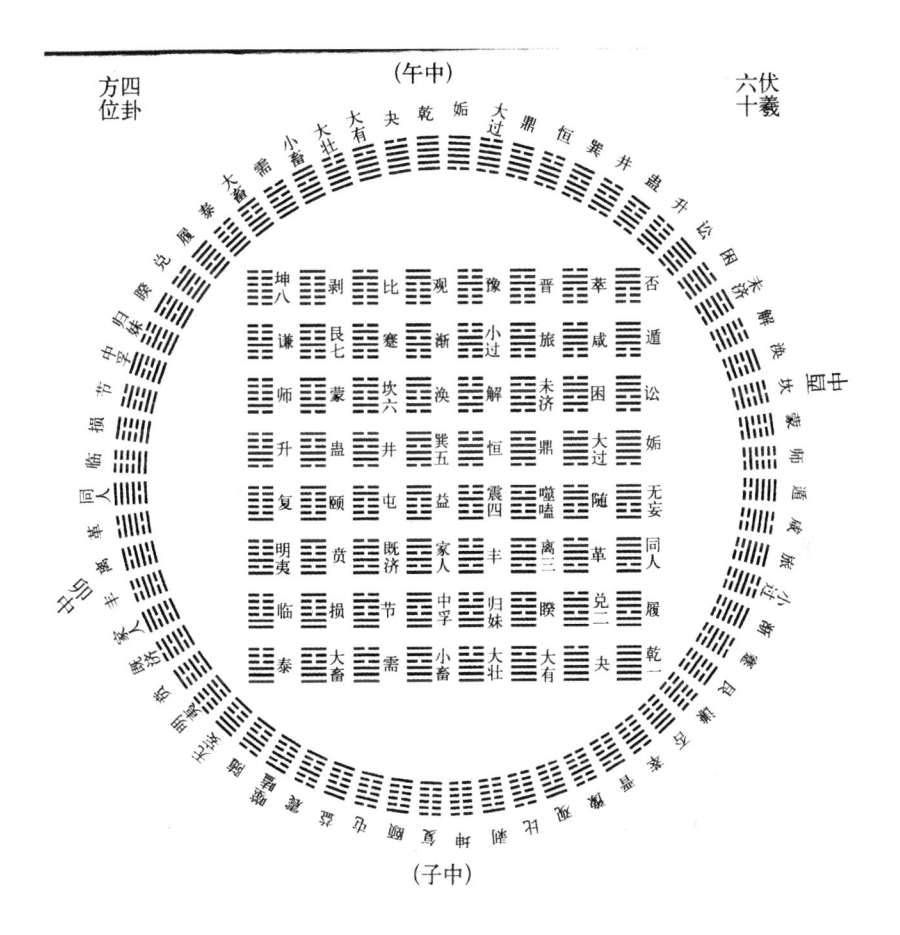

第三章 "礼仪之争"中《周易》在西方的译介与传播

图2 伏羲六十四卦方位图①

（☱ nubes）、水（☵ aquas）和风（☴ ventum）"②。这种宇宙生成模式和阴阳哲学其实是对《周易》之《系辞传》所描绘的宇宙生成模式的转述，《系辞传》（上）曰："易有太极，是生两仪，两仪生四象，四象生八卦。"③ 太极即卫匡国所指之混沌，两仪即阴阳，四象在《周易》中本

---

① 洪迪：《〈周易〉三读》，东方出版中心2014年版，第38页。
② Martino Martini, *Sinicae historiae Decas Prima*, Amstelaedami: Joannem Blaev, 1659, pp. 14 - 15; Martino Martini, *Histoire de la Chine*, Paris: Claude Barbin et Arnoul Seneuze, 1692, pp. 11 - 12.
③ 李申：《周易经传译注》，湖南教育出版社2004年版，第209页。

来指的是少阴、少阳、太阴、太阳，但卫匡国将之具体化了，即其所言之"隐藏、公开、不完美、完美"四种特性。但需要指出的是，《周易》八卦包括"天、地、雷、风、水、火、山、泽"，却并没有"云"，但卫匡国所列的八卦中少了"泽"，由此可见"云"乃"泽"之误，而且卫匡国还混淆了"水"和"泽"的八卦符号（如上文所示），这两个卦的符号应该是"水（☵）、泽（☱）"。尽管卫匡国在这里犯了错误，但他是将《周易》符号系统介绍到西方的第一人，这在《周易》西传史上是功不可没的。

卫匡国利用阴阳哲学和易卦向西方世界展现了《周易》的宇宙生成模式，然而这种宇宙生成模式却带有明显的基督教色彩，卫匡国所言"从混沌中产生灵性（spiritale）"，中国传统的宇宙生成论并没有这种观念，但其却能在《圣经》中找到源头，《圣经·创世纪》开篇即言："起初神创造天地。地是空虚混沌，渊面黑暗；神的灵运行在水面上。"① 卫匡国这种基督化的《周易》宇宙生成模式与耶稣会执行的"文化适应"政策是相吻合的，在激烈的"礼仪之争"中耶稣会要取得教会的支持，就必须在中国传统文化哲学和基督教思想之间建立起一种契合，以证明中国古人早就有基督教信仰了。

（三）中国悠久的历史

卫匡国在《中国历史初编十卷》一书中写道："在中国一本题为《自然论》（de Natura）的书中包含了我们称为自然的内容，他们把一天分为12个时辰，并据此将世界从诞生到毁灭的期限规定为一万零八百年。"② 书中还预言在中国的第九个时辰，也就是欧洲晚上的第六个时辰，会发生一场大的革命：从革命中孕育出血腥的战争，在平静的王国内会发生动荡，只有当所有被创造出的事物回归到其来源的混沌时，革命才会结束③。从卫匡国的阐述可以看出，《自然论》应该是北宋著名理学家邵雍的易学著作《皇极经世书》，而卫匡国关于世界生灭的期限也源于该书中的"元会运世"说，但卫匡国对该学说的理解有误。《皇极

---

① 《旧约》，载《圣经》（"神"版），中国基督教协会2009年版，第1页。
② Martino Martini, *Sinicae historiae Decas Prima*, Amstelaedami: Joannem Blaev, 1659, pp. 13 - 14; Martino Martini, *Histoire de la Chine*, Paris: Claude Barbin et Arnoul Seneuze, 1692, pp. 9 - 12.
③ Martino Martini, *Sinicae historiae Decas Prima*, Amstelaedami: Joannem Blaev, 1659, pp. 13 - 14; Martino Martini, *Histoire de la Chine*, Paris: Claude Barbin et Arnoul Seneuze, 1692, pp. 9 - 12.

第三章 "礼仪之争"中《周易》在西方的译介与传播

经世书》以《周易》中的象和数为基础，推演出宇宙起源、自然演化，以及人类社会历史的运行和发展规律。"元、会、运、世"分别是四个不同的时间单位，其中一个元包含十二会，一个会包含三十运，一个运包含十二世，一个世包含三十年①。因此一个会为10800年，而一个元为129600年。根据"元会运世"说，世界总是在"开物（世界诞生）"与"闭物（世界毁灭）"之间循环反复，世界每生灭一次需要一个元的时间，而不是卫匡国所说的10800年。

卫匡国还利用"元会运世"说阐述了天、地、人被创造出来的顺序，他在书中写道："该书（《自然论》）设立了一个恒定不变的事，即天被创造（conditum/a été créé）于半夜，也就是一天中的第十二个时辰，地被创造于一个时辰之后，而人类又在地之后一时辰被创造，中国最有名的皇帝之一'尧'生于第六个时辰，相当于欧洲时间的中午十二点。"② 这句话其实是对"天开于子、地辟于丑、人生于寅"③的翻译和改写，卫匡国正确地理解了天、地、人产生的先后顺序，但却在时间上犯了错，"子、丑、寅"在这句话中并非是具体的"时辰"，而是"子会、丑会、寅会"，每一个会之间相隔10800年。另外，"天开、地辟、人生"无不是依据宇宙运行，万物生化的自然规律而主动生成的，卫匡国却赋予了其强烈的被动意味，在其笔下全部成为"被创造"（conditum/a été créé）。这种改写对于卫匡国而言是必要的，因为依据《圣经》，天、地、人无一例外都是被上帝创造的，而作为一个基督徒，卫匡国必须捍卫最基本的基督教教义。

卫匡国引用"元、会、运、世"说主要是为了证明中国具有非常悠久的历史，如果按照"元、会、运、世"说的计算方法，在尧诞生以前中国已经经历了64800年，如果推论正确的话，那么中国甚至比古老的文明发源地埃及和迦勒底还古老④。卫匡国将《周易》视为中国最古老

---

① （宋）邵雍著，阎修篆辑：《皇极经世书今说》，华夏出版社2006年版，第203页。
② Martino Martini, *Sinicae historiae Decas Prima*, Amstelaedami: Joannem Blaev, 1659, pp. 13–14; Martino Martini, *Histoire de la Chine*, Paris: Claude Barbin et Arnoul Seneuze, 1692, p. 10.
③ （宋）朱熹：《论语集注》（卷八），载《四书章句集注》，中华书局1983年版，第163页。
④ Martino Martini, *Sinicae historiae Decas Prima*, Amstelaedami: Joannem Blaev, 1659, p. 14; Martino Martini, *Histoire de la Chine*, Paris: Claude Barbin et Arnoul Seneuze, 1692, p. 10.

的典籍，并利用《周易》的古老性来证明中国悠久的历史，他将《周易》作者之一伏羲称为"中国的第一位皇帝"，并且将伏羲登上王位的公元前2925年作为中国历史的开端①。然而这一论断却与《圣经》的记载产生了严重的冲突。17世纪欧洲对人类历史的纪年是根据《圣经》推断的，据《圣经》希伯来文马所拉本（Masoretic text），上帝在公元前4004年创造了人类始祖亚当，而在公元前2349年即诺亚时期又发生了大洪水②。又根据《圣经》，大洪水之前的人类已经在大洪水中灭绝了，现在的人类都是大洪水之后诺亚的后代，而根据卫匡国的论断，中国人的历史却是在公元前2925年开始的，这比诺亚大洪水早了近600年。卫匡国的这一论断在欧洲一石激起千层浪，引起了欧洲宗教和世俗学术界对中国纪年的激烈辩论。且不论这场辩论的结果如何，辩论本身无疑已经严重动摇了《圣经》对人类历史记载的权威性，这为后来18世纪欧洲启蒙思想家批判宗教神学思想提供了有利的历史依据，而且这场关于中国纪年问题的辩论也极大地促进了《周易》在欧洲的传播。

四　《中国新史》中的《周易》

继《中国历史初编十卷》之后，葡萄牙耶稣会传教士安文思（Gabriel de Magalhaes）在其著作《中国新史》中也介绍了《周易》。安文思，字景明，原名加伯利埃·麦哲伦，于1648年入华传教。安文思根据自己在华20多年的所见所闻，于1668年用葡萄牙文撰写了一本题为《中国的十二特点》的书稿，但未刊印，书稿中详细记述了中国之风俗礼仪、语言文字、地理物产、皇室宫廷等。该书稿后被法国人伯农（Beron）译为法文出版，题为《中国新志》（Nouvell Relation de la Chine），1689年该书英文版在伦敦出版，更名为《中国新史》（A New History of the Empire of China）③，2004年《中国新史》中文版出版。安文

---

① Martino Martini, *Sinicae historiae Decas Prima*, Amstelaedami: Joannem Blaev, 1659, p. 21; Martino Martini, *Histoire de la Chine*, Paris: Claude Barbin et Arnoul Seneuze, 1692, p. 26.

② D. E. Mungello, *Curious Land: Jesuit Accommodation and the Origins of Sinology*, Honolulu: University of Hawaii Press, 1989, p. 125.

③ 何高济：《中译者前言》，载［葡］安文思《中国新史》，何高济译，大象出版社2004年版，第1—2页。

第三章 "礼仪之争"中《周易》在西方的译介与传播

思在该书第五章"中国人的智慧和他们的主要典籍"中介绍了《周易》一书,法文译者伯农在文后还附上了注释。

> 第五部书叫做《易经》(*Ye Kim*,《周易》),据认为它比其余的书更古老,因为中国人认为这是他们的第一位帝王伏羲撰写的。这部书确实值得一读和应受重视,因为它包含警句和道德格言。我认为这部书记录的良好箴言是伏羲帝王撰写的,但其余部分则是另一些人以这位帝王之名义,来表达自己的观点所增添的。不管怎样,可以确定的是,中国人对这部书格外尊崇,把它视为世上最深刻,最博学和神秘的书,基于同样的理由,他们认为它几乎不可理解,而外国人不应该读它或接触它。①

安文思在介绍《周易》的时候并没有完全按照中国传统经学的观点来描述,而是更多地加入了自己的一些主观判断。他将《周易》放到五经的第五位,这与《周易》乃"群经之首"的中国传统经学观点刚好相反,但这并不妨碍他对《周易》的高度评价,而且他也认识到《周易》在中国人心目中的崇高地位。然而,安文思认为《周易》中"良好箴言是伏羲帝王撰写的",这种判断却是错误的。从《周易》的形成过程来看,伏羲发明了八卦,即《周易》最初的符号系统,而《周易》的文字系统则是后世添加的。"其余部分"也并非"另一些人以这位帝王之名义来表达自己的观点",《周易》的形成经历了一个漫长的历史过程,后代圣贤的思想是对伏羲八卦的继承和发扬,他们对《周易》的贡献与伏羲八卦思想是一脉相承的。也许是安文思对《周易》的介绍过于简洁,《中国新史》的法译者伯农在法文版中给《周易》加了一段注释。

总体而言,安文思对《周易》的介绍持肯定和褒扬的态度,甚至充满了"溢美之词",但这与耶稣会对《周易》的总体评价不相符,因此伯农对安文思的介绍加了注释予以说明。伯农认为"这部书的主题和原则,只不过是六十四个图形,每个图形包括六画,每画由这样一条线'—',以及两条线'--'组成"②。很明显,伯农指的是六十四卦图和阴

---

① [葡]安文思:《中国新史》,何高济译,大象出版社2004年版,第62页。
② [葡]安文思:《中国新史》,何高济译,大象出版社2004年版,第63页。

阳爻，但他并没有论述六十四卦图的意义和阴阳爻的内涵。伯农接着谈到了文王、周公和孔子，"仅仅是从基本原理及其他自然事物的一致性和变异，得出政治和道德的警句和结论，还有对王公及其居民有益的格言"①。伯农对《周易》主题的介绍与安文思并无太多区别，但语气却发生了很大的变化，尽管伯农仍然肯定了《周易》有道德警句以及格言等内容，但言辞中却充满了不屑。除此之外，伯农还对《周易》提出了尖锐的批评，"而这一图表有害之处在于，所谓道士（Tao Su）、和尚的偶像教徒及算卦者等，误把它用来作为证实迷信的算命的依据……"②。数千年来，尽管中国主流经学将《周易》作为哲学典籍，但不可否认其"占筮"的功用却一直在民间流传，而且"算命"等迷信活动也有违基督教教义，这是一个虔诚的基督教徒绝对不能容忍的，因此伯农对《周易》的批评也在情理之中。从伯农的注释来看，他对《周易》是持否定态度的，然而他将《周易》的全部主题归结为六十四卦图却难免有些片面，而且把迷信归咎于六十四卦图也有失公正。

我们从安文思和伯农对《周易》的不同态度，可以管窥在《周易》传入西方之始，西方社会围绕《周易》产生了极大的争议，这种争议反而有助于加深西方社会对《周易》的认识和理解。在《中国新史》中安文思对《周易》的介绍，以及法文译者伯农的注释都非常简洁，他们都没给出详细的阐释，甚至还有许多错误，然而我们不必指责他们，典籍的译介必然要经历一个由简至繁、由浅入深的过程，在这一过程中甚至会产生误解，然后逐步发展到正确的认识。《中国新史》被译为多种语言在西方广为流传，因此无形中这些简略甚至错误的介绍促使《周易》一步步走进了西方世界的大门。

五 《中国哲人孔子》中的《周易》

在 17 世纪末的欧洲，将《周易》的译介推向高潮的是《中国哲人孔子》（*Confucius Sinarum Philosophus*）一书，该书拉丁文版于 1687 年在法国巴黎出版；法文版节译本于 1688 年在荷兰阿姆斯特丹出版，题为《中国哲学家孔子的道德》（*La Morale de Confucius, Philosophe de la*

---

① ［葡］安文思：《中国新史》，何高济译，大象出版社 2004 年版，第 63 页。
② ［葡］安文思：《中国新史》，何高济译，大象出版社 2004 年版，第 63 页。

第三章 "礼仪之争"中《周易》在西方的译介与传播

Chine);英文版节译本于1691年在英国伦敦出版,题为《中国哲学家孔子的道德》(*The Morals of Confucius, a Chinese Philosopher*)。《中国哲人孔子》的出版正值"礼仪之争"的中期,该书也可以视为耶稣会为"文化适应"政策辩护的直接成果。在《中国哲人孔子》的扉页上虽然只有四位作者署名①,但该书却是耶稣会耗时数十年集体智慧的结晶,代表了"耶稣会在中国文化适应政策下产生的最高学术成就之一"②。《中国哲人孔子》正文是《孔子传记》以及对《大学》《中庸》《论语》的翻译和注释③,正文前是长达一百多页的学术导言④,这篇导言概括性地介绍了中国儒家、佛教和道教,以及儒家的四书和五经,其中第一章介绍了"五经"及《周易》在五经中的排位,第六章主要介绍了八卦,《周易》阴阳观、太极、八卦图和六十四卦图,第七章介绍了《周易》前十四卦的卦名和卦辞,第八章介绍并翻译了"谦卦"⑤。

(一)《周易》成书历史及在五经中的排位

《中国哲人孔子》的编撰者认定《周易》的作者是伏羲(Fo Hi),他们认为伏羲画了卦和爻,伏羲画卦爻1800年后,文王和周公解释了这些神秘的卦爻符号,又过了500年,孔子破解了卦爻的秘密。尽管《中国哲人孔子》的编撰者也因循中国传统经学的说法将文王、周公、孔子同样视为《周易》的作者,但他们更认为后三者不过是在诠释伏羲流传下来的卦爻而已。他们将伏羲比作古希腊神话故事中的英雄奥菲斯(俄耳浦斯,Orpheus),将文王比作希腊悲剧中的俄狄浦斯(Oedipus)。《中国哲人孔子》的编撰者将《周易》视为"最为古老"的经书,但并不承

---

① 这四位作者依次是殷铎泽(Prosperi Intorcetta)、恩理格(Christiani Herdtrich)、鲁日满(Francisci Rougement)、柏应理(Philippi Couplet)。

② D. E. Mungello, *Curious Land: Jesuit Accommodation and the Origins of Sinology*, Honolulu: University of Hawaii Press, 1989, p. 247.

③ "四书"在《中国哲人孔子》中独缺《孟子》,"四书"最早的全译本出现在比利时耶稣会士卫方济(Franciscus Noel)1711年在布拉格用拉丁文翻译出版的《中国六大经典》(*Sinensis Imperii Libri Classici Sex*)中,耶稣会迟迟未能出版《孟子》译文,有可能是《孟子》主张的"人性本善论"与基督教"原罪说"相冲突。

④ 中山大学哲学系教授梅谦立(Thierry Meynard)将这篇导言中有关《周易》的内容翻译成了中文,详见[法]梅谦立《〈易经〉在西方的第一次介绍和翻译》,陈岗译,《国际汉学》2010年第2期。

⑤ [法]梅谦立:《〈易经〉在西方的第一次介绍和翻译》,陈岗译,《国际汉学》2010年第2期。

认《周易》是最重要的经书，而是将其排在了五经中的第三位①。尽管中国传统经学历来对五经的排序不尽相同，但主流观点一般都遵循《汉书·艺文志》的顺序，即《易》《书》《诗》《礼》《乐》《春秋》，编写和翻译《中国哲人孔子》的耶稣会士都是熟读四书五经的饱学之士，他们对《周易》在中国经书的地位不可能不知，然而他们并没有将《周易》放到五经之首，他们给出的原因是"书中的一切都晦涩难懂"（cum obscura sint omnia captuque difficillima）②。

《中国哲人孔子》的编撰者竭力渲染《周易》"晦涩难懂"，以突出《周易》的神秘性，他们把卦爻称为"神秘的谜语，不清晰的记号"（mysteriis & aenigmatibus, hieroglyphicis notis），而周公对八卦的解释却"增添了更多的谜语"，直到500年后的孔子才解开了这些谜团③。耶稣会士们对孔子的赞赏溢于言表，而且他们强调将《周易》排在五经的第三位也符合孔子早期对《周易》的注疏。他们抑周公而赞孔子，借用卦爻的神秘和《周易》在五经中的定位来维护孔子的权威，这与利玛窦奉行的"文化适应"政策是一致的，而"文化适应"政策的一个重要内容就是"尊孔复古"。"文化适应"政策的基础是先秦古儒学说中隐含了中国人早期的基督教信仰，而且只有孔子对儒经的阐释才是正统和权威的。于是自利玛窦时代起，耶稣会士们便打起"尊孔复古"的旗号，以"恢复"孔子对四书五经的权威阐释。然而，他们的真正目的是要从古儒学说中找到基督教信仰的痕迹。

《中国哲人孔子》一书开篇即写道："我们的目的并非为满足那些生活于欧洲的人们的消闲和好奇心，而是为了给那些航行到欧洲之外、在

---

① Philippe Couplet, "Proemialis Declaratio", in *Confucius Sinarum Philosophus*, Parisiis: Danielem Horthemels, 1687, p. xviii；[法]梅谦立：《〈易经〉在西方的第一次介绍和翻译》，陈岗译，《国际汉学》2010年第2期。

② Philippe Couplet, "Proemialis Declaratio", in *Confucius Sinarum Philosophus*, Parisiis: Danielem Horthemels, 1687, p. xviii；[法]梅谦立：《〈易经〉在西方的第一次介绍和翻译》，陈岗译，《国际汉学》2010年第2期。

③ Philippe Couplet, "Proemialis Declaratio", in *Confucius Sinarum Philosophus*, Parisiis: Danielem Horthemels, 1687, p. xviii；[法]梅谦立：《〈易经〉在西方的第一次介绍和翻译》，陈岗译，《国际汉学》2010年第2期。

大地的另一端传布福音之光者以实际有用的东西。"① 对于耶稣会士们而言，"尊孔"并非出于他们对孔子的崇拜，"复古"也并非要再现四书五经真正的微言大义，而是要实现"传布福音"的目的。他们认为伏羲创造卦爻的根本目的是引导中国人"认识到自身的开始、终结及灵魂的最高智慧（即上帝）"，而"伏羲"这个名字的本义就是"抱着献祭用的祭品"，也就是"向上帝祈祷与献祭"②。由此可见，耶稣会士们在《周易》成书的历史过程中强调《周易》晦涩难懂，渲染卦爻符号的神秘性，甚至不惜改变《周易》在五经中的地位，其实是为了给他们预设重新阐释《周易》的前提，然后便能够按照他们自己的意图去诠释《周易》。也就是说，以"尊孔复古"为幌子，掩盖他们维护耶稣会在华传教路线的实质，着力从《周易》神秘的卦爻符号中挖掘出中国古人信仰基督的证据，以期证明中国人对"上帝"的敬拜古已有之。

（二）阴阳观与太极

《中国哲人孔子》一书的编辑们在导言中介绍了《周易》的阴阳观。他们认为阳（Yam）指的是"完美"（Perfectum），而阴指的是"不完美"（imperfectum）；阳用不断开的线"—"表示，而阴用断开的线"--"表示，阳代表完美和稳固的东西，也指幸福和幸运的事情，而阴却代表相反的东西。③《周易》中的阳和阴是事物所具有的两种属性，是一对抽象的概念，而《中国哲人孔子》的编撰者将阴阳具体化为"不完美"和"完美"。《周易》中的阴阳概念是开放的，而且阴中有阳，阳中含阴，然而"完美"却是一个封闭的概念，很难表达阴阳既开放又包含的关系，中西方抽象思维和具象思维之间的差异由此可见一斑。《中国哲人孔子》对阴阳的表达与卫匡国在《中国历史初编十卷》中的处理方式颇为相似，而且这两本书都用了拉丁语词汇"Perfectum"和"Imper-

---

① Philippe Couplet, "Proemialis Declaratio", in *Confucius Sinarum Philosophus*, Parisiis: Danielem Horthemels, 1687, p. ix；朱雁冰：《〈中国哲人孔子〉中的孔子形象》，《复旦学报》（社会科学版）1990 年第 3 期。

② Philippe Couplet, "Proemialis Declaratio", in *Confucius Sinarum Philosophus*, Parisiis: Danielem Horthemels, 1687, p. xxxviii；[法] 梅谦立：《〈易经〉在西方的第一次介绍和翻译》，陈岗译，《国际汉学》2010 年第 2 期。

③ Philippe Couplet, "Proemialis Declaratio", in *Confucius Sinarum Philosophus*, Parisiis: Danielem Horthemels, 1687, pp. xxxix - xl；[法] 梅谦立：《〈易经〉在西方的第一次介绍和翻译》，陈岗译，《国际汉学》2010 年第 2 期。

fectum"来分别指代阳和阴,从这里也可以管窥耶稣会对译介《周易》的传承。

《中国哲人孔子》一书还介绍了《周易》哲学中阴阳既对立又统一的辩证关系。该书的编撰者认为中国古人很早就将"完美(阳)"和"不完美(阴)"作为万物具有的两个基本原则,然后从"完美"和"不完美"这两个原则出发再衍生出以下四个次要原则,即"更多完美"(Majus Perfectum)和"更少不完美"(Minus Imperfectum)、"更少完美"(Minus Perfectum)和"更多不完美"(Majus Imperfectum)。另外,《中国哲人孔子》的编撰者试图用西方科学中的因果关系来阐释《周易》哲学中的阴阳关系,"例如,冷产生于热,或者至少伴随热,另一方面,热又产生于冷。……当热到了极致时,它到某种程度就会产生冷,同样冷达到自己程度的最大限度时,就产生热"①。显然,这里的四个次要原则指的是《周易》中的"四象"(su siam),即太阳、少阳、少阴、太阴。太阳是"阳的极致",太阴是"阴的极致",阴和阳既彼此对立,又相互统一。阴和阳发展到极致便向自己的对立面转化,从太阳到太阴"阳"逐渐减少,"阴"逐渐增加;从太阴到太阳"阴"逐渐减少,"阳"逐渐增加,这是一个循环反复永不停歇的过程。《中国哲人孔子》用因果关系来解释阴阳观明显是不够准确的,然而书中的例证却在一定程度上反映了阴阳对立统一,而又相互转化的关系。对于习惯了具象思维的西方人而言,利用例证来阐释《周易》阴阳观无疑是一个很好的手段。

从《周易》阴阳观出发,《中国哲人孔子》的编撰者引出了"太极"(Ta Kie)的概念,他们认为阴和阳产生于太极,其依据应该是《周易》之《系辞传》(上)所言"易有太极,是生两仪"②。他们又以中国学者的口吻将太极解释为"原质(Yven che),即原初的物质(material prima)",而且其中还包含了灵魂及其思维(animo & cogitatione)。他们把这个原质比喻为一个无边的海洋,根据"二级原则"海洋分离为两个小

---

① Philippe Couplet, "Proemialis Declaratio", in *Confucius Sinarum Philosophus*, Parisiis: Danielem Horthemels, 1687, p. xl;[法]梅谦立:《〈易经〉在西方的第一次介绍和翻译》,陈岗译,《国际汉学》2010年第2期。
② 李申:《周易经传译注》,湖南教育出版社2004年版,第209页。

第三章 "礼仪之争"中《周易》在西方的译介与传播

海,继而又分为四个部分,如此反复分离,直到分成六十四,终于将大海分成无数个溪流,而这些溪流汇成了可见的世界①。这里描绘的世界生成过程与《圣经》"创世记"的描述完全不同。然而在儒家经典中,太极是"天地未分的统一体"②,太极中更没有"灵魂及其思维"的成分。"太极"是新儒家学说中关于宇宙生成模式的重要概念,反映了自然演化的客观规律,与基督教上帝创造万物的宇宙观大相径庭,因而耶稣会将"太极"视为新儒家学说"无神论"的思想根源。在"礼仪之争"愈演愈烈的时候,耶稣会向西方人介绍《周易》中的"太极"无疑是不合时宜的,为了避免给对手落下口实,《中国哲人孔子》的编撰者在太极的概念中渗入了"灵魂及其思维"的有神论元素。

(三) 八卦图与六十四卦图

《中国哲人孔子》在书中第一次完整地向西方社会介绍了《周易》先天八卦图和通行本六十四卦图,与卫匡国所著《中国历史初编十卷》相比,《中国哲人孔子》对卦图的介绍则更加详尽和系统,该书的编撰者不但完整地呈现了卦图,而且更重要的是该书还详细地讲述了卦的来历、卦的结构以及八卦之间的相互关系。

据《周易》之《系辞传》(下)记载,伏羲"仰则观象于天,俯则观法于地,……于是始作八卦"③,"卦"体现了天、地、人之间相互联系而又和谐共处的关系。《中国哲人孔子》的编撰者认为伏羲是在观察天、地、人三者之间"相互吸引和相互对称"关系的时候画出了八卦(Pa qua),这种理解与《系辞传》的描述基本一致。此外,该书还介绍了八卦的组成和演绎,"卦象由三条完整或断开的直线组成,得出八个组合物,这些三线组合物经过两两叠加,并重复八次,最后显现出六十四个卦象"④。严格地讲,这里的"卦象"应该指的是八个"单卦"和

---

① Philippe Couplet, "Proemialis Declaratio", in *Confucius Sinarum Philosophus*, Parisiis: Danielem Horthemels, 1687, p. xxxix;[法]梅谦立:《〈易经〉在西方的第一次介绍和翻译》,陈岗译,《国际汉学》2010 年第 2 期。

② 张岱年:《中国古典哲学概念范畴要论》,中华书局 2017 年版,第 55 页。

③ 李申:《周易经传译注》,湖南教育出版社 2004 年版,第 214 页。

④ Philippe Couplet, "Proemialis Declaratio", in *Confucius Sinarum Philosophus*, Parisiis: Danielem Horthemels, 1687, pp. xxxviii – xxxix;[法]梅谦立:《〈易经〉在西方的第一次介绍和翻译》,陈岗译,《国际汉学》2010 年第 2 期。

《周易》在西方的译介与传播研究

六十四个"重卦",编辑《中国哲人孔子》的耶稣会士们显然混淆了"卦象"和"卦"的概念,"卦"是由三爻或六爻组成的符号,如"☰、☷、☳、☶、☲、☵、☱、☴",而"卦象"指的是卦的象征意义,如"天、地、雷、山、火、水、泽、风"。耶稣会士们翻译了《易传》中《系辞传》和《说卦传》中描写八卦的部分内容,如"天尊地卑,天地定位,山泽通气,雷风相薄,水火不相射",并由此概括了卦与卦之间的协调与制约关系:"八卦相互对立,但不能就此认为它们之间完全相反,而应是相混的事物间的亲善关系,或说'相互理解相互帮助的事物'。"① 这种概括是比较准确的,揭示了八卦既彼此对立,又相互协同配合的辩证关系。书中还以图例(如图3所示)展示了"两仪生四象,四象生八卦"的演绎过程,再由八卦演绎成六十四卦,并附以文字说明。

DUO RERUM PRINCIPIA.

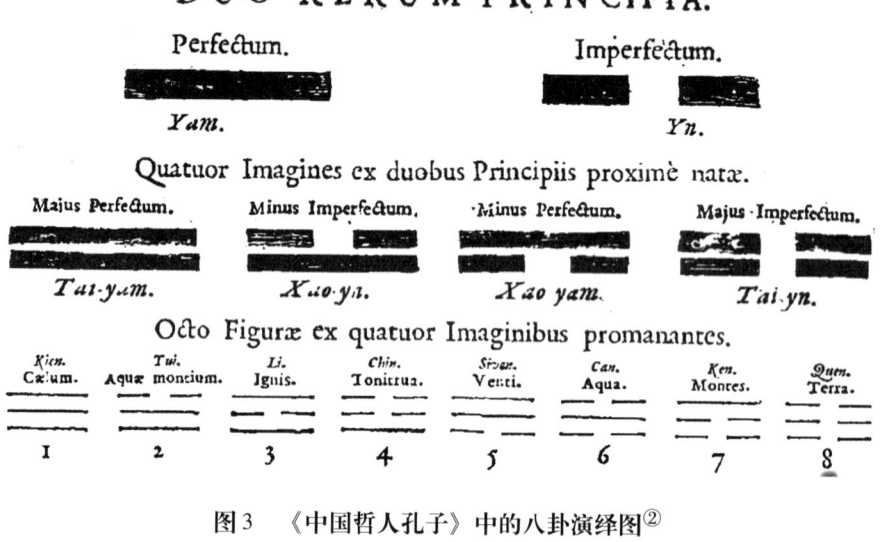

Perfectum.	Imperfectum.
▬▬▬	▬▬ ▬▬
Yam.	Yn.

Quatuor Imagines ex duobus Principiis proximè natæ.

Majus Perfectum.	Minus Imperfectum.	Minus Perfectum.	Majus Imperfectum.
Tai-yam.	Xao yn.	Xao yam.	Tai-yn.

Octo Figuræ ex quatuor Imaginibus promanantes.

Kien. Cælum.	Tui. Aquæ montium.	Li. Ignis.	Chin. Tonitrua.	Sven. Venti.	Can. Aqua.	Ken. Montes.	Quen. Terra.
1	2	3	4	5	6	7	8

图3 《中国哲人孔子》中的八卦演绎图②

在介绍八卦的基础上,《中国哲人孔子》展示了完整的先天八卦图

---

① Philippe Couplet, "Proemialis Declaratio", in *Confucius Sinarum Philosophus*, Parisiis: Danielem Horthemels, 1687, p. xlii;[法]梅谦立:《〈易经〉在西方的第一次介绍和翻译》,陈岗译,《国际汉学》2010年第2期。

② Philippe Couplet, "Proemialis Declaratio", in *Confucius Sinarum Philosophus*, Parisiis: Danielem Horthemels, 1687, p. xlii.

第三章 "礼仪之争"中《周易》在西方的译介与传播

(如图 4 所示),并用阿拉伯数字标明了卦序,用拉丁字母给八卦注音,而且还将八卦的卦名翻译成拉丁语,该书的编撰者们在卦图的下面还附上文字加以讲解。他们沿用中国传统经学,用夏至、冬至、春分、秋分、黄道八宫等中国古代自然哲学中的术语来解释先天八卦图,并告诉西方读者八卦的排列次序及阅读方法。但遗憾的是,该书中的先天八卦图标错了东南西北的方位。在先天八卦图中,上为南,下为北,左为东,右为西(如图 5 所示),这与中国古人"天南地北"的观念一致,但却与西方地理学上的方位刚好相反,《中国哲人孔子》的编辑者或许并没有认识到这一点,也或许为了迎合西方人的习惯,因而将先天八卦图改成了西方地理学意义上的上北(Septentrio)下南(Meridies)左西(Occidens)右东(Oriens)的方位。

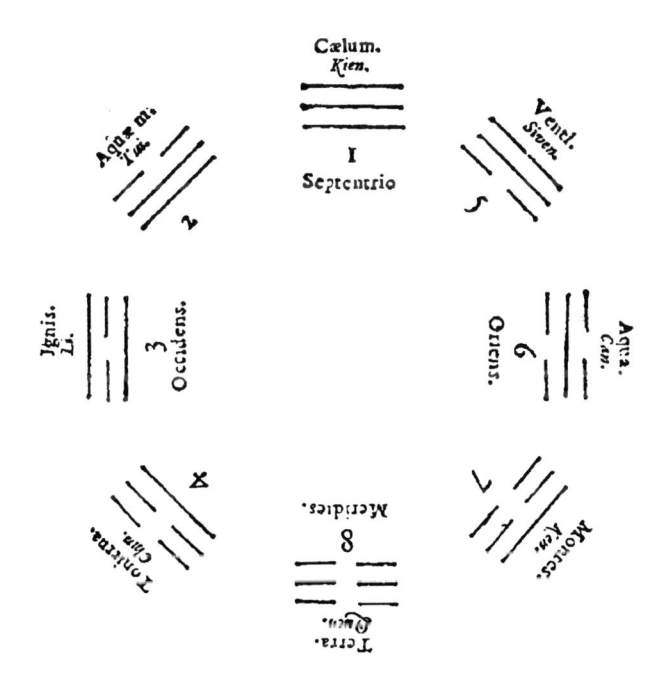

图 4 《中国哲人孔子》中的先天八卦图[①]

---

① Philippe Couplet, "Proemialis Declaratio", in *Confucius Sinarum Philosophus*, Parisiis: Danielem Horthemels, 1687, p. xlii.

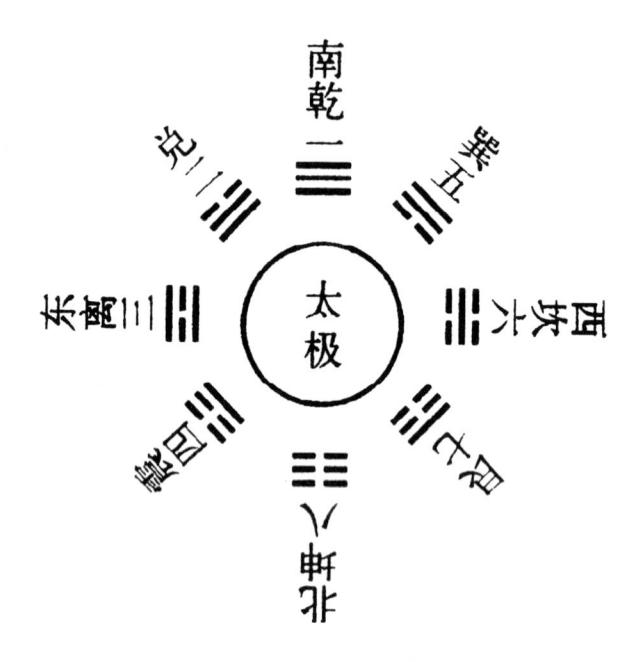

图5 先天八卦图[1]

继先天八卦图之后,《中国哲人孔子》一书展示了通行本六十四卦图（如图6所示），该图呈八行八列，与传统通行本一般只给出卦画不同，该图用阿拉伯数字按从左往右、从上到下的顺序标出卦序，而且用拉丁语分别给出每个重卦上下两个单卦的卦名。在六十四卦图的上方标有文字"六十四卦图，或者称为《易经》的'变化的书'（Liber mutationum）"[2]。《周易》包括符号和文字两个不同的系统，符号和文字互为阐释，二者缺一不可，六十四卦图只是《周易》符号系统的一部分，文字系统包括卦爻辞和《易传》，而编写《中国哲人孔子》的耶稣会士们却错误地把"六十四卦图"称为"《易经》（《周易》）"。这些耶稣会士对中国经书的研究都具有很高的造诣，他们犯的这个错误并非缘于他们对

---

[1] 洪迪:《〈周易〉三读》，东方出版中心2014年版，第36页。
[2] Philippe Couplet, "Proemialis Declaratio", in *Confucius Sinarum Philosophus*, Parisiis: Danielem Horthemels, 1687, p. xliv;［法］梅谦立:《〈易经〉在西方的第一次介绍和翻译》，陈岗译，《国际汉学》2010年第2期。

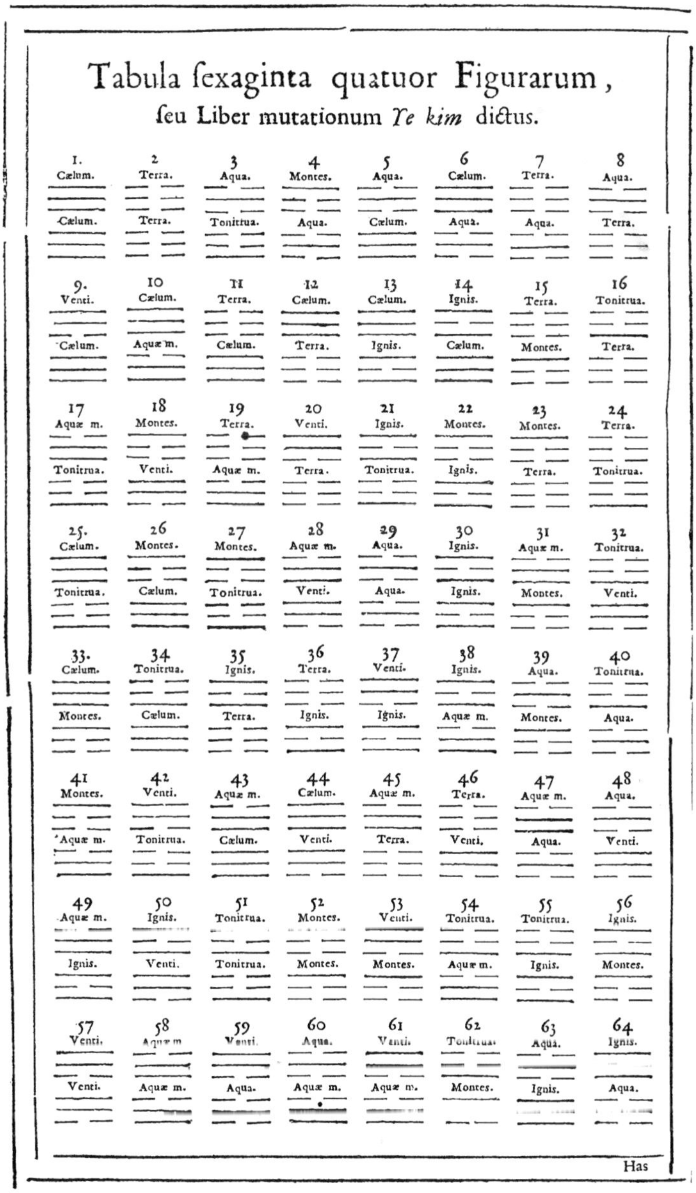

第三章 "礼仪之争"中《周易》在西方的译介与传播

图6 《中国哲人孔子》中的六十四卦序图[①]

[①] Philippe Couplet, "Proemialis Declaratio", in *Confucius Sinarum Philosophus*, Parisiis: Danielem Horthemels, 1687, p. xliv.

《周易》无知，而是有意为之。他们竭力贬低卦爻辞对卦图的阐释，他们认为文王对每一卦的解释（卦辞）"极为简略，甚至很模糊"，周公对卦中的每一条线（爻）给出了阐释（爻辞），但他更成功的地方"并不在于他神奇地解释了大部分卦"①。

在编写《中国哲人孔子》的耶稣会士们看来，卦爻辞并没有揭示六十四卦的真实意义，他们否定卦爻辞就间接地否定了文王和周公的权威。这些耶稣会士之所以否定卦爻辞，不仅因为卦爻辞艰深晦涩，更重要的原因是卦爻辞中包含了大量"吉、凶、悔、吝"的占断辞，耶稣会士们观察到中国人用这些占断辞进行占卜、预测等迷信活动，而这些迷信活动违背了基督教教义。尽管这些耶稣会士否定了文王和周公的权威，他们却并没有忘记借此来赞扬孔子，他们认为孔子"更明确、带有更雄辩是非感地说明一切：他可以从事物之间的自身自然联系、次序、变化及主动力量中，取得最动人的教诲，这不仅是为了个人习惯或家庭教育，而更是为了城市、邦国乃至于整个帝国的公共管理"②。耶稣会士们在这里高度赞扬并概括了孔子对六十四卦的阐释，也就是《易传》的内容。

《易传》相传为孔子所作，讲述了思考天地万物的自然哲学，并涉及伦理道德、齐家治国等社会哲学，但耶稣会士们似乎并没有意识到《易传》的哲学思想不仅来源于六十四卦，也来源于文王和周公撰写的卦爻辞，那么他们在赞扬《易传》的同时，却不期也就间接地肯定了文王和周公对六十四卦的阐释。这些耶稣会士之所以如此看重孔子和《易传》，是因为他们相信从孔子撰写的《易传》中发现了"上帝"的信息。从在华耶稣会前辈利玛窦开始，耶稣会士们就反复引用《易传》来证明中国先民对"上帝"的信仰，编写《中国哲人孔子》的耶稣会士们自然也不会放弃这个重要的证据。他们引用《周易》之《说卦传》"帝出乎震"引申出"天帝着手于万物的最初造化"，接着又根据《说卦传》阐述了"天帝"创造天地万物的全过程，然后得出结论："这一切都来源

---

① Philippe Couplet, "Proemialis Declaratio", in *Confucius Sinarum Philosophus*, Parisiis: Danielem Horthemels, 1687, p. xlv；［法］梅谦立：《〈易经〉在西方的第一次介绍和翻译》，陈岗译，《国际汉学》2010 年第 2 期。

② Philippe Couplet, "Proemialis Declaratio", in *Confucius Sinarum Philosophus*, Parisiis: Danielem Horthemels, 1687, p. xlv；［法］梅谦立：《〈易经〉在西方的第一次介绍和翻译》，陈岗译，《国际汉学》2010 年第 2 期。

于最高的统治者的法则和掌控。"① 根据耶稣会士们这里对"帝出乎震"和天帝造物的解释,"帝"就是"天帝","帝也被称为至高主以及统治者"②。一言以蔽之,他们认为《周易》之《说卦传》中"帝出乎震"之"帝"就是基督教中的"至高主以及统治者"。由此,编撰《中国哲人孔子》的耶稣会士们就将《周易》和基督教联系了起来,并可以宣称找到了中国古代先民信仰基督教的证据,从而也就能够证明耶稣会"文化适应"政策的必要性和合理性,并借以在"礼仪之争"中占据主动。

六 《中国近事报道(1687—1692)》中的《周易》

1696 年反对耶稣会"文化适应"政策的"颜珰禁令"被提交给了教皇英诺森十二世(Antonio Pignatelli),并由教廷负责对该禁令进行裁决,耶稣会在华传教的"文化适应"政策遭到了前所未有的质疑。面对教会对"文化适应"政策空前的信任危机,作为"耶稣会士对严嘉乐主教教谕(颜珰禁令)的答复"③,并为寻求欧洲各界对"文化适应"政策的支持,法国耶稣会士李明(Louis le Comte)于 1696 年在巴黎出版了《中国近事报道(1687—1692)》(Nouveaux memoires sur L'etat present de la Chine,又名《中国现状新志》)一书,书中竭力维护了耶稣会的"文化适应"政策。李明,字复初,原名路易斯·勒孔特,于 1687 年来华传教,在"礼仪之争"中他坚决支持耶稣会的"文化适应"政策。《中国近事报道(1687—1692)》有一封《致法国第一重臣、大主教兰斯公爵大人阁下》的信,在信中李明介绍了中国典籍《周易》,内容极为简略,具体如下:

> 君主国的奠基人伏羲在许久许久以前,曾作过类似的诗;但是,这些诗是那么晦涩难懂,不管作出多大的努力以图赋予这些诗一个

---

① Philippe Couplet,"Proemialis Declaratio",in *Confucius Sinarum Philosophus*, Parisiis: Danielem Horthemels, 1687, p. xliii;[法]梅谦立:《〈易经〉在西方的第一次介绍和翻译》,陈岗译,《国际汉学》2010 年第 2 期。

② Philippe Couplet,"Proemialis Declaratio",in *Confucius Sinarum Philosophus*, Parisiis: Danielem Horthemels, 1687, p. xlvi;[法]梅谦立:《〈易经〉在西方的第一次介绍和翻译》,陈岗译,《国际汉学》2010 年第 2 期。

③ [法]维吉尔·毕诺:《中国对法国哲学思想形成的影响》,耿昇译,商务印书馆 2013 年版,第 95 页。

恰当的概念，最终，还是不得不承认它们是不可理解的。任何学者的智慧都无法理解的晦涩，使人们产生种种迷信的猜想。和尚们则随便利用它们以说些他们想说的话；对他们说，这正是他们用以骗取百姓信任而编造异想天开的空想和寓言的取之不竭、用之不尽的本钱。人们把它编辑成册，在经典书籍中占据第三位。①

李明将《书经》和《诗经》排在《周易》之前，认为《周易》在五经中位列第三。在《中国近事报道（1687—1692）》一书的正文中李明简略地介绍了五经，但并没有给出五经的书名，而是在注释中加以补充说明。他将《周易》称为《变化的经典》，并且认为"可能是一本古代占卜的书，由64个八卦组成"②。作为儒家经典的《周易》包括《周易》古经和《易传》两部分，《周易》古经来源于中国原始先民对占卜的记录，同时也被人们用作占卜的工具，但《易传》则是对《周易》古经的哲学阐释。从李明对《周易》的介绍来看，他完全忽略了《周易》的哲学内容，而且作为一个传教士，他对《周易》用于占卜是很反感的。同其他耶稣会士一样，李明强调了《周易》"晦涩难懂"，但难能可贵的是，李明注意到了《周易》卦爻辞的"诗歌"特征。他对《周易》的介绍是从《诗经》引入的，并且将《周易》视作同《诗经》"类似的诗"，这与南宋学者陈骙在其著作《文则/文章精义》中指出"易文似诗"的观点几乎如出一辙③，而与李明同时代的中国学者却鲜有人论及《周易》中的诗歌特征。《周易》卦爻辞一般由叙事的象辞和表示"吉凶悔吝"的占辞构成，象辞具有明显的诗歌韵味，而占辞却是对事物的评判，并没有诗歌特征。由于古代经典往往没有句读，而且中国学者将象辞和占辞视为一体，因此大多数中国学者都没有认识到《周易》卦爻辞中"隐藏着一部比《诗经》还古老的诗集"④。而李明作为一个基督教

---

① ［法］李明：《中国近事报道（1687—1692）》，郭强等译，大象出版社2004年版，第175页。
② ［法］李明：《中国近事报道（1687—1692）》，郭强等译，大象出版社2004年版，第175页。《周易》由"64个卦"构成，而非"64个八卦"。
③ （宋）陈骙、李性学著，王利器校点：《文则/文章精义》，人民文学出版社1960年版，第4页。
④ 黄玉顺：《绪论》，载《易经古歌考释》（修订本），上海古籍出版社2014年版，第2页。

徒，他本能地将表示"吉凶悔吝"的占辞视为不可接受的异类，也就很自然地将《周易》卦爻辞中的象辞和占辞截然分开了，这反而为李明认识到《周易》卦爻辞的诗歌特征打开了方便之门。当其他耶稣会士致力于在《周易》中寻求"上帝"信息的时候，李明对《周易》的认识已经上升到了文学艺术的层面，尽管他对《周易》的介绍十分简略，但他却给《周易》在西方的译介与传播开辟了一个崭新的视角。

七　《中国天文论》中的《周易》

在"礼仪之争"中，耶稣会的大量著作都表明中国历史极其古老，甚至超出了《圣经》的记载，因此关于中国纪年的问题就成为了"礼仪之争"的一个重要话题。欧洲人试图从中国的天文观测和天文学中找到对中国纪年有益的内容，因此法国耶稣会传教士宋君荣展开了对中国天文学和纪年的研究，并撰写了大量相关著述。1792年宋君荣的耶稣会同伴苏西业（E. Souciet）编辑出版了宋君荣的天文学著作，"其目的是让欧洲人能更正确地认识中国历史、年代和天文观测，避免毫无根据的揣测"①。

宋君荣，字奇英，原名安东尼奥·高维尔，因其博学多才被誉为"耶稣会传教师学识之最鸿博者"②。宋君荣于1723年入华传教，居华达37年之久。宋君荣是受法国国王派遣，以"国王数学家"的身份来华的，除了传教，还肩负着"为自己的国家和国王服务的使命"，因此获取中国的科学知识也就成为宋君荣在华的一个重要任务③。在华期间宋君荣主要从事对中国天文史和历史纪年的研究，因为《周易》中含有中国古代的天文学知识，因此《周易》进入了宋君荣的研究视野。

在1752年8月10日宋君荣致奥特拉耶的信中，他写道："余在此处所见《易经》（《周易》）译文，似有一主要部分未寄达欧洲，即孔子撰文王、周公两篇之注释。此注甚为重要；如巴黎有译文，余不知其出于何人手；如无译文，我有译本可以补其阙……"④"文王、周公两篇"应该指的

---

① 韩琦：《中国科学技术的西传及其影响》，河北人民出版社1999年版，第76—77页。
② ［法］费赖之：《在华耶稣会士列传及书目》，冯承钧译，中华书局1995年版，第685页。
③ 许明龙：《欧洲十八世纪中国热》，外语教学与研究出版社2007年版，第32页。
④ ［法］费赖之：《在华耶稣会士列传及书目》，冯承钧译，中华书局1995年版，第705页。

是《周易》的卦爻辞，也就是《周易》的古经部分，而孔子撰写的注释应该就是《易传》，即对《周易》古经最早的注释。从这封信可以看出，宋君荣不仅意识到了《易传》的重要性，而且开始着手翻译《周易》。

宋君荣撰有《中国天文论》（Traité de I'Astronomie Chinoise）一书，该书被收录到苏西业编辑的《数学、天文学、地理学、纪年观测——采自中国古籍及耶稣会传教士新近在印度、中国及其他地方的观测》①丛书中，并于1732年在巴黎出版。宋君荣在该书"天文论"的第一部分介绍了《周易》。宋君荣将《周易》分为三个部分，即"河图洛书图像、周文王及其儿子周公所作的文章、对孔子思想的阐述以及补编"，并阐述了河图洛书以及《易传》中的天文学思想，然后加以评价。

宋君荣将伏羲作为中国第一个传授天文学的人，并说明伏羲试图从河图洛书中解释一些天象的规律。宋君荣在书中讲到中国古人研读河图洛书十分普遍，认为其表述的内容符合真实的天文规律，他们运用了上千种方法，将河图洛书中黑白圈的数量、乾卦和坤卦中地与天的数以及天文学的发展联系起来。通过增减一定的内容或其他任意方式，他们找到了所有事物的产生：气候、季节变化、月相、星球的演变②。然而，宋君荣对中国古人从河图洛书中寻找天象规律的做法基本上是持否定态度的，他认为中国人在研究道路上"迷路了"，除了一些专门的学说和某些教义以外，人们并没有在这些图案中找到任何天象规律，而且认为这些教义学说是很荒谬的③。

同时，宋君荣还认为在周文王和周公所著的文章（卦爻辞）中，依然找不到任何关于天文学的规律或相关总结方法，然而在孔子的著作（《易传》）中却有些章节与天文学相关。宋君荣介绍了《易传》中的天数和地数，代表天的数字是1、3、5、7、9，代表地的数字是2、4、6、8、10。5个天数的总和为25，5个地数的总和为30。如果将5个地数和5个天数相加，就得到55。在此基础上，宋君荣又引用了《周易》之《系辞传》（上）中关于"大衍之数"及其推演过程的内容："大衍之数

---

① 该书原名为：Observations Mathématiques, Astronomiques, géographiques, chronologiques, et physiques, tirées des Anciens Livres Chinois, ou faites nouvellement aux Indes, à la Chine & ailleurs, par les pères de la Compagnie de JESUS。
② P. Gaubil, Traité de l'Astronomie Chinoise, Paris：Rollin Père, 1732, p. 2.
③ P. Gaubil, Traité de l'Astronomie Chinoise, Paris：Rollin Père, 1732, pp. 2 – 5.

第三章 "礼仪之争"中《周易》在西方的译介与传播

五十,其用四十有九。分而为二以象两,挂一以象三,揲之以四以象四时,归奇于扐以象闰,五岁再闰,故再扐而后挂。"① 宋君荣将八卦视为洛书的另外一种形式,指出乾卦用"☰"表示,代表天,坤卦用"☷"表示,代表地,然后又引用《系辞传》(上)进一步解释乾坤两卦及六十四卦之数:"乾之策,二百一十有六;坤之策,百四十有四。凡三百有六十,当期之日。二篇之策,万有一千五百二十,当万物之数也。"②

《周易》中蕴含着中国最早的天文学知识,宋君荣从《周易》入手研究中国古代天文学可谓选取了一个非常恰当的切入点。《周易》的基本构成单位是"卦",据《说文》"卦"从"卜","圭"声,其中"圭"是"古代测日影仪器'圭表'的部件。在石座上平放着的尺叫'圭'"③。由此可见,《周易》跟古人观测日影的天文活动密切相关,宋君荣在其书中介绍了"天数、地数、大衍之数"等与中国古代天文知识密切相关的概念,揭示了中国古人用"数"来解释宇宙万物的伟大尝试。《周易》的数不仅表示数量,而且表示阴阳,《周易》讲天地,讲阴阳,就是用数学上的奇偶数来表示的,奇数代表阳代表天,偶数代表阴代表地④。因此,在一至十的自然数中,奇数是天数,而偶数是地数。宋君荣显然只认识到了天数和地数的奇偶关系,却没有认识到二者也具有阴阳属性,因而也就更不可能认识到通过阴阳之数阐述的天文知识,他最终将《周易》描绘的宇宙蓝图称为"错误的天文学知识体系"⑤。

当然,我们无须苛求一个西方传教士对《周易》的天文学思想有一个完美而清醒的认识,宋君荣从天文学的角度去介绍和研究《周易》,为中国古代天文学思想在西方的传播奠定了基础,法国著名天文学家拉普拉斯(Pierre-Simon Laplace)关于中国古代天文学的知识几乎完全得益于宋君荣的著作和书信,他在所著的《宇宙体系论》中称宋君荣为"精

---

① P. Gaubil, *Traité de l'Astronomie Chinoise*, Paris: Rollin Père, 1732, p. 3;李申:《周易经传译注》,湖南教育出版社2004年版,第205页。
② P. Gaubil, *Traité de l'Astronomie Chinoise*, Paris: Rollin Père, 1732, p. 4;李申:《周易经传译注》,湖南教育出版社2004年版,第207页。
③ (汉)许慎撰,(清)段玉裁注:《说文解字》,中图书店2011年版,第2290—2291页。
④ 金景芳、吕绍刚:《周易讲座》,吉林大学出版社1987年版,第50页。
⑤ P. Gaubil, *Traité de l'Astronomie Chinoise*, Paris: Rollin Père, 1732, p. 5。

通中国天文学的一位传教士"①。又诚如英国近代科学技术史专家李约瑟（Joseph Needham）所言："即使是在今天，对于想彻底研究中国天文学的人，宋君荣的著作仍然是不可少的参考资料。"② 宋君荣为西方世界研究《周易》开创了一个新的方法，他将《周易》研究与一门具体的学科相结合，从《周易》中挖掘具体的科学知识，因此宋君荣对《周易》的研究可以当之无愧地称为西方"科学易"之滥觞。当"礼仪之争"的对立双方还在面红耳赤地争辩能否从《周易》中寻找到上帝痕迹的时候，宋君荣却向西方人展示了《周易》的另一面，即科学的一面，这不仅有力地驳斥了"礼仪之争"中大多数传教士将《周易》视为"迷信之书"的错误观念，而且对基督教神学的宇宙观也形成了冲击和威胁。

八 《中华帝国全志》中的《周易》

随着"礼仪之争"在欧洲愈演愈烈，奉行"文化适应"政策的耶稣会不断著书立说为耶稣会在华的传教路线辩护，1735 年《中华帝国全志》的出版"代表着这类辩护性耶稣会士作品的顶峰"③。《中华帝国全志》的编著者杜赫德（Jean-Baptiste Du Halde）是法国籍耶稣会士，他一生从未到过中国，然而他却一直负责整理来自各国的耶稣会士信件，《中华帝国全志》正是他根据在华耶稣会士寄往欧洲的书信，以及根据当时欧洲有关中国的研究报告和书籍编辑成的。该书全称《中华帝国及其鞑靼地区地理、历史、编年、政治、自然之描述》（*Description géographique, historique, chronologique, politique et physique de l'empire de la Chine et de la Tartarie chinoise*），这部巨著"被视为 18 世纪'精神生活'中的一个显著的标志物而屡屡被人提及。在相当漫长的一段时间里，《中华帝国全志》始终是有关中国的信息不可或缺的来源"④。这本有关中国知识的巨

---

① ［法］皮埃尔·西蒙·拉普拉斯：《宇宙体系论》，李珩译，上海译文出版社 2001 年版，第 433 页。
② ［英］李约瑟：《中国科学技术史（第四卷）·天学》（第一分册），《中国科学技术史》翻译小组译，科学出版社 1975 年版，第 31 页。
③ 张国刚：《明清传教士的当代中国史——以 16—18 世纪在华耶稣会士作品为中心的考察》，《社会科学战线》2004 年第 2 期。
④ ［法］蓝莉：《请中国作证：杜赫德的〈中华帝国全志〉》，许明龙译，商务印书馆 2015 年版，第 1 页。

著被誉为"西方早期汉学三大名著之一"①，书中分门别类地介绍了中国的历史、地理、政治、宗教、文字、文献、习俗等方方面面的内容，其中在"文献"中介绍了《周易》。

（一）《周易》意象思维

《中华帝国全志》沿用了中国传统经学中五经的排位顺序，将《周易》排到了五经中的首位，并且强调了《周易》在中国文人学者心目中的崇高地位。尽管耶稣会的主流观点将《周易》视为"占筮之书"，《中华帝国全志》却将《周易》定性为一本纯粹的"象征（Symbolical）之书"，是可见世界的一系列"意象"（Images），表述了万物的特性及其物质构成②。这种定性恰当地揭示了《周易》的本质，《周易正义》曰："易卦者，写万物之形象，故云'易者象也'。'象也者，像也'者，谓卦为万物象者，法像万物。"③《周易》正是通过一系列意象来模拟大千世界的情状，反映天地万物的各种特性，并进而推演整个宇宙的运行模式。《中华帝国全志》从意象思维来阐释《周易》，这较之前代耶稣会士对《周易》的介绍已经有了显著的进步，表明西方社会对《周易》的认识和了解正在逐步走向深入。

（二）《周易》哲学思考

《中华帝国全志》认为《周易》的作者伏羲旨在教会他的后代一切与天、地、人相关的内容。伏羲用八个图形（Figures）来描绘天、地、人，每一个图形（卦）由三条线构成，其中一些线是完整的（阳爻），另外一些是断开的（阴爻），共有八种不同的组合（八卦）。这八种图形两两相叠而形成六十四个图形（六十四卦），这些不同的图形组合以一种原始的方式表达了万物的规律和特性，表述了它们的运动与停歇，以及它们彼此对立的关系，甚至还体现了支配万物的内部秩序和关联④。

---

① 另外两部是《耶稣会士书简集》和《中国杂纂》（又名《中国丛刊》）。

② Du Halde, *Description of the Empire of China and Chinese-Tartary, Together with the Kingdoms of Korea, and Tibet: Containing the Geography and History (Natural as well as Civil) of those Countries* (V.1), London: T. Gardner, 1738, p. 395.

③ （魏）王弼注，（唐）孔颖达疏：《周易正义》，北京大学出版社1999年版，第303页。

④ Du Halde, *Description of the Empire of China and Chinese-Tartary, Together with the Kingdoms of Korea, and Tibet: Containing the Geography and History (Natural as well as Civil) of those Countries* (V.1), London: T. Gardner, 1738, p. 396.

《中华帝国全志》在这里阐述的是《周易》对世界万物的自然哲学思考，《周易》之《系辞传》（下）曰："《易》之为书也，广大悉备：有天道焉，有人道焉，有地道焉。"①《周易》这本书的内容十分广大，无所不包，讲述了天道、人道、地道。八卦中的每一个单卦由上、中、下三爻构成，分别代表天、人、地三才，因此"卦"反映了天、地、人之间相互联系、和谐共存的关系。《系辞传》（上）亦云："易与天地准，故能弥纶天地之道。"②《周易》之为书是圣人仰观天文、俯察地理的结果，以天地为准则，因此《周易》囊括了天地万物的运动变化规律。《中华帝国全志》对八卦以及六十四卦的阐释，准确地反映了《周易》对天、地、人的哲学思考，这对西方社会正确认识《周易》起到了良好的引领作用。

（三）《周易》社会伦理

从《周易》的自然哲学出发，《中华帝国全志》引申出了《周易》对社会伦理道德的思考。在此之前的耶稣会士作品中，耶稣会士们或多或少曾涉及《周易》的社会伦理思想，如《中国哲人孔子》将孔子对《周易》卦象的阐释归结为两个部分："一部分归于自然界，特别是归到一些元素，它们的特征和互相之间的影响。另一部分归于人类的伦理规范。"③《中华帝国全志》继承了《中国哲人孔子》一书中的上述观点，并且更加深入地阐述了孔子在《易传》中对《周易》社会伦理思想的阐释。"孔子将伏羲、文王、周公的学说一部分归于万物的本质，特别是归于一些元素，以及它们的各种特性；另一部分归于各种道德和正确支配人类社会的方式。"④ 接着，《中华帝国全志》引用《周易》之《序卦传》阐述了《周易》的社会伦理观："有天地，然后有万物；有万物，然后有男女；有男女，然后有夫妇；有夫妇，然后有父子；有父子，然

---

① 李申：《周易经传译注》，湖南教育出版社 2004 年版，第 224 页。
② 李申：《周易经传译注》，湖南教育出版社 2004 年版，第 200 页。
③ Philippe Couplet, "Proemialis Declaratio", in *Confucius Sinarum Philosophus*, Parisiis：Danielem Horthemels, 1687, p. xviii；[法] 梅谦立：《〈易经〉在西方的第一次介绍和翻译》，陈岗译，《国际汉学》2010 年第 2 期。
④ Du Halde, *Description of the Empire of China and Chinese-Tartary, Together with the Kingdoms of Korea, and Tibet：Containing the Geography and History (Natural as well as Civil) of those Countries* (V. 1)，London：T. Gardner, 1738, p. 398.

第三章 "礼仪之争"中《周易》在西方的译介与传播

后有君臣。"①《中华帝国全志》从《序卦传》中的这段话推导出中国传统伦理思想中的"尊卑观念",并举例说明中国古人从六十四卦中引申出他们的伦理原则,如"天代表王的个性和品格;地代表了从属者的形象"②。尽管《序卦传》中描写的这种社会伦理观念有其鲜明的时代局限性,但却有效地维护了中国古代社会的稳定,《中华帝国全志》将这种伦理思想介绍到西方,不仅让西方世界了解了中国古代社会秩序,同时也为18世纪欧洲启蒙思想家反对教会的神学伦理提供了强有力的思想武器。

(四)《周易》迷信思想

《中华帝国全志》对偏离儒家正统的易学思想提出了尖锐的批评,书中认为随着时间的推移,由于《周易》的模糊性,产生了大量的错误和迷信。《周易》越是晦涩难懂,其包含的秘密就越多,因此《周易》经文中的那些完美的道德和政治原则被篡改了、歪曲了,甚至被加入了一些荒谬的、相互抵触而又不敬的阐释。书中提到中国这部古老而不朽的经典落入了一些"无知的博士"之手③,他们对《周易》的阐释蒙上了一层无神论和偶像崇拜思想的面纱,他们将理性歪曲为预测、占卜、巫术,因此《周易》又被称为算命的书④。在"礼仪之争"中,"文化适应"政策的反对者认为《周易》中充满了无神论思想和偶像崇拜,他们将《周易》作为攻击耶稣会传教路线的一个有力证据,然而《中华帝国全志》一书却认为,那些无神论和偶像崇拜思想并非儒家对《周易》

---

① Du Halde, *Description of the Empire of China and Chinese-Tartary, Together with the Kingdoms of Korea, and Tibet: Containing the Geography and History (Natural as well as Civil) of those Countries* (V. 1), London: T. Gardner, 1738, p. 398;李申:《周易经传译注》,湖南教育出版社2004年版,第236页。

② Du Halde, *Description of the Empire of China and Chinese-Tartary, Together with the Kingdoms of Korea, and Tibet: Containing the Geography and History (Natural as well as Civil) of those Countries* (V. 1), London: T. Gardner, 1738, p. 398.

③ 《中华帝国全志》中所称的这些"无知的博士"指的是汉代以"京房"为代表的一些长于术数的经学博士,他们常言阴阳候灾变之说,并利用《周易》预测吉凶祸福。

④ Du Halde, *Description of the Empire of China and Chinese-Tartary, Together with the Kingdoms of Korea, and Tibet: Containing the Geography and History (Natural as well as Civil) of those Countries* (V. 1), London: T. Gardner, 1738, p. 398.

的正统阐释,并对其加以严厉的批判。《中华帝国全志》批判《周易》中那些所谓非正统的儒家思想,其实质仍然是在维护耶稣会在华奉行的传教路线,撇清无神论和偶像崇拜与儒家思想的关联,以证明耶稣会"文化适应"政策的合理性。

(五) 河图洛书

《中华帝国全志》在书中介绍了《周易》河图洛书的来源及思想,并且展示了完整的河图洛书图象(如图7和图8所示)。《周易》之《系辞传》(上)曰:"河出图,洛出书,圣人则之。"① 传说龙马背驮"河图"而浮出黄河,神龟背伏"洛书"而浮出洛水,伏羲正是根据河图洛书创作了八卦。

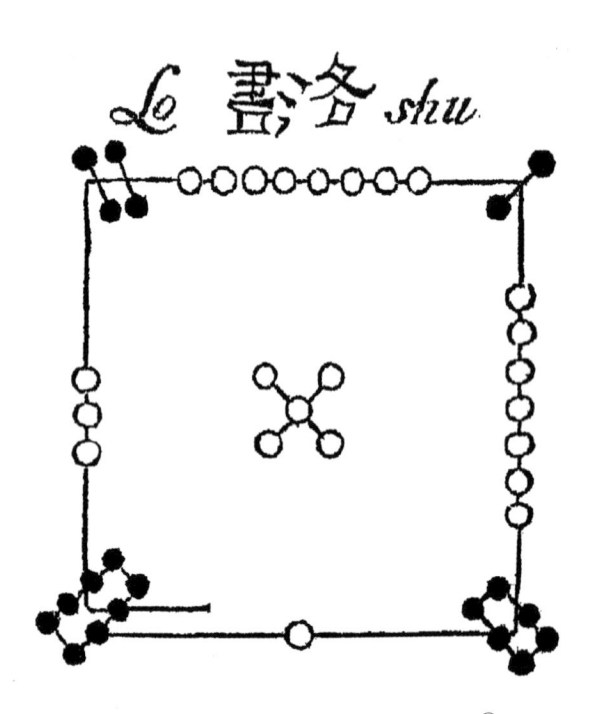

图7 《中华帝国全志》中的洛书图②

---

① 李申:《周易经传译注》,湖南教育出版社2004年版,第209页。
② Du Halde, *Description of the Empire of China and Chinese-Tartary, Together with the Kingdoms of Korea, and Tibet: Containing the Geography and History (Natural as well as Civil) of those Countries* (V.1), London: T. Gardner, 1738, p.399.

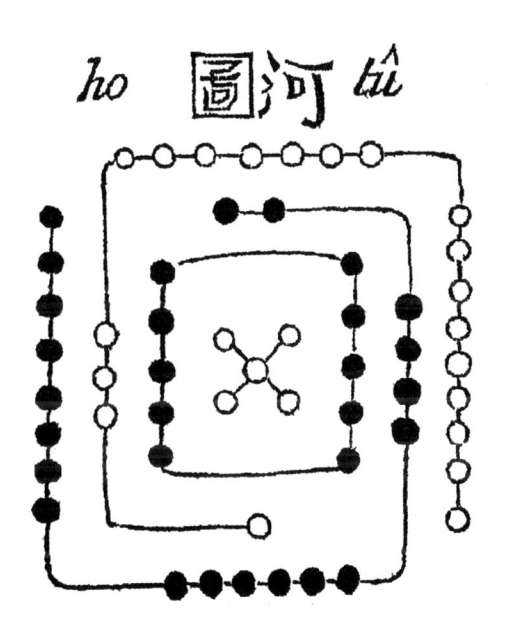

第三章 "礼仪之争"中《周易》在西方的译介与传播

图8 《中华帝国全志》中的河图图①

民间传说赋予了河图洛书高深莫测的神秘感，然而《中华帝国全志》却并没有渲染这种神秘，而是从文字发展的角度阐述了河图洛书的来源。书中讲到，在伏羲时代之前中国并没有文字，"结绳记事"被广泛地运用在买卖活动中，即在一根绳子上打结以帮助记忆，而河图洛书正是对中国古人"结绳记事"的表达。河图洛书教会了伏羲各种组合技巧，他依据河图洛书写成的第一篇文章就是他画出的线性图（卦图），而且他按照算术组合规则和自然规律将这些线性图（卦图）连续排列起来②。在中国传统经学中，"河出图、洛出书"的传说使河图洛书的来源显得玄之又玄，这种扑朔迷离的神秘感在"占筮"之风盛行的中国古代社会赋予了《周易》以"神谕"的地位，然而这种神秘感对于信奉基督

---

① Du Halde, *Description of the Empire of China and Chinese-Tartary, Together with the Kingdoms of Korea, and Tibet: Containing the Geography and History (Natural as well as Civil) of those Countries* (V. 1), London: T. Gardner, 1738, p. 399.

② Du Halde, *Description of the Empire of China and Chinese-Tartary, Together with the Kingdoms of Korea, and Tibet: Containing the Geography and History (Natural as well as Civil) of those Countries* (V. 1), London: T. Gardner, 1738, p. 399.

的西方传教士而言却是其极力反对的，因此在《中华帝国全志》一书中编撰者并没有着力描述"河出图，洛出书"的传说，而是从文字发展的视角去阐释河图洛书的来源，突出了河图洛书的文化意义。

在中国传统文化中，河图洛书是五行术数之学的源头，河图洛书常用于预测占卜，但《中华帝国全志》并没有强调河图洛书的这些迷信用途，而是从河图洛书的数字中引导出文化象征意义：河图洛书中的白点表示奇数，代表完美（Perfect）和一根完整的线条"—"（阳爻）；黑点表示偶数，代表不完美（Imperfect）和断开的线条"--"（阴爻）。河图含十个自然数，洛书含九个自然数。中国人赋予白天、热、太阳、火、天等以"完美"的属性；而赋予黑夜、冷、月亮、水、地等以"不完美"的属性①。河图洛书的神秘性使《周易》的来源显得扑朔迷离，特别是"龙马"和"神龟"在中国传统文化中的神圣地位更增添了《周易》的权威性。然而《中华帝国全志》一书尽量淡化了河图洛书赋予《周易》的神话色彩，却从更加理性的角度分析了《周易》的权威性。

《中华帝国全志》认为《周易》之所以具有至高无上的权威，首先是因为《周易》在秦始皇焚书坑儒的灾难中得以幸免，其次是因为中国历代圣贤对《周易》的赞颂，最后是因为伏羲通过阴阳爻的组合教会了人们书写汉字的方法，《周易》被视为汉字之根以及科学之源②。《中华帝国全志》对《周易》的介绍在很大程度上继承了前辈耶稣会士作品中的内容，如《周易》的形成历史、八卦的构成、六十四卦的演绎、《周易》的结构等内容基本上沿袭了《中国历史初编十卷》和《中国哲人孔子》中的相关论述。但与前辈耶稣会士的著作比较，《中华帝国全志》对《周易》的介绍同时也有显著的区别，书中既没有过多的溢美之词，也没有偏激的批评和贬损，而是更多地倾向于客观理性的论述。《中华帝国全志》与前辈耶稣会士著作最显著的差别在于其不再力图从《周易》中寻找基督教的痕迹，而是着重强调《周易》中的哲学和文化思

---

① Du Halde, *Description of the Empire of China and Chinese-Tartary, Together with the Kingdoms of Korea, and Tibet: Containing the Geography and History (Natural as well as Civil) of those Countries* (V. 1), London: T. Gardner, 1738, p. 399.

② Du Halde, *Description of the Empire of China and Chinese-Tartary, Together with the Kingdoms of Korea, and Tibet: Containing the Geography and History (Natural as well as Civil) of those Countries* (V. 1), London: T. Gardner, 1738, p. 400.

想。"礼仪之争"迫使耶稣会在出版《中华帝国全志》时格外小心谨慎,以避免让对手抓住把柄而激化矛盾,也正是这种小心谨慎的态度促使《中华帝国全志》更加客观理性地去介绍《周易》,从而让西方社会对《周易》的认识上升到一个崭新的高度。

九 刘应与《易经概说》

在激烈的"礼仪之争"中,大多数耶稣会传教士都奉行"文化适应"政策,然而同时也有少数耶稣会士站到了主流耶稣会士的对立面,其中法国耶稣会传教士刘应(Claude de Visdelou)就是这些少数派的代表。刘应原名克劳德·德·维斯德卢,刘应是其中文名,字声闻,于1692年入华传教。费赖之《在华耶稣会士列传及书目》载:"会大主教铎罗至中国,见传教师对于中国礼仪问题争论已久,拟平息之。应乃反对礼仪者也,遂集合反对礼仪之言论以献。"① 铎罗(Charles Thomas Maillard de Tournon)是罗马教皇派往中国的特使,他肩负着禁止中国教徒参加尊孔、祭祖等礼仪活动的宗教使命,在"礼仪之争"中刘应成为铎罗完成这一使命的得力助手。

刘应精通中国文史,对中国文化典籍和历史都有深入的研究。本着对基督教"纯正"的信仰,以及从反对中国礼仪的立场出发,刘应最初将《周易》视为"迷信之书"。1693年刘应曾与清朝康熙年间太子胤礽讨论四书五经,胤礽问到儒家学说是否与基督教原理大不一样,刘应回答说儒家学说不仅不悖于基督教原理,而且与后者完全一致,但又补充说《周易》却是一个例外,因为这本书纯粹是一本"迷信之书"②。在"礼仪之争"中,清朝官方一直支持利玛窦遗留下来的"文化适应"政策,刘应对此必然心领神会,因此他畏于皇家的威严而不得不违心地说儒家学说和基督教原理完全一致,但同时考虑到刘应在"礼仪之争"中的态度,他认为《周易》是"迷信之书"却是他当时的肺腑之言,因为"迷信"违背了基本的基督教原理。

刘应撰写了一篇题为《易经概说》("Notice du livre chinois nommé

---

① [法]费赖之:《在华耶稣会士列传及书目》,冯承钧译,中华书局1995年版,第454页。
② John W. Witek, S. J., *Controversial Ideas in China and in Europe: A Biography of Jean-François Foucquet, S. J. (1665–1741)*, Roma: Institutum Historicum S. I., 1982, pp. 59–60.

Y-king") 的长文,该文于1728年完稿①,但直到1770年才在巴黎出版,附刻在宋君荣所译《书经,一本中国经典》(*Le Chou-King, un des livres sacrés des Chinois*)② 一书之后。《易经概说》是最早使用欧洲民族语言(具体而言是法语)撰写的《周易》专论,对后世欧洲学者用本民族语言解读并翻译《周易》有重要的影响,19世纪末英国传教士理雅各和法裔英国东方学家拉古贝里翻译《周易》都曾参考过《易经概说》。刘应在《易经概说》中首次使用"trigramme"和"hexagramme"分别翻译"单卦"和"重卦",在法语中本没有这两个词,是刘应根据"卦"的结构创造的。在法语中"tri"和"hexa"分别表示"三"和"六",而"gramme"表示"画",每个"单卦"是由三画阴阳爻构成的,因此用"trigramme"表示;每个"重卦"是两个单卦重叠而成的,共六画阴阳爻,因此用"hexagramme"表示。当今享誉法语世界的霍道生《周易》译本及哈雷兹《周易》译本都直接沿用了"trigramme"和"hexagramme",而在英语世界久负盛名的理雅各《周易》译本及卫礼贤/贝恩斯《周易》译本使用了这两个词在英语中的变体"trigram"和"hexagram"。

在"礼仪之争"中,刘应坚决反对采用"索隐法"解读《周易》,他受罗马教廷传信部(Propaganda)之约撰写了《易经概说》,以协助教廷展开对"索隐法"的调查,因此该文主要回应了传信部直接感兴趣的宗教问题③。随着刘应对《周易》研究的深入,他逐渐改变了最初将《周易》看作"迷信之书"的观点,他将《周易》及《周易》中的卦视为对"自然、生灭现象,以及人类各种美德与恶行等方方面面的象征性

---

① 刘应完成《易经概说》的时间目前尚无定论,拉古贝里和卢大荣均认为是在1728年,理雅各认为是在1738年,分别见:A. Terrien de Lacouperie, *The Oldest Book of the Chinese*, *The Yh-King, and Its Authors*, London: D. Nutt, 1892, p. 46; Richard Rutt, *The Book of Changes (Zhouyi): A Bronze Age Document Translated with Introduction and Notes*, London and New York: Routledge Taylor and Francis Group, 2002, p. 64; James Legge, "Introduction", in *The I Ching*, New York: Dover Publications, Inc., 1963, p. 7。

② M. Claude Visdelou and Evêque de Claudiopolis, "Notice du livre chinois nommé Y-king, ou liver canonique des changemens, avec des notes", dans Antoine Gaubil, *Le Chou-king, un des livres sacrés des Chinois, Qui renferme les Fondements de leur ancientne Historie, les Principes de leur Gouvernement and de leur Morale*, Paris: N. M. Tilliard, 1770, pp. 399–436.

③ Richard Rutt, *The Book of Changes (Zhouyi): A Bronze Age Document Translated with Introduction and Notes*, London and New York: Routledge Taylor and Francis Group, 2002, p. 64.

第三章 "礼仪之争"中《周易》在西方的译介与传播

描述"①。刘应在《易经概说》中完整地翻译了谦卦，译文简洁明了，并遵循了儒家学说对谦卦的阐释，以谦卦卦辞为例：

  谦卦卦辞：谦，亨。君子有终。②
  刘应译文：L'humilité surmonte tout; le Sage arrive au but.
  译文阐释：C'est pourquoi le Sage, qui ne reconnoît point en soi la vertu dont il est doué, qui paro？t ignorer ses belles actions, parvient, par son humilité, au but de la sagesse & à l'accomplissement de ses desseins.③

译文保持了原文简洁的风格，但仅从这样简洁的译文中读者很难了解原文的隐含意义，因此刘应还翻译了谦卦的《象传》和《象传》，并附有详细的阐释。从卦象来看，谦卦（䷎）上卦为坤（☷），代表大地；下卦为艮（☶），代表大山，整个卦象寓意巍峨的大山藏到了大地之下，象征君子有才德却又十分谦虚的形象，刘应在译文阐释中指出，一个明智的人能够通过谦卑的美德达到他智慧的目的，并实现自己的计划，这种阐释完全是对儒家"君子有终"的具体体现，但却截然区别于易经主义者从《周易》中挖掘基督教原理的"索隐法"解读。

十 雷孝思《周易》译本

《周易》随着"礼仪之争"在西方社会广为传播，但却一直没有一个比较完整的译本，这种状况一直持续到雷孝思拉丁文《周易》译本④的出现。雷孝思原名让·巴普蒂斯特·雷吉，字永维，是法国耶稣会传教士，于1698年入华传教。雷孝思《周易》译本共两卷三部分，第一部

---

① Claudia von Collani, "The First Encounter of the West with the Yijing Instruction to and Edition of Letters and Latin Translations by French Jesuits from the 18th Century", *Monumenta Serica*, Vol. 55, 2007.
② 李申：《周易经传译注》，湖南教育出版社2004年版，第50页。
③ M. Claude Visdelou and Evêque de Claudiopolis, "Notice du livre chinois nommé Y-king, ou liver canonique des changemens, avec des notes", dans Antoine Gaubil, *Le Chou-king, un des livres sacrés des Chinois, Qui renferme les Fondements de leur ancientne Historie, les Principes de leur Gouvernement and de leur Morale*, Paris: N. M. Tilliard, 1770, p. 419.
④ P. Regis, *Y-king Antiquissimus Sinarum Liber Quem Ex Latina Interpretatione*, Stuttgartiae et Tubingae: Sumptibus J. G. Cottage, 1834.

分是对《周易》的概述,介绍了《周易》的起源(causis)、地位(auctoritate)、主题(argumento)和说明(interpretatione);第二部分是对《周易》经文,即六十四卦卦爻辞的翻译和阐释;第三部分是《彖传》《象传》《系辞传》《说卦传》《杂卦传》《文言传》的部分翻译和评论。

(一)译者在"礼仪之争"中的立场

尽管雷孝思《周易》译本的署名只有雷孝思一人,但这个译本却是雷孝思与其耶稣会同道汤尚贤(Pierre-Vincent de Tartre)和冯秉正(Joseph-Francois-Marie-Anne de Moyriac de Mailla)集体智慧的结晶。在"礼仪之争"中,雷孝思与汤尚贤及冯秉正组成了一个反对易经主义的小团体,他们从1708年就开始着手翻译一本与易经主义者解释完全不同的《周易》译本。汤尚贤批判易经主义者对《周易》的解释神秘而不准确[①]。雷孝思坚决否认中国经书中包含任何基督教的信仰,主张"以一种'现代'历史批评方法去解读《周易》"[②]。因此,雷孝思《周易》译本完全是在"礼仪之争"中反对易经主义的产物,甚至是反对耶稣会"文化适应"政策的产物。

雷孝思《周易》译本主要参照的汉语底本是清代李光地编写的《周易折中》,并且参考了宋代朱熹《易学启蒙》和《周易本义》[③]。中国传统的《周易》研究著述可谓"汗牛充栋",在如此繁杂的易学著作中,译者选取了清朝官方易学著作《周易折中》,这表明译者致力于用当时最正统、最权威的儒家思想去翻译《周易》,而且《易学启蒙》和《周易本义》是新儒家的权威易学著作,这与耶稣会一贯反对新儒学思想的路径是背道而驰的,同时也可以由此看出译者在"礼仪之争"中反对"文化适应"政策的立场和态度。当然,译者并非完全认同新儒家思想,译者在批判易经主义的同时也批判了新儒学大师邵雍的理论。雷孝思《周易》译本引述新儒家著述,在导言、专题论述、附录中系统地介绍了中国主要的传统易学思想,并且引用教会神父和西方哲学家的权威著

---

① Paul A. Rule, *K'ung-tzu or Confucius? The Jesuit Interpretation of Confucianism*, Sydney: Allen and Unwin Australia Pty. Ltd., 1986, p. 159.

② Claudia von Collani, "The First Encounter of the West with the Yijing Instruction to and Edition of Letters and Latin Translations by French Jesuits from the 18th Century", *Monumenta Serica*, Vol. 55, 2007.

③ 赖贵三:《十七至十九世纪法国易学发展史略》(下),《巴黎视野》2011年第16期。

第三章 "礼仪之争"中《周易》在西方的译介与传播

作加以比较①。从雷孝思《周易》译本的内容来看，译者在文本翻译之外注入了大量评述，译本已经远远超出了"翻译作品"的范畴，而是一部在"礼仪之争"中从反对易经主义的立场出发，致力于研究《周易》和中国传统易学的综合性学术著作。

(二) 译本的形成与出版

由于受到"礼仪之争"的影响，雷孝思《周易》译本从译者着手翻译到正式出版，其间经历了一个极为漫长的过程。首先是冯秉正依据清朝官方版本逐字将《周易》译成拉丁语，并且在1731年前已经完成了该译本的初稿，后来汤尚贤加入了一些历史和解说性的注疏，最后由雷孝思进一步阐释、扩充和编辑，终稿于1736年完稿②，但不幸的是，该译本直到近100年之后才最终得以出版。1834年法国汉学家朱利斯·莫尔 (Julius Mohl) 以《用拉丁语解释的中国最古老的典籍〈易经〉》(*Y-king Antiquissimus Sinarum Liber Quem Ex Latina Interpretatione*) 为名，在德国斯图加特和杜宾根出版了该译本的第一卷，第二卷于1839年出版。雷孝思《周易》译本漫长的出版历程是由"礼仪之争"特殊的历史文化语境造成的，早在1704年教皇已经颁布禁止一切礼仪活动的圣谕，1710年又再次强调必须遵守1704年颁布的圣谕，同时"禁止讨论礼仪问题和出版相关文本"③。《周易》始终处于"礼仪之争"的风口浪尖，而且主流耶稣会士一直将《周易》视为"迷信之书"，罗马教廷更视其为"异端"，因而在"礼仪之争"的大背景下雷孝思《周易》译本根本不可能公开出版。然而由于德国早在16世纪就开始了宗教改革，基督教新教势力逐渐成长起来。与保守的罗马天主教相比，基督教新教显得更加开放和理性，而且19世纪上半叶的德国享有一种较为宽松的学术氛围，"礼仪之争"在德国的影响也相对较弱，因而雷孝思《周易》译本最终能在德国出版。

---

① Richard J. Smith, *The I Ching: A Biography*, Princeton and Oxfordshire: Princeton University Press, 2012, p. 181.
② P. Regis, *Y-king Antiquissimus Sinarum Liber Quem Ex Latina Interpretatione*, Stuttgartiae et Tubingae: Sumptibus J. G. Cottage, 1834, pp. xv – xvi; Richard Rutt, *The Book of Changes (Zhouyi): A Bronze Age Document Translated with Introduction and Notes*, London and New York: Routledge Taylor and Francis Group, 2002, p. 65.
③ 张国刚、吴莉苇:《礼仪之争对中国经籍西传的影响》,《中国社会科学》2003年第4期。

(三) 译本的影响及评价

雷孝思《周易》译本是现存的西方最早的《周易》译本,该译本对《周易》在西方世界的早期译介与传播可谓居功至伟,直到1876年西方第一本《周易》英语全译本(麦格基译本)诞生之前,雷孝思的拉丁文译本是西方学者研究《周易》唯一能够参考的《周易》译本,"它首次为西方完整地了解和研究《易经》(《周易》)提供了较充分的原始资料,同时也为而后用各种现代欧洲民族语言翻译《易经》(《周易》),提供了可以参考和借鉴的样本"①。英国新教传教士理雅各将该译本的译者们称为"学识渊博的汉学家",并且认为他们从历史角度阐释的《周易》已经非常接近事实了②。理雅各还进一步评论道:"尽管雷孝思《周易》译本还有改进的空间,但从整体上看,特别是该译本的导言、专题论述和注释提供了大量正确和有价值的信息。雷孝思和他的合作者几乎成功地消除了人们对《周易》的困惑,揭开了《周易》之谜。"③ 法国汉学家莫尔,即雷孝思译本的出版者,在与理雅各的一次交谈中曾评论道:"我喜欢这本书,它帮助我从充满迷雾的大海中走出来,让我找到了坚实的陆地。"④ 英国汉学家卢大荣评价雷孝思《周易》译本"译文忠于汉语原文,简洁精练"⑤。雷孝思《周易》译本不仅翻译了《周易》经文,而且翻译了部分《易传》,并附有详细的注解和阐释。雷孝思及其合作者所付出的艰辛是后人难以想象的,而后世学者们对该译本的赞誉则是对他们艰辛付出给予的莫大安慰和肯定。

雷孝思《周易》译本在获得学者们一片赞誉的同时,也因其字字对译的翻译方法遭到学者们诟病。例如,译者将乾卦卦辞"元亨利贞"直接对译为"Magnum, penetrans, conveniens, solidum"四个拉丁语单词⑥,将乾卦九四爻"或跃在渊,无咎"译为"Videtur assurgere. Est in

---

① 杨宏声:《本土与域外——超越的周易文化》,上海社会科学院出版社1995年版,第188页。
② James Legge, "Preface", in *The I Ching*, New York: Dover Publications, 1963, p. xvi.
③ James Legge, *The I Ching*, New York: Dover Publications, 1963, p. 9.
④ James Legge, "Preface", in *The I Ching*, New York: Dover Publications, 1963, p. xvi.
⑤ Richard Rutt, *The Book of Changes (Zhouyi): A Bronze Age Document Translated with Introduction and Notes*, London and New York: Routledge Taylor and Francis Group, 2002, p. 65.
⑥ P. Regis, *Y-king Antiquissimus Sinarum Liber Quem Ex Latina Interpretatione*, Stuttgartiae et Tubingae: Sumptibus J. G. Cottage, 1834, p. 163.

第三章 "礼仪之争"中《周易》在西方的译介与传播

profundo. Nulla est culpa. "①，其中"或"对应"Videtur"，"跃"对应"assurgere"，"在"对应"in"，"渊"对应"profundo"，"无"对应"Nulla"，"咎"对应"culpa"，而"est"表示直陈式语式，这种字字对译的方法对后来理雅各英译《周易》曾有过很深的影响，他尝试让译文与原文一样简洁，然而却发现译文只不过是一连串没有任何句法联系的英文单词而已，理雅各在其《周易》英译本的序言中写道："我（理雅各）曾经仿效雷孝思和他的合作者在拉丁文《周易》译本中采用的方法，但他们的译本晦涩难懂，而我的译本也并不比他们的译本清晰多少。"② 字字对译无疑增加了译文的阅读难度，对于普通西方读者而言，他们很难透过表层的文字意义看到深层的文化内涵，因此理雅各最终不得不放弃字字对译的翻译方法。典籍的对外译介从来都不是一蹴而就的，尽管雷孝思《周易》译本还不够完美，但该译本为而后《周易》在西方世界的进一步译介与传播奠定了基础。由于在雷孝思《周易》译本之前的金尼阁译本一直未见实物，仅在一些书目中有简单的介绍，而雷孝思译本是后世学者唯一能够参考的前代译本，因此从这个意义上讲，将雷孝思《周易》译本作为《周易》西传史上的首译本也未为不可，其首译之功是其他译本所无法替代的。

小 结

利玛窦推行的"文化适应"政策促进了基督教在中国的广泛传播，但同时也掩盖了儒家文化和基督教文化深层的矛盾和冲突，然而这些矛盾和冲突在利玛窦去世后便逐渐浮现了出来。支持和反对"文化适应"政策的西方传教士围绕中国教徒是否应该继续遵守"尊孔祭祖"等中国传统礼仪问题展开了激烈的"礼仪之争"。在"礼仪之争"中争执的双方都竞相将《周易》作为有力的辩护工具，支持"文化适应"政策的一方利用《周易》证明儒家经典中蕴含了基督教教义，并进一步证明"文化适应"政策的合理性；而反对"文化适应"政策的一方利用《周易》

---

① P. Regis, *Y-king Antiquissimus Sinarum Liber Quem Ex Latina Interpretatione*, Stuttgartiae et Tubingae: Sumptibus J. G. Cottage, 1834, p. 179.
② James Legge, "Preface", in *The I Ching*, New York: Dover Publications, 1963, p. xv.

证明儒家思想违背了基督教教义,从而证明"文化适应"政策是荒谬的。在激烈的"礼仪之争"中,无论是支持"文化适应"政策一方对《周易》的利用,抑或是反对"文化适应"政策一方对《周易》的批判,二者其实都在无形中促进了《周易》在西方世界的译介与传播。

尽管"礼仪之争"的双方以传教士为主,但"礼仪之争"的影响却波及了教会之外的西方世俗社会。为争取罗马教廷和民众对"文化适应"政策的支持,耶稣会士撰写了大量著述介绍中国的历史、文化、政治、地理,以及各种风土人情,《周易》也随着这些著述而译介并传播到西方。在"礼仪之争"中西方教会普遍将《周易》视为"迷信之书",受此影响,总体而言,耶稣会士对《周易》的译介是极为简略的,甚至还有不少错误,然而正是这些远不够"完美"的译介和传播使《周易》从西方狭隘的宗教领域进入了世俗社会的广阔空间。

第四章 "启蒙运动"中《周易》在西方的译介与传播

第一节 "中国热"中的启蒙运动

13世纪意大利威尼斯商人马可·波罗在其游记中向西方社会描述了一个富庶而繁荣的东方王国,引起了西方人对东方的憧憬和向往。15世纪至17世纪随着地理大发现和新航路的开辟,一大批欧洲商人、传教士和旅行家纷纷来到中国,终于看到了那个他们梦寐以求的东方,他们将自己在中国的所见所闻带回到欧洲,再次向西方社会展示了一个文明富强的中国。18世纪中国大量经久耐用的日用品和精美绝伦的艺术品源源不断地涌向欧洲,以及介绍中国历史文化、风土人情和哲学思想的书籍在欧洲广泛传播,从而在欧洲掀起了一场波澜壮阔的"中国热"。

一 "中国热"的形成与表现

18世纪的中国正值清王朝的最鼎盛时期——康乾盛世时代,国家实力远超同时代的欧洲诸国。欧洲逐利的商人、探索新知的冒险家、寻求交往的外交使臣,特别是还有传播所谓"福音"的传教士们,他们肩负着不同的使命来到了中国。他们在完成自己使命的同时也通过撰写信札、游记或学术专著将中国的富庶和繁华传递到了欧洲,激起了欧洲上层社会以及普通民众对中国无比的艳羡之情。特别值得一提的是那些来华传播上帝"福音"的耶稣会士们,他们的著述中对中国极尽赞美之词,尽管他们最初的目的只是维护他们在"礼仪之争"中的立场,以便取得西方教会和世俗势力对"文化适应"政策的支持,然而他们对中国的赞美为欧洲"中国热"的形成无疑起到了推波助澜的作用。"中国热"的形成彰显了当时中国对外强大的文化吸引力和感召力,同时也体现了欧洲为改革社会时弊而积极吸收东方文化的内在需求。18世纪在欧洲发生的"中国热"达到了空前的盛况,上至王公贵族,下至黎民百姓无不卷入其中,在中西方文化交流史上留下一段持久的佳话。

这场"中国热"体现在"中国文化的西传和欧洲人对于中国文化的接受,我们不妨称之为东学西传"①。如果说16世纪末利玛窦推行的"文化适应"政策是东学西传的发端,那么18世纪发生在欧洲的"中国热"则将东学西传推向了高潮。作为一种文化现象,"中国热"对欧洲的影响是广泛而深远的,许明龙先生将其分为"俗"和"雅"两个层次。"俗层次"的"中国热"表现为王公贵族和市井细民"对中国的兴趣偏重物态文化,对中国文化的认识不但停留在比较肤浅的表面,甚至有某些误差,对中国所表现的狂热中包含有某些非理性的成分"②,如穿中国丝绸、品中国名茶、把玩中国瓷器,甚至开中国式派对。"中国热"在"雅层次"上则表现为"对中国文化的理性思考,除了对中国本身作比较深刻的分析研究之外,还将中国作为参照物探讨欧洲的诸多问题,从而显现了中国文化对于欧洲思想的影响"③。"俗层次"的"中国热"是短暂易逝的,会随着人们对物态文化品位的转变而消失;然而,"雅层次"的"中国热"却是持久深远的,欧洲的人文学者从中国文化中汲取滋养以改造欧洲社会,为构建新型近代欧洲提供来自东方的思想资源。"中国热"中的"俗"和"雅"是两种不同的文化表现形态,前者表现为非理性的狂热,而后者却更倾向于理性的思考,但其实质都是相同的,即对中国文化的极力追捧和崇拜,并竭力效仿之,中国文化也在这场席卷欧洲各社会阶层的热潮中得到了广泛的传播,并促成了欧洲启蒙运动的产生。

二 中国文化对启蒙运动的影响

在如火如荼的"中国热"中,欧洲正发生一场深刻的社会变革运

---

① 许明龙:《前言》,载《欧洲十八世纪中国热》,外语教学与研究出版社2007年版,第2页。
② 许明龙:《前言》,载《欧洲十八世纪中国热》,外语教学与研究出版社2007年版,第2页。
③ 许明龙:《前言》,载《欧洲十八世纪中国热》,外语教学与研究出版社2007年版,第2页。

第四章 "启蒙运动"中《周易》在西方的译介与传播

动——启蒙运动（Enlightment Movement），一场反教会、反封建专制的思想文化运动。"启蒙"意味着"从能够具有合理性的人当中制造出理性的人"①，欧洲的启蒙思想家们崇拜"理性"，主张用理性消除愚昧，并进而提出"自由、平等、民主"的观念。"理性崇拜"是启蒙运动的核心内容，对欧洲的基督教神学思想以及封建专制主义形成了强烈的冲击，也为而后的欧洲资产阶级大革命奠定了思想基础。

中国文化中的理性主义是欧洲启蒙思想中"理性崇拜"的重要来源，启蒙思想家利用理性主义锻造批判基督教神学的思想武器。中国的世俗理性主义与英国"自然神论"发生接触，并启发了欧洲学者，他们发现"中国文化具有自然神论的色彩，所以中国古代宗教和哲学往往成为自然神论思想家批判启示宗教，甚至否定宗教的重要思想材料"②。被誉为"理性主义大师"的莱布尼茨是欧洲启蒙运动的先驱，他甚至呼吁"有必要请中国的传教士到欧洲给我们传授如何应用与实践自然神学"③。自然神论主张仅凭借理性认识上帝，而启示神学强调必须通过特殊的启示和信仰才能认识上帝，中国文化中的理性主义思维和自然神论为启蒙思想家用理性取代神启提供了理论资源，促使欧洲民众摆脱宗教神学思维的禁锢。

理性主义的张扬开启了民智，驱散了宗教神学笼罩下的愚昧和无知，同时启蒙思想家们还利用中国的政治文化理念抨击欧洲封建专制主义。被誉为"法兰西思想之王"的启蒙运动泰斗伏尔泰（François-Marie Arouet）盛赞儒家"仁政"思想，提出建立"开明君主制度"。伏尔泰对中国政治体制的赞扬几乎达到了无以复加的地步，他认为"人类肯定想象不出一个比这更好的政府，……。在这种行政制度下，皇帝要实行专断是不可能的"④。伏尔泰称康熙皇帝是一个"贤明"的君主，在他的治

---

① ［德］卡尔·莱昂哈德·赖因霍尔德：《对启蒙的思考》，载［美］詹姆斯·施密特编《启蒙运动与现代性：18世纪与20世纪的对话》，徐向东、卢华萍译，上海人民出版社2005年版，第68页。

② 严建强：《十八世纪中国文化在西欧的传播及其反应》，中国美术学院出版社2002年版，第158页。

③ ［德］莱布尼茨：《莱布尼茨致读者》，［法］梅谦立、杨保筠译，载《中国近事：为了照亮我们这个时代的历史》，大象出版社2005年版，第6页。

④ ［法］伏尔泰：《风俗论》（下册），谢戊申、邱公南等译，商务印书馆2000年版，第509页。

理下,"汉人和满人都服从他",还将"国泰民安"作为观察和评价国君的标准①。尽管伏尔泰对中国政府和皇帝的赞扬有失偏颇,甚至言过其实,但也反映了欧洲启蒙思想家对中国的顶礼膜拜之情。启蒙思想家对中国政府和皇帝的"溢美之词"不仅激起了欧洲民众对中国的羡慕,同时也加深了他们对欧洲封建专制主义的厌恶和反抗,为后来的资产阶级大革命埋下了伏笔。

中国文化对启蒙运动的影响并不仅限于对宗教和封建专制的批判,如重农学派创始人魁奈(François Quesnay)从孔子学说中发现了"自然秩序",并将其作为农本思想的核心依据;百科全书学派领袖狄德罗(Denis Diderot)利用宋明"理学"阐明其唯物主义哲学思想。"几乎所有著名的启蒙思想家都接触过有关中国的材料,并在他们的著作中谈论过中国"②,但这些启蒙思想家一生并没有到过中国,他们对中国文化的了解间接地来自当时欧洲介绍中国的著述以及对中国典籍的翻译,或者来自与旅华人士的交往。他们既是中国文化的崇拜者和吸收者,同时也是中国文化的译介者和传播者,他们在吸收和利用中国文化的同时,也在积极地宣传中国文化,因而《周易》中的文化思想也随着启蒙运动在欧洲广泛兴起。

第二节　莱布尼茨著述中的《周易》

莱布尼茨全名戈特弗里德·威廉·莱布尼茨,他被誉为"百科全书式的天才",是17、18世纪德国著名的数学家、哲学家、物理学家,并且在语言学、逻辑学、历史学等方面都有很高的成就③。莱布尼茨酷爱中国文化,对古老的中国怀有崇高的敬意,尽管他一生从未离开过欧洲,更未踏足过中国,但他却是"最了解中国的欧洲人之一,特别是就他对中国知识的广度而言。他对儒家思想的评论虽然有严重的缺陷,但仍然远超同时代的欧洲人,甚至高于一些传教士"④。莱布尼茨是近代欧洲理

---

① [法]伏尔泰:《风俗论》(下册),谢戊申、邱公南等译,商务印书馆2000年版,第514页。
② 许明龙:《东传西渐——中西文化交流史散论》,中国社会科学出版社2015年版,第149—150页。
③ 王忠华:《百科全书式的天才——莱布尼茨》,《数学通讯》1998年第3期。
④ Franklin Perkins, *Leibniz and China: A Commerce Light*, Cambridge: Cambridge University Press, 2004, p.108.

第四章 "启蒙运动"中《周易》在西方的译介与传播

性主义哲学的奠基人之一,而"理性崇拜"则是启蒙运动的核心思想,莱布尼茨因此也被视为欧洲启蒙运动的奠基人。莱布尼茨著有《中国近况》《论中国人的自然神学》等有关中国的著述以及大量与欧洲学者和传教士讨论中国问题的通信,从莱布尼茨的著述和通信中可以发现莱布尼茨的理性主义思想有着深刻的中国文化印记,他发现伏羲六十四卦图与"二进制"存在高度的一致性,试图以理性的方式证明上帝的存在;他又以《周易》中的"理、太极"等哲学概念证明中国人的信仰中有"精神实体"的存在,从而为联合中西方文化提供了一个理性的基础。

一 二进制与六十四卦一致性的发现过程

莱布尼茨一生不仅有丰富的著作和论文,而且还为后世留下了大量的通信,其中有200多封是专门论述中国问题的。莱布尼茨曾多次说过:"任何仅靠我公开发表的著作来了解我的人,其实根本就不了解我。"[①]莱布尼茨不仅与欧洲的科学家、哲学家以及其他世俗学者有频繁的书信往来,而且与传教士,特别是与来华的耶稣会士保持着长期的通信交往,他从中获取对中国知识的了解,与之交流学术和宗教思想,其中莱布尼茨与耶稣会士白晋之间的通信早已成为中西方文化交流史上的一段佳话,从他们的通信中可以管窥莱布尼茨发现二进制与伏羲六十四卦所谓"一致性"的整个过程。

莱布尼茨早在1672年至1679年间就已经开始研究二进制了,并于1679年撰写了题为《二进制算术》("Explication de l'arithmétique Binaire")的学术论文。1701年莱布尼茨将该文提交到巴黎科学院,但他要求暂时不要发表,原因是"他还想从数论方面深入研究,况且还看不出二进制算术的实用价值"[②]。因此,在莱布尼茨发明二进制以后很长一段时间内,二进制并没有引起欧洲学者的重视。然而,在后来莱布尼茨与白晋的通信中,他们一起发现了二进制与伏羲六十四卦具有"一致性",这件事促成莱布尼茨在1703年正式发表了关于二进制算术的论文,此后二进制才逐渐被大多数欧洲学者所了解。

[①] 安文铸、关珠等编译:《莱布尼茨和中国》,福建人民出版社1993年版,第124页。
[②] 孙小礼:《莱布尼茨对中国文化的两大发现》,《北京大学学报》(哲学社会科学版)1995年第3期。

莱布尼茨与白晋之间的通信最早可追溯至 1697 年，最晚至 1707 年或稍后一段时间。早在 1698 年 2 月 28 日白晋致莱布尼茨的一封信中已经涉及了《周易》的内容，他在信中写道："如果我有多一点的空闲时间，我会写一本中文解密，或一本最初汉字的分析，最初的汉字由或断开或完整的横线构成，据说为伏羲所创，我自认为已经找到了学习它的真正秘诀。"① 显然，白晋在信中谈到的汉字就是构成《周易》最基本的单位——"卦"，而断开或完整的横线就是构成卦的阴爻和阳爻。白晋似乎发现了学习卦爻的秘诀，但他并没有在这封信中透露秘诀是什么。1701 年莱布尼茨将他发明的二进制数表寄给了在北京传教的白晋，那时白晋正在康熙皇帝的指导下研究《周易》，而且主要是从数理的角度去研究的。莱布尼茨的二进制表为白晋研究《周易》提供了一个强有力的工具，白晋在收到莱布尼茨附有二进制表的信后，于同年 11 月 4 日再次致信莱布尼茨，在这封信中白晋明白地指出"此表（二进制表）与易卦的配列，如合符节，且谓此种数学，可以引申应用"②。随这封信白晋还附寄给莱布尼茨一张伏羲六十四卦方圆图，这张图将六十四卦排成一个圆形，在圆形中又将六十四卦排成一个八行八列的方形。这封信几经周折于 1703 年 4 月 1 日才最终交到莱布尼茨手上，莱布尼茨对伏羲六十四卦方圆图详加研究，结果发现此图的排列顺序与二进制几乎完全"一致"，他对这一发现欣喜若狂，并于同年 5 月 18 日复信白晋，他在复函中详细地阐述了二进制与伏羲六十四卦的"对应"关系。

二　二进制与六十四卦对应关系之辨

莱布尼茨与白晋在二进制和伏羲六十四卦的排列顺序上发现了高度的"一致性"，那么二者之间这种完美的对应关系是否真的存在呢？要回答这个问题首先需要明白二进制的计数方法，以及伏羲六十四卦传统的排列顺序。二进制是以"二"为基数的计数法，只使用"0"和"1"两个数码，根据"逢二进一"的进位原则来表示任何数字，因此十进制

---

① ［德］莱布尼茨等：《〈莱布尼茨中国书信集〉选译》，杨紫烟译，《国际汉学》2016 年第 1 期。
② ［日］五来欣造：《儒教对于德国政治思想的影响》，刘百闵、刘燕谷译，商务印书馆 1938 年版，第 264 页。

的"0，1，2，3，……，31，32，33，……，61，62，63"用二进制表示就应该是"0，1，10，11，……，11111，100000，100001，……，111101，111110，111111"。伏羲六十四卦图分为圆图和方图两个部分，于圆图而言，传统的排列顺序应该是从乾卦（☰）开始，按逆时针方向至复卦（☷）,然后再从姤卦（☰）开始，按顺时针方向至坤卦（☷）；于方图而言，每行之间采用由下往上的顺序，每列之间采用从左到右的顺序排列。其实，无论是圆图，还是方图，六十四卦的排列顺序都是一致的，即按"乾卦，夬卦，大有卦，大壮卦，……，复卦，姤卦，大过卦，……，比卦，剥卦，坤卦"的顺序。

莱布尼茨和白晋将构成卦的阴爻（--）视作"0"，而将阳爻（—）视作"1"，那么按照伏羲六十四卦图传统的排列顺序，从乾卦到坤卦就应该表示为"111111，111110，111101，111100，……，100000，011111，011110，……，000010，000001，000000"。显然，这与二进制表示的"0"到"63"是完全不吻合的。要实现二进制与伏羲六十四卦的"一致性"，就必须满足以下两个条件：（1）颠倒六十四卦的排列顺序，即按"坤卦，剥卦，比卦，观卦，……，姤卦，复卦，颐卦，……，大壮卦，大有卦，夬卦，乾卦"的顺序，那么用"0"和"1"表示的六十四卦的顺序就应该是"000000，000001，000010，000011，……，011111，100000，100001，……，111100，111101，111110，111111"。显然，这个排列与"0"到"63"的二进制数仍然是不对应的，要实现二者的对应关系，还必须满足第二个条件。（2）从"0"到"63"全部采用六位二进制数，不足六位的数在该数左边加"0"，直至增加到六位为止，那么从"0"到"63"的二进制数就可以表示为"000000，000001，000010，000011，……，011111，100000，100001，……，111100，111101，111110，111111"。只有经过以上改变，二进制和伏羲六十四卦的对应关系才能实现完美的"一致性"。

无论是改变伏羲六十四卦的排列顺序，还是增加二进制位数，都是莱布尼茨为实现二者之间的"一致性"而人为预设的先决条件。在1703年5月18日莱布尼茨致白晋的信中，莱布尼茨清楚地表明了他对伏羲六十四卦排列顺序的认识，即从圆图"右边底部的'0'和'1'开始，由此上溯至最高处，即☰。……，然后，从左边底部重新开始，由此上

147

溯"。而对于方图，莱布尼茨认为："如果顺序从左开始，那是完全自然的。值得注意的是数的顺序在每行中都是从左向右，依次由高到低。"①这种排列顺序与中国传统的排列顺序刚好相反，对此莱布尼茨其实是非常清楚的，他在信中继续写道："每行的顺序都与我们欧洲书写的顺序一致。而与东方人或中国人的习惯相反。"②从这封信可以看出，莱布尼茨对中国传统的伏羲六十四卦排列顺序心知肚明，但却要人为地加以改变，因为这种改变是实现二进制与六十四卦所谓"一致性"不可或缺的条件之一。

为实现这种"一致性"，莱布尼茨还将二进制数增加到了六位。1697年10月2日莱布尼茨致信奥古斯特公爵（Rudolf August），在信中莱布尼茨向奥古斯特公爵介绍了二进制，这封信距离他发明二进制已经过去了18年，随这封信莱布尼茨还附上了一个由"0"和"1"构成的纪念章图案，在图案上可以清楚地看到一个二进制表，列举了从"0"到"15"的二进制表述方式，按顺序分别是"0，1，10，11，100，……，1111"③。莱布尼茨写这封信的时候并没有意识到可以在二进制和六十四卦之间建立起某种对应关系，因此在这封信中只是依据"逢二进一"的原则用"0"和"1"表示各个数字，而并没有给每个二进制数确定一个统一的位数。然而，在1703年莱布尼茨收到白晋寄来的附有伏羲六十四卦图的信后，他在白晋的启发下可以在二进制和六十四卦之间建立起一种对应关系，为了让这种对应关系更加完美，或者说为了能够自圆其说，他在给白晋的回函中将每个数字都改写成六位二进制数，不足六位便在该数的左边用"0"补足④。莱布尼茨在1703年5月公开发表了关于二进制算术的学术论文，详细地阐述了二进制和伏羲六十四卦的对应关系。在这篇论文中，莱布尼茨试图向公众解释这些增加的"0"有何用途："伏羲图和我的数表的一致可以看得更清楚，如果我们在表的开始处添

---

① [德]莱布尼茨：《莱布尼茨致白晋的一封信（1703年5月18日寄自柏林）》，孙永平译，载孙小礼《莱布尼茨与中国文化》，首都师范大学出版社2006年版，第188页。

② [德]莱布尼茨：《莱布尼茨致白晋的一封信（1703年5月18日寄自柏林）》，孙永平译，载孙小礼《莱布尼茨与中国文化》，首都师范大学出版社2006年版，第188页。

③ [德]莱布尼茨：《创世的秘密——致不伦瑞克-吕内堡-沃尔芬比特尔鲁道夫·奥古斯特公爵的新年贺信》，朱雁冰译，载朱雁冰《耶稣会与明清之际中西文化交流》，浙江大学出版社2014年版，第340页。

④ [德]莱布尼茨：《莱布尼茨致白晋的一封信（1703年5月18日寄自柏林）》，孙永平译，载孙小礼《莱布尼茨与中国文化》，首都师范大学出版社2006年版，第188—189页。

第四章 "启蒙运动"中《周易》在西方的译介与传播

加一些零;这些零看起来是多余的,但却能更好地显示每列中的周期。"① 其实这些添加的"0"对于数字排列而言,确实是"多余"的,而对于《周易》中的卦而言,如果用"0"来表示阴爻,那么这些"0"却是必不可少的,因此不足六位的二进制数必须用"0"补足才能呈现出二进制与六十四卦排列完美的"一致性"。由此可见,这种所谓的"一致性"并非二进制与六十四卦排列之间"必然"固有的对应关系,也绝不是东方远古圣人和西方近代哲学家的"偶然"巧合,而是一个人为设计的结果。

三 二进制与伏羲卦图的宗教意义

莱布尼茨发明二进制不仅仅是一个纯粹的数理问题,而且具有明显的宗教意义,即用数理证明上帝的存在。数理是理性思维的具体实现,莱布尼茨试图通过数理证明上帝的存在,也就是试图证明上帝的本质是理性的,也正是这一层"宗教意义"促使莱布尼茨和白晋在二进制与伏羲六十四卦之间建立起一致的对应关系。在1697年10月2日莱布尼茨致奥古斯特公爵的信中,莱布尼茨声称他利用二进制发现了《圣经》"创世的秘密",并且将随信附上的二进制纪念章图案称为"创世图"(IMAGO CREATIONIS)。莱布尼茨在信中写道:"基督教信仰的要点之一,即在那些世界智者所最少了解的人以及异教徒中不易传布之点是,神的全能由无创造出所有事物。现在可以说,最适于想象,也最适于表述创世的莫过于本文所揭示的数的本源之说了,即只用一和零或无来表达,大概在自然界和哲学中很难找到更好的表现这个秘密的图案了。"② 二进制的宗教意义在这封信中一览无余,而且莱布尼茨认为通过二进制发现的"创世的秘密"对于传播基督教是大有裨益的。除奥古斯特公爵以外,1697年莱布尼茨还将这一"伟大"的发现告诉了正在北京传教的意人利传教士闵明我(Claudio Filippo Grimaldi),也正是基于传教的目

---

① [德]莱布尼茨:《只用两个记号0和1的二进制算术的阐释——和对它的用途以及它所给出的中国古代伏羲图的意义的评述》,孙永平译,载孙小礼《莱布尼茨与中国文化》,首都师范大学出版社2006年版,第184页。

② [德]莱布尼茨:《创世的秘密——致不伦瑞克-吕内堡-沃尔芬比特尔鲁道夫·奥古斯特公爵的新年贺信》,朱雁冰译,载朱雁冰《耶稣会与明清之际中西文化交流》,浙江大学出版社2014年版,第339页。

的，1701年他又将二进制数表寄给了白晋，却不期这张二进制表后来直接促成了二进制与六十四卦所谓"一致性"的发现。

1708年莱布尼茨撰写了一篇题为《中国礼仪和宗教评论》的文章，在该文中莱布尼茨将伏羲称作中国最古老的国王和哲学家，他认为伏羲已经知晓万物来源于"一"和"无"，伏羲发明的神秘的卦揭示了与"创世记"类似的内容，而卦中包含了可以用"0"和"1"表示任何数字的二进制算法，但同时还隐含了更伟大的事件，莱布尼茨还称自己在数千年后发现了这个秘密①。莱布尼茨利用二进制给伏羲六十四卦图注入了一层基督教神学内涵，试图再次以数理的方式证实上帝存在的合理性。他还在实践中致力于实现二进制和伏羲六十四卦图的宗教意义，并且将其作为一种传教的工具。

如果说在1701年当莱布尼茨将关于二进制的学术论文提交给巴黎科学院时，他还没有发现二进制的实用价值的话，那么在1703年当他建立起二进制与六十四卦之间的"一致性"后，他立刻找到了二进制的实用价值，即二进制在宗教方面的功用，因此他立即毫不犹豫地公开发表了二进制的论文。在1703年5月18日莱布尼茨致白晋的信中，莱布尼茨将二进制称作"创世说的无与伦比的象征，也就是万物来源于唯一的上帝和无，没有什么先在的质料"②。莱布尼茨深信这一重大发现对于基督教在中国的传教事业可以起到巨大的推动作用，于是他迫不及待地将自己的想法告诉了正在北京试图归化康熙皇帝的白晋。他在致白晋的信中写道："这可能是能从中国的古典作者中引出的您的教义手册中的最重要的条文之一，值得向皇帝本人解释。"③ 白晋是易经主义者，他一直深信《周易》一书中隐藏着中国古人对基督教最原始的信仰，但后世的儒家学者曲解了《周易》的本意，只有采用"索隐式"的解读才能恢复《周易》的原貌。当接到莱布尼茨这封来信的时候，他正在从事《周易》

---

① Gottfried Wihelm Leibniz, *Writings on China*, translated with an Introduction, Notes, and Commentaries by Daniel J. Cook and Henry Rosemont, Jr., Chicago and La Salle: Open Court Publishing Company, 1994, p. 73.

② ［德］莱布尼茨：《莱布尼茨致白晋的一封信（1703年5月18日寄自柏林）》，孙永平译，载孙小礼《莱布尼茨与中国文化》，首都师范大学出版社2006年版，第188页。

③ ［德］莱布尼茨：《莱布尼茨致白晋的一封信（1703年5月18日寄自柏林）》，孙永平译，载孙小礼《莱布尼茨与中国文化》，首都师范大学出版社2006年版，第189页。

第四章 "启蒙运动"中《周易》在西方的译介与传播

数理方面的研究，而且认为"只有放弃儒家传统的注疏，从数学的角度审视伏羲的卦图才能发现其中的真意"①。白晋不仅是传教士，而且是数学家，莱布尼茨的二进制表为他提供了一把打开伏羲六十四卦图奥秘的钥匙，他很快就发现了二进制与伏羲卦图之间的所谓"一致性"。对于莱布尼茨和白晋而言，这种"一致性"不仅揭示了在伏羲六十四卦图中隐藏了数千年的秘密，更为重要的是这一发现给易经主义者对中国典籍的"索隐式"解读提供了强有力的证据，而且无疑为在"礼仪之争"中饱受攻击的易经主义者注射了一针强心剂。

白晋极有可能接受了莱布尼茨的建议，将二进制和伏羲六十四卦的"一致性"呈现给了康熙皇帝以及当时满清宫廷中的大臣们，据《康熙朝汉文朱批奏折汇编》记载，康熙曾将白晋作的易图转交给李光地查阅，李光地赞白晋"用先天加倍之法，则从前所未闻，其与八卦、六十四卦之位相应处尤为奇巧"②。李光地是康熙朝的文渊阁大学士，满腹经纶，饱读诗书，同时也是清朝官方易学巨著《周易折中》的主要编撰者，然而他却对"先天加倍之法"闻所未闻，这足以说明此法绝不是中国传统易学中固有的，极有可能就是莱布尼茨发明的"二进制"，而"其与八卦、六十四卦之位相应"应该就是指二进制与伏羲卦图之间的"一致性"。白晋及其他来华传教士一直致力于归化康熙，并期望由此归化全中国，而二进制与伏羲六十四卦图所谓"一致性"的发现为他们归化康熙提供了强有力的支持。白晋和莱布尼茨不仅赋予了二进制和伏羲六十四卦图以明显的宗教意义和传教功用，而且还将其付诸了实践。

四 理、太极与精神实体

"理"和"太极"是《周易》哲学中的重要概念。《周易》之《系辞传》（上）云："易简而天下之理得。"③《周易》之《说卦传》曰："穷理尽性以至于命。"④《易纬·乾凿度》云："太易始著，太极成；太

---

① D. E. Mungello, *The Great Encounter of China and the West*, 1500 – 1800, Lantham: Rowman and Littlefiled Publisher, Inc., 1999, p.69.
② 中国第一历史档案馆：《康熙朝汉文朱批奏折汇编》（第八册），档案出版社1985年版，第1171页。
③ 李申：《周易经传译注》，湖南教育出版社2004年版，第198页。
④ 李申：《周易经传译注》，湖南教育出版社2004年版，第228页。

151

极成，乾坤行。"①"理"和"太极"体现了中国古人对天地造化的原初认识，这两个哲学概念本源于《周易》，经过历代圣贤的不断阐释发挥，宋明理学家将其推至中国哲学的最高范畴。"理"和"太极"随着耶稣会的著作而译介到西方世界，并成为"礼仪之争"中双方激烈争辩的重要话题。莱布尼茨将"理"和"太极"作为"精神实体"，驳斥了耶稣会反对者否认中国人信仰中有"精神实体"存在的观点。

在莱布尼茨所处的启蒙时代，也正是"礼仪之争"最为激烈的时候，在"礼仪之争"中莱布尼茨是耶稣会坚定的支持者和同情者。耶稣会奉行适应中国文化的传教路线，他们的主张受到了来自教会和世俗社会的双重批判，然而莱布尼茨却认为耶稣会在中国做出了有目共睹的努力和成绩，耶稣会的反对者对耶稣会的指责"过于激烈，以至于有失公允"②。莱布尼茨将中国文化视为与欧洲文化平等的人类文明，"反对把西方信仰者恪守的所有戒律一味地强加在异域的基督徒身上"③。莱布尼茨的宗教观念以及他对中国文化的认识都与耶稣会息息相关，耶稣会士及其著述是莱布尼茨了解中国的重要知识来源，因此在"礼仪之争"中他竭力支持和同情耶稣会也就不难理解了。在"礼仪之争"中，莱布尼茨与耶稣会的反对者围绕"理"和"太极"展开了激烈的交锋。意大利耶稣会传教士龙华民在其著作《关于中国宗教的几个问题》，以及西班牙方济各传教士利安当（Antonio Caballero de Santa María）在其著作《关于中国传教活动中的几个重要问题》中都曾严厉批判过"理"和"太极"的概念。莱布尼茨在《论中国哲学——致尼古拉·戴·雷蒙的信》（以下简称《中国哲学》）中详细地阐述了他对"理"和"太极"的认识，有力地驳斥了耶稣会反对者对"理"和"太极"的批判。《中国哲学》是莱布尼茨生前的遗稿，尽管最初只是写给雷蒙先生（Rémond）的一封信，但这封信已经完全超出了"信件"的范畴，而完全可以视为莱布尼茨论述中国自然神学的专著。

莱布尼茨曾提出"基督教全世界联合"的构想，即"把伊斯兰教从

---

① （汉）郑玄注，常秉义编：《易纬》，新疆人民出版社2000年版，第49页。
② ［德］莱布尼茨：《莱布尼茨致读者》，［法］梅谦立、杨保筠译，载《中国近事：为了照亮我们这个时代的历史》，大象出版社2005年版，第6页。
③ ［德］莱布尼茨：《莱布尼茨致读者》，［法］梅谦立、杨保筠译，载《中国近事：为了照亮我们这个时代的历史》，大象出版社2005年版，第7页。

第四章 "启蒙运动"中《周易》在西方的译介与传播

近东排挤出去,归化汉人和鞑靼人,在一种本身就是经调和的基督教中调和所有的人"①。为实现这一宏伟的构想,就必须将基督教和中国传统文化思想联合起来,他认为"西方的天启宗教与中国的自然神学和伦理观念是可以平等交换的"②。在《中国礼仪和宗教评论》这篇文章中,莱布尼茨甚至认为中国古代宗教信仰的本质是完美无缺的,没有任何额外的错误,完全可以和基督教的伟大真理联系在一起③。莱布尼茨的这一构想与耶稣会融合儒家思想的传教路线从本质上讲是一致的,而龙华民和利安当等反对耶稣会的传教士则通过批判《周易》哲学中的"理"和"太极",进而否认中国人心目中有"精神实体"的存在,并最终否定中国传统文化经典中存在任何有关基督教"神"的信息。耶稣会的反对者对莱布尼茨实现"基督教全世界联合"的计划构成了巨大的障碍,莱布尼茨在《中国哲学》中引述了龙华民和利安当对"理"和"太极"的批判,然后逐一批驳反击。

龙华民、利安当认为中国人赋予神灵以躯体,从而断定中国人信仰中没有"精神实体"存在。莱布尼茨针锋相对地指出,基督教中的天使也是有躯体的,因而不能因为神灵和天使被赋予了躯体而否认被创造的精神实体④。龙华民和利安当否认中国人信仰中有"精神实体"存在,其真实目的是要否认中国人心目中有基督教作为最高精神实体的"上帝"的存在,从而最终否定耶稣会融合儒家文化的传教路线,这与莱布尼茨"基督教全世界联合"的构想是完全冲突的。龙华民认为中国哲学范畴中的最高法则"理"具有无限的包容力,包容着所有个别事物的本质,但归根结底"理"就是"原初物质",因而推定中国哲学是唯物论,中国人是唯物论者。然而,莱布尼茨将"理"视为"无限的一或至高的",即"太一",其无限的包容力与"神"的无限性是一致的:他无所

---

① [法]安田朴:《中国文化西传欧洲史》,耿昇译,商务印书馆2013年版,第431页。
② David E. Mungello, *Leibniz and Confucianism*, *The Search for Accord*, Honolulu: The University Press of Hawaii, 1977, p. 9.
③ Gottfried Wihelm Leibniz, *Writings on China*, translated with an Introduction, Notes, and Commentaries by Daniel J. Cook and Henry Rosemont, Jr., Chicago and La Salle: Open Court Publishing Company, 1994, p. 73.
④ [德]莱布尼茨:《论中国哲学——致尼古拉·戴·雷蒙的信》,朱雁冰译,载朱雁冰《耶稣会与明清之际中西文化交流》,浙江大学出版社2014年版,第264—266页。

不在，一切都在他之中。龙华民依据太极图将"理"当作"球体或圆"，莱布尼茨认为这恰好证明了这种说法与基督教是一致的："神是一个球体或圆，其圆心无所不在，其圆周则无限。"① 利安当认为"中国人完全是自相矛盾的，他们一方面将只能属于神所创造的美好、崇高的事物归之于理、太极和'上帝'，另一方面却又否认它具有任何意识"②。利安当之所以认定"理"、"太极"或"上帝"没有意识，从本质上讲是因为反耶稣会的传教士将这三者视为"原初物质"，这与莱布尼茨的观点是根本对立的，莱布尼茨对此批驳道："理或太极是完整的一，是完美和纯洁无暇的善，是至朴至善的存在"，而如此崇高的事物只能归之于"一个预见一切，知道一切并能够做到一切的具有智慧的实体"③。莱布尼茨不仅否认了"理"或"太极"是"原初物质"，而且赋予其智慧性，从而肯定了中国人信仰中以"神"的名义加以崇拜的"精神实体"的存在。

除了"基督教全世界联合"的构想，莱布尼茨有一个更为宏伟的设想——"中国和欧洲这两个文明程度最高和相隔最远的民族携起手来的时候，也会把它们两者之间的所有民族都带入一个更合乎理性的生活"④。然而，要让中国和欧洲携起手来，就必须找到一个基于理性而且中西方都能够接受的基础，在莱布尼茨看来这个基础就是"精神实体"。在西方基督教文化中，最高的"精神实体"就是"上帝"，而上帝是理性的化身，那么上帝创造的世界必然是合乎理性的。而在中国文化中，最高的"精神实体"莫过于"理"或"太极"，这也正是世界的本原。"理"和"太极"本身就包含了"理性和秩序"，因此来源于"理"和"太极"的世界自然也是有理性秩序的。莱布尼茨力图以"精神实体"为基础，通过中西方两大文明的联合，将整个世界纳入一个理性的体系。在

---

① ［德］莱布尼茨：《论中国哲学——致尼古拉·戴·雷蒙的信》，朱雁冰译，载朱雁冰《耶稣会与明清之际中西文化交流》，浙江大学出版社 2014 年版，第 269—271 页。

② ［德］莱布尼茨：《论中国哲学——致尼古拉·戴·雷蒙的信》，朱雁冰译，载朱雁冰《耶稣会与明清之际中西文化交流》，浙江大学出版社 2014 年版，第 273 页。引言中的"上帝"指的是儒家经典中的"上帝"，即中国人心目中万物的主宰，并非基督教中的"神"。

③ ［德］莱布尼茨：《论中国哲学——致尼古拉·戴·雷蒙的信》，朱雁冰译，载朱雁冰《耶稣会与明清之际中西文化交流》，浙江大学出版社 2014 年版，第 274 页。

④ ［德］莱布尼茨：《莱布尼茨致读者》，［法］梅谦立、杨保筠译，载《中国近事：为了照亮我们这个时代的历史》，大象出版社 2005 年版，第 1 页。

第四章 "启蒙运动"中《周易》在西方的译介与传播

启蒙运动中"理性"不仅是一个响亮的口号，更是启蒙思想家们炙热的追求，莱布尼茨从《周易》中挖掘理性的源泉，竭力为《周易》中的"理"和"太极"辩护，从而为启蒙运动中的理性主义追求提供理论依据。

第三节 弗雷烈对《周易》的研究

"中国热"促成了启蒙运动，而研究中国成为欧洲启蒙运动中最热门的学问。尼古拉·弗雷烈（Nicolas Fréret）是法国18世纪专注于中国研究的人文学者，同时也是法国专业汉学研究的奠基人之一。弗雷烈与来华传教士保持着长期密切的通信交往，并根据他们提供的资料展开对中国的研究。尽管弗雷烈关于中国的知识在很大程度上来源于传教士及其著述，然而他对中国的研究已经冲破了宗教的壁障，而开始逐渐向专业汉学研究领域延伸，法国汉学正是经过18世纪弗雷烈等人的传承，到19世纪初专业汉学才得以诞生[1]。弗雷烈对中国的研究广泛而深入，涉猎历史、纪年、哲学、文字等方方面面，法国汉学家戴密微称弗雷烈是"18世纪的最富有猎奇精神、治学严谨和最具有自由主义意识的思想家之一"[2]。在"礼仪之争"中，弗雷烈趋向于反耶稣会士的观点，他认为中国人是无神论者，甚至是泛神论者[3]。弗雷烈对《周易》颇感兴趣，为了更好地了解《周易》，他曾致信耶稣会士宋君荣、冯秉正、雷孝思等人详细地讨论和研究《周易》，而且弗雷烈在很大程度上受到了此三者反对"易经主义"思想的影响，他对《周易》的研究很少有宗教的色彩，而表现出明显的汉学研究倾向，突出启蒙运动的理性主义特征。

一 区别经典与注疏的研究思路

中国先秦时代为后世留下了大批古文献经典，然而由于时代的变迁

---

[1] 张西平：《欧洲的传教士汉学何时发展成为专业汉学？》，《文汇报》2016年4月22日第W06版。
[2] ［法］戴密微：《入华耶稣会士与西方中国学的创建》，载［法］谢和耐、戴密微等《明清间耶稣会士入华与中西汇通》，耿昇译，东方出版社2011年版，第146页。
[3] 耿昇：《法国学者近年来对中学西渐的研究（专著部分中）》，《中国史研究动态》1995年第5期。

以及语言文字的发展变化,特别是由于秦代"焚书坑儒"造成了大量文献缺失,到汉代人们已经很难读懂这些经典了,于是一些大学者开始为这些经典撰写注解,简称"注";至唐代,即使汉代学者的注解也不容易读懂了,于是又出现了"疏",即疏通前人注解的意思。从汉代至明清,古人对《周易》的注疏可谓"汗牛充栋",纷繁复杂,这些注疏不仅影响了中国学者对《周易》的解读,同时对西方学者和传教士认识《周易》也有重要的影响。

由于"礼仪之争",在弗雷烈所处的时代,欧洲社会对《周易》的认识有两种截然不同的观点,这在1735年弗雷烈致雷孝思神父的一封信中充分地体现了出来:"我必须知道这部《易经》(《周易》)到底是什么著作,因为人们把它奉为一种非常特殊的思想体系之基础,也有人仅认为它是一部包含有诺亚洪水之前古老宗教的全部教义。"① 这两种观点体现了欧洲学者对《周易》注疏不同的态度,前者是欧洲学者对《周易》的主流认识,中国古代经学家常以注疏古经的方式来阐发自己的思想体系,《周易》作为"群经之首"自然也就成为这些思想体系的基础;而后者却是少数易经主义者的观点。易经主义者坚持认为《周易》中隐含了中国古人对基督教的原始信仰,而后世儒家学者对《周易》的注疏歪曲了古经的原意,因而他们提出推崇古经而抑制注疏的主张。

尽管弗雷烈并不赞同在《周易》中寻找基督教的痕迹,然而易经主义者的研究方法对弗雷烈却有明显的启示作用,也就是将作为经典的《周易》与后世学者对《周易》的注疏区别开来。1735年弗雷烈曾经致信宋君荣,他在信中写道:"如在《易经》(《周易》)、《书经》和甚至是在伦理著作中,必须把孔夫子的原著与其弟子以及这些著作的古老诠释者写的内容,完全区别开来。"② 弗雷烈所说的"孔夫子的原著"指的是经过孔子修订整理过的儒家经典,虽然《周易》古经并非孔子所作,中国传统经学却一直认为《易传》出自孔子之手,而且《易传》本身也是儒家经典的重要组成部分,而那些"古老诠释者写的内容"则显然指的是后

---

① [法]弗雷烈:《弗雷烈致雷孝思神父》,载[法]维吉尔·毕诺《中国对法国哲学思想形成的影响》,耿昇译,商务印书馆2013年版,第601页。
② [法]弗雷烈:《弗雷烈致宋君荣神父》,载[法]维吉尔·毕诺《中国对法国哲学思想形成的影响》,耿昇译,商务印书馆2013年版,第576页。

第四章 "启蒙运动"中《周易》在西方的译介与传播

世学者对《周易》等儒家经典所作的注疏。注疏源于经典,然而"注"和"疏"毕竟都是后世学者对经典的阐释,而不是经典本身,后世学者甚至会借注解经典而阐发自己的学术思想,因而在注疏中会不可避免地融入注疏者的主观意识,而且会刻上时代的烙印。弗雷烈主张区别经典与注疏,从而为西方社会展开对《周易》的学术研究提出了一个全新的思路,这个研究思路对于还原《周易》原貌,挖掘《周易》本义是大有裨益的。

弗雷烈将这种区别经典与注疏的研究思路应用到了对中国上古史的研究中,中国上古史的真实性曾是"礼仪之争"的重要话题,弗雷烈是这场争论的积极参与者,他力图抛开所有宗教成见以及欧洲人的偏见去研究中国古代史[①]。弗雷烈曾依据《书经》将中国上古史上溯至尧帝时期,然而当他看到《易传》之后,他改变了自己的观点。1735年弗雷烈致信宋君荣神父,他写道:"当我撰写自己的论著时,尚完全不知道我后来从您的简介中获悉的情况,即孔夫子在对伏羲、神农和黄帝统治时期的《易经》(《周易》古经)疏注文中明确提到了这一切。……孔夫子的证据使人无法怀疑伏羲、神农和黄帝在尧之前于中国相继执政的事实了。"[②] 弗雷烈在信中提到的"孔夫子撰写的《易经》(《周易》古经)疏注文"显然指的是《易传》,《易传》是对《周易》古经最早的注疏,然而《易传》在中国经学中的重要性使其毋庸置疑地成为了经典,也正是《易传》中的相关记载使弗雷烈确信中国上古史可以上溯至伏羲时代。弗雷烈对于经典之外的其他注疏则持怀疑态度,他在致冯秉正神父的信中写道:"有关伏羲之前10位'皇帝'的年谱纯属道士们的传说,因而不应该如同你们在澳门的某些神父声称的那样,将此视为以'经'为基础或者至少是符合这些经书思想体系的观点。"[③] 耶稣会常指责后世儒家学者在儒家经典的注疏中渗入道家的学术思想,因而后儒改变了儒家经典的原貌,弗雷烈也深受耶稣会的影响,他主张对中国历史的研究应该以"经典"为基础,对不符合"经典"思想的注疏加以排斥,以此

[①] [法]维吉尔·毕诺:《中国对法国哲学思想形成的影响》,耿昇译,商务印书馆2013年版,第315页。

[②] [法]弗雷烈:《弗雷烈致宋君荣神父》,载[法]维吉尔·毕诺《中国对法国哲学思想形成的影响》,耿昇译,商务印书馆2013年版,第590—591页。

[③] [法]弗雷烈:《弗雷烈致冯秉正神父》,载[法]维吉尔·毕诺《中国对法国哲学思想形成的影响》,耿昇译,商务印书馆2013年版,第603页。

确保对中国历史研究的客观性和准确性。

二 结绳记事的文字研究

弗雷烈对汉字有深厚的研究，他曾作为助手帮助中国人黄嘉略在巴黎编写《汉语语法》和《汉法字典》，并提出汉字由214个部首组合而成。弗雷烈先后两次在法兰西铭文与美文学术院（Académie des inscriptions et belles-lettres）宣读他的研究成果，他对汉字的研究为汉字在西方世界的传播起到了开创性的作用[①]。出于传教和交流的需要，与弗雷烈同时代或之前的耶稣会士也曾致力于汉字的研究，他们发现了汉字与埃及象形文字之间的相似性。德国耶稣会士基歇尔称古中国人是埃及人的后裔，而且汉字也来源于埃及[②]，后来的易经主义者甚至把汉字称为"中国的象形文字"，因为这个称呼体现了汉字所具有的"神圣起源"，并以此体现他们的"索隐主义"思想[③]。伏羲是中国文字的创始人，而伏羲发明的"卦"则是中国最古老的文字，易经主义者将"卦"视为一个"大全的符号"，用来向世人展示一切学问的最抽象的原理，他们还声称从"卦"的系统中发现了救世主的信息，也就是上帝的符号[④]。

耶稣会士，特别是易经主义者，将"卦"作为阐释"索隐主义"思想的工具，而弗雷烈作为一个启蒙思想家，他没有易经主义者那么狂热的宗教激情，他对汉字的研究显得更加理性和科学，这与启蒙运动中的理性主义追求是一致的。他根据《易传》中的记载，指出伏羲发明的"卦"是"结绳记事法的古老'文字'的残余，……而这种古文字在其本质上与今天使用的文字一样"[⑤]。《周易》之《系辞传》（下）曰："上

[①] 据许明龙先生考证，最早向西方世界介绍汉字214个部首的是中国人黄嘉略，详见许明龙《东传西渐——中西文化交流史散论》，中国社会科学出版社2015年版，第61—62页。

[②] ［德］基歇尔：《中国图说》，张西平等译，大象出版社2010年版，第389—393页。

[③] ［德］柯兰霓：《耶稣会士白晋的生平与著作》，李岩译，大象出版社2009年版，第141页。

[④] Knud Lundboek, *Joseph de Prémare*（1666-1736），*S. J. Chinese Philology and figurism*, Aarhus C: Aarhus University Press, 1991, p.137；［德］柯兰霓：《耶稣会士白晋的生平与著作》，李岩译，大象出版社2009年版，第39页。

[⑤] ［法］弗雷烈：《弗雷烈致宋君荣神父》，载［法］维吉尔·毕诺《中国对法国哲学思想形成的影响》，耿昇译，商务印书馆2013年版，第584页。

古结绳而治，后世圣人易之以书契。"① 这句话意思是讲：远古的人们通过在绳子上打结记事的方法来治理天下，后世的圣人发明了文字，刻在竹简之上，用来替代结绳记事。弗雷烈将"结绳"视为古代文明常用的记事方法，如秘鲁人也曾利用类似结绳的方法来记事，这比在某个平面上写文字以表达思想的习惯要早得多，而"卦"中的整线（阳爻）和折线（阴爻）可能正是对结绳的表述②。弗雷烈将阴爻和阳爻当作两种笔画，然而在一卦六爻的范围内阴爻和阳爻的不同组合毕竟是有限的，因此"人们使用今天的文字笔画代替了它们，现今文字均由直线、曲线和圆点组成，组合与增加共形成214个单字或词根（部首），汉文辞书按部首或偏旁把7万或8万个书面语言中的文字分解在其中"③。显然，弗雷烈将卦视作汉字的起源，完全抛弃了易经主义者赋予卦的宗教意义，转而从汉学研究的角度探索卦的含义。

然而，弗雷烈同时又认为已经无人知晓"卦"的真实含义了，人们只是将"卦"视为一种古老的东西而加以尊重，这与易经主义者的观点极为相似，但不同的是弗雷烈是从人类文明发展的角度，将"卦"作为汉字起源来加以研究的，这与耶稣会士将"卦"视为"上帝的符号"又有本质的区别。易经主义者试图从《周易》中发掘出有关上帝的信息，而弗雷烈却以一个启蒙思想家的眼光看到了《周易》真正的功用，他在致宋君荣神父的信中写道："古《易经》（《周易》古经）文字的真正深奥学问已经失传，文王作为一种数字使用了它，以详细阐述他的伦理和政治观点。其他人则会从中发现其他思想，大家甚至可以分别从中发现各自希望找到的一切。"④《周易》具有宽广的包容性和强大的阐释力，在中国数千年的经学时代，《周易》被视为中国传统文化之根，无论是道家还是儒家的思想家，都无不从《周易》中汲取思想之精华，并用以阐发为人处世之道以及治国安邦之策。因此从这个意义上讲，弗雷烈对

---

① 李申：《周易经传译注》，湖南教育出版社2004年版，第215页。
② [法] 弗雷烈：《弗雷烈致马若瑟神父》，载 [法] 维吉尔·毕诺《中国对法国哲学思想形成的影响》，耿昇译，商务印书馆2013年版，第616页。
③ [法] 弗雷烈：《弗雷烈致宋君荣神父》，载 [法] 维吉尔·毕诺《中国对法国哲学思想形成的影响》，耿昇译，商务印书馆2013年版，第663页。
④ [法] 弗雷烈：《弗雷烈致宋君荣神父》，载 [法] 维吉尔·毕诺《中国对法国哲学思想形成的影响》，耿昇译，商务印书馆2013年版，第664页。

《周易》在西方的译介与传播研究

《周易》的认识是比较准确的,而且更为重要的是,弗雷烈对《周易》的研究已经完全摆脱了宗教的影响,而走向了专业学术研究的道路,体现了启蒙运动中的理性主义精神,这对西方学者全面深入而系统地研究《周易》具有开创性的意义。

第四节　狄德罗对《周易》哲学的介绍

德尼·狄德罗是法国启蒙运动思想家和哲学家,百科全书学派的领军人物。启蒙运动是法国大革命之前反对封建专制统治和教会势力的思想解放运动,百科全书学派是启蒙运动的积极倡导者和参与者,他们公开反对教会,崇尚理性,宣扬唯物主义和无神论。百科全书学派的思想深受中国文化影响,正如朱谦之先生所言:"百科全书派在法国风动一时,其来源则在中国。"[1] 18世纪,儒家伦理道德和理性主义思想随着儒家经典著作在西方世界的译介而广泛传播,从而为启蒙运动提供了强大的思想武器。狄德罗主张本着理性的精神,从中国文化自身的角度,客观公正地评价和分析中国文化。在为《科学、艺术与工艺百科全书》(*Encyclopédie, ou dictionnaire raisonné des sciences, des arts et des métiers*)撰写的《中国人的哲学》(Chinois〈phliosophie des〉)词条中,狄德罗写道:"举世公认,中国人历史悠久,智力发达,艺术上卓有成就,而且讲道理,善政治,酷爱哲学;因而,他们比亚洲其他各民族都优秀。依某些作家的看法,他们甚至可以同欧洲那些最文明的国家争辩。"[2]狄德罗在《中国人的哲学》词条中详细评述了中国的历史、文化、智慧以及东方精神等内容,在西方首次系统地梳理了从《周易》诞生之时到明清之际的中国哲学。

一　伏羲:中华帝国的缔造者

自马可·波罗时代开始,欧洲人就已经认识到在遥远的东方存在一个文明程度丝毫不逊色于欧洲的国家,而后17、18世纪来到东方的耶稣会士发现这个国家正是中国。中国不仅具有悠久的历史,而且有完整的

---

[1] 朱谦之:《中国思想对于欧洲文化之影响》,山西人民出版社2014年版,第248页。
[2] 狄德罗:《中国人的哲学》,载包尊信编《中国哲学》(第十三辑),王光译,人民出版社1985年版,第378—379页。

第四章 "启蒙运动"中《周易》在西方的译介与传播

史书年表能够证明其古老历史的真实性，耶稣会士的大量著作介绍了古老的中国历史，然而欧洲人随即发现中国历史年表的记载远远地超出了《圣经》的年代期限，这便给反对教会统治的启蒙思想家们提供了一个有力的证据。狄德罗在《中国人的哲学》词条中写道："伏羲是中华帝国的缔造者，被视为中国的第一位贤哲，其统治年代在耶稣诞生前二千九百五十四年。"①《圣经》中记载上帝惩罚人类罪恶的大洪水发生在公元前2349年②，大洪水之前的人类文明都已经全部灭绝了，然而中国在公元前2954年就已经有文明存在了，更有甚者，中国文明不但没有灭绝，而且还延续至今，这就与《圣经》的记载产生了严重的冲突。狄德罗试图用伏羲统治中国的历史去证明《圣经》的荒谬，从而启发人们质疑并挑战教会统治的合理性。

与同时代大多数耶稣会士不同，狄德罗并不认为伏羲是宗教领袖，他将伏羲统治中国的角色比作古希腊神话中的"赫耳墨斯"（Hermes）或"俄耳浦斯"③。其实，将《周易》中的圣人比附为西方古代神话故事中的人物并非狄德罗首创，耶稣会士白晋曾将伏羲视为罗马神话中的众神使者——墨丘利（Mercury），以及《圣经》中的埃诺克④；耶稣会士在《中国哲人孔子》中将伏羲比作古希腊神话故事中的英雄俄耳浦斯，又将文王比作希腊悲剧中的俄狄浦斯⑤。耶稣会士通过这种"比附"来阐述他们的"索隐主义"思想，揭示《周易》中关于上帝的信息。狄德罗采用了与耶稣会士类似的"比附"手法，但其目的与耶稣会士有本质区别。古希腊神话故事中的"赫耳墨斯"即罗马神话中的"墨丘利"，在西方传说中正是赫耳墨斯（墨丘利）发明了字母，而在中国伏羲也被

---

① 狄德罗：《中国人的哲学》，载包尊信编《中国哲学》（第十三辑），王光译，人民出版社1985年版，第381页。
② D. E. Mungello, *Curious Land: Jesuit Accommodation and the Origins of Sinology*, Honolulu: University of Hawaii Press, 1989, p. 125.
③ 狄德罗：《中国人的哲学》，载包尊信编《中国哲学》（第十三辑），王光译，人民出版社1985年版，第381页。
④ ［法］白晋：《法国国家图书馆新收藏之法文手稿17240》，载［德］柯兰霓《耶稣会士白晋的生平与著作》，李岩译，大象出版社2009年版，第40页。
⑤ Philippe Couplet, "Proemialis Declaratio", in *Confucius Sinarum Philosophus*, Parisiis: Danielem Horthemels, 1687, p. xviii；［法］梅谦立：《〈易经〉在西方的第一次介绍和翻译》，陈岗译，《国际汉学》2010年第2期。

视为文字的创始人；古希腊神话故事中的"俄耳浦斯"是一位多才多艺的神，尤其擅长弹琴，他的琴艺出神入化，琴声能够感动万物生灵，而伏羲是中国古琴的鼻祖，传说伏羲的琴声能够支配万物的灵魂，消除人们心中的魔障。狄德罗将伏羲比作"赫耳墨斯"或"俄耳浦斯"不仅基于他们相似的历史传说，更重要的是基于他们所代表的人文主义和理性主义精神。在伏羲统治的时代，中国告别了"蛮荒"，开始走上了文明的道路，因而伏羲被奉为"人文之祖"。在古希腊神话中，"赫耳墨斯"被尊为"智慧之神"，而"俄耳浦斯"则是理性的"引导者"。人文主义和理性精神是启蒙思想家反抗宗教神学统治的两面旗帜，狄德罗将伏羲比作"赫耳墨斯"或"俄耳浦斯"也正是要引导西方读者从"人文"和"理性"两个方面去认识这位中华帝国的缔造者。

　　伏羲对于18世纪的欧洲学者而言并不是一个陌生的名字，从耶稣会大量的著作中人们认识到伏羲是中华帝国的缔造者，甚至有耶稣会士将伏羲视作最早在中国传播基督教信仰的先师，狄德罗在《中国人的哲学》词条中写道："据说，出自他（伏羲）手的《易经》（《周易》古经）包含着最隐秘的事由；由他聚拢起来并经他开化了的人民，从他那里得知世界上有个上帝，得知上帝希望通过什么方式来受到人们的尊崇。"① 这里转述的内容显然是部分耶稣会士的观点，而狄德罗对此并不认同，当论及中国人是否是偶像崇拜者、无神论者，或者自然神论者时，狄德罗态度非常谨慎，对此他并没有给出明确的答案，然而他并不认为中国人的信仰中有"上帝"的存在。他写道："有人试图断言，因为成汤曾在饥荒时期作过祭祀，所以中国人当时也相信有一个我们（西方人）今天所崇敬的那样的上帝，这种看法并不近情理。"② 对于伏羲在中华帝国的历史功绩，狄德罗更加强调伏羲对后世的文明开创之功和人文教化作用。"伏羲帝将其哲理观传给了后人，后人无不竭尽心力，力求把他业已开创的东西完善起来，即把那种能使风俗日趋温雅，使人民不

---

① ［法］狄德罗：《中国人的哲学》，载包尊信编《中国哲学》（第十三辑），王光译，人民出版社1985年版，第381页。
② ［法］狄德罗：《中国人的哲学》，载包尊信编《中国哲学》（第十三辑），王光译，人民出版社1985年版，第382页。

断文明并逐渐习惯在有益的社会链条中生活的科学完善起来。"[①] 耶稣会士认为伏羲传给后人以"上帝"的信息，而狄德罗认为伏羲传给后人以"哲理"，并指引人民走向文明，这里表面上看只是狄德罗和耶稣会对伏羲的历史功绩有不同理解，但实则反映了启蒙思想家和教会之间的根本冲突和矛盾。耶稣会代表了传统教会中最为顽固的保守势力，他们反对任何宗教改革，竭力维护教会的绝对权威，他们在伏羲身上寻找基督教的痕迹，本质上是为捍卫保守的宗教势力，而狄德罗不仅否认了伏羲与上帝有任何瓜葛，而且还利用伏羲的文明开创之功和人文教化作用批判耶稣会的荒谬，从而在西方世界塑造了一个人文和理性的伏羲形象。

二 先因科学与后因科学

狄德罗将中国哲学分为三个阶段：第一个阶段是王公贤哲们统治的历史时期，即古代哲学阶段；第二个阶段是以周敦颐和程颢二位哲人为起点开创的中世纪哲学阶段；第三个阶段是西方传教士将西方文明带入中国后的现代阶段[②]。尽管狄德罗将《周易》归入古代哲学，但仔细分析他撰写的《中国人的哲学》词条，不难看出《周易》哲学思想实际上贯穿了古代和中世纪哲学两个阶段。狄德罗通过对包括《周易》在内的五经的分析，认为"很长时期内，中国历代统治者的哲学曾经是纯属政治和道德的"[③]。然而，进入中世纪哲学阶段，中国哲学超出了纯政治和道德的范畴，中国哲人探究了宇宙世界的本原问题，而且在这个阶段突出了中国哲学研究中的科学因素。

狄德罗将中国中世纪哲学分为先因科学（science antécédente）和后因科学（science subséquente）两类。先因科学的研究对象是"本原的存在与实体、地点、样态，以及被看作是潜能的各种原因的作用过程"。后因科学研究"非物质性的原则在具体情况下产生的影响作用，能动力参与增加、减少、质变这些运动时的情况，著述典籍，民情国政，形式

---

　① ［法］狄德罗：《中国人的哲学》，载包尊信编《中国哲学》（第十三辑），王光译，人民出版社1985年版，第382页。
　② ［法］狄德罗：《中国人的哲学》，载包尊信编《中国哲学》（第十三辑），王光译，人民出版社1985年版，第377—378页。
　③ ［法］狄德罗：《中国人的哲学》，载包尊信编《中国哲学》（第十三辑），王光译，人民出版社1985年版，第382页。

163

利弊，机宜适违，等等"。① 简而言之，先因科学研究统摄宇宙万物的最高原理，属于形而上者；后因科学则是最高原理在宇宙万物间的体现和具体运用，属于形而下者。

《周易》哲学兼具形而上和形而下两种性质，狄德罗在《中国人的哲学》词条中是这样描写《周易》的："《易经》（《周易》古经）是用一些整线和中断线组成的书，这些线经过组合，构成六十四种不同的图形。中国人曾经把这些图形看作是一部用图示法加以说明的自然、自然象因和占卜秘诀史以及不计其数的其他宝贵知识史。"② 显然"整线和中断线"指的是阳爻（—）和阴爻（--），而"六十四种不同的图形"则指的是《周易》六十四卦图，《周易》探索宇宙间的阴阳变化，由此认识世界的形成和变化规律，以六十四卦去演绎大千世界的情状，因此《周易》哲学具有先因科学的性质。同时，狄德罗又将《周易》视作探索自然和其他知识的具体方法——图示法，这就表明《周易》又具有后因科学的成分。自16世纪末17世纪初耶稣会士将《周易》译介到欧洲以来，欧洲学者对《周易》是否是"迷信之书"争论不休，尽管狄德罗认识到《周易》有"占筮"的功用，但他仍然将《周易》视为科学典籍，并且在先因科学和后因科学中译介了大量跟《周易》密切相关的哲学思想，如理、气、太极、阴阳、五行等，并利用这些哲学范畴来论证宇宙世界的物质本原。

三 宇宙世界的物质本原

18世纪欧洲基督教神学思想受到了法国启蒙运动的强烈冲击，基督教信仰的世界观遭到了前所未有的质疑。启蒙运动思想家以"无神论"反对基督教之"有神论"，但是要证明"无神论"的合理性，就必须首先回答宇宙世界的本原问题。基督教神学主张世界万物来自全能全知的上帝，而狄德罗是无神论者，他在《哲学思考录》中写道："就人们为我描绘出的最高实体（上帝）的形象看来，就他易怒的倾向看来，就他

---

① ［法］狄德罗：《中国人的哲学》，载包尊信编《中国哲学》（第十三辑），王光译，人民出版社1985年版，第387页。

② ［法］狄德罗：《中国人的哲学》，载包尊信编《中国哲学》（第十三辑），王光译，人民出版社1985年版，第381—382页。

第四章 "启蒙运动"中《周易》在西方的译介与传播

报复的严酷看来，就表示他任其覆灭与肯加救援的人数比例的某些比较看来，最正直的人是会倾向于愿他不存在的。"① 仅仅否认上帝的存在是不够的，无神论者还必须证明宇宙世界本原于物质。在"中国热"的思潮中，中国古人对宇宙世界的认识和思考逐渐进入了西方启蒙思想家的视野，其中源于《周易》的"理、气、太极"等哲学范畴，以及以这些哲学范畴为基础而建立的宇宙认识论体系，为狄德罗证明宇宙世界的物质性本原提供了理论依据。

（一）理和气构成的物质世界

"理"和"气"这两个哲学范畴来源于《周易》，并在程朱理学思想中得以发扬光大。狄德罗认为"理"具备不灭性，是先于事物的事物之原则，是伟大的宇宙起因，即原始因由（raison première），自然之依据②。狄德罗对"理"的定义来源于北宋理学家程颢和程颐的"天理"学说，"万物皆只是一个天理，己何与焉……天理云者，这一个道理，更有甚穷已？不为尧存，不为桀亡"③。"理"是唯一至高无上的原则，是万事万物的根本依据；"理"具有恒常性和客观性，不以人的意志而存亡。关于"理"和"气"之间的关系，狄德罗认为"'理'生出分为五行的气……'理'通过它的元气'气'来造化一切；'气'是'理'借以造化一切的工具和总调节器"④。关于天地万物的形成，狄德罗认为"阴阳"和五行造化了天、地、日、月和植物。纯净轻气上升为天；浑浊重气下沉为地⑤。狄德罗对"理"和"气"的阐释再现了"二程"（程颢和程颐）理学的宇宙生成观，如果将"理"作为宇宙万物得以生成的最高原理，那么"气"则是生成宇宙万物的质料，"二程"之《天

---

① [法] 狄德罗：《哲学思想录》，王玉、陈基发编译，载《狄德罗文集》，中国社会出版社1997年版，第4页。
② [法] 狄德罗：《中国人的哲学》，载包尊信编《中国哲学》（第十三辑），王光译，人民出版社1985年版，第388—390页。
③ （宋）程颢、程颐：《元丰己未吕与叔东见二先生语》，载《二程集》（第三册），中华书局1981年版，第30—31页。
④ [法] 狄德罗：《中国人的哲学》，载包尊信编《中国哲学》（第十三辑），王光译，人民出版社1985年版，第392页。
⑤ [法] 狄德罗：《中国人的哲学》，载包尊信编《中国哲学》（第十三辑），王光译，人民出版社1985年版，第389页。

地篇》曰:"有理则有气,有气则有数。"① "数"即宇宙间的万事万物,这句话清楚地表明了"理"和"气"的不同地位和作用,"理"作为万物之根本,先于"气"而存在,但"理"又必须依赖"气"的运行来造化万物,因此狄德罗对"理"与"气"生成关系的描述,以及对它们在宇宙万物创生过程中所起作用的阐释,都与"二程"的理学思想是基本吻合的。

狄德罗利用理学中的"气"论和先天八卦图向西方学者展示了最初的宇宙世界轮廓,"处于天地之间的气,分为八个区:四个南区由'阳'即热所主宰;四个北区为'阴'即冷所盘据。每个区都有自己的'卦',即自己那部分气"②。气无处不在,充盈着整个宇宙世界,狄德罗对天地的分区来源于先天八卦图,八个区分别对应八个位于不同方位的卦,即乾南、兑东南、离东、震东北、坤北、艮西北、坎西、巽西南③。从乾卦到震卦,阳气逐渐减少,阴气渐次增加,而从坤卦到巽卦,阴气逐渐减少,阳气渐次增加。先天八卦图是宋代理学家邵雍根据《说卦传》而创作的,八卦分别代表天、地、雷、风、水、火、山、泽八种自然物象,《周易》之《说卦传》云:"天地定位,山泽通气。雷风相博,水火不相射。八卦相错。"④ 先天八卦图体现了最初的宇宙世界处于一种阴阳相交、和谐平稳的自然状态,狄德罗将"气"纳入到先天八卦图中,既然构成宇宙世界的八个区各有"自己那部分气",而"气"是物质的,那么八卦所构成的宇宙世界自然也就是物质的世界。

然而,狄德罗所阐释的"理"和"气"与理学中的"理"和"气"并不完全重叠,他在向西方读者介绍这两个理学概念时是有选择和取舍的。理学中的"理"既有物质性,同时也具有精神性。《朱子语类》(第一册)云:"气则为金木水火,理则为仁义礼智……,如阴阳五行错综不失条绪,便是理。"⑤ 作为"仁义礼智"的"理"是社会层面的道德准则,也就是精神之"理";而作为"阴阳五行"的"理"是自然层面

---

① (宋)程颢、程颐:《天地篇》,载《二程集》(第三册),中华书局1981年版,第1227页。
② [法]狄德罗:《中国人的哲学》,载包尊信编《中国哲学》(第十三辑),王光译,人民出版社1985年版,第390页。
③ 先天八卦方位图的东南西北与现代地理意义上的方位正好颠倒。
④ 李申:《周易经传译注》,湖南教育出版社2004年版,第228页。
⑤ (宋)朱熹著,(宋)黎靖德编,王星贤点校:《太极天地上》,载《朱子语类》(第一册),中华书局1986年版,第3页。

第四章　"启蒙运动"中《周易》在西方的译介与传播

宇宙万物的运行规律，也就是物质之"理"。因此，理学中的"理"是物质和精神的统一体。在理学中"气"同样具有物质性和精神性的双重属性，如"五行一气也，本一物耳"体现了"气"的物质性，而"浩然之气"和"气便是命"则体现了"气"的精神性。狄德罗向西方读者介绍的"理"完全否认了"理"的精神性，而片面地强调"理"的物质性。他将"理"看作是一种初原质，即无限之混沌，是"无生命，无智识，无意志"的，而且"全然不是精神性的东西"。狄德罗将"气"视为次原质，是初原质"理"的第一分放物，即"五行之气"，五行之气因五种形态的相互推移而变得可感可觉①。狄德罗阐释的"理"和"气"是片面的，只体现了"理"和"气"物质性的一面，而忽略了这两个理学概念精神性的一面。狄德罗是唯物主义者，而"理"和"气"的精神性却含有唯心主义的成分，他坚信世界是物质的，"理"和"气"的物质性合理地解释了世界万物的自然生成，从而从根本上否定了"上帝创造世界"的宗教学说。狄德罗是不信"上帝"的，他至死都是一个无神论者，"理"和"气"的物质性从根本上否定了基督教的宇宙观，为狄德罗反对基督教神学思想提供了坚实的理论基础。

（二）太极与万物化生次序

太极是《周易》哲学的基本概念，自利玛窦时代起，"太极"一词就频繁地出现在西方介绍中国的论著中。狄德罗在先因科学和后因科学中都讲到了"太极"，并由太极引申出万物化生次序。狄德罗称太极为"万有实体"，而且"太极"有"流"和"物"之分："物"者，有形、有体、有质地、有空间的固且坚之实体；"流"者，体状欠显而无定形的实体，如同气②。狄德罗对太极的阐释来自北宋理学家张载的"一物两体"说。《周易》之《系辞传》（上）曰"易有太极，是生两仪"③，在此基础上张载进一步提出："一物两体者，气也……有两则有　，是太极也。"④"两体"是事物对立的两面，而"一"是对立的统一。"气"

---

① ［法］狄德罗：《中国人的哲学》，载包尊信编《中国哲学》（第十三辑），王光译，人民出版社1985年版，第388—391页。
② ［法］狄德罗：《中国人的哲学》，载包尊信编《中国哲学》（第十三辑），王光译，人民出版社1985年版，第389—392页。
③ 李申：《周易经传译注》，湖南教育出版社2004年版，第209页。
④ （宋）张载撰，张锡琛点校：《横渠易说·说卦》，载《张载集》，中华书局1978年版，第233页。

是构成世界万物的物质本原，张载认为"气聚则离明得施而有形，气不聚则离明不得施而无形"①。气聚则为有形之物，也就是狄德罗所言之"物"；而气不聚则复原为无形之气，也就是狄德罗所言之"流"。有形和无形，即"物"和"流"二者是对立的，然而此二者都只不过是"气"在聚散过程中不同的状态而已。狄德罗将此学说称为"无空学"，"无空"意指"乌有"或"空无"，即"没有固性和偶性的实体——'太无'或'太空'，是极为纯细简单的实体"②。狄德罗在此提出的"太无、太空"其实就是理学中的"太虚"或者"无极"，也就是阴阳未分之前的混沌。张载主张"气之聚散于太虚，犹冰凝释于水，知太虚即气"③。太虚为气之聚散之地，气又是构成世界万物的物质本原，那么世界从本质上讲就是物质的。狄德罗利用"太虚"学说以证明世界的物质性，这与基督教的世界观是根本冲突和矛盾的。基督教的世界观是神学的世界观，《圣经》认为世界是由"神"创造的，因此"神"是世界的本原；而"太虚"之学体现的是科学的世界观，世界是由物质构成的，"气"才是世界的本原。

狄德罗将"太极"称为具有"阴阳"双重属性的五行之气，他还借用道家的思想来阐述宇宙万物的化生过程："'道'即混沌生'一'，此乃'太极'，即次原质；'太极'生'二'，此乃'阴'和'阳'；二者复生'三'，此乃天、地、人，中国人说的'天地人三才'即指此义；三者造化一切存在之物。"④狄德罗在此勾画了一个宇宙万物化生的次序图：太极（阴阳、五行）→天、地、人→万物，这个次序图主要来源于《道德经》，同时还借鉴了北宋理学家周敦颐的《太极图说》，甚至还掺杂了《周易》之《系辞传》（下）的内容。《道德经》第四十二章云：

---

① （宋）张载撰，张锡琛点校：《横渠易说·系辞上》，载《张载集》，中华书局1978年版，第182页。
② ［法］狄德罗：《中国人的哲学》，载包尊信编《中国哲学》（第十三辑），王光译，人民出版社1985年版，第392页。
③ （宋）张载撰，张锡琛点校：《横渠易说·系辞上》，载《张载集》，中华书局1978年版，第200页。
④ ［法］狄德罗：《中国人的哲学》，载包尊信编《中国哲学》（第十三辑），王光译，人民出版社1985年版，第389—390页。"天地人三才"是原文"tien, ty, gin, san, zay"的音译，王光先生译为"天地人常在"。

第四章 "启蒙运动"中《周易》在西方的译介与传播

"道生一，一生二，二生三，三生万物。"① 这句话是讲，道是独一无二的，道又包含阴阳二气，阴阳二气相交而产生一种适合的状态，而万物就是在这种状态中产生的。《太极图说》云："无极而太极……太极动而生阴阳……，阳变阴合，而生水、火、木、金、土……五行，一阴阳也；阴阳，一太极也……。乾道成男，坤道成女。二气交感，化生万物……"②《太极图说》展示了一幅完整的宇宙万物化生次序图：无极→太极→阴阳→五行→男女→万物。

狄德罗描绘的宇宙万物生成次序是对《道德经》中关于万物化生过程的重新阐释，同时也是对《太极图说》的简化，他将太极、气、五行视为一体，即太极是由五行构成的阴阳二气。《道德经》所言"道生一"，亦即《太极图说》之"无极而太极"；"道"为"无极"，也就是宇宙中万物诞生前的混沌状态，"一"则为"太极"。狄德罗综合了儒家和道家的思想，将"太极"阐释为"混沌生'一'"。"天地人三才"来源于《周易》之《系辞传》（下）对《周易》一书的概括："《易》之为书也，广大悉备：有天道焉，有人道焉，有地道焉。兼三才而两之，故六。"③ 狄德罗认为天地人"三者造化一切存在之物"④，这种观点歪曲了儒家和道家思想的原意，万物本由阴阳二气交感而生，并非天地人之造化。尽管"天地人造化万物"并不符合中国传统的哲学思想，但却否定了《圣经》宣扬的"创世说"，《圣经》中讲上帝首先创造了天地万物，然后又模仿自己的模样创造了人。狄德罗向西方读者展示了太极说及宇宙万物化生次序，颠覆了长期统治西方的"创世说"，从而在启蒙运动中鼓励西方民众大胆地质疑基督教神学的合理性，树立世界本原于物质的唯物主义思想。

第五节　重农主义学派的《周易》思想

重农主义学派是18世纪法国启蒙运动中的一个重要学术团体，弗朗

---

① （魏）王弼注，楼宇烈校释：《老子道德经注校释》，中华书局2008年版，第117页。
② （宋）周敦颐著，陈克明点校：《周敦颐集》，中华书局1990年版，第3—4页。
③ 李申：《周易经传译注》，湖南教育出版社2004年版，第224页。
④ ［法］狄德罗：《中国人的哲学》，载包尊信编《中国哲学》（第十三辑），王光译，人民出版社1985年版，第390页。

索瓦·魁奈是重农主义学派的创始人和领袖，其主要代表作有《农场主论》《谷物论》《人口论》《赋税论》等。魁奈极为推崇中国文化，他从当时来华的欧洲传教士和旅行家的著作中认识和了解中国，重农主义学派的弟子们甚至称魁奈是"欧洲的孔夫子"①。在18世纪"中国热"席卷欧洲的时代背景下，重农主义学派深受中国文化的影响，其核心思想体现出深刻的中国渊源。德国学者利奇温（Adolf Reichwein）认为"魁奈早在发表他第一篇论文之前，思想上就已具有整个系统以及有关的详情细节，特别是后者是由中国方面袭取过来的"②。魁奈在《中华帝国的专制制度》一书中介绍了伏羲和《周易》，重农主义学派倡导的"自然秩序"和对农业的重视，以及该学派对经济的分析都蕴含了丰富的《周易》思想。

一　《中华帝国的专制制度》中的《周易》

魁奈著有《中华帝国的专制制度》（*Despotism in China*）一书，该书是当时欧洲经济学家们"崇尚中国运动的顶峰之作"③。书中介绍了中国法律、税收、经济、行政管理、政治制度等内容，该书证明了重农主义学派的学术体系和学术思想曾受到中国文化的重要影响，魁奈的一些基本观念"特别得力于中国的文化传统"④。《中华帝国的专制制度》一书对中国文明极尽赞美之词，并毫不隐晦地称中国文明"胜过欧洲最文明的国家"⑤。魁奈将中国文明的起源追溯到伏羲时代，他认为伏羲制定了一套明智而公正的法则，并且还设计了"象征性图形"来表达他所制定的法规，因而魁奈称伏羲是"能干的立法者"和"具有创造力的天才"⑥。

---

① ［法］安田朴：《中国文化西传欧洲史》，耿昇译，商务印书馆2013年版，第850页。
② ［德］利奇温：《十八世纪中国与欧洲文化的接触》，朱杰勤译，商务印书馆1962年版，第92页。
③ 谈敏：《〈中华帝国的专制制度〉中译本序言》，载［法］弗朗斯瓦·魁奈《中华帝国的专制制度》，谈敏译，商务印书馆1992年版，第2页。
④ ［德］利奇温：《十八世纪中国与欧洲文化的接触》，朱杰勤译，商务印书馆1962年版，第93页。
⑤ ［法］弗朗斯瓦·魁奈：《中华帝国的专制制度》，谈敏译，商务印书馆1992年版，第25页。
⑥ ［法］弗朗斯瓦·魁奈：《中华帝国的专制制度》，谈敏译，商务印书馆1992年版，第28页。

第四章 "启蒙运动"中《周易》在西方的译介与传播

这里所指的"象征性图形"毫无疑问就是《周易》的卦爻符号,他将《周易》列入古代中国的第一级圣书或正经中的第一部,他认为"只有孔子阐明了《易经》(《周易》古经)中谜一般的线条(卦爻符号)和注释者们的著述(卦爻辞);他从中认识到对于国家统治极其重要的奥秘,并由此引申出许多杰出的政治和伦理格言"①。《中华帝国的专制制度》一书充分体现了魁奈对伏羲和《周易》的高度赞扬及其对《周易》思想内容的极力推崇,魁奈的重农学派思想在很大程度上直接取材于《周易》,是魁奈及其弟子结合欧洲社会现实对《周易》的进一步阐发。

《中华帝国的专制制度》是魁奈的晚成之作,最早出版于1767年,此时席卷欧洲的"中国热"正在逐渐降温,欧洲学者开始客观而冷静地看待中国文化,甚至出现了对中国文化尖锐的批评,而此时重农主义学派的学术成就却达到了巅峰。重农主义学派的思想渊源在于中国文化,魁奈之所以高度赞扬《周易》,不仅仅是为了维护中国文化在欧洲的正面形象,同时也是在捍卫重农主义学派的学术根基,以维护他们在启蒙运动中取得的学术成果。

二 自然秩序

"重农主义"一词源于法语中的"physiocratie",其中希腊语词源"physio"即"自然、自然现象"的意思,"cratie"来源于希腊语"kratie",即"权力、统治"的意思,因此"physiocratie"本义是"遵循自然秩序的权力或统治"。重农学派认为只有适应自然秩序的权力或统治才能保证社会经济的健康发展,他们将"自然秩序"作为重农主义的哲学基础。重农主义是在法国资本主义经济不断发展和法国启蒙运动兴起的大背景下诞生的,甚至可以说重农主义是"启明(启蒙)运动的'思想形式'和'思想内容'在政治经济方面的表现"②,然而"自然秩序"作为重农主义的思想基础却"在很大程度上脱离了欧洲本身的古希腊传统,而从外来思想特别是从当时流布欧洲的中国古代思想中,吸取了不

---

① [法]弗朗斯瓦·魁奈:《中华帝国的专制制度》,谈敏译,商务印书馆1992年版,第54页。
② [德]利奇温:《十八世纪中国与欧洲文化的接触》,朱杰勤译,商务印书馆1962年版,第90页。

少新的滋养"①。在西方思维模式中，人和自然处于相互对立的状态，人是征服自然的主体，自然则是被人征服的对象，而魁奈的重农主义思想却强调人对自然的服从，他认为人必须服从于以自然法则为基础的统治，这种自然法则既是实体的，也是道德的。实体法则指的是"在不说自明最有利于人类的自然秩序下，规范所有实际事件运作的法则"；而道德法则指的是"在与不说自明最有利于人类的实在秩序相一致的道德秩序中，调节人类一切行为的法则"②。无论是实体法则，还是道德法则，二者都是以自然秩序为基础的，人的一切行为都必须尊重自然秩序。重农主义的自然观与西方传统的自然观是根本对立的，然而却在很大程度上反映了中国传统的"天人合一"思想，即人和自然的和谐统一。

《周易》之《文言传》曰："夫大人者，与天地合其德，与日月合其明，与四时合其序，与鬼神合其吉凶。"③ 这里的"天地、日月、四时、鬼神"是自然的具化，四个"合"字则充分体现了"天人合一"的自然观，也就是天道和人道的协调统一。人的一切行为无不受到天道的影响和制约，因而尊重天道、顺应自然是人类社会赖以生存的最高法则。魁奈对中国传统文化中的"天"有深刻的认识，他在论述"中国的基本法"时首先谈到了中国传统文化对"天"的阐释，并从中引申出自然法则："天是统辖苍穹的灵魂……在那里，造物主的不变法则得到最为清晰的显示。但是，这些法则不应被看作仅仅适用于宇宙万物的某一部分，因为它们是适用于宇宙万物所有部分的普遍法则。"④《周易》的自然观与魁奈提倡的"自然法则"本质上都指的是统摄宇宙万物的自然规律，而自然规律是不以人的意志为转移的，处于天地之间的人只能顺应自然，却不能违背自然，因而只有以自然秩序为基础的统治对人才是最有利的。

魁奈将中国作为以自然秩序为统治基础的典范，他呼吁西方各国政府效仿中国，"一个繁荣和持久的政府应当按照中华帝国的榜样，把深刻研究和长期普遍地宣传在很大程度上构成了社会框架的自然法则，当

---

① 谈敏：《重农学派经济学说的中国渊源》，《经济研究》1990年第6期。
② [法] 弗朗索瓦·魁奈：《魁奈〈经济表〉及著作选》，晏智杰译，华夏出版社2017年版，第305页。
③ 李申：《周易经传译注》，湖南教育出版社2004年版，第7—8页。
④ [法] 弗朗斯瓦·魁奈：《中华帝国的专制制度》，谈敏译，商务印书馆1992年版，第49页。

第四章 "启蒙运动"中《周易》在西方的译介与传播

作自己的统治工作的主要目的"①。自然法则也就是"天道",顺之则昌,逆之则亡,这是中国历代贤明君王的基本共识,他们将"顺天"作为立国治世的最高准则,因而认识自然、把握天道也就成为帝王将相的必修课。"顺天"的统治之道来源于《周易》,《周易》之《系辞传》(上)曰:"天之所助者顺也。"② 只有顺应天道的人才能够得到上天的护佑。《周易》之《彖传》亦曰:"万物资生,乃顺承天。"③万物得以生长是因为它们顺承了天道。《周易》之《彖传》亦曰:"利有攸往,顺天命也。"④ 这句话意思是讲,顺应天命对于要做的事是很有利的。"顺天"是《周易》的核心思想,对统治者而言"顺天"的根本目的是更好地统治万民,因而《周易》又将"顺天"推及人事,提出"顺乎天而应乎人"⑤的思想,即君王的统治之道既要上顺天命,又要下应民心,满足人们的需要。

"顺天应人"的统治思想不仅在中国深入人心,同时也随着西方传教士和旅行家译介的中国经典而传播到西方。在魁奈看来,几千年来中国统治者不仅顺应了天道,遵守了自然秩序,而且致力于为人民谋"和平及幸福"⑥。尽管魁奈对中国专制统治者的赞誉难免有些言过其实,但中国的政治统治思想却实在地注入了重农学派的"自然秩序"观。魁奈认为只有按照自然秩序的一般法则来构建的国家才是最完美的,而从事行政管理的人"必须研究对社会中结合在一起的人最有利的自然秩序"⑦。事实上,魁奈将自然秩序作为了农业国经济统治的一般准则,只有遵循自然秩序才能繁荣农业经济,也才能最终满足人们社会生活的需要。魁奈将中国作为服从自然秩序的典范,中国正是"由于遵守自然法则而得以年代绵长,疆土辽阔,繁荣不息",魁奈甚至认为中国完全有

---

① [法] 弗朗斯瓦·魁奈:《中华帝国的专制制度》,谈敏译,商务印书馆1992年版,第122页。
② 李申:《周易经传译注》,湖南教育出版社2004年版,第211页。
③ 李申:《周易经传译注》,湖南教育出版社2004年版,第9页。
④ 李申:《周易经传译注》,湖南教育出版社2004年版,第140页。
⑤ 李申:《周易经传译注》,湖南教育出版社2004年版,第152页。
⑥ [德] 利奇温:《十八世纪中国与欧洲文化的接触》,朱杰勤译,商务印书馆1962年版,第94页。
⑦ [法] 弗朗索瓦·魁奈:《魁奈〈经济表〉及著作选》,晏智杰译,华夏出版社2017年版,第179—180页。

理由将那些依靠人的意志统治并且依靠武力胁迫的民族视为野蛮民族①。中国传统的政治统治思想对重农学派的深刻影响由此可见一斑，魁奈的"自然秩序"观念其实就是重农学派对《周易》"顺天应人"的统治思想在农业经济领域的进一步阐释和运用。

三　农本思想

重农主义的提出有其深刻的历史背景，在法国资产阶级大革命前夕，波旁王朝的封建统治者为收敛财富以维护岌岌可危的封建统治，推行了抑制农业生产的重商主义政策。法国本是欧洲传统的农业大国，而重商主义使法国的农业生产陷入绝境，各种政治经济矛盾空前激化，严重的社会危机迫使法国必须回归农业生产，同时在启蒙运动中来自中国的"农本思想"也为重农主义提供了理论依据。"以农为本"是中国封建王朝的基本国策，而在具体的实施过程中则体现为"重农抑商"。

"农本思想"见于诸子百家的典籍中，但最早始于《周易》。"大有卦"描绘了农业丰收的场景，"大有卦"卦辞曰："大有，元，亨。"②"元"是"根本"的意思，"亨"即"亨通"，"大有卦"卦辞告诉人们只有实现农业的丰收才能从根本上实现亨通。《周易》之《系辞传》（下）曰："包牺氏没，神农氏作，斲木为耜，揉木为耒，耒耨之利，以教天下，盖取诸益。"③神农氏根据"益卦"的启示发明了耒耜，并教会天下人耕作。"益"是"利益、好处"的意思，"益卦"卦辞曰："益，利有攸往，利涉大川。"④"益卦"卦辞清晰地表明农业耕作会给天下人民带来利益和好处，因而人们值得去从事农耕生产。《周易》之《系辞传》（下）云："日中为市，致天下之民，聚天下之货，交易而退，各得其所，盖取诸噬嗑。"⑤人们根据"噬嗑卦"的启示，在日中之时进行集市贸易。"噬嗑"本意是"上下颚交合"，又引申为争讼。"噬嗑卦"卦

---

① ［法］弗朗斯瓦·魁奈：《中华帝国的专制制度》，谈敏译，商务印书馆1992年版，第137页。
② 李申：《周易经传译注》，湖南教育出版社2004年版，第47页。
③ 李申：《周易经传译注》，湖南教育出版社2004年版，第214页。
④ 李申：《周易经传译注》，湖南教育出版社2004年版，第131页。
⑤ 李申：《周易经传译注》，湖南教育出版社2004年版，第214页。

第四章 "启蒙运动"中《周易》在西方的译介与传播

辞云："噬嗑，亨。利用狱。"① "亨"即亨通，"狱"指的是刑罚，"噬嗑卦"卦辞表明商业贸易活动促进了物品的流通，但同时也极易引起争讼，因而必须有严明的刑罚加以控制。《周易》初具"重农抑商"的农本观念，战国时代商鞅提出"奖耕战，抑商贾"的思想，直至后世中国历代封建王朝实施"崇本抑末"的政策，"重农抑商"的农本思想作为中国传统的经济策略在实践中日臻完善。

"农本思想"传播至西方，成为西方权贵经常讨论的热门话题。在启蒙运动中，来自中国的"农本思想"对于西方学者而言已不新奇了，早在1756年法国国王路易十五就曾效仿中国皇帝举行春耕礼，这说明在魁奈撰写的《中华帝国的专制制度》出版前十一年，法国宫廷中就已经有关于中国重农说的议论了②。重农学派十分赞赏中国的"农本思想"，魁奈在《中华帝国的专制制度》中花了大量的篇幅来描绘中国统治者崇尚农耕之道，他在书中写道："在中国，农业总是受到尊重，而以农为业者总是获得皇帝的特别关注。"③ 魁奈同时也注意到，商业对中国统治者而言远远不及农业重要，尽管中国商业相当繁荣，但人们在本国内部得到了所有的生活必需品，因而中国的对外贸易与国家的规模相比，却是很有限的④。中国统治者的"农本思想"给重农主义学派以深刻的启示，他们吸收了来自中国的"农本思想"，其学术观念明显具有"重农抑商"的倾向。

顾名思义，"重农"即重视农业经济，重农主义将土地和农业生产作为国家财富的根本来源，如果将重农主义学派倡导的"自然秩序"运用到社会经济领域，那么就具体表现为国家重视农业生产以及土地财富，因为"农业繁荣是国家及其所有公民一切财富的源泉"⑤。尽管农业和商业都是国家财富的重要来源，但二者的地位是不同的，相较于农业的根

---

① 李申：《周易经传译注》，湖南教育出版社2004年版，第68页。
② ［德］利奇温：《十八世纪中国与欧洲文化的接触》，朱杰勤译，商务印书馆1962年版，第95页。
③ ［法］弗朗斯瓦·魁奈：《中华帝国的专制制度》，谈敏译，商务印书馆1992年版，第67页。
④ ［法］弗朗斯瓦·魁奈：《中华帝国的专制制度》，谈敏译，商务印书馆1992年版，第68页。
⑤ ［法］弗朗索瓦·魁奈：《魁奈〈经济表〉及著作选》，晏智杰译，华夏出版社2017年版，第179页。

本地位，重农主义学派将商业作为"农业的一个分支"而从属于农业，他们认为脱离农业而具有独立性的商业"是一个抽象的概念，是一种非常不完整的思想"①。重农主义与中国传统的"农本思想"极为相似，以致一些西方学者评论重农学派在学术理论上没有任何创新的见解，法国学者安田朴认为"重农派信徒们对农业的崇拜则无疑是从中国传统中借鉴来的"②。重农主义与《周易》"农本思想"之间的高度吻合绝非出于偶然，而是基于共同的思想基础。"以农为本"的思想前提是尊重自然，顺应自然，只有尊重自然规律才能发展农业生产，从而增加社会财富，这与重农主义倡导的"自然秩序"是一致的。中国长久的繁荣和稳定得益于"以农为本"的经济指导思想，魁奈将中国视为西方国家效仿的楷模，那么他从中国传统的"农本思想"中汲取滋养来阐发重农主义也就不足为奇了。

四 《经济表》中的《周易》思想

重农主义学派是法国资产阶级古典政治经济学派，他们创造性地在资产阶级视野以内对资本进行了分析，基于这一历史功绩，马克思称重农主义学派为"现代政治经济学的真正鼻祖"③。魁奈撰写的《经济表》是重农主义学派经济理论的代表作，该书为马克思"再生产理论"奠定了基础。重农学派的经济理论以"自然秩序"为中心，吸收了中国文化的合理成分，特别是"《周易》的西传曾对魁奈创制《经济表》，产生过鲜为人知的重要影响"④。社会总产品和社会再生产的动态循环和均衡制约，以及《经济表》"谜"一样的表述方式都无不深深地刻上了《周易》的思想印迹。

（一）循环论思想

魁奈在《经济表》中将经济主体分为三个阶级："生产阶级、土地

---

① ［法］弗朗索瓦·魁奈：《魁奈〈经济表〉及著作选》，晏智杰译，华夏出版社2017年版，第55页。
② ［法］安田朴：《中国文化西传欧洲史》，耿昇译，商务印书馆2013年版，第850页。
③ ［德］马克思：《剩余价值理论》（第一册），人民出版社1975年版，第15页。
④ 谈敏：《〈经济表〉与〈周易〉》，《周易研究》1991年第3期。

第四章 "启蒙运动"中《周易》在西方的译介与传播

所有者阶级和不生产阶级"①。生产阶级从土地所有者阶级手中租借土地用于农业生产，他们通过售卖农产品向土地所有者阶级支付地租，即土地收入，并向不生产阶级购买工业产品；土地所有者阶级以地租收入从生产阶级手中购买农产品，并从不生产阶级手中购买工业产品，而不生产阶级从生产阶级手中购买农产品和工业原料。社会总产品在生产阶级、土地所有者阶级和不生产阶级三者之间流通，三者在流通过程中各有付出，但同时也各取所需，从而使资本再生产周而复始地不断运行下去。

魁奈首次揭示了社会总资本动态循环的运动模式，西方学者普遍认为这个"天才"的发现得益于人体血液循环理论。魁奈以从医为业，长期担任法国宫廷御医，他将社会视为一个"有机体"，因此魁奈从人体血液循环理论中得到启发，从而论证社会经济的循环运行模式似乎是顺理成章的事，但法国启蒙运动泰斗伏尔泰却认为《经济表》"实在是把一种中国的学说，巧妙地译成为数学的公式"②。伏尔泰所讲的"中国的学说"其实就是《周易》中的循环论思想，《周易》中卦爻的阴阳消长象征事物循环发展、周而复始的运动规律。《周易》之《系辞传》（下）云："日往则月来，月往则日来，日月相推而明生焉；寒往则暑来，暑往则寒来，寒暑相推而岁成焉。"③ 日月相互推移而产生光明，寒暑彼此更替形成年岁，这是自然界循环运动最直观的写照。中国古人已经把《周易》中的循环论思想运用到了社会经济领域，《史记·货殖列传》引计然曰："六岁穰，六岁旱，十二岁一大饥。"④ 这句话反映的是中国古代的农业丰歉循环理论，计然认为天下每六年一次丰收，每六年一次干旱，每十二年一次大饥荒，国家应当根据农业收成的丰歉循环规律来指导经济活动。

中国文化中的循环论思想源于《周易》，《经济表》和《周易》这两部产生于不同的历史时代、看似毫不相干的中西方经典存在一定的渊源

---

① 于洪波：《魁奈经济表研究》，新华出版社 2007 年版，第 46 页。
② ［德］利奇温：《十八世纪中国与欧洲文化的接触》，朱杰勤译，商务印书馆 1962 年版，第 97 页。
③ 李申：《周易经传译注》，湖南教育出版社 2004 年版，第 217 页。
④ （汉）司马迁撰，韩兆琦主译：《史记》，中华书局 2008 年版，第 2532 页。

关系。谈敏指出:"魁奈《经济表》中的循环思想,除了其西方来源以外,不能除排它与中国传统的循环观念之间,也存在着某种思想渊源关系。"① 齐秦则更加明白地讲道:"我们甚至可以说魁奈将中国传统文化中的循环流转思想,具体运用到其经济分析之中,从而创立了《经济表》。"② 中国文化对于启蒙运动中的法国上流社会而言并不陌生,中国是法国权贵们茶余饭后谈论的热门话题,而且有大量介绍中国文化的书籍在学者间流传。《周易》中的循环论思想早已经通过耶稣会士的著作译介到了西方,魁奈能以宫廷御医的身份长期生活在法国上流社会,并十分熟悉中国文化,那么他能够利用《周易》循环论思想来阐释社会总资本的循环运动当然也在情理之中。

(二)均衡思想

《经济表》明确表达了一种均衡思想,在社会总资本的流通过程中,各经济主体之间是相互依存、相互制约的,并处于一种均衡的理想状态。生产阶级进行再生产需要土地所有者阶级继续提供土地,同时也需要不生产阶级提供生产工具;土地所有者阶级得以生存就必须依赖于生产阶级和不生产阶级提供的粮食及其他生活必需品;不生产阶级的再生产需要生产阶级提供原料和食物。在社会资本再生产的循环过程中,每一个经济主体能够提供的,正是其他经济主体所需要的,整个社会的供给和需求处于一种均衡状态,从而使社会生产得以顺利进行,国民经济也就能够持续繁荣③。然而,法国统治者当时实行的重商主义政策,对生产阶级征收的间接税,以及流行于法国上流社会的奢靡之风导致对农业支出的减少,进而破坏了整个经济的均衡状态。

土地是国家财富的唯一来源,魁奈主张向土地所有者征收直接税,而不是对劳动者及其工资征收间接税,并以此维护国民经济的均衡态势。魁奈的这种税收主张来自中国统治者实施的租税政策,他在《中华帝国的专制制度》中写道:"在(中国)近代,只有土地所有者一直交纳租税,而耕种土地的人则不必交纳此税。"④ 不啻维护经济均衡的直接税收

---

① 谈敏:《〈经济表〉与〈周易〉》,《周易研究》1991年第3期。
② 齐秦:《魁奈〈经济表〉思想起源初探》,《齐鲁学刊》1991年第2期。
③ 于洪波:《魁奈经济表研究》,新华出版社2007年版,第157—158页。
④ [法]弗朗斯瓦·魁奈:《中华帝国的专制制度》,谈敏译,商务印书馆1992年版,第78页。

措施来自中国，魁奈《经济表》中反映的均衡思想本身也有中国文化渊源。"在魁奈的时代，何以会产生这种均衡思想，如从其先行思想方面考察，魁奈所推重的《周易》，是一个不容忽视的思想来源。"① 魁奈的经济思想是以"自然法则"为基础的，而自然法则本身就包含了均衡的思想内涵。《周易》之《彖传》曰："乾道变化，各正性命。保合太和，乃利贞。"② 天道运行变化，并赋予万物以性命，天道保持着最高的和合状态，这对万物是极为有利的，因此尊重自然法则就是顺应"和合"之天道。《周易》提倡中正、中行、无过无不及的"尚中"精神。泰卦九二爻曰"得尚于中行"③，即崇尚中道而行。《周易》之《象传》曰："九五之吉，位正中也。"④ 九五爻之所以吉利，是因为它处于正位的中位。《周易》中的"和合"观，以及"尚中"精神都体现了均衡的理念，并且在中国古代的经济思想中得到了具体的运用。管子在《山至数》中提出"人君操谷币金衡而天下可定也"⑤，意思是讲国君只要掌握了谷物、货币、黄金之间的均衡关系就可以平定天下。《周易》中的均衡思想传到西方，对魁奈产生了重大的影响，他呼吁政府采取恰当的宏观调控政策，如提倡农产品的自由贸易、减少对劳动者的赋税、限制垄断、崇尚节俭等，努力使法国的社会经济恢复到均衡状态。《周易》的均衡思想对魁奈创建《经济表》起到了至关重要的作用，魁奈结合法国当时的社会经济状况将均衡的思想移植到《经济表》中，由此而奠定了西方经济学均衡理论的基础。

（三）宏观分析与表达

魁奈对经济的研究是从自然法则出发的，具有宏观的研究视野，他认为"整个经济科学的目标，在于通过研究保证人类社会能够恢复和更新支出的自然规律，以使收入能够最大可能地再生产"⑥。因此，魁奈创建的

---

① 谈敏：《〈经济表〉与〈周易〉》，《周易研究》1991 年第 3 期。
② 李申：《周易经传译注》，湖南教育出版社 2004 年版，第 2 页。
③ 李申：《周易经传译注》，湖南教育出版社 2004 年版，第 39 页。
④ 李申：《周易经传译注》，湖南教育出版社 2004 年版，第 177 页。
⑤ （唐）房玄龄注，（明）刘绩补注，刘晓艺点校：《管子》，上海古籍出版社 2015 年版，第 440 页。
⑥ ［法］弗朗索瓦·魁奈：《魁奈〈经济表〉及著作选》，晏智杰译，华夏出版社 2017 年版，第 244 页。

《经济表》以社会总资本再生产和流通问题为研究对象,是对一个国家国民经济总量运动的研究,而不是针对个体经济的微观研究。《经济表》开创了西方宏观经济分析的先河①。魁奈考察了法国国民经济现状,指出导致法国经济失衡的深层次原因在于政府实施的"重商抑农"政策违反了自然法则,并提出发展农业经济以恢复经济均衡状态的宏观措施。

《经济表》的宏观分析仍然可以从《周易》中探寻到思想渊源。《周易》是宏观思维的科学,它通过高度的概括和描述揭示了宇宙运行的一般法则和万物生长变化的一般规律。《周易》之《系辞传》(下)曰:"《易》之为书也,广大悉备:有天道焉,有人道焉,有地道焉。兼三才而两之,故六。"② 这段话意思是讲,《周易》这本书内容广大,无所不包:有天道、有地道、有人道。易卦兼有天、地、人三才,各用两爻来代表,因此一个卦有六爻。《周易》博大精深,旨在探索统摄天地人的总体规律。天、地、人三者构成一个有机的整体,这是《周易》对宇宙万物最高的抽象概括,体现了高度的宏观思维。《周易》的宏观思维在《经济表》中得到了充分的体现,魁奈将国民经济的主体抽象概括为生产者、土地所有者、不生产者三个阶级,用以代表参与国家经济活动的所有群体,并通过考察资本在这三个阶级之间的流转来揭示控制国民经济活动的总规律。

宏观经济分析涉及众多因素,诸如货币流通、生产与消费、国民经济的收入与支出等,这些因素构成了一个相互依存而又相互制约的庞杂的网络。魁奈追求以极简的方式来表达复杂的宏观经济关系,他在致米拉波(Victor de Riqueti, Marquis de Mirabeau)的信中写道:"我一直想制作一张经济秩序的基本表,以容易掌握的方式表现支出和产品,并对政府可能带来的有组织和无组织状态提出一个明确的概念。"③ 为实现这个目的,魁奈先后制作了三版不同的《经济表》原表,后来又发表了《经济表》的略表和图示。从原表到图示《经济表》在不断简化,省略了大量细节,直到"可以很容易地将它们(宏观经济要素)的秩序和相

---

① 于洪波:《魁奈经济表研究》,新华出版社2007年版,第151页。
② 李申:《周易经传译注》,湖南教育出版社2004年版,第224页。
③ [法]弗朗索瓦·魁奈:《魁奈〈经济表〉及著作选》,晏智杰译,华夏出版社2017年版,第211页。

第四章　"启蒙运动"中《周易》在西方的译介与传播

互关系,作为一个整体,在一张简单的图表中构思出来"①。魁奈将错综复杂的宏观经济要素归结到一张《经济表》上,用线条将资本再生产过程中各个环节的出发点和归宿点连接起来,以此来表述资本再生产和流通的整个过程,马克思称"这是一个极有天才的思想,毫无疑问是政治经济学至今所提出的思想中最有天才的思想"②。魁奈在《经济表》中力图以简单的线条和文字来表达庞杂的宏观经济要素,这种"以简驭繁"的表达方式与魁奈推崇的《周易》高度相似。

《周易》之《系辞传》(上)曰:"乾以易知,坤以简能。易则易知,简则易从。"③ 这段话的意思是,乾以平易的性质而为人所知,坤以简约的性质而显示其才能。平易使人明了,简约而使人顺从。正所谓"大道至简",《周易》将广阔浩瀚的宇宙和瞬息万变的大千世界归结到六十四卦中,以"卦"为工具,通过"卦"的阴阳变化来演绎宇宙的运行,纷繁复杂的世界也因此而变得简单明了。魁奈深谙"大道至简"的道理,他用一张简单的图表来表达错综复杂的经济关系,这与《周易》用六十四卦来表达宇宙世界有异曲同工之妙,因此重农学派成员博多(Nicolas Baudeau)将《经济表》比作《周易》,认为"此表(《经济表》)能以寥寥数字将经济原理解析明白,犹之伏羲六十四卦,能将哲学要义,解析明白"④。中国学者谈敏也认为"《经济表》的图解方式极有可能是效法《周易》卦图,或者是直接受到《周易》卦图的启发"⑤。这种推断并非空穴来风,而是基于《经济表》和《周易》相似的宏观思维,以及二者"以简驭繁"的表述方式,甚至还基于魁奈对《周易》的高度推崇,以及西方学者对《经济表》的评价。

小　结

18世纪中国文化在欧洲的译介与传播引发了一场声势浩大的"中国

---

① [法] 弗朗索瓦·魁奈:《魁奈〈经济表〉及著作选》,晏智杰译,华夏出版社2017年版,第221页。
② [德] 马克思:《剩余价值理论》(第一册),人民出版社1975年版,第366页。
③ 李申:《周易经传译注》,湖南教育出版社2004年版,第198页。
④ 朱谦之:《中国思想对于欧洲文化之影响》,山西人民出版社2014年版,第286页。
⑤ 谈敏:《〈经济表〉与〈周易〉》,《周易研究》1991年第3期。

热"，也促成了一场汹涌澎湃的反教会、反封建专制的思想启蒙运动在欧洲轰轰烈烈地展开，启蒙思想家们利用中国文化为镜去发现和反思欧洲的诸多问题。在启蒙运动中，欧洲不仅表现出对中国的仰慕和向往，更重要的是，启蒙思想家们从中国悠久的历史和灿烂的文化中汲取丰富的营养来改造欧洲社会。

在启蒙思想家能够接触到的中国材料中，《周易》的重要性是不言而喻的。启蒙思想家们从《周易》中寻找理论依据，利用《周易》来表达自己的立场和观点，或者以《周易》思想为鉴针砭欧洲的社会时弊，进而提出改变欧洲社会现实的思想和途径。启蒙运动先驱莱布尼茨发现了二进制与伏羲六十四卦高度的"一致性"，还赋予这种"一致性"以宗教意义，并且从《周易》中发掘联合中西方文化的理性基础。法国汉学家弗雷烈开启了专业汉学的《周易》研究；"百科全书派"领袖狄德罗利用《周易》哲学批判了基督教世界观；"重农学派"创始人魁奈以《周易》为思想渊源，提出了重农主义思想并创建了《经济表》。《周易》为欧洲启蒙思想家提供了改造欧洲社会的灵感，同时《周易》也随着启蒙思想家的著述而在西方社会广为流传。更为重要的是，启蒙思想家对《周易》的译介与传播冲破了基督教神学的藩篱，促进了《周易》在欧洲世俗世界的译介与传播，为《周易》在西方哲学、经济学、专业汉学等领域的研究开辟了广阔的天地。

第五章 "文化殖民"背景下《周易》在西方的译介与传播

第一节 文化殖民的传教策略

18世纪欧洲的启蒙运动和随后的资产阶级大革命推翻了腐朽的封建专制主义统治,而且随着资本主义国家的强势崛起,西方列强迅速将殖民侵略拓展到中国,19世纪中期随着中国沦为西方列强的半殖民地,西方殖民者强化了对中国的文化殖民。文化殖民指的是西方国家凭借其文化霸权"向'他者'输出自己的思维方式,价值观念、意识形态和宗教信仰……从而实现世界文化西方化,西方文化普世化,形成西方式的一元文化体系,将世界永久置于西方的统治下"[①]。为达到文化殖民的目的,西方殖民者在中国大肆传播基督教,他们首先采取了文化对立的"孔子或耶稣"的传教策略,在遭到了中国民众强烈反抗后,又转而采用看似融合基督教文化和儒家文化的"孔子加耶稣"的传教策略。"孔子加耶稣"比"孔子或耶稣"更具有迷惑性和隐蔽性,但其实质都只不过是西方列强在中国推行文化殖民的手段而已。无论是"孔子或耶稣",还是"孔子加耶稣",其前提都是要充分认识和了解"孔子",因此在西方文化殖民的驱动下,西方传教士和世俗汉学家展开了对包括《周易》在内的儒家经典新一轮的译介与传播。

一 "孔子或耶稣"的传教策略

18世纪欧洲的启蒙运动开启了民智,解放了思想,有力地推动了欧

[①] 陈曙光、李娟仙:《西方国家如何通过文化殖民掌控他国》,《红旗文稿》2017年第17期。

《周易》在西方的译介与传播研究

洲各国科学技术的发展,欧洲的人文社会科学研究也呈现出一派繁荣的景象,欧洲各国的国力也日渐强盛起来,并大肆对外拓展殖民地。然而,此时的中国却仍然处于故步自封且夜郎自大的状态,到18世纪末在欧洲持续近100年的"中国热"渐渐冷却下来,欧洲人开始冷静地思考并重新审视曾经令他们仰慕的中国文化。中国在欧洲的形象也因此悄然发生了变化,中国已不再是那个令人羡慕和崇拜的偶像了,德国哲学家赫尔德(Johann Gottfried von Herder)将中国比喻为一具已经僵化而且腐朽不堪的木乃伊,"它周身涂有防腐香料,描画有象形文字,并且以丝绸包裹起来。它体内血液循环已经停止,犹如冬眠的动物一般"[1]。这个比喻形象地揭示了这样一个事实:中国沉睡在过去的辉煌里,当欧洲各国正在突飞猛进的时候,中国却停滞不前了,特别是鸦片战争之后,中国逐渐沦为了一个半封建半殖民地国家,一个被西方列强任意宰割的对象。在欧洲人心目中,那个曾经灿烂文明的中国已经完全蜕变为一个愚昧落后的国家,中国整体国家形象的没落似乎凸显了欧洲文化的优越性。

中国文化的西传在很大程度上得益于耶稣会在华推行的传教路线——"文化适应"政策,耶稣会士为传播基督的"福音"而主动适应中国文化,特别是出于"礼仪之争"的需要,他们译介了大量儒家经典,并援引儒家经典来证明在华传教路线的合理性。然而,1773年罗马教廷宣布解散耶稣会,这标志着耶稣会"文化适应"政策彻底失败,同时也标志着以耶稣会为主导的中国文化西传走到了穷途末路。1807年基督教新教进入中国传教,基督教在华传播从此进入一个新的阶段。尽管当时清朝政府仍在严厉禁教,但刚刚进入中国的基督教新教出于西方基督教文化的优越感,他们放弃了耶稣会长期奉行的"文化适应"政策,转而采取"孔子或耶稣"的传教策略。这种新的传教策略采取了根本冲突的文化观念,认为"很难将孔子和耶稣混为一谈,要么是孔子,要么是耶稣,二者必居其一"[2]。"孔子"并非单指"孔子"本人,而是指以儒家文化为主体的中国文化;"耶稣"也并不仅仅是"耶稣基督",而是指西方基督教文化,"孔子或耶稣"就是要中国民众在中国文化和西方

---

[1] [德]赫尔德:《中国》,载[德]黑格尔、[德]康德、[德]韦伯等著,何兆武、柳御林主编《中国印象——世界名人论中国文化》(上),广西师范大学出版社2001年版,第169页。

[2] 黄新宪:《基督教教育与中国社会变迁》,福建教育出版社1996年版,第74页。

第五章 "文化殖民"背景下《周易》在西方的译介与传播

基督教文化之间做出选择,但最终目的是规劝中国民众放弃固有的中国文化信仰,转而信奉西方基督教文化,从而在中国实现文化殖民。

"孔子或耶稣"的传教策略完全是排他性的,"他们传授的信仰完全以《圣经》内容为主,反对任何《圣经》以外的知识和训导,反对任何与中国文化的和解,妥协与对话"[1]。基督教新教排他性的传教策略令中国民众极为反感,中国民众感到自己的文化受到了前所未有的威胁。不仅普通民众难以接受,而且中国的士大夫阶层对"孔子或耶稣"的传教策略也愤恨不已,来自全国各地风起云涌的"反洋教"运动更是让基督教在中国难以立足。根深蒂固的中国文化成为基督教在华传播无法消除的屏障,尽管鸦片战争后一系列不平等条约给予了西方国家在华传教的种种特权,然而入教者却寥寥无几,文化殖民自然就无从谈起了。"从《南京条约》之后他们在中国沿海传教二十年,教徒仅一千人。从《天津条约》之后他们虽已进入内地活动,但直到(19世纪)70年代初,教徒人数也未突破一万关。"[2] 如果以教徒的数量来衡量传教的效果,新教"孔子或耶稣"的传教策略与耶稣会"文化适应"政策下所取得的成效是不可同日而语的,西方殖民者难以通过寥寥无几的信众实现文化殖民的目的。

经过数千年的浸染,儒家文化在中国已经深入人心,在"孔子或耶稣"的传教策略下,大多数中国民众会毫不犹豫地选择"孔子"。为彻底摧毁中国民众的文化根基,实现文化殖民的目的,奉行"孔子或耶稣"策略的西方传教士不遗余力地批判甚至诋毁中国儒家经典。由于《周易》在儒家经典中的崇高地位,传教士们将《周易》列为首先重点攻击的目标。1819年在英国新教传教士米怜(William Milne)主办的英文报刊《印中搜闻》(The Indo-Chinese Gleaner)第九号中刊出了一篇题为《中国的形而上学》("Chinese Metaphysics")的文章,文中将《周易》中的易卦称为类似于毕达哥拉斯学派中的"智慧之数",而在中国这些数的唯一用途就是用于算命中的欺诈[3]。德国新教传教士郭实腊(Karl Friedrich August Gützlaff)是"孔子或耶稣"传教策略的坚决拥护者,1834年他在《中国丛报》(The Chinese Repository)上发表了题为

---

[1] 杜小安:《基督教与中国文化的融合》,中华书局2010年版,第54页。
[2] 顾长声:《传教士与近代中国》,上海人民出版社2013年版,第157页。
[3] William Milne, "Chinese Metaphysics", The Indo-Chinese Gleaner, Vol. 3, No. 9, July 1819.

《中国经典》("Chinese Classics")的文章,文中对《周易》极尽污蔑诋毁之词。郭实腊将《周易》定性为一本"算命的书"(a book of fate),认为《周易》"充满了形而上学的谬论(metaphysical nonsense)"①。郭实腊所说的《周易》中的"形而上学"实际上指的是《周易》的宇宙生成观,他在文中写道:"《周易》的基本原理是阴阳之道,世界的持续存在来源于阴阳双元动力的影响,然而这只不过是一个错误的假设而已,因而从这个错误的前提得出的任何推论都是不合乎逻辑的,或者是荒谬的。"② 英国新教传教士马礼逊(Robert Morrison)也认为"《周易》中矫揉造作而微妙的物质体系荒谬不堪,让人难以忍受"③。《周易》从阴阳变化来阐释宇宙的发生和演化,《周易》所阐释的世界是物质性的,这与基督教宣扬的上帝创世学说是根本冲突的,新教传教士从基督教的神学立场出发,对《周易》的批判和诋毁只不过是为"孔子或耶稣"的传教策略铺路而已,并最终在中国实现文化殖民。

二 "孔子加耶稣"的传教策略

中国民众对基督教的反抗和排斥让新教中的一些"有识之士"幡然醒悟,要消除中国民众对基督教的疑惑和愤恨,就不能完全排斥中国文化,而必须采取融合和对话的态度,正是在这种背景下产生了"孔子加耶稣"的传教策略。最早从理论上系统阐释"孔子加耶稣"传教策略的是美国传教士林乐知(Young John Allen),从1869年12月4日到1870年1月8日,林乐知连续五期在其创办的《教会新报》(后改名为《万国公报》)上发表了题为《消变明教论》的文章,提出"耶稣心合孔孟"的观点。他援引《圣经》中的章节和儒家义理,借以证明"儒教之所重五伦,而吾教(基督教)亦重五伦;……儒教重五常,吾教亦重五常;……儒教君子三戒,与吾教上帝十戒,旨有相同者"④。"孔子加耶稣"并不

---

① Karl Friedrich August Gützlaff, "Chinese Classics", *The Chinese Repository*, Vol. 3, No. 3, July 1834.

② Karl Friedrich August Gützlaff, "Chinese Classics", *The Chinese Repository*, Vol. 3, No. 3, July 1834.

③ Rev. Robert Morrison, *A Dictionary of the Chinese Language* (V. 1), Macao: The Honorable East India Company's Press, 1815, p. 491.

④ [美]林乐知:《消变明教论》,《教会新报》1869年12月4日、11日、25日,1870年1月1日、8日,载顾长声《传教士与近代中国》,上海人民出版社2013年版,第158—159页。

第五章 "文化殖民"背景下《周易》在西方的译介与传播

是将儒家学说和基督教思想简单地叠加或合并在一起,而是要证明二者是相通的,以及中国文化和基督教文化是完全可以彼此融合的。传教士应该尽量去了解中国文化和中国社会,将基督教教义和中国文化融合起来,以中国人乐于接受的方式宣扬基督教教义,进而改造中国社会和中国人的信仰,通过一条迂回的线路实现文化殖民。

"孔子加耶稣"在一定程度上继承了耶稣会的"文化适应"政策,但与"文化适应"政策相比,"孔子加耶稣"少了些对中国文化的刻意迎合和迁就,而多了些对中国文化更加客观和理性的思考。美国传教士丁韪良(William Alexander Parsons Martin)认为西方的基督徒们很容易将儒家经典跟《摩西前五书》和《四福音书》对应起来,"因为两者间确实存在着类似的传承关系。但与《圣经》相比,这些汉语典籍中的宗教因素微乎其微,像是依稀可见的北极光,而非赋予生命的太阳光"①。丁韪良看到了儒家典籍和《圣经》之间的契合之处,但同时也指出二者之间的巨大差异。无论是奉行"文化适应"政策的耶稣会士,还是推行"孔子加耶稣"策略的新教传教士,二者都不遗余力地研究儒家经典,但前者致力于寻找儒家和基督教在宗教信仰上的契合,而后者更注重儒家和基督教之间的对比,通过比较"求其相左处,与之'斗争';求其相安处,与之'妥协';求其相契处,以便'利用'之"②。从"文化适应"政策到"孔子或耶稣",再到"孔子加耶稣",这种转变不仅是基督教在华传教策略的转变,更体现了文化观念的转变——从"文化适应"到"文化对抗",再到"文化利用"的转变。

然而,文化观念的转变并没有改变"孔子加耶稣"的根本目的,即基督化中国并文化殖民中国。在"孔子或耶稣"的策略下,中国文化是文化殖民中国的障碍,而在"孔子加耶稣"的策略下中国文化却成为了文化殖民中国的武器。丁韪良毫不掩饰实行"孔子加耶稣"策略的目的,他认为"中国文化遗产既古老又令人尊敬,传教士必须重视中国文化的力量——既要与之斗争,又要与之妥协。只要有可能,就应该利用

---

① [美]丁韪良:《花甲忆记——一位美国传教士眼中的晚清帝国》,沈弘、恽文捷等译,广西师范大学出版社2004年版,第32页。
② 赵毅:《丁韪良的"孔子加耶稣"》,《美国研究》1987年第2期。

这股力量为基督教服务"①。为充分地利用好中国文化这个"武器"在中国充分传播基督教并进而文化殖民中国，就必须了解并熟悉中国文化。儒家经典承载了厚重的中国文化，那么熟读并研究儒家经典就成为传教士们在华传教的必经之路。

近代比较宗教学之父缪勒（Friedrich Max Müller）主张"平等"地对待世界范围内的所有宗教，并进行"不偏不倚"的研究，然而他又强调"在传教士眼里，他们对东方经典的准确认识是必不可少的，就正如一个将军必须了解敌国的情况一样"②。这句话清楚地表明研究儒家经典只不过是西方传教士了解中国的手段而已，其文化殖民的心态暴露无遗，即用基督教"征服"中国。在"孔子加耶稣"传教策略的指引下，要履行传教士的职责，读懂儒家经典是必不可少的，只有在充分了解儒家文化的基础上才能充分地利用儒家文化，使其为传播基督教服务，并最终引导中国民众皈依到基督的怀抱。然而对于不懂中国文字的西方传教士而言，读懂儒家经典谈何容易，因此翻译儒家经典就势在必行了。

18世纪末在中国的天主教耶稣会被取缔，随后继而代之的基督教新教在中国逐渐得势。从18世纪末到20世纪初，新教传教士是翻译儒家经典的绝对主力，译介的语言也从拉丁语转变为英语、法语、德语等欧洲国家的民族语言。新教传教士对儒家经典的译介始于19世纪初，但对《周易》经传全文的译介却相对较晚。新教传教士在很大程度上继承了耶稣会士对《周易》的主流观点，他们将《周易》视为"迷信之书"，认为"在科学的伪装下，它（《周易》）只不过是一整套荒诞无稽的占卜体系。在用落后的迷信来桎梏中国人心灵方面，它所起的作用要比任何一本其他的书都更为厉害"③。由于基督教新教对《周易》的"偏见"，除一些零星的译介以外，新教传教士并不愿意完整地翻译《周易》。直到19世纪末出于文化殖民的目的，新教传教士才认识到《周易》的价

---

① Peter Duus, "Science and Salvation in China: The Life and Work of W. A. P. Martin (1827–1916)", in Kwang-ching Liu, *American Missionaries in China*, Cambridge: Harvard University Press, 1966, p. 33.

② F. Max Müller, "Preface to the Sacred Books of the East", in *The Upanishads*, Oxford: The Clarendon Press, 1879, p. xl.

③ ［美］丁韪良：《花甲忆记——一位美国传教士眼中的晚清帝国》，沈弘、恽文捷等译，广西师范大学出版社2004年版，第32页。

第五章 "文化殖民"背景下《周易》在西方的译介与传播

值,在"孔子加耶稣"的传教策略下翻译《周易》是不可或缺的,此时才出现了完整的《周易》译本。

第二节 "God"译名之争中的《周易》

在文化殖民的驱动下,基督教新教进入中国的最终目的是向中国民众宣扬最高主宰"God",让他们认识并接受"God",并继而皈依到"God"的怀抱。"God"在希腊语中称为"Theos",在希伯来文中是"Elohim",在拉丁语中是"Deus",那么在汉语中"God"究竟该译为什么呢?19世纪新教传教士对"God"在汉语中的译名产生了激烈的争论。17世纪进入中国的耶稣会士将最高主宰"God"译为"天主",但新教传教士并没有继承耶稣会士的翻译,他们认为天主"和中国人过去信仰的'菩萨'(生前被人们爱戴的人死后变的)如出一辙"[1]。基督教新教内部对"God"的汉语译名存在严重的分歧,出现了"神"译派和"帝"译派两个不同的阵营,前者主张将"God"译为"神",而后者主张译为"上帝"。争论的双方为证明各自的合理性,往往引经据典。《周易》作为"群经之首"是争论双方都争相利用的重要文献,他们都从《周易》中寻找对自己有利的证据,以证明"God"译为"神"或"上帝"的合理性,"God"的汉语译名之争间接促进了《周易》在西方世界的译介与传播。

一 "神"译派

基督教新教内部首先将"God"译为"神"的是英国新教传教士马礼逊,马礼逊在《华英字典》中明确指出"神"就是"异教徒国家中的'God'"(God, in the sense of heathen nations)[2]。马礼逊之所以选择"神"来表达"God",是因为他觉得这是中国人自己的说法,如果采用别的词汇会让中国人误认为西方传教士给他们带来了另外一个神,马礼

---

[1] [英]艾莉莎·马礼逊:《马礼逊回忆录》(1),北京外国语大学中国海外汉学研究中心翻译组译,大象出版社2008年版,第106页。

[2] Rev. Robert Morrison, *A Dictionary of the Chinese Language* (V.2), Macao: The Honoralbe East India Company's Press, 1822, p. 772.

189

逊在1808年1月10日的日记中写道："我不是给他们带来了另一个神，而是要让他们信服他们对'神'的认识是错误的；世界上没有众多的神灵，只有唯一真神，在所有国家都一样。"① 继马礼逊之后，以文惠廉（William J. Boone）、裨治文（Elijah Coleman Bridgman）和娄理华（Walter Macon Lowrie）为代表的美国传教士坚决支持用"神"译"God"的主张。他们认为中国是一个信奉"多神论"的国家，因此应该选用一个能够指代所有神灵的词来翻译"God"，而在汉语中这个词非"神"莫属，"'神'就是汉语中的'God'，即广义的神明，'神'适用于中国所有的神灵，从最高之神到最低之神，同时还包括被子孙后辈们加以神化而崇拜的祖先灵魂，以及被中国人作为偶像加以崇拜的所有事物都称之为'神'"②。在中国古代社会《周易》古经被视为沟通神灵的工具，而阐释古经的《易传》也有关于神灵的记载，因此这些传教士希望利用《周易》证明"神"是翻译"God"的最佳汉语词汇。

1846年11月在新教传教士主办的英文报刊《中国丛报》（*The Chinese Repository*）上，娄理华发表了一篇长文详细地阐述了"神"译派的观点，文章题为《论汉语中最适于表达"God"的词汇和短语》（"Remarks on the Words and Phrases Best Suited to Express the Names of God in Chinese"），文中多处引用《周易》以分析"神"译"God"的必要性和合理性。《周易》之《系辞传》（上）曰："阴阳不测之谓神。"③（娄理华译文：That in the yin and yang principles, which is unsearchable, is called *shin*, divine. ④）阴阳变化不能测度而称之为"神"，娄理华不仅给出了这句话的字面意义，而且给出了详细的神学阐释："阴和阳可以测度的部分称为'物'，即创造物。但不能测度的部分要高于创造物，我们不能用创造物的名字来命名他，他与我们周围的事物是不同的，我们也不能通过周围的事物去理解他。他是太极（万物之终极法则）的至美，他

---

① [英]艾莉莎·马礼逊：《马礼逊回忆录》（1），北京外国语大学中国海外汉学研究中心翻译组译，大象出版社2008年版，第106页。
② Walter Lowrie, *Memoirs of the Rev. Walter M. Lowrie, Missionary to China*, New York: Robert Carter and Brothers, Philadelphia: William S. Martien, 1850, p. 444.
③ 李申：《周易经传译注》，湖南教育出版社2004年版，第201页。
④ Walter Macon Lowrie, "Remarks on the Words and Phrases Best Suited to Express the Names of God in Chinese", *Chinese Repository*, Vol. 15, No. 12, December 1846.

第五章 "文化殖民"背景下《周易》在西方的译介与传播

只能被称为'神',神明,或者'God'。"① 在《周易》之《系辞传》(上)中,"阴阳不测之谓神"中的"神"并非"神明"之"神",而是与物质相对的"精神",物质可以直接测度,而抽象的精神却不能。娄理华对"神"的阐释赋予了一层明显的宗教意义,他将"神"解释为"神明",其根本目的还在于用"神"来指代"God"。然而,在这种神学阐释中提到的"太极"不但没有增加"神"译"God"之论的说服力,反而为其他传教士反对用"神"翻译"God"留下了话柄,"太极"从根本上反映的是世界起源的物质性,而基督教宣扬上帝创造了世界,在一个纯粹的基督教徒看来这种矛盾和冲突是不允许存在的。

娄理华又援引《周易》之《说卦传》第七章为证,《说卦传》第七章阐述了天、地、雷、风、火、泽、水、山八种物质对立统一的运动变化成就了自然万物,但娄理华却认为"这个章节颂扬了中国人归于'神'的权力和美德"。《说卦传》第七章开篇即言:"神也者,妙万物而为言者也。"②(娄理华译文:The divine nature in a proper description is of all things the most admirable.③)娄理华在译文后详细区别了"物"和"神"之间的差异:"物"是有一定限度的,而且其用途只能体现在具体的实物上;而"神"的本质乃万物根本法则之中心,体现为不断循环的创造力和恢复力④。《说卦传》中的"神"其实指的是自然力量,正是自然的力量使万物发生了奇妙的运动变化,而基督教中的"God"是超自然的最高主宰,二者的所指不同,意义也不一样,但从娄理华的译文和阐释来看,他是将基督教徒对"God"的赞扬移植给了汉语中的"神",而且赋予汉语中的"神"以创造万物的能力,其良苦用心都是在为"神"译"God"提供注解。

在"God"译名之争中,美国传教士主张用"神"译"God",而大多数英国传教士则持反对意见,但英国圣公会传教士麦格基则是"神"

---

① Walter Macon Lowrie, "Remarks on the Words and Phrases Best Suited to Express the Names of God in Chinese", *Chinese Repository*, Vol. 15, No. 12, December 1846.
② 李申:《周易经传译注》,湖南教育出版社2004年版,第230页。
③ Walter Macon Lowrie, "Remarks on the Words and Phrases Best Suited to Express the Names of God in Chinese", *Chinese Repository*, Vol. 15, No. 12, December 1846.
④ Walter Macon Lowrie, "Remarks on the Words and Phrases Best Suited to Express the Names of God in Chinese", *Chinese Repository*, Vol. 15, No. 12, December 1846.

译"God"的支持者。麦格基翻译了《周易》经传全文，并且撰文阐述了《周易》哲学中的宇宙观，他认为"因为人只有一个至高无上的灵魂，那么宇宙同样也是由一个至高无上的灵魂统治的，这就是'God'；因为人的灵魂是宇宙灵魂的一部分，那么人的灵魂也称为'God'，或者'the Divinity Within'——θεός，Deus，而在中国则称为'神'"①。在西方语言中"God"、"θεός"、"Deus"分别是英语、希腊语、拉丁语对基督教"至高神"的称呼，麦格基将汉语中的"神"与西方对"至高神"的称呼并列起来，在麦格基看来汉语中的"神"与基督教中的"God"是一致的，他通过对《周易》的分析而得出结论："依据《易经》（《周易》），儒家学者和西方古代哲学家都认为只有一个至高神，他是宇宙间万事万物的创造者。"②在翻译《周易》之《文言传》"君子黄中通理"一句时，麦格基将"理"翻译为"Fate"，并解释道："Fate（理）is the supreme soul of the universe and is also designated 道 Reason, and 神 God in the classic."③ 从"理"的解释中，读者可以看到麦格基将"神"译为"God"，而且将其等同于"道"和"理"，即宇宙间至高无上的灵魂，也就是"God"。

在《周易》中"神"的意义不是固定不变的，首先"神"可以理解为"统摄宇宙的最高法则"，如《周易》之《系辞传》（上）所言"'神'无方而易无体"④，麦格基将这句话译为："Thus God is omnipresent and Change (i.e. Matter) has no fixed form."⑤ "统摄宇宙的最高法则"无处不在，而变化也没有固定的形式。在基督教文化中万能的"God"也是无处不在的，麦格基认为从这个意义上讲，汉语中的"神"指的就是基督教中的"至高神"，因此他将"神"译为了"God"。另外，《周易》中"神"还可以理解为所有神灵的统称，《周易》之《象传》所言

---

① Rev. Canon McClatchie, *A Translation of the Confucian 易经 or the Classic of Changes with Notes and Appendix*, Shanghai: American Presbyterian Mission Press, 1876, p. 415.

② Rev. Canon McClatchie, *A Translation of the Confucian 易经 or the Classic of Changes with Notes and Appendix*, Shanghai: American Presbyterian Mission Press, 1876, p. 441.

③ Rev. Canon McClatchie, *A Translation of the Confucian 易经 or the Classic of Changes with Notes and Appendix*, Shanghai: American Presbyterian Mission Press, 1876, p. 28.

④ 李申：《周易经传译注》，湖南教育出版社2004年版，第201页。

⑤ Rev. Canon McClatchie, *A Translation of the Confucian 易经 or the Classic of Changes with Notes and Appendix*, Shanghai: American Presbyterian Mission Press, 1876, p. 302.

第五章 "文化殖民"背景下《周易》在西方的译介与传播

"鬼神害盈而福谦"①，麦格基将其译为："Gods and Demons send calamity upon the haughty, and bestow happiness upon the humble."② 这句话的意思是讲，鬼神降害于盈满而施福于谦虚，在这句话中"神"显然不是"至高神"，麦格基使用复数形式的"Gods"表示这里的"神"是类指的一般神灵。其次，在《周易》中"神"还可以作"神妙"解，如《周易》之《系辞传》（下）所言"神而化之，使民宜之"③，麦格基将其译为："…and by Divinely reforming them, caused them to practise propriety."④ 这句话的意思是讲，古代的圣人将它们（八卦）神妙地加以变化，使人们能够恰当地使用之。麦格基将"神"译为"Divinely"，在英语中"Divine"的意思是"of, from, or like God or a god"[（来自或像）上帝的；神的]⑤。"Divinely"改变了"神"在原文中的意思，使之"神性化"了。从以上译文可以看出，麦格基给《周易》中的"神"披上了一层基督教的外衣，译者站在西方基督教文化的立场来翻译和阐释《周易》，并力图将《周易》纳入基督教文化圈。

二 "帝"译派

在"God"译名之争中，与"神"译派针锋相对的是"帝"译派，"帝"译派以英国新教传教士为主，其主要代表有麦都思（Walter H. Medhurst）、理雅各、米怜等⑥，他们认为"汉语中没有一个词汇能够表达'God'的意思……而最近似的表达是'上帝（Shang-Te）'"⑦。为证明用"上帝"翻译"God"的合理性，这些英国新教传教士不遗余力地在儒家经典中寻找证据，其中《周易》是他们重点引用的证据来源。

---

① 李申：《周易经传译注》，湖南教育出版社2004年版，第50页。
② Rev. Canon McClatchie, *A Translation of the Confucian 易经 or the Classic of Changes with Notes and Appendix*, Shanghai: American Presbyterian Mission Press, 1876, p. 82.
③ 李申：《周易经传译注》，湖南教育出版社2004年版，第214页。
④ Rev. Canon McClatchie, *A Translation of the Confucian 易经 or the Classic of Changes with Notes and Appendix*, Shanghai: American Presbyterian Mission Press, 1876, p. 334.
⑤ Judy Pearsall and Patrick Hanks, et al., *The New Oxford English-Chinese Dictionary*, Shanghai: Shanghai Foreign Language Education Press, 2007, p. 616.
⑥ 在《圣经》早期的汉译过程中，麦都思、理雅各、米怜都曾主张过用"神"翻译"God"，但后来都转而主张用"上帝"翻译"God"。
⑦ William Milne, "Chinese Terms to Express The Deity", *The Indo-Chinese Gleaner*, Vol. 3, No. 16, April 1821.

英国伦敦传教会教士麦都思是"帝"译派的核心人物,他多次发表文章为"帝"译派站台呐喊。1847年麦都思在其著作《论中国神学》中用大量篇幅引用了《周易》经传中的内容,竭力证明"上帝"才是中国人心目中的最高主宰。《周易》之《象传》曰:"先王以作乐崇德,殷荐之上帝,以配祖考。"[1] 麦都思将这句话译为:"Thus the ancient kings invented music, in order to promote virtue, and they especially performed it before the Supreme Ruler, whilst they associated with him in worship their ancestors and deceased parents."[2] 这句话的意思是讲:先王据此创作了乐曲来歌颂功德,将之隆重地献给上帝,并与已故的祖先共享。麦都思将"上帝"译为"Supreme Ruler",即"最高主宰",麦都思对"上帝"的最高定位在译文中一目了然,他进一步解释道:"音乐的最高用途是献给上帝,祖先也能享此殊荣,这是因为上帝是万物之源,而祖先是家族之源。"[3]

益卦六二爻曰:"王用享于帝,吉。"[4] 麦都思对益卦六二爻的译文是:"By kings, in the worship of the (Supreme) Ruler, which is said to be fortunate."[5] 这句话的意思是讲:天子祭祀上帝,吉利。在汉语中"帝"既可以指天帝、上帝等宇宙万物的主宰,也可以是人类社会的最高统治者,如皇帝、帝王等。益卦讲统治者应当损削自己而补益臣民,他们对臣民表现出一种谦恭的态度。原文中的"帝"实指"上帝",麦都思用"(Supreme) Ruler"来翻译"帝",译文清楚地表明了原文的语义所指,但他进一步阐释道:"上帝高于所有的帝王,所有的帝王都臣服于他。"[6] "帝王"是人类社会的最高统治者,然而他们都必须臣服于上帝,因而

---

[1] 李申:《周易经传译注》,湖南教育出版社2004年版,第53页。

[2] Walter H. Medhurst, *A Dissertation on the Theology of the Chinese, with a View to the Elucidation of the Most Appropriate Term for Expressing the Deity, in the Chinese language*, Shanghae: The Mission Press, 1847, p. 233.

[3] Walter H. Medhurst, *A Dissertation on the Theology of the Chinese, with a View to the Elucidation of the Most Appropriate Term for Expressing the Deity, in the Chinese language*, Shanghae: The Mission Press, 1847, p. 233.

[4] 李申:《周易经传译注》,湖南教育出版社2004年版,第132页。

[5] Walter H. Medhurst, *A Dissertation on the Theology of the Chinese, with a View to the Elucidation of the Most Appropriate Term for Expressing the Deity, in the Chinese language*, Shanghae: The Mission Press, 1847, p. 233.

[6] Walter H. Medhurst, *A Dissertation on the Theology of the Chinese, with a View to the Elucidation of the Most Appropriate Term for Expressing the Deity, in the Chinese language*, Shanghae: The Mission Press, 1847, p. 233.

第五章 "文化殖民"背景下《周易》在西方的译介与传播

麦都思认为上帝才是人类社会的真正主宰,他对原文的阐释超出了原文的语义范围,增加了一层原文没有的神学色彩。

《周易》之鼎卦《象传》曰:"圣人亨以享上帝,而大亨以养圣贤。"① 麦都思将其翻译为:"…the sages boiled flesh in it, in order to sacrifice to the (Supreme) Ruler, but the great boiling was employed for the support of the wise and good men (about the court)."② "鼎"是古代用来烹煮食物的工具,同时作为祭祀活动中的重要仪器,原文揭示了圣人用鼎烹煮食物的两大功用:祭祀上帝和供养圣贤。麦都思的译文完整地再现了原文的内容,但他认为《周易》之鼎卦《象传》暗示了人们祭祀上帝的动机和礼仪,即感谢上帝的恩惠,并表现出虔诚之心,人们把上帝视作万福的创造者和心灵的审查者③。古人的祭祀活动庄重而又严肃,人们必须带有虔诚和敬畏之心,麦都思的阐释旨在证明中国古人已经具备了对上帝应有的礼仪和态度。麦都思利用《周易》说明"上帝"在中国人心目中不仅古已有之,而且还将"上帝"作为万物和人类社会的最高主宰,甚至还具备了对上帝的虔诚之心和恰当的礼仪,麦都思试图证明用"上帝"翻译作为宇宙万物最高主宰的"God"是合理的。

麦都思在证明用"上帝"翻译"God"的合理性的同时,严厉地抨击了"神"译"God"的谬误。"帝"和"神"在儒家经典中都广泛存在,但麦都思认为此二者的地位是不同的。1848年麦都思撰写了一篇长文,题为《〈圣经〉汉译中"God"恰当的翻译方式探究》,文中对"神"译派的指责一一做出了回应。麦都思以《周易》为依据论述了"帝"和"神"的体用关系,《周易折中》引梁氏寅曰:"神,即帝也,帝者神之体,神者帝之用,故主宰万物者,帝也,所以'妙万物'者,'帝'之神也。"④ 麦都思据此认为在"帝"和"神"的关系中,"帝"

---

① 李申:《周易经传译注》,湖南教育出版社2004年版,第155页。
② Walter H. Medhurst, *A Dissertation on the Theology of the Chinese, with a View to the Elucidation of the Most Appropriate Term for Expressing the Deity, in the Chinese language*, Shanghae: The Mission Press, 1847, pp. 233 – 234.
③ Walter H. Medhurst, *A Dissertation on the Theology of the Chinese, with a View to the Elucidation of the Most Appropriate Term for Expressing the Deity, in the Chinese language*, Shanghae: The Mission Press, 1847, p. 234.
④ (清)李光地撰,李一忻点校:《周易折中》,九州出版社2002年版,第943页。

为体（substance or origin of the 神），而"神"为用（spiritual energy），"神"是"帝"的体现，因此"帝"才是万事万物的主宰，万物中最为奇妙的莫过于"帝之神"①。体和用是一对中国古典传统哲学范畴，"体"是内在根本的实质，而"用"则是外在的表面现象。在"帝"和"神"的体用关系中，"帝"才是根本和实质，而"神"是"帝"的外在运行和作用，因此"帝"的意指明显比"神"要高一个层次。

麦都思又引《周易》之《文言传》曰："天且弗违，而况于人乎？况于鬼神乎？"②麦都思将这句话译为："If Heaven does not oppose, how can men, and how can the Kwei Shins?"③这句话的意思是讲，如果君子能够做到顺天应时，那么上天也不会违背他，更何况人和鬼神呢？麦都思认为这句话中的"天"（Heaven）显然指的是神性（Divinity），而"鬼神"指的是"精灵"（spirits），帝乃天之主宰，这句话也反映了鬼神从属于天和帝的关系④。麦都思以《周易》为依据，阐述了"神"和"帝"在中国典籍中不同的地位，"帝"高于"神"，而"神"从属于"帝"，从而指出用"神"翻译西方文化中作为最高主宰的"God"是不恰当的。

英国伦敦布道会传教士理雅各也是"帝"译派的核心成员，针对"神"译派提出的中国人并不知晓"God"存在的观点，他明确地指出中国人不仅有"God"的观念，而且汉语中也有与英语中的"God"、希伯来语中的"Elohim"，以及希腊语中的"Theos"相对应的词汇，这个词就是"Shang-te"（上帝）⑤。理雅各利用《周易》来反驳"神"译派，他引用《易经体注》曰"天之生成万物而主宰之者谓之帝"，并给出译文："When Heaven produces and completes the myriads of things, and rules

---

① Walter H. Medhurst, *An Inquiry into the Proper Mode of Rendering the Word God in Translating the Sacred Scriptures into the Chinese Language*, Shanghae: The Mission Press, 1848, p. 15. 该文首先在《中国丛报》发表，后以单行本出版。

② 李申：《周易经传译注》，湖南教育出版社2004年版，第8页。

③ Walter H. Medhurst, *An Inquiry into the Proper Mode of Rendering the Word God in Translating the Sacred Scriptures into the Chinese Language*, Shanghae: The Mission Press, 1848, p. 144.

④ Walter H. Medhurst, *An Inquiry into the Proper Mode of Rendering the Word God in Translating the Sacred Scriptures into the Chinese Language*, Shanghae: The Mission Press, 1848, p. 144.

⑤ James Legge, "Introduction", in *The Notions of the Chinese Concerning God and Spirits*, Hongkong: Hongkong Register Office, 1852, pp. 1-2.

第五章 "文化殖民"背景下《周易》在西方的译介与传播

and governs them, the title given to that being is Te."① 理雅各认为从这句话可以得知"帝"是"天"的称谓，天首先生成了万物，然后再统治万物，这里"天"或"帝"的概念与西方基督教文化中的最高主宰"God"高度相似，他认为尽管中国文化中的最高主宰并没有以"God"的名义存在，但"God"所代表的最高主宰的概念在中国文化中却是存在无疑的。理雅各又以《周易》证明中国古代文化中有对"上帝"的崇拜。涣卦卦辞曰："王假有庙。"《周易》之《象传》曰："先王以享于帝，立庙"②，这两句话的意思是讲：先王来到了宗庙；以此来祭祀上帝，建立宗庙。理雅各引用了北宋理学家程颐对涣卦的注解："救天下之涣散，至于享帝立庙也，收合人心，无如宗庙，祭祀之报，出于其心，故享帝立庙，人心之所归也。系人心，合离散之道，无大于此。"③ "涣"指天下人心涣散，国家四分五裂，而理雅各认为导致这一结果的原因是"人们失去了对上帝的敬畏和对祖先的崇敬"④。理雅各从程颐的注解中看到，为重拾民心，避免国家遭受分崩离析的厄运，中国人的先王来到宗庙祭祀上帝和祖先，并为他们重修宗庙，通过这种宗教活动把离散的人心再次聚拢起来。理雅各利用程颐对涣卦的阐释证明了"上帝"不仅在中国文化中存在，而且中国人对"上帝"的崇拜在他们的日常生活和国家政治中起到了至关重要的作用。在理雅各看来，中国人对"上帝"的崇拜与西方人对"God"的敬仰是一致的，从而证明用"上帝"一词翻译"God"的合理性。

理雅各不仅主张将"God"翻译成"上帝"，甚至还将中国典籍中的"上帝"直接翻译成"God"，而反对理雅各的人主张将"上帝"译为"Supreme Ruler"、"Supreme Emperor"或者"Ruler（or Emperor）on high"。理雅各于1882年将《周易》经传译成英文出版，在译本序言中理雅各对其反对者的观点做了回应："从中国人第一次使用'帝'开始，

---

① James Legge, "Introduction", in *The Notions of the Chinese Concerning God and Spirits*, Hongkong: Hongkong Register Office, 1852, p. 12.
② 李申:《周易经传译注》，湖南教育出版社2004年版，第181页。
③ （宋）程颐:《程氏易传》（卷四），载梁韦玹《程氏易传导读》，齐鲁书社2003年版，第334页。
④ James Legge, "Introduction", in *The Notions of the Chinese Concerning God and Spirits*, Hongkong: Hongkong Register Office, 1852, p. 13.

'帝'表达的概念与我们的祖辈们使用'God'所表达的概念是一致的。对读者而言，使用'Supreme Ruler'和'God'没有任何区别，当我把'帝'译成'God'，把'上帝'译成'Supreme God'或者为了简洁也译为'God'的时候，我只不过是在做翻译而已，并没有给出任何个人的阐释。"[1] 理雅各将中国典籍中的"帝"或"上帝"等同于基督教中万物的最高主宰"God"，因此理雅各在英译《周易》时，《周易》古经和《易传》中的"帝"及"上帝"都被译成了"God"。

"God"在汉语中的译名之争不仅仅是一个语言转换的问题，而涉及更深层次的宗教和文化问题，"神"译派认为中国是一个信奉多神的国家，因而主张用表示泛指的"神"来翻译"God"；"帝"译派认为中国人的祖先信仰唯一的真神"上帝"，因而主张用"上帝"翻译"God"。尽管"神"译派和"帝"译派在"God"译名之争中存在巨大分歧，但他们的目标是一致的：在文化殖民的驱动下，通过"孔子加耶稣"的传教策略，利用中国民众对"神"或"上帝"的崇拜，将中国传统的宗教信仰和西方基督教信仰对等起来，用基督教文化去诠释中国文化，或者最大限度地利用中国文化去传播基督教文化。在"God"的汉语译名之争中，"神"译派和"帝"译派都将儒家文化典籍《周易》作为阐述自己观点的有力证据，他们从《周易》中各取所需，从各自的立场对《周易》经传做不同的阐释，因此"神"译派和"帝"译派的争论却在无形中促进了《周易》在西方世界的传播。

第三节 马礼逊对《周易》的译介

英国传教士马礼逊是首个进入中国的基督教新教传教士，尽管马礼逊并未正式提出"孔子加耶稣"的传教策略，但其言论和实际行动已经初见"孔子加耶稣"的雏形。马礼逊认为"孔子的思想一方面纯洁而崇高，另一方面也对神性、未来生活、罪恶的本质和拯救人性的手段作了原原本本的论述"[2]。马礼逊对儒家四书和孔子本人有如下评价："这些书有许多精华，但也存在一些错误。总的来说，这些错误是非常严重的。

---

[1] James Legge, "Preface", in The I Ching, New York: Dover Publications, p. xx.
[2] ［英］汤森：《马礼逊——在华传教士的先驱》，吴相译，大象出版社 2002 年版，第 14 页。

第五章 "文化殖民"背景下《周易》在西方的译介与传播

孔子看起来好像是一个很能干并且正直的人，一生都不肯接受当时流行的迷信，可是他并没有提出弥补这一不足的宗教信仰。"[1] 马礼逊对孔子及儒家经典既有赞赏，也有贬抑，这反映出他对儒家文化冷静而理性的思考，这也是后来奉行"孔子加耶稣"的传教士们对儒家文化的基本态度。马礼逊不仅首次将《圣经》译介到中国，而且还将《大学》《中庸》和《论语》等儒家经典翻译成英语，编纂出版《华英字典》（A Dictionary of the Chinese Language），以及在华创办近代学校等，而所有这一切都无不是"孔子加耶稣"传教策略的具体实践。马礼逊编纂的《华英字典》是中国历史上第一部汉英字典，其目的是帮助西方传教士更好地学习汉语，了解中国社会、政治和文化等，以便为执行文化殖民的传教政策服务。《华英字典》内容极为丰富，马礼逊参考了大量中文典籍，为解释一个词条而往往旁征博引。马礼逊在《华英字典》中翻译了《周易》六十四卦名，而且还大量引用《易传》中的内容来解释词条。

一 "卦"的翻译和阐释

在《华英字典》"卦"这个词目下，马礼逊将"卦"译为"divination; to divine and mark by lines; a prognostic"，并且还列出了汉语中跟"卦"有关的词条，如：打卦、占卦、卜卦、三变而成书六变而成卦、占卦算命、卦命先生、看人说话看鬼打卦[2]。在英语中"divine"和"prognostic"都有"预测"的意思，而且以上所列词条无一不跟"预测"相关，可见马礼逊认为"卦"是用来占卜以预测未来的工具，这与新教传教士最初对《周易》的基本看法是完全一致的。马礼逊又将"八卦"译成"The eight diagrams"[3]，"diagram"的希腊语词源"diagraphein"的意思是"mark out by lines"，即"用线条标示"。鉴于"卦"是由阳爻（—）和阴爻（--）构成的，因此马礼逊用"The eight diagrams"翻译"八卦"是很直观而形象的。另外，马礼逊还分别画出了八卦卦符（见

---

[1] ［英］艾莉莎·马礼逊：《马礼逊回忆录》（1），北京外国语大学中国海外汉学研究中心翻译组译，大象出版社2008年版，第150页。

[2] Rev. Robert Morrison, *A Dictionary of the Chinese Language* (V.1), Macao: The Honorable East India Company's Press, 1815, p.310.

[3] Rev. Robert Morrison, *A Dictionary of the Chinese Language* (V.1), Macao: The Honorable East India Company's Press, 1815, p.310.

图9），并标出每个卦所代表的方位，译文"The eight diagrams"比较形象地再现了八卦的构成，西方读者借助译文和卦图很容易形成对卦的直观理解。毋庸讳言，占卜是易卦在中国民间的功用之一，但易卦同时也体现了中国古代圣贤对自然和社会的哲学思考。

```
1 ═══  2 ═ ═  3 ══ ══  4 ═ ═  5 ═══  6 ═ ═  7 ═══  8 ═ ═
  ═══    ═══    ═ ═     ═ ═    ═══    ═ ═    ═ ═     ═ ═
  ═══    ═══    ═══     ═══    ═ ═    ═══    ═ ═     ═ ═
   乾     兑     離      震     巽     坎     艮      坤
 Këen;  tuy;    le;    chin;   sin;  k'han;  kăn;   kwan.
  NW.    W.     S.      E.     SE.    N.     NS.    SW.
```

图9　《华英字典》中的八卦卦符①

尽管马礼逊将易卦视为占卜工具，但与其他新教传教士不同的是，马礼逊对"卦"的翻译和阐释并没有停留在"占卜"的层面，而是将其延伸到了哲学的领域。马礼逊在"卦"的词目中还介绍了北宋理学家周敦颐的"太极图"以及六十四卦的演绎和生成过程。他将"易道"翻译成"Doctrine of Changes"，即变化之道，并指出"易道"是无穷的（infinite），易卦中的线条代表了自然界的变化和世间的事物②，由此马礼逊将易卦从"占卜"上升到了"哲学"层面。马礼逊还参考了《康熙字典》对"卦"的解释。《康熙字典》疏："卦之为言挂也，挂万象于上也。"马礼逊将这句话译为："Kwa, expresses to sustain or hang up; a hanging up, or exhibiting to view, representations of whatever exists."③ 从古至今，中国文献对"卦"的解释可谓众说纷纭，马礼逊之所以选择《康熙字典》的解释，不仅出于《康熙字典》的权威性，更重要的是这句话揭

---

① Rev. Robert Morrison, *A Dictionary of the Chinese Language* (V.1), Macao: The Honorable East India Company's Press, 1815, p. 310.

② Rev. Robert Morrison, *A Dictionary of the Chinese Language* (V.1), Macao: The Honorable East India Company's Press, 1815, p. 311.

③ Rev. Robert Morrison, *A Dictionary of the Chinese Language* (V.1), Macao: The Honorable East India Company's Press, 1815, p. 311.

第五章 "文化殖民"背景下《周易》在西方的译介与传播

示了易卦的基本原理：卦是用来概括世间万物的，或者说，世间万物的道理通过"易卦"挂出来展示给人们看。马礼逊的译文不仅表达了原文的字面意义，而且恰当地反映了原文的深层含义。

二 卦爻辞和《易传》的翻译

卦爻辞和《易传》是《周易》的主体，《华英字典》列举了一些卦爻辞和《易传》中的内容作为词目，并给出译文和阐释。尽管历代经学家对卦爻辞的阐释莫衷一是，但马礼逊对卦爻辞的翻译完全以《易传》的阐释为准。以词目"亨"为例，"亨"大量地出现在《周易》的卦爻辞中，如元亨、大亨、小亨。"亨"是"烹"和"享"的通假字，其本义有"烹饪"和"献祭"的意思，而且包含着"从烹饪到献祭、到神灵接受了祭品因而人神已经沟通的全过程"①。"亨"又可以从"沟通神灵"的本义中引申出"亨通"的意思。在词目"亨"中，马礼逊将"亨"译为"Pervading influence; going through with a thing; success."②。马礼逊在译文中只表明了"亨"的引申意义，并告诉读者其本义可参见词目"烹"和"享"。马礼逊从"亨"引出"元亨利贞"这个词条，"元亨利贞"是《周易》首卦（乾卦）的第一句卦辞，因此马礼逊将其称为"《易经》（《周易》）中的第一个句子"（the first sentence in the Yĭh king）③。历代注家对"元亨利贞"有两种不同的断句，即"元亨，利贞"和"元，亨，利，贞"，马礼逊也因此给出了两种不同的翻译，前者的翻译是"The pervading influence of nature, giving fitness and stability to everything."，后者的翻译是"The moral goodness; the assemblage of excellencies; justice and talents for the business of life, manifested by the virtuous man."④。这两种译文分别来自《周易》之《彖传》和《周易》之《文言传》对乾卦"元亨利贞"的阐释，《彖传》曰："乾道变化，各正性

---

① 李申：《译者说明》，《周易经传译注》，湖南教育出版社2004年版，第11页。
② Rev. Robert Morrison, *A Dictionary of the Chinese Language* (V.1), Macao: The Honorable East India Company's Press, 1815, p.55.
③ Rev. Robert Morrison, *A Dictionary of the Chinese Language* (V.1), Macao: The Honorable East India Company's Press, 1815, p.55.
④ Rev. Robert Morrison, *A Dictionary of the Chinese Language* (V.1), Macao: The Honorable East India Company's Press, 1815, p.55.

命。保合大和，乃利贞。"① 乾道即天道，也就是自然，自然界对万物的影响无所不在，使万物各具本性并且处于稳定和谐的状态。《文言传》曰："元者，善之长也；亨者，嘉之会也；利者，义之和也；贞者，事之干也。"②《文言传》是将"元亨利贞"作为君子应具有的四种品质来阐述的，元是善行之首，亨是美好的聚合，利是正义的和谐，而干则是处理事情的能力。从以上分析可以看出，马礼逊对"元亨利贞"的翻译与《易传》的阐释是完全一致的。

《易传》是对《周易》卦爻辞的哲学和文化阐释，《易传》将《周易》从"占筮之书"升华为哲学和文化典籍，从马礼逊对"卦"的阐释来看，他十分明了《周易》的哲学和文化价值，在《华英字典》中马礼逊常引用《易传》来阐释跟《周易》卦爻辞相关的词目。以"坤"为例，"坤"是《周易》第二卦的卦名，马礼逊将"坤"音译为"k'hwǎn"，然后给出了"坤"的详细解释："the Earth; the name of one of the 卦 Kwa; the ideal meaning is compliance and obedience…"③。"坤"就其字面意义而言，指的是"地"，而就其引申意义而言，则表示"服从和顺承"。马礼逊明确地指出"坤"是卦名之一，并且用"compliance and obedience"准确地表达了"坤"具有服从和顺承的性质。马礼逊接着引用《周易》之《象传》中的内容来进一步阐释"坤"的意义。《象传》曰："地势，坤。君子以厚德载物。"④《周易》往往寓意于象，体现了高度的意象思维，如"地势，坤"是象，而"君子以厚德载物"则是意，即用宽广的大地去寓意君子广阔的胸襟。马礼逊将"地势，坤。君子以厚德载物"译为"The property of the Earth (as containing or bearing all things) is kwǎn. The good man by the extent or solidity of his virtue contains or bears all things."⑤。译文准确地描述了大地的广博，同时又形象地揭示了君子兼容并包的人文精神。马礼逊还在译文之后明确标明了引文的来

---

① 李申：《周易经传译注》，湖南教育出版社2004年版，第2页。
② 李申：《周易经传译注》，湖南教育出版社2004年版，第3页。
③ Rev. Robert Morrison, *A Dictionary of the Chinese Language* (V.1), Macao: The Honoralbe East India Company's Press, 1815, p. 491.
④ 李申：《周易经传译注》，湖南教育出版社2004年版，第10页。
⑤ Rev. Robert Morrison, *A Dictionary of the Chinese Language* (V.1), Macao: The Honoralbe East India Company's Press, 1815, p. 491.

源，即《周易》(《易经》，*Yih-king*)，这不仅体现了马礼逊严谨的学术精神，更重要的是西方读者能够从中体会到《周易》是一部充满了人文思想的典籍。与耶稣会士对《周易》的译介相比，马礼逊对《周易》卦爻辞和《易传》的翻译及阐释淡化了宗教色彩，少了些主观臆断和牵强的比附，而致力于客观理性地揭示《周易》在儒家经学中的人文和社会意义。

第四节 麦格基对《周易》的译介

麦格基是英国圣公会传教士，他于1844年来华传教，1854年因身体原因返回英国，1863年再度来华，直至1882年退休后回英国定居[①]。麦格基对中国文化典籍有很深的研究，在1885年7月《传教通讯》(*The Church Missionary Intelligencer and Record*) 发布的麦格基去世的讣告中，作者金斯密称麦格基是"一位非常博学的汉语研究专家，他在汉语研究方面做了很多重要的文献工作"[②]。麦格基不仅完整地翻译了《周易》，而且还翻译了《朱子全书》第四十九卷和《礼记》(《礼记》未完成且未出版)，另外还撰写了大量研究《周易》的文章，发表在《中国评论》(*China Review*) 以及《教务杂志》(*The Chinese Recorder*) 等期刊上，促进了《周易》在西方世界的译介与传播。

一 麦格基《周易》英译本

出于文化殖民的目的，"孔子加耶稣"传教策略在客观上促进了西方传教士对中国典籍的译介，在"God"译名之争中"神"译派和"帝"译派为证明各自的合理性，他们都从《周易》中寻找证据，因而进一步促成了《周易》在英语世界的译介与传播，然而这种译介与传播是零星而不完整的，直到麦格基《周易》译本的出现才改变了这种局面。麦格基译本是《周易》西传史上第一部英文全译本，该译本于1876年由美国长老会出版社和伦敦出版社分别在上海和伦敦两地同时出版发

[①] Thomas W. Kingsmill, "In Memoriam", in *Journal of the China Branch of the Royal Asiatic Society*, Vol. 20, Shanghai, Hongkong, Yokohama and Singapore: Kelly and Walsh, Limited, 1885, p. 99.

[②] "The Month", *The Church Missionary Intelligencer and Record*, Vol. X, July 1885.

行,1973年台湾成文书局再次重印。

（一）译本结构和内容

麦格基《周易》译本题为 A Translation of the Confucian 易经 or the Classic of Changes with Notes and Appendix（儒家《易经》的翻译——附注释和附录），全书共分为前言（Preface）、插图（Plates）、导论（Introduction）、经传译文（Translation of Diagram and Appendix）、附录（Appendix）、勘误表（Errata）六个部分。麦格基在其译本的第一部分"前言"中提出了翻译《周易》的基本原则，即从"比较神话学"（comparative mythology）的视角出发，声称站在异教徒的立场客观地反映《周易》的原貌。"比较神话学"是"神话学"的分支，而"神话"并不仅仅是神话故事，"比较神话学"的奠基人缪勒认为"没有一件事物能排除在神话的表达之外，道德、哲学以及历史、宗教，无一能逃脱古代女巫的诅咒"①。"比较神话学"是西方19世纪中叶兴起的一门新兴学科，相较于传统的"神话学"，这门新学科更加注重"比较"，而比较的前提是客观公正地研究各种不同文化中的"神话"，因此麦格基认为"只要研究中国的学者继续忽视'比较神话学'，那么《周易》对他们而言将仍然是一本高深莫测的天书（a sealed book）"②。从16世纪末来华的耶稣会士开始，一些西方传教士致力于在儒家经典中寻找基督教的痕迹，他们翻译的儒家经典在麦格基看来已经被基督化了（Christianize），麦格基反对在异教徒的文献中强加一些原本没有的西方基督教思想，因而他主张采用"比较神话学"的基本原则，力图客观理性地揭示《周易》在儒家思想中的本意。

麦格基译本的第二部分称为"插图"，共有七幅图案。图一《乾或天人之德》(the Virtues of Khëen or Heaven and Man) 将宇宙天体的循环运动分为元、亨、利、贞四个阶段，又将元、亨、利、贞分别对应为春、夏、秋、冬四个季节③。图一反映了中国传统经学对"元、亨、利、贞"的经典阐释，如朱熹在归纳前人对"元、亨、利、贞"的解释时讲道：

---

① ［英］麦克斯·缪勒：《比较神话学》，金泽译，上海文艺出版社1989年版，第140页。
② Rev. Canon McClatchie, "Preface", in A Translation of the Confucian 易经 or the Classic of Changes with Notes and Appendix, Shanghai: American Presbyterian Mission Press, 1876, p. v.
③ Rev. Canon McClatchie, "Plates", in A Translation of the Confucian 易经 or the Classic of Changes with Notes and Appendix, Shanghai: American Presbyterian Mission Press, 1876, p. vii.

第五章 "文化殖民"背景下《周易》在西方的译介与传播

"以天道言之,为元亨利贞;以四时言之,为春夏秋冬。"① 图二和图三分别是《伏羲八卦图》(Fuh-he's Arrangement)和《文王八卦图》(Wǎn Wang's Arrangement),麦格基音译了八卦的卦名,而且还标出了八卦在中国传统人伦关系中的象征意义:乾(Khëen,Father);坤(Kwǎn,Mother);震(Chin,Eldest son);巽(Seuen,Eldest daughter);坎(Kan,Second son);离(Le,Second daughter);艮(Kǎn,Youngest son);兑(T'uy,Youngest daughter)②。麦格基对八卦在人伦中的翻译完全遵循了《周易》之《说卦传》的说法:"乾,……称乎父,坤,……称乎母,震,……谓之长男。巽,……谓之长女。坎,……谓之中男。离,……谓之中女。艮,……谓之少男。兑,……谓之少女。"③ 图四为《五色》(The Five Colours),标出了青、赤、白、黑、黄五种基本色分别占据东、南、西、北、中五个不同的方位④。图五是《世界的承继》(The Succession of Worlds),该图是麦格基根据北宋理学家邵雍的"元会运世"说而制作的,图中将一个圆分为十二个等分,表示每天有十二个时辰,每年有十二个月,以及黄道十二宫,同时还表明世俗世界从人类诞生到毁灭的整个循环运动周期⑤。图六演示了六十四卦(64 Diagrams)是如何还原为八卦(8 Diagrams)的⑥。图七展示了十二地支(Horary characters)与十二个月、二十四节气及六十四卦之间的对应关系⑦。从以上七幅图画可以看出,麦格基对《周易》的阐释并没有任何新意,只不过是在不断重复中国先贤们已经约定俗成的说法。麦格基尝试着从"比较神话学"的基本立场出发,从儒家传统的角度来阐释《周易》。

---

① (宋)朱熹著,(宋)黎靖德编,王星贤点校:《朱子语类》(第五册),中华书局 1986 年版,第 1690 页。
② Rev. Canon McClatchie, "Plates", in *A Translation of the Confucian 易经 or the Classic of Changes with Notes and Appendix*, Shanghai: American Presbyterian Mission Press, 1876, p. viii.
③ 李申:《周易经传译注》,湖南教育出版社 2004 年版,第 231 页。
④ Rev. Canon McClatchie, "Plates", in *A Translation of the Confucian 易经 or the Classic of Changes with Notes and Appendix*, Shanghai: American Presbyterian Mission Press, 1876, p. x.
⑤ Rev. Canon McClatchie, "Plates", in *A Translation of the Confucian 易经 or the Classic of Changes with Notes and Appendix*, Shanghai: American Presbyterian Mission Press, 1876, p. xi.
⑥ Rev. Canon McClatchie, "Plates", in *A Translation of the Confucian 易经 or the Classic of Changes with Notes and Appendix*, Shanghai: American Presbyterian Mission Press, 1876, p. xii.
⑦ Rev. Canon McClatchie, "Plates", in *A Translation of the Confucian 易经 or the Classic of Changes with Notes and Appendix*, Shanghai: American Presbyterian Mission Press, 1876, p. xiii.

麦格基译本的第三部分是"导论",译者在导论中介绍了《周易》一书的来历及其作者伏羲、周文王、周公的传说,另外还简要地介绍了阴阳、八卦等基本的《周易》知识,这些基本知识对于普通西方读者理解《周易》译文是必不可少的,麦格基还在导论中详细地讨论了"儒家世俗循环学说"(Confucian doctrine of secular recurrence)①。麦格基译本的第四部分是"经传译文",采用了通行本《周易》以传附经的结构体例和英汉对照的形式,译本左边是《周易》经传的汉语原文,右边是英语译文,译文正文下列有详细的注释。整个译文共分为三卷,第一卷和第二卷是《周易》的上经和下经,译者将原文每卦的卦辞、《象传》、爻辞、《象传》(乾卦和坤卦还包括《文言传》)分别标上数字,在译文中用阿拉伯数字标出相应的句段,以方便读者对照阅读;第三卷是独立成篇的《系辞传》《说卦传》《序卦传》《杂卦传》。

麦格基译本的第五部分是"附录",共有八篇注释②,分别是:(1)注释A"乾卦"(The Khëen Diagram),讨论了中国典籍特别是《周易》对万物之源和造物主的称呼,如"太一、太极、气、上帝、神、昊天、乾"等。(2)注释B"坤卦"(The Khwǎn Diagram),讨论了"坤"顺承和包容的特性及其在宇宙创生化育中的作用。(3)注释C"人之始祖"(The First Man),讨论了中国人的始祖"盘古"(Pwan Koo)诞生于混沌(Chaos),并且融天、地、人三者为一体,还讨论了宇宙中第一个统治者"伏羲"亦人亦神的双重特性(double character)。(4)注释D"宇宙"(The Kosmos),类比了中西方非基督教哲学中的宇宙论,认为宇宙是由灵魂和物质两部分构成的,《周易》中的乾(天)坤(地)不仅是物质的,而且具有人格精神。(5)注释E"易之数"(The Numbers on the Yih King),讨论了《周易》中"天一、地二"的概念,即天用"一"表示,地用"二"表示,麦格基称其与毕达哥拉斯原理一致。(6)注释F"神或上帝"(神 or GOD κατ' εξοχην),讨论了中国典籍中"神"和"鬼"的区别,并指出"神"是中国典籍对宇宙万物最高统治者的称呼。

---

① Rev. Canon McClatchie, "Introduction", in *A Translation of the Confucian* 易经 *or the Classic of Changes with Notes and Appendix*, Shanghai: American Presbyterian Mission Press, 1876, p. ix.

② Rev. Canon McClatchie, *A Translation of the Confucian* 易经 *or the Classic of Changes with Notes and Appendix*, Shanghai: American Presbyterian Mission Press, 1876, pp. 384 – 455.

第五章 "文化殖民"背景下《周易》在西方的译介与传播

(7)注释G"变易"(Transmutations),讨论了《周易》乾卦和坤卦不同的形态变化。(8)注释H"复卦"(The Fŭh Diagram),以复卦为例讨论了儒家的"世俗循环学说"。麦格基译本的第六部分是"勘误表",共列出了九个刊印错误。

（二）译本评价

麦格基《周易》英译本出版后受到了学界几乎一边倒的批评和指责,英国伦敦布道会传教士理雅各将麦格基的《周易》英译本贬得一无是处,他在自己的《周易》译本序言中写道:"我逐句逐段地读完了麦格基的译本,没有找到任何我可以利用的东西。"[1] 英国汉学家拉古贝里评论道:"麦格基遵循了他自己的一套方法,他的译文能够做到前后一致,但很明显他从一开始就错了。"[2] 麦格基解读和翻译《周易》的基本出发点是"比较神话学",但他的这个基本立场未能获得学界的认可,德国同善会传教士卫礼贤认为麦格基的这种尝试显得"古怪而且外行"(grotesque and amateurish)[3]。苏联汉学家休茨基认为麦格基的译本中充满了毫无根据的观点(unfounded statements)和异想天开的想法(fantastic views)[4]。中国学者林金水评论道:"他用猥亵的语言来翻译这部圣典,这些语言都是原文所没有的,是译者随意杜撰出来的。译者把'象曰'译作'文王(Wǎn Wang)说',把'文言'译作'孔子(Confucius)说',把'系辞'译作'孔子评论(Commentary by Confucius)',等等,不一而足。"[5] 林先生所说的"猥亵的语言"应该指的是麦格基对阴阳爻象征男女生殖器的描述。根据中国传统易学观点,《周易》之《象传》是对卦辞的阐释,而卦辞的作者正是文王,因此麦格基将"象曰"译作"文王说"并非毫无根据;另外,中国传统易学认为《易传》的作者是孔子,但孔子称自己"述而不作",因此麦格基将

---

[1] James Legge, "Preface", in The I Ching, New York: Dover Publications, 1963, p. xvii.
[2] A. Terrien de Lacouperie, The Oldest Book of the Chinese, The Yh-King, and Its Authors, London: D. Nutt, 1892, p. 57.
[3] Richard Wilhelm, "Introduction", in Richard Wilhelm, The I Ching or Book of Changes, rendered into English by Cary F. Baynes, New Jersey: Princeton University Press, 1997, p. xlix.
[4] Iulian K. Shchutskii, Researches on the I Ching, New Jersey: Princeton University Press, 1979, p. 23.
[5] 林金水:《〈易经〉传入西方考略》,载《文史》(第29辑),中华书局1988年版,第373页。

"文言"译作"孔子说",把"系辞"译作"孔子评论"也并不是完全没有道理。

在学者们对麦格基译本的一片批评声中,也不乏褒扬者,英国汉学家金斯密(Thomas W. Kingsmill)在为麦格基逝世撰写的讣告中写道:"如果不考虑一些复古主义(antiquarianisms)思想,那么他翻译的《易经》(《周易》)是这部神秘之书迄今为止最具有学术性而且最通顺的译本。"① 尽管学界对麦格基译本的批评和指责远多于褒扬,但麦格基第一次向英语世界的人们展示了《周易》的全貌,为后世学者翻译《周易》奠定了基础,麦格基的开创之功是不能抹杀的。

二 麦格基《周易》学说

麦格基对《周易》有比较深入的研究,他的易学观点主要体现在他翻译的《朱子全书(第四十九卷)》(*Confucian Cosmology: A Translation of Section Forty-nine of the "Complete Works" of the Philosopher Choo-Foo-Jze, with Explanatory Notes*)、《周易》译本序言及附录和一系列《周易》研究的学术文章中。

(一)儒家世俗循环学说

麦格基在《周易》英译本的导论中提出了"儒家世俗循环学说",并且认为"世俗循环学说"是所有异教徒的信条,也是理解其神话系统的关键所在②。麦格基所谓的"儒家世俗循环学说"来源于邵雍的"元会运世说",根据"元会运世说",世界的生灭是一个周而复始的循环运动,其间人类社会从诞生进而步入黄金时代,接着逐渐走向毁灭,然后再进入下一个循环,世界生灭循环一次需要 129600 年,也就是一个"元"。《周易》六十四卦不仅仅反映了一年四季中元气(Primary Air)所承载的不同阶段,而且也代表了在一个"元"里世界所经历的不同变化。麦格基在"元会运世说"的基础上提出了"儒家世俗循环学说",他写道:

---

① Thomas W. Kingsmill, "In Memoriam", in *Journal of the China Branch of the Royal Asiatic Society*, Vol. 20, Shanghai, Hongkong, Yokohama and Singapore: Kelly and Walsh, Limited, 1885, p. 100.

② Rev. Canon McClatchie, "Introduction", in *A Translation of the Confucian 易经 or the Classic of Changes with Notes and Appendix*, Shanghai: American Presbyterian Mission Press, 1876, pp. ix – x.

第五章 "文化殖民"背景下《周易》在西方的译介与传播

一个元（Kalpa）标志着一次"天地大循环"，也称为一个大年（Great Year），其间又分为十二个时段。每个大年诞生于混沌之中；阳气（subtle Air）上升成为活天（animated Heaven），阴气（coarser Air）下沉成为活地；中国的哲学家们称之为"开天辟地"。人类的始祖，也就是天地之子，像他的父亲"天"一样，也诞生于一团混沌之中（chaotic Egg or circle），他和他的后代居住在这个世界上。始祖和后世圣人将他们的道义和信条传授给最初的人类，而且教会他们所有必备的艺术和科学，因而人类社会从蛮荒的状态步入高度文明。然而人类的黄金时代却不可能永久地持续下去，生活在世上的人开始堕落，从古朴、道德和完美的状态沉沦到早期圣人们引领他们出发时的情形；邪恶逐渐占据了支配地位；人类在此期间完全堕落了，他们陷入了邪恶之极的状态，因此凶猛的洪水最终将他们和其他生物一起毁灭了，宇宙又恢复到原始的混沌之中。[①]

"儒家世俗循环学说"吸收了"元会运世说"关于人类历史发展循环反复的思想，但二者又有明显的不同。"元会运世说"通过自然界"阴阳消长"的规律推断人类社会发展的兴衰，其根本目的还在于告诫人们依据天地运行变化之理来"防患于未然"[②]。在"元会运世说"中人的作用是主动的，积极主动地去顺应自然并改造社会。然而，在"儒家世俗循环学说"中人的作用是消极的，人类由于人性的堕落而毁灭于洪水之中，面对自然灾难人类无计可施，只有被动地接受自然的惩罚，从而陷入无休止的宿命循环之中。"儒家世俗循环学说"与儒家"天人合一"的思想格格不入，同时也有违《周易》"推天道以明人事"的主张，但这种思想却能在基督教的《圣经》中寻找到明显的痕迹。《圣经》记载上帝创造了人类的始祖——亚当和夏娃，他们的子孙在世界上繁衍生息，然而后来上帝却发现人类越来越邪恶，于是决定用洪水来惩罚人类，除"诺亚"一家以外，人类在洪水中毁灭。"儒家世俗循环学说"既有

[①] Rev. Canon McClatchie, "Introduction", in *A Translation of the Confucian* 易经 *or the Classic of Changes with Notes and Appendix*, Shanghai: American Presbyterian Mission Press, 1876, p. x.

[②] 宋锡同、胡东东：《"推天道以明人事"：邵雍先天易学旨趣》，《周易研究》2011年第2期。

新儒家思想，同时也融入了《圣经》的元素。

麦格基《周易》译本附录中的注释 H"复卦"甚至将《周易》与《圣经》中《创世记》的内容加以类比。麦格基认为根据《周易》的宇宙观，洪水摧毁了前一个世界，"乾"和他的妻子，三个儿了及他们各自的妻子从混乱的大洪水中浮现出来。"阴"或者"坤"是一个巨大的容器，像一艘船一样储存了万物，使它们免受大洪水的伤害。麦格基还引用基督教先知摩西的话加以比较：洪水摧毁了前一个世界，当洪水退去，诺亚带着他的妻子，三个儿子及他们的妻子从一个巨大的容器或方舟中走了出来①。麦格基阐述的《周易》宇宙观与《圣经·创世记》的内容高度相似，只不过将《圣经》中的"诺亚"和"诺亚方舟"换成了《周易》中的"乾"和"坤"。尽管麦格基宣称自己是站在"比较神话学"的立场来翻译《周易》的，而且也曾竭力客观理性地揭示《周易》的原貌，然而真正的"客观理性"对麦格基而言是无法实现的，在文化殖民的大背景中，在"孔子加耶稣"传教策略的指引下他不可能完全摆脱自己作为传教士的身份，而且文化殖民的目的也不允许他只宣扬"孔子"的学说而完全抛开"耶稣"的教义，麦格基在不知不觉中给《周易》涂抹上了一层浓厚的《圣经》色彩。

（二）《周易》西来说

1872 年麦格基在《中国评论》上发表了一篇题为《〈易经〉之象征》（"The Symbols of the Yhi-king"）的文章，提出《周易》来自《圣经》中的巴别城（Babel）。《圣经》记载人类最初集聚在同一个地方，而且都说同一种语言。人类为了扬名而建造巴别城和巴别塔（通天塔），上帝因此变乱了人类使用的语言，并将人类分散到了世界各地。麦格基认为在人类从巴别城分散到世界各地之前，人类的祖先（the Great Father）已经编撰了一些圣书（the sacred books），或在大洪水中保存或复原了一些圣书，当他们从巴别城分散到世界各地时，这些圣书或手稿也随之被带到新的寄居地，而这也正是《周易》最初的来源②。在 1876 年

---

① Rev. Canon McClatchie, *A Translation of the Confucian* 易经 *or the Classic of Changes with Notes and Appendix*, Shanghai: American Presbyterian Mission Press, 1876, p. 455.

② Rev. Canon McClatchie, "The Symbols of the Yih-king", *The China Review*, Vol. 1, No. 3, November 1872.

第五章 "文化殖民"背景下《周易》在西方的译介与传播

麦格基出版的《周易》英译本引言中,麦格基重申"《易经》(《周易》)正是中国人的祖先利用在人类分散过程中从巴比伦(Babylon)带走的手稿编纂而成的"①。巴比伦城就是《圣经》传说中的巴别城,位于西亚的两河流域,那里正是人类文明的发源地之一,也正是《圣经》中上帝赐予人类祖先的所谓"福地"所在的位置。麦格基否定《周易》诞生于中国的本土文化,而妄称《周易》是一部来自巴别城或巴比伦的西方圣书。

麦格基宣称他对《周易》的研究是以"比较神话学"为基础的,而"比较神话学"旨在通过比对研究不同文化圈内的各种神话,从而找到它们共同的主题和特征②。麦格基认为所有异教徒的圣书都有一个共同的主题,即"唯物论"思想,而"唯物论"思想正源于西方世界的"巴别城时代",那时"人类结合鬼神崇拜(Demonolatry)和星象崇拜(Sabianism)演化出了更加精妙的'唯物论'(materialism)系统。在人类从巴别城(Babel)分散之前,宁录(Nimrod)③和他的古实族人完善了唯物论思想,并用凡人无法理解的'异教徒'的语言记录下来"④。"唯物论"与上帝创造万物的宇宙观是截然不同的,麦格基将宁录的"唯物论"作为所有异教徒的思想来源。在基督教的世界观中,只有"上帝"是永恒不朽的,而物质是非永恒的;然而,麦格基认为在异教徒的世界观中,"物质"才是永恒不朽的⑤。《周易》充满了"唯物论"思想,这也正是麦格基将其视为西来圣书的重要证据。

麦格基还将《周易》乾卦和坤卦所象征的事物与古巴比伦人、古希腊人和古罗马人崇拜的神加以类比,以此证明它们都来自一个共同的源头。在《周易》中乾和坤代表天地父母,古巴比伦的主神"Belus"或者

---

① Rev. Canon McClatchie,"Introduction",in *A Translation of the Confucian* 易经 *or the Classic of Changes with Notes and Appendix*,Shanghai:American Presbyterian Mission Press,1876,p. ii.

② "Comparative Mythology",https://en.wikipedia.org/wiki/Comparative_ mythology.

③ 宁录在罗马神话中称为"Orion",在希腊神话中称为"Nebrod",在《圣经》中"宁录"是一个伟大的猎人。宁录具有强烈的反抗意识,他敢于向上帝的权威发起挑战,他建造了巴别城(巴比伦城)。见 Jacob Bryant,*A New System,or,an Analysis of Ancient Methology*,London:P. Elmsly,1773,p. 413.

④ Rev. Canon McClatchie,"The Symbols of the Yih-king",*The China Review*,Vol. 1,No. 3,November 1872.

⑤ Rev. Canon McClatchie,"Preface",in *A Translation of the Confucian* 易经 *or the Classic of Changes with Notes and Appendix*,Shanghai:American Presbyterian Mission Press,1876,p. iii.

"Baal"也包含天地父母之意；麦格基将乾和坤合称为"上帝"（Shang-te），他认为儒家经典中的"上帝"是"雌雄同体的单子"（hermaphroditic monad）①，而古巴比伦的主神"Belus"或者"Baal"也是雌雄同体的；罗马神话中众神之王"朱比特"（Jupiter）是男子和少女的合体，他是"凯录斯"（Caelus）和"特拉"（Terra）的合称，其中"凯录斯"是天神，而"特拉"是大地之神。因此，麦格基得出结论：《周易》中的乾坤就是古巴比伦的"Belus"或者"Baal"，也就是罗马神话中的"凯录斯"和"特拉"②。《周易》之《系辞传》（上）曰："河出图，洛出书。"③传说有一神奇的龙马背负着"河图"在黄河出现，又有一神龟驮着"洛书"浮出洛水。麦格基将"河图洛书"的传说看作人类祖先在大洪水中保存圣书的记载，那只驮着"洛书"出水的神龟在古巴比伦神话中则化身为鱼，他认为这只神龟其实也就是在洪水中使圣书免于毁坏的诺亚方舟④。麦格基还将"伏羲"视作古巴比伦神话中的"俄安内"（Oannes）⑤，在中国和巴比伦各自的神话传说中二者都是人身鱼尾的形象。伏羲是《周易》八卦的创始人，而且是中国文明的开创者，而在巴比伦神话中俄安内传授了巴比伦人文明和各种技艺。麦格基通过一系列类比，证明《周易》与巴比伦和西方神话存在诸多"巧合"，他认为这些"巧合"并非完全是偶然产生的，它们之间存在某种必然的联系。因此，麦格基坚信当人类祖先从巴比伦向世界各地分散时，带走了众多圣书或手稿，而《周易》被中国人的祖先带到了中国。

麦格基提出"《周易》西来说"有其深刻的历史背景，19世纪西方盛行"人类文明之根源于中东（the Middle East）"之说⑥，麦格基不仅

---

① Rev. Canon McClatchie, "The Symbols of the Yih-king", *The China Review*, Vol. 1, No. 3, November 1872.

② Rev. Canon McClatchie, "The Symbols of the Yih-king", *The China Review*, Vol. 1, No. 3, November 1872.

③ 李申：《周易经传评注》，湖南教育出版社2004年版，第209页。

④ Rev. Canon McClatchie, "The Symbols of the Yih-king", *The China Review*, Vol. 1, No. 3, November 1872.

⑤ Rev. Canon McClatchie, "Introduction", in *A Translation of the Confucian 易经 or the Classic of Changes with Notes and Appendix*, Shanghai: American Presbyterian Mission Press, 1876, p. ii.

⑥ Richard Rutt, *The Book of Changes (Zhouyi): A Bronze Age Document Translated with Introduction and Notes*, London and New York: Routledge Taylor and Francis Group, 2002, p. 66.

第五章 "文化殖民"背景下《周易》在西方的译介与传播

接受了这种观点，而且还在他的《周易》英译本中为其进一步提供伪证。从地理位置来看，中东地区主要指的是连接亚、非、欧三大洲的广大区域，而古巴比伦王国所在的两河流域正处于中东地区的核心地带，那里曾孕育了辉煌的文明，古巴比伦王国也因此被视为四大文明古国之一。远古时期的中国和中东地区气候宜人，水源充沛，土地肥沃，是人类宜居的理想之地，因而中国和中东地区都具备了独立孕育出文明社会的自然条件。在人类文明诞生之初，人们对自然和社会的认知都处于近似的水平，因而表现出对自然和神灵类似的崇拜是不足为奇的。麦格基用《周易》乾卦和坤卦的象征意义与古巴比伦乃至西方神灵加以类比，以此证明《周易》来源于巴比伦文明，这种类比难免牵强附会，其结论自然也就难以成立。然而，这种明显妄生穿凿的类比对麦格基而言却是必要的，麦格基英译《周易》只不过是在执行文化殖民的"孔子加耶稣"的传教策略而已，《圣经》中的传说将人类文明的发源地指向巴比伦，如果能够证明《周易》也来源于巴比伦，那么麦格基就能成功地将这部儒家经典纳入整个基督教的框架体系，这正是"孔子加耶稣"的传教策略所要达到的目的，也是文化殖民企图实现的文化效果。

（三）生殖崇拜说

1876年麦格基在《中国评论》（the China Review）第四卷第四期发表了一篇题为《生殖崇拜》（"Phallic Worship"）的文章，文中提出："乾坤（Kheen-Khwǎn）或上帝（Shang-te）[1] 明显是异教国家的生殖崇拜之神，人们用一些常用的符号清楚地将其表示出来。乾或上帝的男性部分是阴茎（membrum virile），坤或上帝的女性部分是女阴（pudendum muliebre）。"[2] 麦格基将乾解释为"阴茎"，将坤解释为"女阴"，其根据是《周易》之《系辞传》（下）对乾坤的解释："乾，阳物也；坤，阴物也。"[3] 麦格基还参考了马礼逊《华英字典》对"阴"和"阳"的解释，词条"阴"有一个义项为"女人阴户"，译文是"pudendum muliebre"[4]；

---

[1] 麦格基认为乾和坤合二为一就是儒家经典中的"上帝"，因此"上帝"是男女合体的。
[2] Rev. Canon McClatchie, "Phallic Worship", The China Review, Vol. 4, No. 4, February 1876.
[3] 李申：《周易经传译注》，湖南教育出版社2004年版，第221页。
[4] Rev. Robert Morrison, A Dictionary of the Chinese Language (V.3), Macao: The Honoralbe East India Company's Press, 1823, p. 619.

词条"阳"有一个义项为"壮阳缩阴",译文是"strengthen the membrum virile and contract the pudendum muliebre"①。在1876年麦格基翻译出版的《周易》英译本中,他继续将"阳"和"阴"分别解释为男性和女性的生殖器官,因此他将《周易》之《系辞传》(下)中的"乾,阳物也;坤,阴物也"这句话译为"Khëen is the membrum virile, and Khwǎn is the pudendum muliebre (the sakti of Khëen)."②。

麦格基从乾坤的解释中引申出"生殖崇拜"思想,与麦格基同时代及后世的学者对此都提出了严厉的批判。理雅各愤怒地批评道:"针对这种说法,我禁不住要大声惊叹一声'哎,真丢人!(proh pudor)'。能引证中国千百年来评论家们的任何一篇文章证明这种说法吗?我想是不可能的,这种说法所表达的思想被毫无缘由且肆无忌惮地强加给《周易》的经文。"③苏联汉学家休茨基驳斥了麦格基阐述的"生殖崇拜思想",甚至因此称麦格基的易学著作完全是"伪科学的胡言乱语"(pseudoscientific delirium)④。现代英国学者卢大荣以略带惋惜的口吻说道:"如果麦格基没有在乾卦和坤卦的解释中加入阴阳学说生殖崇拜的一些因素,他就不会遭到讥讽和厌恶,他的《周易》译文也可以很优雅地被人接受。"⑤学者们对麦格基的批评都是些感悟式的主观判断,而并没有指出麦格基具体的错误所在。《周易》之《系辞传》(下)曰"乾,阳物也;坤,阴物也"⑥,这句话中的"阴"和"阳"指的是事物的两种属性,"阳物"是具有阳性的事物,而"阴物"是具有阴性的事物。麦格基试图从阴阳学说的角度来阐释乾卦和坤卦,他将抽象的阳性和阴性分别具化为男性和女性的生殖器官,因而缩小了原文的语义范围。

如果仅从翻译的角度来看,麦格基的译文确实不够准确,但学者们

---

① Rev. Robert Morrison, *A Dictionary of the Chinese Language* (V.3), Macao: The Honoralbe East India Company's Press, 1823, p.621.
② Rev. Canon McClatchie, *A Translation of the Confucian 易经 or the Classic of Changes with Notes and Appendix*, Shanghai: American Presbyterian Mission Press, 1876, p.346.
③ James Legge, *The I Ching*, New York: Dover Publications, 1963, pp.396 – 397.
④ Iulian K. Shchutskii, *Researches on the I Ching*, New Jersey: Princeton University Press, 1979, p.24.
⑤ Richard Rutt, *The Book of Changes (Zhouyi): A Bronze Age Document Translated with Introduction and Notes*, London and New York: Routledge Taylor and Francis Group, 2002, p.66.
⑥ 李申:《周易经传译注》,湖南教育出版社2004年版,第221页。

第五章 "文化殖民"背景下《周易》在西方的译介与传播

批判麦格基阐述的《周易》中的"生殖崇拜"思想却有失公允。在人类社会的发展进程中,世界各民族都曾有过生殖崇拜,《周易》本来就蕴含着"生殖崇拜"的思想,并非是麦格基强加给《周易》的产物。《周易》之《系辞传》(上)曰:"乾道成男,坤道成女。"[①]《周易》之《系辞传》(下)又曰:"男女构精,万物化生。"[②]乾道构成男性,坤道构成女性。乾为阳,坤为阴,男人和女人分别是阳物和阴物最为典型的代表。阴阳结合产生万物,男女交合孕育新的生命。原始先民对男女两性结合以致"生生不息"的自然现象产生敬畏,再进而上升为生殖崇拜,这是人类对自身认识的普遍规律。麦格基是从"比较神话学"的角度来阐释和翻译《周易》的,他认为《周易》中的"阳"和"阴"就是印度教显婆神追随者所崇拜的"Linga"(男性生殖器像)和"Yoni"(女性外阴像)[③]。乾坤或天地是人类生殖繁衍之事的庇护者,因此中国人在结婚时要拜天地。麦格基还将乾卦的象征物——龙——作为生殖崇拜的象征,在汉语中"乘龙"有结婚的意义。他又进一步从"比较神话学"的角度将"龙"视作来自巴比伦的传说,龙的生殖象征意义证明乾或上帝(Shang-te)就是迦娄底人崇拜的自然和生育之神"巴力"(Baal)[④]。在中国、埃及、印度以及西方都有生殖崇拜,生殖崇拜是自然而神圣的,没有任何猥亵的成分,更谈不上"真丢人"。中国人对乾坤的崇拜正是生殖崇拜这一人类共有的原始文化形态在《周易》中的具体体现。

麦格基从《周易》乾坤两卦中挖掘生殖崇拜思想,但他并非是要证明中国文明的独特性,而是从"比较神话学"的视角出发,通过生殖崇拜将《周易》与世界各地的人类文明联系起来,试图证明人类文明来自一个共同的源点。麦格基作为一个基督教传教士,在他看来人类文明的源点无疑就是《圣经》中的"巴别城",也就是人类历史中的巴比伦,麦格基利用"生殖崇拜"思想将《周易》的源头再次指向巴比伦,从而

[①] 李申:《周易经传译注》,湖南教育出版社2004年版,第198页。
[②] 李申:《周易经传译注》,湖南教育出版社2004年版,第218—219页。
[③] Rev. Canon McClatchie, "Phallic Worship", *The China Review*, Vol. 4, No. 4, February 1876.
[④] Rev. Canon McClatchie, "Phallic Worship", *The China Review*, Vol. 4, No. 4, February 1876.

为他之前提出的"《周易》西来说"进一步提供证据,以增加"孔子加耶稣"策略中"耶稣"所需要的内容,达到在中国文化殖民的目的。

第五节 理雅各对《周易》的译介

理雅各是英国伦敦布道会传教士,同时也是享誉世界的汉学家。理雅各于1843年入华传教,并于1874年永久离开中国,其间曾有两次因身体原因短暂返回英国,其余大部分时间都在中国度过。理雅各本来是作为传教士进入中国的,但他作为汉学家的成就完全掩盖了他作为传教士所取得的"成绩",1876年理雅各因其在汉学研究中的突出成就,获得了牛津大学新近设立的中文教席职位,这一职位的设立标志着西方汉学研究进入了一个重要的新纪元[①]。理雅各耗尽毕生精力将大量中国文化典籍翻译成英语,其中《周易》的英译无疑是最艰难的,他在《周易》译本序言中写道:"在中国古代文献中再也找不到比《周易》更难译的文献了。"[②] 尽管如此,理雅各最终还是给读者呈现了一本高质量的《周易》译本,理雅各译本至今仍被视为西方世界权威的《周易》英译本。理雅各英译《周易》前后共历时28年之久,其间所付出的艰辛可想而知。《周易》理雅各译本是《周易》西传史上的里程碑式的译本,该译本开启了《周易》在西方世界译介与传播的新时代。

一 "经传分离"的体例

理雅各在其《周易》英译本序言中首先简要地回顾了他英译《周易》的过程,然后在此基础上详细分析了其译本采用"经传分离"体例的原因。理雅各曾先后两次英译《周易》,尽管他早在1854年和1855年就已经分别完成了英译《周易》经传的初稿,但他却认为"自己对该书的内容和方法一无所知"[③]。因此,理雅各并没有急于出版自己最初的译本,直到1874年他声称自己终于发现了破解《周易》的线索,于是重

[①] Norman J. Girardot, *The Victorian Translation of China: James Legge's Oriental Pilgrimage*, Berkley, Los Angeles and London: University of California Press, 2002, pp. 169 – 171.
[②] James Legge, "Preface", in *The I Ching*, New York: Dover Publications, 1963, p. xv.
[③] James Legge, "Preface", in *The I Ching*, New York: Dover Publications, 1963, p. xiii.

第五章 "文化殖民"背景下《周易》在西方的译介与传播

新翻译《周易》,并于 1882 年完稿后收入缪勒主编的《东方圣典丛书》。

理雅各所说的"线索"就是"经传分离",即《周易》古经与《易传》的分离。在中国传统经学中,尽管《周易》历来有"以传附经"和"经传分离"两种体例,但主流的《周易》通行本采用的是"以传附经"的体例。理雅各英译《周易》主要参考了清代官方易学著作《御制日讲易经解义》,尽管该书采用了"以传附经"的体例,但理雅各仍然在其译本中坚持采用"经传分离"的体例,他认为"《周易》古经与《易传》成书相距约 700 年之久,而且二者的主题也不一致"①。中国传统经学认为周文王和周公撰写《周易》古经,而孔子作传,现代易学研究也表明《周易》古经成书和《易传》的形成却并不属于同一个时代;从主题内容来看,《周易》古经是中国古代先民对占筮活动的记录,而《易传》则是对《周易》古经的哲学阐释。理雅各并没有盲从中国主流的经学传统,而表现出一种独立的学术研究精神。

理雅各对《周易》经传体例的选择不仅仅是经传内容和结构安排的问题,除了学术上的考虑,"经传分离"的体例更涉及深层次的文化和宗教因素。尽管理雅各是晚清来华的新教传教士,但他对中国宗教的认识却与明清之际的耶稣会士十分相近,即"中国人知晓真实的上帝,中国人崇拜的最高神就是西方人崇拜的上帝"②。然而,孔子的学说却与理雅各对中国宗教的理解出现了抵牾。理雅各认为在孔子之前中国人的信仰中就已经有"儒家思想"存在了,儒家思想是中国人诚心崇拜的一种极其古老的宗教信仰,而孔子并没有创造儒家思想,他只不过传播并从道德方面改造了儒家思想③。理雅各的观点明显带有中国古文经学的痕迹,古文经学视六经(诗、书、礼、乐、易、春秋)为古代史料,尊奉孔子为"述而不作,信而好古"的"先师",孔子是古代圣人之道的转述者,而非创立者。

同时,理雅各对孔子的批评态度与古文经学家对孔子的膜拜又有显著的区别,古文经学家将孔子的言论作为古代圣人之道的正统,而理雅

---

① James Legge, "Preface", in The I Ching, New York: Dover Publications, 1963, p. xiii.
② James Legge, The Notions of the Chinese concerning God and Spirits, Hongkong: Hongkong Register Office, 1852, p. 23.
③ Norman J. Girardot, The Victorian Translation of China: James Legge's Oriental Pilgrimage, Berkley, Los Angeles and London: University of California Press, 2002, p. 268.

各却认为孔子的言论歪曲了古代圣人之道，特别是在宗教信仰方面尤为如此。在《诗经》和《尚书》中有大量关于"帝"和"上帝"的记载，而孔子更乐于言"天"，在记载孔子言论的《论语》中没有一处提及"帝"或"上帝"，理雅各由此推论在孔子的思想中缺乏"上帝的教义"（the doctrine of God）。另外，孔子将祭祖拜神作为人们必须虔心遵守的制度，这也明显有违基督教"一神论"的观点。理雅各批评孔子缺乏宗教热诚，他对中国人的宗教信仰造成了不利的影响，甚至为后世中国文人的"无神论"铺平了道路①。因此，理雅各坚持将古代圣人的著作与孔子的思想严格区别开来。

理雅各认同中国传统经学关于周文王和周公撰写《周易》古经的说法，而对孔子撰写《易传》的说法却表示怀疑，他认为《易传》是在孔子逝世后才出现的，大概形成于公元前450年至公元前350年之间。无论《易传》是否由孔子所作，但《易传》的产生却归属于孔子时代，反映了孔子时代对《周易》古经的阐释②。《周易》古经和《易传》在汉代以前本来各自独立成篇，但汉代的经学家为了突出孔子对《周易》古经的正统解释才采取了"以传附经"的体例。理雅各将《周易》视为"占筮之书"（a book of divination），以突出《周易》的宗教性质，但中国主流传统经学"以传附经"的体例势必破坏《周易》古经的整体性，而且淡化了《周易》的宗教性，因此理雅各在《周易》译本中采取了"经传分离"的体例，以保持《周易》古经原貌，并尽量减少孔子思想对《周易》古经的影响。

总体而言，理雅各推崇《周易》古经，却对《易传》的部分内容持批评态度。理雅各将《周易》定性为"占筮之书"是为了突出《周易》的宗教色彩，而"占筮"这一迷信行为违反了最基本的基督教教义，理雅各作为一个信奉"上帝"的基督教传教士，他对《周易》之《系辞传》中有关"占筮"的内容极为反感，斥责所有的占筮行为都"徒劳无用"③。理雅各称《周易》之《杂卦传》是无足轻重的，视之为"思维

---

① James Legge, "Confucius and His Disciples", in *Confucian Analects*, *The Great Learning*, and *The Doctrine of the Mean*, London: Trübner & Co., 1861, pp. 99–100.
② James Legge, "Introduction", in *The I Ching*, New York: Dover Publications, 1963, p. 3.
③ James Legge, "Introduction", in *The I Ching*, New York: Dover Publications, 1963, p. 43.

第五章　"文化殖民"背景下《周易》在西方的译介与传播

游戏"（jeu d'esprit），认为学者们从中学不到任何有价值的东西①。理雅各还批判了《周易》之《系辞传》中的"河图、洛书、太极"等内容和思想，他认为"河图、洛书"简直不可思议，任何详细的论述都只不过是在浪费时间②。理雅各断定"太极"（the Great Extreme）这一概念并非来自儒家古经，而来自道家思想，并且批评朱熹在《易学启蒙》中对"太极生两仪"的阐释是很不成功的③。朱熹用圆圈（○）来代表太极，指出"太极之判，始生一奇一偶，而为一画者二，是为两仪"④。理雅各却认为将圆圈展开只能得到一条长的直线（——），如果将这条长的直线断开就得到两条完整的短线（—，—），只有将其中的一条短线再一分为二才能得到一条完整的短线和一条断开的短线（—，--）。理雅各否定了生成八卦以及演绎六十四卦的神秘性，认为完全没有必要将其归于伏羲这样的圣人，"任何一个普通人的智力足以完成这件事情"⑤。显然理雅各误解了"太极生两仪"的真实含义，因此他对朱熹的批判缺乏足够的理据，但他批判朱熹却是一个不争的事实。"河图、洛书、太极"，八卦的生成以及六十四卦的演绎都来自《易传》，在《周易》古经中并没有这些内容。朱熹是后儒哲学大师，而《易传》则是对《周易》古经最早而且最权威的注疏，理雅各对朱熹和《易传》的批判表明他"尊先儒而抑后儒，崇经而斥疏"的思想，而这一思想的基础是儒家古经中包含了基督的信息，后世的注疏和后儒哲学改变了古儒家经书的原貌，从而破坏了古儒家经书中蕴含的基督教信仰。理雅各坚持采用"经传分离"的体例，力图保持《周易》古经的独立性，明确区分《周易》古经和《易传》不同的内容和思想，究其根源是为了保留儒家古经中他所认同的基督教成分，从而为"孔子加耶稣"的文化殖民传教策略服务。

二　翻译方法

在确立了"经传分离"的体例之后，理雅各开始重新翻译《周易》，

---

① James Legge, "Introduction", in *The I Ching*, New York: Dover Publications, 1963, p. 55.
② James Legge, "Introduction", in *The I Ching*, New York: Dover Publications, 1963, p. 15.
③ James Legge, "Introduction", in *The I Ching*, New York: Dover Publications, 1963, p. 12.
④ （宋）朱熹撰，朱杰人、严佐之、刘永翔主编：《朱子全书》（第一册），上海古籍出版社2002年版，第219页。
⑤ James Legge, "Introduction", in *The I Ching*, New York: Dover Publications, 1963, p. 13.

但翻译这样"谜"一般的经典绝非易事。由于理雅各把《周易》定性为"占筮之书",他认为这部经典是用占卜师特有的方式写成的,"在所有的儒家典籍中,《周易》由于其独特的风格最难用可理解的译文呈现出来"①。《周易》文辞简洁洗练,但寓意深刻,译者很难用同样简洁的语言将其深刻的寓意完全表达出来。理雅各曾尝试在译文中保持跟原文一样简洁的风格,但最终却发现没有句法连接符号,仅由大量英文单词堆砌而成的译文让人难以理解。由于汉字是表意文字,文章中的汉字组合不仅表达了作者想要说的话,更体现了作者的思想,因此逐字翻译毫无用处,理雅各主张译者应该首先读懂作者的思想,然后以最佳的方式用译者自己的语言重新表达出来②。以理雅各翻译乾卦初九爻为例:

初九:潜龙,勿用。③
理雅各译文:1. In the first (or lowest) line, undivided, (we see its subject as) the dragon lying hid (in the deep). It is not the time for active doing.④

原文"勿用"的字面意义是"不能使用",然而作者要表达的真实意义却是"时机尚未成熟,不宜主动采取行动"。初九爻位于乾卦最低的位置,象征君子尚处于积蓄力量的阶段,其才和德都不足以支持积极主动的对外行动,他应当隐忍静待时机成熟⑤。理雅各译文"It is not the time for active doing."表达了原文的思想,而非原文的字面意义。理雅各试图尽量用简洁的译文表达原文的意思,但《周易》经文言简意赅,对应的译文难以完整地再现原文的内容,因此理雅各将译文未尽的内容放在括号中加以补充说明,如该例中理雅各对"潜龙"的翻译"the dragon lying hid (in the deep)"。乾卦描写了龙运动变化的过程:潜龙—现龙在田—或跃在渊—飞龙在天—亢龙有悔,龙在运动变化的每一个阶段都应该有一个恰当的位置。"潜"是龙最初的状态,"dragon lying hid"并没

---

① James Legge, "Preface", in *The I Ching*, New York: Dover Publications, 1963, p. xiv.
② James Legge, "Preface", in *The I Ching*, New York: Dover Publications, 1963, p. xv.
③ 李申:《周易经传译注》,湖南教育出版社2004年版,第1页。
④ James Legge, *The I Ching*, New York: Dover Publications, 1963, p. 57.
⑤ 任运忠:《周易文化导读》,中国纺织出版社2015年版,第19页。

第五章 "文化殖民"背景下《周易》在西方的译介与传播

有表现出龙最初所在的位置,因此理雅各在括号中用"in the deep"(深渊之中)将龙潜伏的地方清楚地表示出来,让读者一目了然。

《周易》古经往往"寓意于象",作者用一些普通的物象来表达深刻的寓意,但简短的译文难以揭示原文物象之外的寓意,特别是原文包含的文化意蕴很难在译文中表现出来。因此,在译文之外理雅各采用了丰富的注释进一步阐释原文的寓意和文化内涵。以理雅各英译坤卦六五爻为例:

六五:黄裳,元吉。①

理雅各译文:5. The fifth line, divided, (shows) the yellow lower garment. There will be great good fortune.

理雅各注释:Yellow is one of the five correct colours, and the colour of the earth. The lower garment is a symbol of humility. The fifth line is the seat of honour. If its occupant possess the qualities indicated, he will be greatly fortunate.②

"黄"即"黄色","裳"指的是"遮蔽下体的衣裙",译文"the yellow lower garment"准确地再现了原文"黄裳"具体所指的物象。"元"即"大","元吉"也就是"大吉大利"的意思,译文"There will be great good fortune."恰当地表达了原文的意思,但读者难免会有疑问,从"黄裳"怎么会得出"元吉"的结论呢?这涉及坤卦和该爻所要表达的寓意和文化内涵,坤卦讲大地"厚德载物"的精神以及"谦虚谨慎"的美德。"黄色"是大地的颜色,作者用黄色来寓意宽广无边的大地;而"裳"位于身体的下部位置,寓意谦虚卑微。第五爻是一卦中最尊贵的位置,君子占据尊位但同时又表现出谦和的品格,自然会得到大吉大利的结果,这体现了中国人崇尚"谦虚"的文化传统。理雅各在译文注释中详细阐释了物象所表示的深刻寓意,解释了原文的文化内涵,不仅让读者读懂了原文的字面意义,更重要的是让读者了解了原文包含的文化信息。纵观理雅各《周易》译本,其注释的内容甚至超过译文本身,

---

① 李申:《周易经传译注》,湖南教育出版社2004年版,第11页。
② James Legge, *The I Ching*, New York: Dover Publications, 1963, pp. 60–61.

足见译者对注释的高度重视,理雅各对此给出了他自己的解释:"也许百分之九十九的人会对这些长篇注释不屑一顾,但总有一个人丝毫也不觉得它们太长,而我的注释就是为这百分之一的人写的。"① 注释是理雅各《周易》译本重要的组成部分,译者在注释中补充了译文缺失的信息,而且进一步阐释了原文的文化内涵和寓意,不仅让读者知其然,更让读者知其所以然,任何一个想要读懂理雅各《周易》译本的西方读者都不能忽略译文之外丰富的注释。

三 翻译目的

理雅各是应比较宗教学之父缪勒的邀请,为比较宗教学巨著《东方圣典丛书》(The Sacred Books of the East)提供译稿而翻译《周易》的,因此读者现在看到的理雅各《周易》英译本从一开始就与宗教产生了密切的联系。缪勒在《东方圣典丛书》第一卷的序言中明确地谈到了翻译东方各国经典的目的:"为了给比较研究东方宗教打下坚实的基础,首先我们必须全面、彻底、忠实地翻译他们的圣书。"② 《周易》与印度婆罗门教经典《奥义书》(Upanishads)、波斯琐罗亚斯德教圣典《阿维斯托古经》(Zend-Avesta)、印度《佛教经文》(Buddhist Suttas)等宗教性典籍一起收入到了《东方圣典丛书》中。理雅各翻译《周易》带有强烈的宗教目的,他正是将《周易》作为一本宗教典籍来翻译的,他多次强调《周易》是"占筮之书",这种定性无疑突出了《周易》的宗教色彩。"占筮"是中国古人沟通神灵的方式,《周易》古经是中国古人对"占筮"活动的记录,体现了一种原始的宗教形态。

理雅各穷其一生将包括《周易》在内的儒家经典翻译成英文,这似乎与其来华传播基督教的目的是不相符的,对于这种看似矛盾的行为,理雅各解释道:"只有完全掌握了中国经典,并且亲自调查中国圣贤们涉足的思想领域,他才能担当起作为传教士的职责。"③ 由此可见,理雅

---

① Helen Legge, *James Legge*: *Missionary and Scholar*, London: The Religious Tract Society, 1905, p. 42.

② F. Max Müller, "Preface to the Sacred Books of the East", in *The Upanishads*, Oxford: The Clarendon Press, 1879, pp. xi – xii.

③ James Legge, "Preface", in *Confucian Analects*, *The Great Learning*, and *The Doctrine of the Mean*, London: Trübner and Co., 1861, p. vii.

第五章 "文化殖民"背景下《周易》在西方的译介与传播

各翻译儒家经典与其传播基督教的目的不但不冲突，而且还能对传播基督教起到巨大的促进作用。理雅各翻译儒家经典是在文化殖民的大背景中，在"孔子加耶稣"传教策略的指引下进行的，通过译介与传播儒家经典让西方基督教社会了解儒家思想和文化，减少传教士在传教过程中与中国民众的冲突，最终用"耶稣"的教义去改造"孔子"的思想。理雅各在《儒家和基督教之关系》（*Confucianism in Relation to Christianity*）一书中写道："我们这些传教士们应该庆幸儒家思想中有那么多关于上帝（God）的内容，我们在阐述我们更加完整的真理时可以利用这些内容。"[①] 为引导中国人理解"真实"的上帝，传教士们必须了解儒家经典中的上帝，从中找到中国人对上帝理解的缺失和偏差，以便有针对性地加以补充和纠正，这也正是"孔子加耶稣"策略在传教实践中的具体实施措施。然而由于语言不通，并非所有西方传教士都能够熟读儒家经典，因此翻译儒家经典就很有必要了。《周易》雄居"群经之首"，而且理雅各将其作为宗教典籍，欲实践"孔子加耶稣"的传教策略，实现文化殖民的目的，必然少不了对《周易》的翻译。

四 译本评价及影响

理雅各《周易》译本是继麦格基译本之后的第二部《周易》英文全译本，虽然理雅各译本比麦格基译本晚出六年，但笼罩在理雅各译本上耀眼的光芒很快让麦格基译本的首创之功变得黯然失色。尽管在理雅各译本之前西方已经有大量书籍译介过《周易》，而且麦格基译本还完整地翻译了《周易》经传，然而在西方真正产生广泛影响且广为传播的全译本却是理雅各译本，该译本自1882年在牛津大学出版社（Clarendon Press）出版以来在世界各地不断翻印，至今仍畅销不衰。理雅各《周易》译本为后世西方学者研究《周易》提供了重要的参考，因而在西方汉学界备受推崇。在1950年卫礼贤/贝恩斯《周易》译本出版之前，理雅各译本是西方唯一普遍采用的英译本，同时也是任何一个严肃的《周易》研究学者所必备的藏书[②]。中国学者林金水赞扬道："在卫礼贤《易

[①] James Legge, *Confucianism in Relation to Christianity*, London: Trübner and Co., 1877, p. 3.
[②] Edward Harker, Steve Moore, and Lorraine Patsco, *I Ching: An Annotated Bibliography*, New York and London: Routledge, 2002, p. 83.

经》(《周易》)译本问世之前,理氏译本是西方的理想译本。即使有了卫氏译本,它也还是西方学者研究《易经》(《周易》)必读的版本,仍有它的价值。"① 鉴于理雅各《周易》译本在《周易》西传史上的重要影响,该译本被学界奉为西方易学研究史上的"旧约全书"。

自16世纪末以来,《周易》在西方世界一直被视为"谜"一样的东方经典,而理雅各破解了这个古老的东方之"谜",该译本的出版标志着《周易》在西方的译介与传播进入了一个新的历史时代。在《周易》理雅各译本出版之前,理雅各已经翻译出版了《论语》《大学》《中庸》《孟子》等儒家经典,而《周易》的翻译耗时之久、付出的精力之巨是他翻译其他经典所无法比拟的。美国学者吉瑞德(Norman J. Girardot)评论道:"翻译这部最神秘的中国经典(《周易》)代表了理雅各作为学者—译者成长道路上的一个里程碑,同时也是19世纪整个东方主义史上划时代的事件。"② 苏联汉学家休茨基称赞理雅各译本是他长期辛勤付出的成果,在资本主义世界汉学研究中起到了重要的作用,至今仍然具有重要的意义③。理雅各在英语中首创"trigram"和"hexagram"分别指代"单卦"(三画卦)和"重卦"(六画卦)。尽管理雅各将《周易》视为"占筮之书",但他严厉地批判了书中的占筮思想,而且在译本中去掉了书中大量不合理的内容,反而强化了《周易》作为"哲学之书"的本质④。理雅各在《周易》译本中展现了其高深的中国文化修养、高超的翻译能力以及严谨的治学精神。严格地讲,理雅各不仅翻译了《周易》,而且利用序言、导论、注释等辅助手段对《周易》进行了详细的学术研究,使西方学者能够比较全面地了解《周易》的宗教、哲学、文化意义。因此,理雅各《周易》译本实际上已经超出了一般意义上的"翻译"的范畴,而是一本内容丰富、研究深入的学术著作,该译本为

---

① 林金水:《〈易经〉传入西方考略》,载《文史》(第29辑),中华书局1988年版,第374页。

② Norman J. Girardot, *The Victorian Translation of China*: *James Legge's Oriental Pilgrimage*, Berkley, Los Angeles and London: University of California Press, 2002, p. 366.

③ Iulian K. Shchutskii, *Researches on the I Ching*, New Jersey: Princeton University Press, 1979, p. 29.

④ Richard Rutt, *The Book of Changes* (*Zhouyi*): *A Bronze Age Document Translated with Introduction and Notes*, London and New York: Routledge Taylor and Francis Group, 2002, p. 70.

第五章 "文化殖民"背景下《周易》在西方的译介与传播

《周易》在西方世界的广泛传播奠定了基础。

然而任何译本都不可能是完美无缺的，理雅各翻译的《周易》在为其带来盛誉的同时，也给他带来了一些批评和指责。理雅各《周易》译本甫一出版即受到同时代一些学者的质疑。尽管理雅各为自己的译文能够与中国世代注家的观点一致而感到沾沾自喜，但英国东方学家道格拉斯（Robert Kennaway Douglas）却认为正是这种"一致"让理雅各的译文难以理解[1]。英国汉学家金斯密也批评理雅各盲目地依赖中国注疏家们的解释，未能深入研究他们注疏中的历史证据[2]。伦敦大学教授拉古贝里对理雅各的解经方法也提出了尖锐的批评，理雅各曾在《周易》译本中提出了"心灵对话"（mind to mind）的解经方法，即"研究中国经典与其去解释作者所使用的文字，还不如深入作者的思想，以寻求与作者的心灵对话"[3]。拉古贝里对"心灵对话"的解经方法很不以为然，斥之为"妄猜"（guess-at-the-meaning）的方法，他认为这种方法为译者的幻想（fancy）打开了大门，译者很容易确信自己的思想就是作者的思想[4]。现当代学者对理雅各《周易》译本也有不少批评，美国汉学家司马富批评理雅各根本不喜欢中国，对《周易》也没有敬意，理雅各《周易》译本是对清代盛行的新儒学正统的高度直译[5]。瑞士心理学家荣格评论道："理雅各译本是到目前为止唯一可用的英文译本，但却没有发挥任何作用让《周易》走近西方人的心灵。"[6] 英国汉学家闵福德批评理雅各"根本不尊重《易经》（《周易》），认为这本书是垃圾"[7]。在针对理雅各《周易》译本所有的批评中，莫过于对其译文风格的批评最甚，

---

[1] Robert K. Douglas, "Correspondence, the Yih King", The Academy, Vol. 22, No. 544, October 1882.

[2] Thomas W Kingsmill, "The Sacred Books of China", The China Review, Vol. 11, No. 2, September 1882.

[3] James Legge, "Preface", in The I Ching, New York: Dover Publications, 1963, pp. xv-xvi.

[4] A. Terrien de Lacouperie, The Oldest Book of the Chinese, The Yh-King, and Its Authors, London: D. Nutt, 1892, p. 60.

[5] Richard J. Smith, The I Ching: A Biography, Princeton and Oxfordshire: Princeton University Press, 2012, p. 184.

[6] Carl Gustav Jung, "Forward", in Richard Wilhelm, The I Ching or Book of Changes, rendered into English by Cary F. Baynes, New Jersey: Princeton University Press, 1997, p. xxi.

[7] 崔莹：《英国学者 12 年译完〈易经〉》，https://cul.qq.com/a/20150714/025742.htm。

认为其译本"冗长（Wordy）、呆板（Stiff）、平实（Prosaic）"[①]。

学界对理雅各译本的批评主要集中在四个方面，即过度依赖中国传统注疏、解经脱离文字意义、译文冗长以及对《周易》缺乏尊重。对译本的评论不能脱离原文的特点以及译本所产生的具体历史文化语境，《周易》古经源自中国古人对"占筮"活动的记录，正是后世学者对古经的哲学和文化阐释使《周易》上升到了儒家第一经典的地位，如果舍弃中国学者对《周易》的传统注疏，也就相当于否定了《周易》的哲学和文化价值；而且《周易》古经成文去今久远，古奥难训，对普通的中国学者而言，读懂《周易》已非易事，更何况对一个母语非汉语的西方传教士而言呢？因此，理雅各英译《周易》对中国传统注疏的倚重不仅是必要的，而且是必然的。

《周易》经文言简意赅，寓意深刻，特别是"寓意于象"的写作手法往往使经文言在"此"，而意却在"彼"，拘泥于文字的翻译方法无助于揭示《周易》经文的深层含义。理雅各在"逐字翻译"失败之后提出"心灵对话"的翻译方法，即译者在经文的指引下与经文的作者沟通心灵，从而产生共鸣，再用译文将深层次的心灵感受表现出来。典籍翻译旨在译意，而非译字，即使译字其最终目的还是要达意，理雅各采用"心灵对话"的翻译方法就是要将《周易》经文的真实意义传达出来。"冗长"的译文是理雅各翻译中国经典一以贯之的风格，《周易》译文也不例外。理雅各是将《周易》作为宗教典籍来翻译的，重在揭示原文的宗教意义和文化内涵，以帮助西方传教士了解中国的宗教和文化。《周易》原文形式简洁洗练，但同样简洁的译文难以再现原文的意义，因而理雅各只好在译文中"弃形而求意"。《周易》原文虽然形式简洁，但意义却非常丰富，理雅各曾试图用简洁的译文去翻译《周易》，但结果却发现译文难以让人理解，因此他最终采用"冗长"的译文也是不得已而为之。

理雅各《周易》译本是19世纪末西方列强在中国强化文化殖民的历史背景下产生的，是"孔子加耶稣"的时代产物。理雅各所处的维多利亚时代正值大英帝国的巅峰时期，他见证了大英帝国的繁荣与强盛，同

---

① 杨宏声：《本土与域外——超越的周易文化》，上海社会科学院出版社1995年版，第194页。

第五章 "文化殖民"背景下《周易》在西方的译介与传播

时也目睹了中国的衰弱与贫困,作为一个来自西方的基督教传教士,理雅各在英译《周易》时自然带有一种强烈的基督教文化优越感。理雅各在《周易》译本的序言和导论中严厉批判了《周易》中的"占筮、河图、洛书"等神秘主义和道家思想,这些批判有传教的考虑,也有学术争论的因素,但我们绝不应该将理雅各对《周易》部分内容的"批判"等同于对《周易》"不尊重"或"缺乏敬意"。

理雅各的基督教文化"优越感"以及他对《周易》的批判给许多评论家以不尊重《周易》的错觉,但事实上理雅各对《周易》是充满了敬意的。理雅各在其《周易》译本的导言中以师卦为例阐释了《周易》经文给人的教诲,他指出:"文王和周公所制定的战争原则在文明和信奉基督教的欧洲同样适用。……师卦是一个典型例子,其他六十三卦经文所体现的教诲同样引人注目。……中国数百名注疏家对《周易》经文意义细致入微且恰当准确的阐释已经发展到完美无缺的地步。研究汉语的外国学者应该做好准备去掌握这本书,而不是去谈论这本书是多么的神秘而费解。"[①] 尽管理雅各对中国注疏家的赞誉言过其实,但他对《周易》的敬意却溢于言表。理雅各批判《易传》中的神秘主义和道家思想,但却同时也肯定了《易传》如《彖传》《象传》《文言传》等对《周易》古经在社会、道德和政治方面的阐释。

理雅各本着严谨的治学态度,对《周易》既有赞许,也有批判,但却没有"不尊重"。他不畏艰辛前后两次英译《周易》,为译本撰写长篇学术序言和导论,还给译文补充了丰富的注释,正是理雅各持久艰苦的努力才使得西方世界能够第一次全面而深入地认识和了解《周易》。理雅各为实践"孔子加耶稣"的传教策略而英译《周易》,却不期开启了《周易》在西方世界译介与传播的新时代。从理雅各《周易》译本出版至今,不同时代的学者对该译本的褒扬和批判一直不绝于耳,广大学者对该译本关注时间之长、研究之深,迄今为止没有任何一个译本可以与之相提并论。无论是热诚的赞扬,还是尖锐的批评,都反映了理雅各《周易》译本在《周易》西传史上广泛、深入和持久的影响。然而,在充分肯定理雅各《周易》译本学术价值的同时,我们也应该看到理雅各

[①] James Legge, "Introduction", in *The I Ching*, New York: Dover Publications, 1963, pp. 25-26.

英译《周易》是在西方文化殖民的大背景下产生的,其历史局限性也是十分明显的。

第六节 世俗汉学家对《周易》的译介与传播

汉学家是指从事汉学（中国学）研究的专家,他们研究与中国有关的方方面面的问题。一些西方传教士除了其传教士的身份以外,本身也是学识渊博的汉学家,如马礼逊、麦格基和理雅各等。典籍翻译往往受制于译者的主体身份,这些传教士汉学家翻译中国典籍或多或少都带有宗教阐释的色彩,相较于这些传教士汉学家,西方世俗社会的汉学家翻译中国典籍则更富有世俗的学术研究气息。19世纪末,在西方传教士翻译《周易》的同时,西方社会的一些世俗汉学家也加入了译介与传播《周易》的行列。尽管传教士汉学家和世俗汉学家身份不同,但他们都处于相同的历史时代,他们对《周易》的译介与传播都是在西方文化殖民的大背景下展开的,其终极目的也是为文化殖民服务的。

一 拉古贝里对《周易》的译介与传播

拉古贝里是法裔英国东方学家,伦敦大学汉语教授。拉古贝里出生在法国勒阿费尔市（Le Havre）,早年曾随父迁居香港,他在香港学会了一口流利的汉语,同时也熟悉了英语和英国人的生活,后来又加入英国国籍并定居英国[①]。拉古贝里的生活经历对他的学术研究产生了重要的影响,他一生主要从事对中国早期文明的研究,出版了大量研究中国早期文明的著述,他在这些著述中提出了"中国文明西来说"。为证明"中国文明西来说",拉古贝里潜心研究《周易》,并力图从《周易》中挖掘中国早期文明的痕迹,从中国文明的源头否定中国文明的本土性质,为西方列强在华推行文化殖民提供依据。

（一）《中国最古老的典籍,〈易经〉和它的作者们》

拉古贝里著有《中国最古老的典籍,〈易经〉和它的作者们》（*The*

---

① H. M. Mackenzie, "Memorial Notice of Prof. Terrien de Lacouperie", *The Babylonian and Oriental Record*, Vol. 7, No. 11, November 1894.

第五章 "文化殖民"背景下《周易》在西方的译介与传播

Oldest Book of the Chinese, The Yh-King, and Its Authors)一书,全书共有十二个章节:第一章题为"《周易》之描述"(Description of the Book);第二章题为"古文献中对《周易》作者的记载"(Ancient Texts on the Authorship of the Book);第三章题为"书写方式演化所造成的影响"(Influence of the Evolution of Writing);第四章题为"《周易》古经明显残留的痕迹"(Obvious Vestiges of the Old Text);第五章题为"中国学者的阐释"(The Native Interpretations);第六章题为"欧洲学者的阐释"(The European Interpretations);第七章题为"阐释之比较"(Comparison of the Interpretations);第八章题为"阐释之方法"(Methods of Interpretation);第九章题为"《周易》译文"(Translations from the Yh);第十章题为"《周易》中被遗忘的内容"(Contents Forgotten of the Yh);第十一章题为"《周易》之源"(Origin of the Yh-King);第十二章题为"《周易》材料史略"(Material History of the Yh-King)。该书的主要内容曾分两期分别在《皇家亚洲协会会刊》(The Journal of the Royal Asiatic Society of Great Britain and Ireland)1882年(第十四卷)第四期和1883年(第十五卷)第三期上发表,1892年该书以单行本在伦敦出版发行,单行本增加了序言,保留了前四章的原貌,对第五章至第十一章的内容做了简单的修改,并增加了第十二章的内容。

从该书的结构和内容来看,拉古贝里对《周易》进行了广泛而深入的研究,不仅涉及《周易》的历史和文本研究,而且也涉及对19世纪末西方主要《周易》译本的评论,但拉古贝里对《周易》的所有研究都是围绕"中国文明西来说"展开的,他研究《周易》的最终目的是为"中国文明西来说"造势,企图将中国文明纳入整个西方文明体系之中,其文化殖民色彩是显而易见的。

(二)卦名与楔形文字

为鼓吹"中国文明西来说",拉古贝里不断地在其主编的《巴比伦与东方记录》(The Babylonian and Oriental Record)上发表系列文章,从科学、艺术、文字书写、制度、宗教等方面阐述中国文明与古巴比伦文明之间的渊源关系,力图证明中国文明来自西方[①]。1894年他又将此前

[①] 拉古贝里"中国文明西来说"中的"西方"指的是西亚地区,而非现代意义上的欧美地区。

发表的系列文章集结成册以单行本出版发行,题为《公元前 2300 年至公元后 200 年间中国早期文明的西方起源》(*Western Origin of the Early Chinese Civilisation from 2,300 B. C. to 200 A. D.*),该书将"中国文明西来说"推向高潮。在拉古贝里宣扬"中国文明西来说"的大量著述中,他尤其强调中国的象形文字(hieroglyphic)和西亚两河流域的阿卡德语楔形文字(Akkadian cuneiform)之间具有高度的相似性。

通过对《周易》第二十二卦"贲卦"和第三十卦"离卦"的研究,拉古贝里认为作为这两卦卦名的"贲"和"离"是两个象形文字,而"贲卦"和"离卦"的卦爻辞其实是"贲"和"离"的词义表。拉古贝里又通过"贲"和"离"推而广之,认为《易经》(《周易》古经)的部分内容是一些词义表(lists of meanings),这些词义直接让人想起阿卡德人的楔形文字表,它们属于同一个语系下的同一种方言"[①]。1892 年在《中国最古老的典籍,〈易经〉和它的作者们》一书中,拉古贝里重申《周易》古经的绝大部分内容其实是词汇表,或者是对卦名的解释,而卦名是一些象形文字。这些词汇表是中国早期的首领们模仿西亚地区(Anterior Asia)类似的词汇表而创建的,以便教诲他们的追随者并让他们从中获益[②]。拉古贝里将源于西亚的巴克族(Bak families)人视为中国人的祖先,他认为巴克族人向东迁徙来到中国时也带来了西亚地区的文字,同时还创建了类似的词汇表,而且其中一些词汇表还被编入了《周易》中[③]。

拉古贝里试图利用《周易》证明中国象形文字和西亚楔形文字的相似性,并进而推论中国文明源于西方,然而他能提供的例证着实不多。在其著述中拉古贝里反复引证《周易》中的"离、贲、艮"三卦的卦名分别与楔形文字"𒀭、𒈩、𒂍"在字形、发音、字义三个方面都高度相似,并进而指出"《周易》中的一些词汇是对古老的前楔形文字(pre-

---

[①] A. Terrien de Lacouperie, *Early History of the Chinese Civilisation*, London: E. Vaton, 1880, pp. 24–26.

[②] A. Terrien de Lacouperie, "Introduction", in *The Oldest Book of the Chinese, The Yh-King, and Its Authors*, London: D. Nutt, 1892, pp. v–vi.

[③] A. Terrien de Lacouperie, *The Oldest Book of the Chinese, The Yh-King, and Its Authors*, London: D. Nutt, 1892, p. 117.

第五章 "文化殖民"背景下《周易》在西方的译介与传播

Cuneiform)的模仿"①。象形文字和楔形文字是人类文明最初的文字形态,二者都是从图画文字演化而来的,而且都是原始先民对客观世界形态最初的临摹。不同民族的文字在音、形、义三个方面虽然具有不同的个性,但人们对客观世界的认识和模仿却具有共性,姑且不论拉古贝里对《周易》卦名与楔形文字相似性的论证是否正确,但仅以少数几个例证却难以推导出中国象形文字和西亚楔形文字之间的渊源关系,如果再据此进一步得出"中国文明西来说"的结论则更是荒谬至极。

(三)拉古贝里对《周易》古经的翻译

拉古贝里原计划将《中国最古老的典籍,〈易经〉和它的作者们》一书分为两卷出版,第一卷由他本人独立撰写,题为"历史和方法"(History and Method),第二卷与道格拉斯合作翻译《周易》全文,但最终该书只出版了第一卷,第二卷直到拉古贝里去世也没有完成。拉古贝里在该书第一卷中仅翻译了《周易》古经中师卦、谦卦、离卦、咸卦、观卦、同人卦共六卦的内容。通行本《周易》古经中包含了表示吉、凶、悔、吝的"占辞"(foretelling words),但拉古贝里认为这些"占辞"并不是《周易》古经原始文本所固有的内容,而是后人添加的②。《周易》古经的原始文本是有韵的,而这些占断辞与古经中的原始文本不合韵。拉古贝里坚信《周易》古经是一些古代原始文本的汇集,在与卦中的阴阳爻匹配并附上占辞之前,这些原始文本早就已经形成了③。拉古贝里的观点得到了后世部分学者的认同,当代易学研究专家黄玉顺认为《周易》的文字系统包括"系辞"和表示吉凶的"占辞","系辞"不包括"占辞"。"辞"指引文,也就是既成的东西,其中有史记,但绝大部分则是古歌。"系辞"就是把"辞"系于符号之下④。拉古贝里将"占辞"排斥在《周易》古经之外,因此他主张翻译《周易》时不需要翻译这些"占辞",而只翻译引文部分,即"系辞"的内容。《周易》古经中

---

① A. Terrien de Lacouperie, *The Oldest Book of the Chinese, The Yh-King, and Its Authors*, London: D. Nutt, 1892, p. 97.
② A. Terrien de Lacouperie, *The Oldest Book of the Chinese, The Yh-King, and Its Authors*, London: D. Nutt, 1892, p. 30.
③ A. Terrien de Lacouperie, *The Oldest Book of the Chinese, The Yh-King, and Its Authors*, London: D. Nutt, 1892, p. 30.
④ 黄玉顺:《易经古歌考释》(修订本),上海古籍出版社2014年版,第17—18页。

231

的"占辞"对吉、凶、悔、吝的判断并非完全是毫无根据的"神谕",而是对"系辞"内容是非曲直的价值评判,因此"占辞"是《周易》古经不可或缺的部分,拉古贝里舍弃"占辞"不译,其译文自然也就不能完整地反映《周易》古经的原意。

拉古贝里将《周易》卦爻辞的绝大部分内容视作词义表,卦名是每一个卦的标题,卦爻辞则是解释卦名的义项;有少量卦爻辞记录了中国早期文明时代的风俗习惯、典章制度及历史事件等。在拉古贝里英译的六卦中,师卦、谦卦、离卦、咸卦都是作为卦名的词义表来翻译的,以咸卦卦辞、初六和六二的爻辞为例:

Text	Characters Described. Old. Modern.	English
咸亨 利贞 取女 吉	咸 = 咸 "union"	Kien means: "to marry"
初六 咸其拇	咸 = 感 "to move"	(First-6.) "to move one's great toes."
六二 咸其腓 凶居 吉	咸 = 撼 "to stir up" 咸 = 俨 "uneasy"	(Six-two) "to touch one's leg's calves." "Badly housed."①

拉古贝里坚信汉字来源于西亚的前楔形文字,而且后来又经历了从大篆、小篆、隶书到楷书的演化过程,其中楷书是现代字(modern),而楷书之前的字体是古字(old),从古字到现代字的转变不仅是字形的变化,而且书写原则也发生了很大的变化②。在从古字到现代字的誊抄

---

① A. Terrien de Lacouperie, *The Oldest Book of the Chinese, The Yh-King, and Its Authors*, London: D. Nutt, 1892, pp. 82 – 83.

② A. Terrien de Lacouperie, *The Oldest Book of the Chinese, The Yh-King, and Its Authors*, London: D. Nutt, 1892, pp. 22 – 23.

第五章 "文化殖民"背景下《周易》在西方的译介与传播

过程中,誊写员们逐渐改变了原文,以迎合注疏家的意思,以及迎合用寓言和比喻式的语言所表达的意思,拉古贝里批评这些意思完全出于一种虚假而又固执的心理压力①。他对中国注疏家用同音(形)异义词解释《周易》的做法极为不满,同时也批评欧洲其他译者在翻译《周易》时妄猜经义,他强调只有详细地研究经文中的每个汉字,确立它们独立的意思,以及考察它们在句中和文中的位置,如此才能用另外一种语言将其重新表述出来②。

从拉古贝里对咸卦卦辞,以及初六和六二爻的翻译来看,他将古字"咸"解释为"咸、感、摵、俼"四个现代汉字,用英语给出这四个字的意义并翻译了卦爻辞。拉古贝里将"咸、感、摵、俼"分别解释为"union, to move, to stir up, uneasy",这四个义项之间并没有任何内在的联系,以致译文显得支离破碎,完全割裂了经文的整体性。为了从卦爻辞中归纳出卦名的义项,拉古贝里不顾文字之间的语法关系,甚至违背了自己不译"占辞"的原则。在咸卦六二爻"咸其腓凶居吉"中,"凶"是"占辞",是对"咸其腓"的评判;咸卦讲人与人之间的感情交往应该循序渐进,不可操之过急,"咸其腓"本意是"触动到了小腿肚",小腿肚肌肉的运动会带动整个小腿的运动,进而带动大腿乃至整个躯干的运动,因此"咸其腓"有"躁动"之象,比喻在感情交往中急于求成,因此爻辞给出了"凶险"的评判;"居"是"系辞",表示停止的意思,在急躁冲动的感情交往中如果能及时停止下来,结果是吉利的。"咸其腓凶居吉"正确的断句方式应该是"咸其腓,凶;居,吉。"拉古贝里将占辞"凶"和系辞"居"联系在一起,得出"咸"的一个义项"凶居"(Badly housed),这种错误的解释完全打破了卦爻辞的整体结构,而且严重偏离了咸卦的主题,究其根源在于拉古贝里将《周易》古经的主体内容视作词义表,他对《周易》的翻译其实是对单个汉字即卦名的解释,而不是对经文整体意义的翻译。拉古贝里之所以将《周易》古经作为词义表来翻译,其目的是要证明中国的象形文字来自西亚的楔形文字,推论中国文

---

① A. Terrien de Lacouperie, *The Oldest Book of the Chinese, The Yh-King, and Its Authors*, London: D. Nutt, 1892, p. 59.
② A. Terrien de Lacouperie, *The Oldest Book of the Chinese, The Yh-King, and Its Authors*, London: D. Nutt, 1892, p. 61.

明来自西亚两河流域，这与《圣经》记载的人类文明起源相符，并由此证明中国文化与西方文化同宗同源，为西方在华推行文化殖民扫清障碍。

（四）拉氏《周易》研究之评价与影响

拉古贝里对《周易》的研究以"中国文明西来说"为中心，因此他对《周易》文本内容的取舍也是为"中国文明西来说"服务的。拉古贝里对《周易》的研究主要集中在《周易》最古老的部分，即六十四卦的卦名及之后的文字，也就是《周易》古经的内容，而他同时又宣称对《周易》的翻译则应"完全舍弃从公元前1200年来文王、周公、孔子对《周易》所作的解释和注疏"①。拉古贝里与同时代的英国传教士理雅各曾就英译《周易》的问题相互批评，在拉古贝里批评理雅各妄猜经义的同时，理雅各批评拉古贝里对《周易》的内容一无所知，斥责拉古贝里舍弃"文王、周公、孔子对《周易》所作的解释和注疏"相当于舍弃了《周易》的全部内容，只剩下没有任何文字的卦爻符号。因而他认为拉古贝里成功翻译《周易》的希望十分渺茫②。

根据中国传统经学中文王作卦辞、周公作爻辞、孔子作《易传》的观点，理雅各对拉古贝里的批评是完全合理的，但拉古贝里并没有打算舍弃对卦爻辞的翻译，因为在他看来《周易》古经的作者根本不是文王和周公，而是远早于他们的来自西亚的巴克族人。拉古贝里认为巴克族人的首领们在来到中国前就已经借鉴了迦勒底（Chaldea）的楔形文字的书写方法和文化，《周易》的一些篇章与西亚的楔形音节文字高度相似，足以证明它们来自同一个源头③。拉古贝里将这个源头指向以巴比伦文明为代表的西亚文明，苏联汉学家休茨基批评拉古贝里为自圆其说不惜粗暴地破坏《周易》经文，毫无章法地删除了己不利的任何内容，而且完全清除了中国古代的注疏传统④。根据拉古贝里已经翻译的部分《周易》经文来看，他基本上是把《周易》作为一本古老的字典来翻译的，开创了西方将《周易》作为字典加以研究的先例，休茨基对此评论道：

---

① A. Terrien de Lacouperie, "The 'Yh King'", *The Athenaeum*, No. 2830, January 21, 1882.
② James Legge, "Preface", in *The I Ching*, New York: Dover Publications, 1963, p. xix.
③ A. Terrien de Lacouperie, "The 'Yh King'", *The Athenaeum*, No. 2863, September 9, 1882.
④ Iulian K. Shchutskii, *Researches on the I Ching*, New Jersey: Princeton University Press, 1979, p. 25.

第五章 "文化殖民"背景下《周易》在西方的译介与传播

"我们不可能赞同这种学说，因为我们无法解释一本简单的字典怎么会突然转变为占筮之书，后来中国最博学的哲学家又将其作为所有哲学思想的起点。"[①] 其实，拉古贝里将《周易》视为字典，只不过是为了建立起汉字与西亚楔形文字的渊源关系，从而将中国文明之源指向西亚地区。

拉古贝里将《周易》作为"中国文明西来说"的佐证，不少东西方学者深受其影响。1882年9月2日在英国负有盛名的文学杂志《雅典娜》（The Athenaeum）上，牛津大学出版社发表了一篇推介理雅各《周易》译文的文章，但作者在文中对拉古贝里研究《周易》的方式也深表赞同，文中写道："拉古贝里开辟了一条新的道路，他认为可以借助阿卡德语解释《周易》中神秘的句子。不论他采用了什么方法，有一件事是确定无疑的，用几何图形来进行占筮的方法来自阿卡德文明，原始的迦勒底巫师也使用这种方法，伏羲图的来源与拉尔萨王朝（Larsa）石碑上原始的平面图和几何图形的来源也许是一致的。"[②] 1900年日本学者白河次郎和国府种德完全接受了拉古贝里提出的"中国文明西来说"，他们在《支那文明史》一书中比较了由阴阳爻构成的《周易》八卦（☰、☷、☳、☵、☶、☴、☲、☱）与西亚古老的楔形文字，以证明八卦和楔形文字之间的相似性[③]。"中国文明西来说"经日本传入中国，给当时中国社会的传统文化认同感造成了极其恶劣的影响，一些中国文化名人对"中国文明西来说"也开始应声附和。晚清教育家宋恕在《六子课斋津谈》一书中指出："西人谓世有文字始于亚洲之非尼西人。又谓巴比伦字最类中国字，《易》之'乾、坤'乃巴比伦呼'天、地'土音，《尔雅》所载干支别名亦然，疑中国之学传自巴比伦。余谓：巴比伦字既类中国，文当亦类中国。"[④] 国学大师刘师培、章太炎等也纷纷撰文宣扬"中国文明西来说"。《周易》是中华文化之根、华夏思想之源，而拉

[①] Iulian K. Shchutskii, *Researches on the I Ching*, New Jersey: Princeton University Press, 1979, p. 37.

[②] "The Sacred Books of the East. -Vol. XVI, The Sacred Books of China: The Texts of Confuciunism, Translated by James Legge. -Part Ⅱ. The Yi King", *The Athenaeum*, No. 2862, September 1882. 阿卡德、迦勒底、拉尔萨都是西亚的文明古国。

[③] ［日］白河次郎、国府种德：《支那文明史》，竞化书局译，竞化书局1903年版，第41—42页。

[④] 胡珠生：《宋恕集》，中华书局1993年版，第57页。

古贝里却将其作为"中国文明西来说"的佐证,其目的是要从源头否定中华民族的文化独立性,从而为西方列强对中国的文化殖民造势。

19世纪中期之后,中国逐渐沦为了西方国家的半殖民地,西方列强在华步步推进文化渗透及思想奴役。拉古贝里用《周易》证明"中国文明西来说",无疑为西方国家对中国的文化殖民统治提供了理据,这也从本质上反映出西方列强根深蒂固的文化殖民思想,而一些中国文化名人对"中国文明西来说"的应声附和则反映了一种彻底的文化自卑心理。

二 霍道生对《周易》的译介与传播

霍道生是法国驻中南半岛的殖民地官员、外交官和学者,他于1861年到南圻任职,1868年因病返回法国,1873年再次前往中南半岛的法国殖民地,曾在越南和柬埔寨任职,并于1889年离开中南半岛。霍道生一生撰写了大量研究中国和越南的著述,其中最重要的是,他首次将《周易》翻译成法文,以及完整地翻译了清王朝法典乾隆《大清律例》[①]。霍道生《周易》法译本共有上下两卷,1885年《梅基博物馆年刊》(*Annales Du Musée Guimet*)第8期发表了该译本上卷,1893年又在该刊第23期发表了该译本下卷;1992年巴黎苏尔玛出版社以单行本发行了霍道生《周易》法译本,并于2004年在加拿大魁北克省奇库蒂米市再次编辑出版,又于2009年收入大中华文库并附张善文《周易》现代汉语译文在岳麓书社出版发行。

(一)霍道生《周易》译本内容

《周易》霍道生译本全名《易经,或者是关于周王朝变化的书,第一次由中文翻译成法语,并附有程子和朱熹的全部传统注解,以及主要注释家的注释摘要》(*Le Yi: King. Ou livre des changements de la dynastie des Tsheou, traduit pour la première fois du chinois en français, avec les commentaires traditionnels complets de Tshèng Tsé et de Tshou-hi et des extraits des principaux commentateurs*),该译本不仅完整地翻译了《周易》卦爻辞和《易传》各篇,而且还翻译了宋代理学家程颐和朱熹对《周易》的注疏。与

---

① "Paul-Louis-Félix Philastre", https://en.m.wikipedia.org/wiki/Paul-Louis-F%C3%A9lix_Philastre.

第五章 "文化殖民"背景下《周易》在西方的译介与传播

19 世纪末其他欧洲学者往往贬抑程朱理学的态度形成鲜明对比，霍道生十分推崇程颐和朱熹的学说，他在《周易》译本序言中写道："朱子（朱熹）是当时第一位的儒学集大成者，他对《易经》的研究独辟蹊径，从中推演出了一整套关于天地万物起源的系统，……程子为《易经》（《周易》）做了完整的传统评注；在笔者看来，尽管中国现代学术界对朱熹的《周易本义》评价更高，但程颐的这部作品才是最杰出的著作。"[①] 程颐和朱熹对《周易》的注疏译文占了霍道生《周易》法译本的绝大部分篇幅，而对《周易》卦爻辞的翻译则显得十分简洁，以乾卦初九爻和上九爻的译文为例：

  乾卦初九：潜龙，勿用。[②]
  霍道生译文：Dragon caché; ne pas agir. [③]
  乾卦上九：亢龙，有悔。[④]
  霍道生译文：Dragon élevé: il y a regret. [⑤]

译文保留了原文简洁的语言风格，甚至几乎达到了字字对译的程度，普通的西方读者很难从这样简洁的译文中领悟到原文深刻的意蕴，然而霍道生《周易》译本的重点并不在于《周易》卦爻辞文本，而在于程颐和朱熹的注疏，这两位宋代理学大师对《周易》的注疏集中反映了中国传统经学对《周易》的经典阐释，充满了哲学智慧，而且表达清晰简洁。霍道生希望读者能够从这两位古代圣贤的注疏中理解中国的古代思想，他认为"对于不论出于何种目的、想要了解中国古代思想的人们来说，《易经》（《周易》）作为一个整体，都是一部不可或缺的必读典籍"[⑥]，而霍道生详细翻译并阐释了程颐和朱熹对《周易》的注疏，这对于西方读者领悟中国传统哲学思想是大有裨益的。

[①] P. L. F. Philaster, "Introduction", in *Le Yi: King*, Paris: Ernest Leroux, 1885, p. 7.
[②] 李申：《周易经传译注》，湖南教育出版社 2004 年版，第 1 页。
[③] P. L. F. Philaster, *Le Yi: King*, Paris: Ernest Leroux, 1885, p. 25.
[④] 李申：《周易经传译注》，湖南教育出版社 2004 年版，第 2 页。
[⑤] P. L. F. Philaster, *Le Yi: King*, Paris: Ernest Leroux, 1885, p. 33.
[⑥] P. L. F. Philaster, "Introduction", in *Le Yi: King*, Paris: Ernest Leroux, 1885, p. 9.

（二）霍道生《周易》译本评价及影响

霍道生首次将《周易》及详细的传统注疏翻译成法语，并且在西方世界广为传播。霍道生称其翻译《周易》时，除雷孝思拉丁文《周易》译本可供参考之外，再无其他参考文献，因此霍道生认为他的《周易》法文本是颇有新意的①。霍道生《周易》法译本出版后受到了西方学者的广泛关注，既有褒扬者，也有批评者。拉古贝里批评霍道生译本是"碎片式翻译"（fragmentary translation）的结果，而且建立在模糊的神秘主义（mysticism）和象征主义（symbolism）基础上，充斥在译本中的彻底的谬论破坏了整个译本②。拉古贝里所谓的"碎片式翻译"指的是霍道生对《周易》文本高度的直译，读者很难从中读懂原文的真实意思，而必须借助译文之后的注疏才能明白原文隐含的意义。

霍道生译本的主旨并不在于翻译《周易》文本本身，而在于程颐和朱熹对《周易》的阐释，拉古贝里批评霍道生译本中的那些所谓"神秘主义"、"象征主义"，以及"彻底的谬论"其实正是霍道生译本的可贵之处，也就是程颐和朱熹对《周易》自然和社会哲学思想的阐释。英国学者卢大荣称霍道生译本充满了活力，是标准的法文译本③。苏联汉学家休茨基批评霍道生的译本是不成功的，他认为霍道生缺乏足够的汉学研究方法，由于太过主观，霍道生并没有正确地描述能够反映中国传统的注疏④。中国学者林金水认为"作为首次将《易经》（《周易》）译成法文的霍道生，在《易经》（《周易》）传入西方史上是有其影响的"⑤。总体而言，中西方学者对霍道生译本的批评多于褒扬，但霍道生译本确实开启了《周易》全译本在法语世界的传播之旅，而且更为可贵的是，霍道生译本首次向西方世界展示了中国经典传统注疏对《周易》的阐释，让西方学者认识到中国传统易学对自然和人类社会的哲学思考。

---

① P. L. F. Philaster, "Introduction", in *Le Yi: King*, Paris: Ernest Leroux, 1885, p. 9.
② A. Terrien de Lacouperie, *The Oldest Book of the Chinese, The Yh-King, and Its Authors*, London: D. Nutt, 1892, p. 57.
③ Richard Rutt, *The Book of Changes (Zhouyi): A Bronze Age Document Translated with Introduction and Notes*, London and New York: Routledge Taylor and Francis Group, 2002, p. 71.
④ Iulian K. Shchutskii, *Researches on the I Ching*, New Jersey: Princeton University Press, 1979, p. 28.
⑤ 林金水：《〈易经〉传入西方考略》，载《文史》（第29辑），中华书局1988年版，第375页。

第五章 "文化殖民"背景下《周易》在西方的译介与传播

客观地讲，霍道生《周易》译本促成了《周易》在法语世界的广泛传播，为《周易》西传做出了不可磨灭的贡献，但同时该译本的殖民色彩也是不容忽视的。霍道生是法国派驻越南的殖民地官员，曾多次参与谈判并制定在越南的殖民条约，特别是臭名昭著的《越法和平同盟条约》"把越南置于法国的所谓'保护'之下，使越南进一步殖民地化"①。霍道生特殊的身份注定了他翻译《周易》是为西方殖民统治服务的，越南与中国有长久的"宗藩关系"，越南文化与中国文化同根同源，中国的四书五经在越南同样被视为神圣的经典，因此将《周易》译为法语显然有助于法国殖民者了解中国文化影响下的越南，从而加强对越南的殖民统治，同时也直接有助于对中国实施文化殖民。

霍道生对朱熹和程颐之外的易学基本上持怀疑态度，他认为"伏羲是一个传说中的谜团"，否认周文王对中国历史的真实贡献，甚至觉得"孔子的成就似乎也和之前的先辈一样难以考证"②。伏羲画卦、文王系辞、孔子作传是中国传统易学的基础，否定了这三位圣人的贡献无异于否定了中国传统易学赖以生存的根基。霍道生对宋代以后的易学乃至整个中华民族充满了蔑视，他认为朱熹之后的中国易学没有任何价值，在其译本序言中霍道生讽刺道："表面看来，似乎是文人墨客江郎才尽，但事实上，这是整个民族麻木不仁的象征。"③霍道生似乎对朱熹和程颐的学说赞誉有加，但事实上他更相信索经主义者马若瑟的学说，他引用了马若瑟撰写的《中国古籍中的基督教理遗迹》(Vestiges des principaux dogmes chrétiens tirés des anciens livres de la Chine)一书，指出《周易》的真义已经在中国失传了④，如果真是如此，那么朱熹和程颐的学说纵然再妙也与《周易》无关了。马若瑟撰写的这本书早在1724年就已经完成了，但时隔一个多世纪后于1878年经教宗利奥十三世(Vincenzo Gioacchino)特许译成法语出版，教宗认为该书"从中国古经所汲取出的有关天主圣教教义的诸多遗迹，可以被视为福音的预备工作"⑤。利奥十三世的言论暴露了其在中国传播基督教的根本目的，同时霍道生引用该书

---

① 唐上意：《论刘永福的矛盾性格和身份演变》，《广东民族学院学报》1983年第1期。
② P. L. F. Philaster, "Introduction", in *Le Yi: King*, Paris: Ernest Leroux, 1885, pp. 6-7.
③ P. L. F. Philaster, "Introduction", in *Le Yi: King*, Paris: Ernest Leroux, 1885, p. 7.
④ P. L. F. Philaster, "Introduction", in *Le Yi: King*, Paris: Ernest Leroux, 1885, p. 8.
⑤ 潘凤娟：《翻译"圣人"：马若瑟与十字的索隐回转》，《国际比较文学》2018年第1期。

证明《周易》的真义在中国已经失传，并竭力贬低中国传统易学，其文化殖民的心态和渴望也就昭然若揭了。

第七节　哈雷兹对《周易》的译介与传播

查尔斯·德·哈雷兹是比利时列日大教堂的传教士，同时也是鲁汶大学（the Catholic University of Leuven）的教授、比利时皇家学院院士、著名的东方学家。哈雷兹最初学习法学，后来又转而从事神学研究，并于1858年成为牧师。1883年哈雷兹转入鲁汶大学中国语言文学系，主要从事中国古代宗教研究，他对东方学的研究还包括中国文学、梵语等[1]。哈雷兹对《周易》研究颇深，一生发表了大量易学著述，深入研究了《周易》之源和《周易》之性质，并且将《周易》译成法语，促进了《周易》在西方世界的译介与传播。

一　哈雷兹《周易》研究著述

1887年哈雷兹在《亚洲学报》（*Journal Asiatique*）发表他的第一篇易学论文《〈易经〉原始文本、性质及阐释》（"Le texte originaire du Yih-King, sa nature et son interprétation"）；1888年哈雷兹又在《比利时皇家科学、文学和美术学院论文集》（*Mémoires de l'Académie Royale des Sciences, des Lettres et des Beaux-Arts de Belgique*）第47卷发表了《周易》法语译文，题为《〈易经〉古经复原，翻译及注释》（"Le Yih-King, texte primitif rétabli, traduit et commenté"），该译文后经瓦尔·德雷毛（J. P. Val d'Eremao）转译成英文，从1895年到1896年首先在《亚细亚季刊》（*The Asiatic Quarterly Review*）上分期发表[2]，1897年又集结成书在英国沃金（Woking）东方大学研究院（Oriental University Institute）出版，题为 *The Yi-King: A New Translation from the Original Chinese by Mgr. C. de Harlez*。哈雷兹《周易》法语译文又于1959年由比利时记者兼作家贝克尔

---

[1] "Charles-Joseph de Harlez de Deulin", https://en.wikipedia.org/wiki/Charles-Joseph_de_Harlez_de_Deulin.

[2] 第1卦至第11卦译文发表在《亚细亚季刊》1895年第9卷，第12卦至第30卦发表在该刊1895年第10卷，第53卦至第64卦发表在该刊1896年第2卷，第31卦至第52卦缺失。详见："The Yijing on the Web", https://www.biroco.com/yijing/links.htm.

第五章 "文化殖民"背景下《周易》在西方的译介与传播

(Raymond de Becker)加上序言在法国巴黎再版,题为 *Le Livre des Mutations*。2007 年哈雷兹《周易》法语译文和他的部分易学论文一起在加拿大希库蒂米(Chicoutimi)集结成册再次出版,题为 *Le Yi-King*。

哈雷兹的易学论文还包括:《〈易经〉性质及阐释》("Le Yih-King, sa nature et son intepreïtation", *Journal Asiatique*, 1891, Sér. 8, T. 17);《公元前七世纪的〈易经〉(春秋和左传)》("Le Yi-King du VIIe siècle avant J.-C. 〈le Tchien-tsiu et le Tso-tchuen〉", *Journal Asiatique*, 1893, Sér. 9, T. 1);《根据〈论语〉阐释的〈易经〉》("Le Yi-King d'après le lün-Yü", *Journal Asiatique*, 1893, Sér. 9, T. 1);《〈易经〉之阐释》("L'interpreïtation du Yih-King", 1896, *T'oung Pao*, Vol. 7, No. 3);《〈易经〉象征符号》("Les figures symboliques du Yih-King", *Journal Asiatique*, mars-avril 1897, Sér. 9, T. 9);《根据中国满族语版本阐释翻译的〈易经〉》("Le Yi-King, traduit d'après les interprétes Chinois avec la version mandchoue", *Journal Asiatique*, mai-juin 1897, Sér. 9, T. 9)等。2016 年美国学者 Eric Serejski 收集了哈雷兹的 11 篇法语易学著述并翻译成英文在美国出版,题为"哈雷兹《易经》论文翻译"(*Essays on the Yijing, Translation of Articles by Charles de Harlez*),该书除了上述八篇论文和译著外,还包括以下三篇论文:《〈易经〉原始文本》("Le Texte oriinaire du 易经 Yijing");《霍道生译〈易经〉》("Le Yih-King de Philastre");《〈易经〉之阐释——满语本及翻译》("L'interprétation du Yih-King. La version mandchoue et ma traduction")。哈雷兹的易学研究论文及译著至今仍然在法语和英语国家广为流传,其《周易》译本被视为标准的法语译本,由此可见哈雷兹《周易》译本及其易学论文在西方世界持久而深远的影响力。

二 《周易》文本研究及翻译

1887 年在《〈易经〉原始文本、性质及阐释》一文中,哈雷兹将《周易》分为卦符、卦爻辞、《易传》三个部分,其中卦爻辞文本是哈雷兹研究的重点,他将卦爻辞称为"基本的经文"(texte fondemental)[①]。与哈雷兹同时代的英国学者拉古贝里将《周易》的六十四个卦名视为六

[①] M. C. de Harlez, "Le texte originaire du Yih-King, sa nature et son interprétation", *Journal Asiatique*, Sér. 8, T. 9, avril-mai-juin 1887.

十四个不同的象形文字,哈雷兹接受了拉古贝里的观点,并且在此基础上进一步阐明了卦爻辞与卦名之间的关系,他指出卦爻辞是用汉字对作为卦名的象形文字简洁的翻译和解释,就如同满汉字典的编撰者所做的那样①。1893 年哈雷兹通过对《左传》中筮例的研究,得出以下结论:《周易》卦爻辞各篇的标题(卦名)不应视为空洞的声音用以指称卦爻及其所代表的事物,而应该作为汉语字典中具有普遍意义的文字;爻辞中的六个句子绝不是对爻符的解释,而是六个具有独立意义的句子,用以查阅卦名的意思②。因此,哈雷兹不仅音译了每卦的卦名,而且还根据他自己对卦爻辞文本的理解,在卦名的后面给出卦名所代表的具体意思,如乾卦的翻译,Kién:principe actif, force vitale universelle③,其中"Kién"是对卦名"乾"的音译,而"principe actif, force vitale universelle"是对"乾"之意义的阐释,即"主动原则,宇宙生命之力"的意思。

哈雷兹对《周易》文本的研究旨在恢复《周易》文本的原始面貌,通过对卦爻辞文本的梳理,哈雷兹发现《周易》每卦都涉及一个明确的主题,他将卦的主题内容分为四个方面,即自然哲学、社会状况、行为规则和道德实践,然而涉及相同主题的卦在通行本《周易》中的排列顺序并不遵循固定的规律和方法,相邻的卦并不一定具有类似的主题④。哈雷兹还认为卦爻辞的原始文本在《周易》成书之前就已经形成了,现存的《周易》卦爻辞文本是《周易》的编撰者周文王重新编辑整理的结果。这些原始文本最初并不用于"占筮",表示"吉凶悔吝"的占断辞也是后来加上的;爻辞原本是完整的,周文王将其割裂为六个部分,然后分附到六个阴阳符号之后,以便"占筮"之用,由此使《周易》成为了一本"占筮之书"。哈雷兹的观点明显受到了拉古贝里的影响,而且哈雷兹还引用清朝康熙皇帝对白晋说的话来证明自己的观点,"也许在

---

① M. C. de Harlez, "Le texte originaire du Yih-King, sa nature et son interprétation", *Journal Asiatique*, Sér. 8, T. 9, avril-mai-juin 1887.

② M. C. de Harlez, "Le Yi-King du VIIe siècle avant J. – C. (le Tchien-tsiu et le Tso-tchuen)", *Journal Asiatique*, Sér. 9, T. 1, janvier-février 1893.

③ Ch. de Harlez, "Le Yih-King, texte primitif rétabli, traduit et commenté", *Mémoires de l'Académie Royale des Sciences, des Lettres et des Beaux-Arts de Belgique*, Tome XLVII, octobre 1888.

④ Ch. de Harlez, "Le Yih-King, texte primitif rétabli, traduit et commenté", *Mémoires de l'Académie Royale des Sciences, des Lettres et des Beaux-Arts de Belgique*, Tome XLVII, octobre 1888.

第五章 "文化殖民"背景下《周易》在西方的译介与传播

我们祖先的心中根本没有这些预测"[1]。然而,与拉古贝里主张舍弃对占断辞的翻译不同,哈雷兹在译文中保留了大部分占断辞的内容。以哈雷兹对师卦卦辞的翻译为例:

原文:师,贞,丈人吉,无咎。[2]

哈雷兹译文:Sze: chef; troupes; armée; peuple, foul. Le Chef expérimenté (âgé) est heureux et ne commet pas de fautes. [3]

师卦的主题与聚众和军队有关,因此哈雷兹将卦名"师"解释为"首领;军队;人民;人群"四个义项,译文中省略了"贞"的翻译,但保留了占断辞"吉"(heureux)和"无咎"(pas de fautes)的内容。

三 《周易》哲学批判

哈雷兹认识到《周易》中蕴含了丰富的哲学思想,但总体而言,哈雷兹对《周易》哲学是持批判态度的,在他的易学著述中充满了对《周易》哲学的指责和讽刺。哈雷兹将《周易》视为中国古代用作"占筮"的三部典籍之一[4],其最重要的证据是《左传》和《国语》,这两部史学典籍记载了大量将《周易》作为占筮之用的筮例。然而,哈雷兹似乎只看到了这些筮例中关于"吉凶祸福"的预测,而完全没有意识到书中人物对《周易》卦爻符号及其文字阐释所采用的理性分析和逻辑思维,更没有意识到筮例分析中的取象、取义以及变卦等方法所蕴含的哲学意义。

基于对《周易》作为"占筮之书"的定性,哈雷兹认为对《周易》的阐释应该限定在《周易》文本内部,并追求一种自然而又明显的阐释[5],而对《周易》的翻译则应该完全忽略哲理性的漫谈,他指出这些

---

[1] Ch. de Harlez, "Le Yih-King, texte primitif rétabli, traduit et commenté", *Mémoires de l'Académie Royale des Sciences, des Lettres et des Beaux-Arts de Belgique*, Tome XLVII, octobre 1888.

[2] 李申:《周易经传译注》,湖南教育出版社 2004 年版,第 26 页。

[3] Ch. de Harlez, "Le Yih-King, texte primitif rétabli, traduit et commenté", *Mémoires de l'Académie Royale des Sciences, des Lettres et des Beaux-Arts de Belgique*, Tome XLVII, octobre 1888.

[4] 另外两个是《连山》和《归藏》。

[5] Charles de Harlez, "The Ancient Chinese Books of Divination", *The Asiatic Quarterly Review*, Vol. VIII, No. 15, May 1894.

哲理性的漫谈往往以经文注疏的形式出现，并且只与卦爻符号相关，以及体现为对阴阳观念的思考[①]。哈雷兹严厉批评了中国传统易学家，特别是宋代理学家程颐对《周易》的哲学阐释。他斥责中国的思想家们放弃对《周易》文本的研究，而转向理学的路径，或专注于阴阳哲学以及由卦变所代表的操作及运行法则[②]。

1897年哈雷兹在《亚洲学报》发表的《〈易经〉象征符号》一文中指出，尽管《周易》之《系辞传》勾勒了"阴"和"阳"这一对中国哲学的基本概念，但《周易》经文的编撰者并没有将"阴"和"阳"用于解释卦爻符号的意义及其相对应的文字，直到10世纪中国的哲学学派（北宋理学）才将"阴"和"阳"作为解释《周易》卦爻的普遍原则[③]。哈雷兹显然没有认识到《周易》哲学中早就普遍存在的"阴阳"观念，《易传》用"阴阳"阐释《周易》哲学的句子比比皆是，直接用"阴阳"阐释卦爻的句子也不少，如："阳卦多阴，阴卦多阳。其故何也？阳卦奇，阴卦耦"（《周易》之《系辞传》）[④]；"乾，阳物也；坤，阴物也"（《周易》之《系辞传》）[⑤]；"观变于阴阳而立卦"（《周易》之《说卦传》）[⑥]。"阴阳"是阐释《周易》哲学的基础，从阴阳哲学的角度来阐释《周易》并非是从宋代理学开始的，《易传》中早已经蕴含了丰富的阴阳哲学思想。

《周易》由卦爻辞文字和卦爻符号两大系统构成，文字和符号相互阐释，彼此印证，从而构成了一个完整的《周易》哲学义理体系。然而，哈雷兹却认为卦爻符号仅用作给卦爻辞编号，并用以区别由数字六和九所代表的阴爻和阳爻，除此之外，卦爻符号与《周易》卦爻辞之间

[①] Charles de Harlez, "The Interpretation of the Yijing, Manchu Version and the Translation", in *Essays on the Yijing*, *Translation of Articles by Charles de Harlez*, translated by Eric Serejski, Frederick：Innovation and Information, Inc., 2016, p. 282.

[②] Charles de Harlez, "Les Figures Symboliques du Yi-King", *Journal Asiatique*, Sér. 9, T. 9, mars-avril 1897.

[③] Charles de Harlez, "Les Figures Symboliques du Yi-King", *Journal Asiatique*, Sér. 9, T. 9, mars-avril 1897.

[④] 李申：《周易经传译注》，湖南教育出版社2004年版，第216页。

[⑤] 李申：《周易经传译注》，湖南教育出版社2004年版，第221页。

[⑥] 李申：《周易经传译注》，湖南教育出版社2004年版，第228页。

第五章 "文化殖民"背景下《周易》在西方的译介与传播

没有任何联系①。《周易》之《系辞传》曰："书不尽言,言不尽意……圣人立象以尽意。"②"意象"是表达《周易》哲学义理最基本的思维方式,然而哈雷兹对《周易》的"意象"思维极为不屑。他详细阐释了八卦符号所代表的各种意象,如"☰"和"☷"在自然哲学层面分别代表天和地,于社会伦理哲学层面代表父母;八卦中只有一个阳爻的卦代表男,而只有一个阴爻的卦代表女,如☳代表长男,☵代表中男,☶代表长女,☴代表中女。哈雷兹将这种"意象"表达斥为"毫无实际用处的幻想"③。哈雷兹反对从每卦每爻中归结出一个意象,他认为这些意象让人感到陌生,毫无理由而且令人费解,《周易》的整个"意象"思维模糊不清,奇怪而又荒谬。哈雷兹在其《周易》译本的序言中讽刺地问道："这些简单的阴阳爻符号怎么可能表达如此奇怪而又不同的事物呢?"④哈雷兹否认《周易》文字与卦爻符号之间的联系,并且竭力贬低《周易》的"意象"思维,他无疑是要从根本上完全否定《周易》哲学的合理性。

哈雷兹几乎批评了19世纪末欧洲所有的《周易》译本,包括雷孝思译本、麦格基译本、理雅各译本和霍道生译本,他认为这些译本全都受到了周文王改编后的《周易》文本以及后代中国传统注疏的禁锢⑤。哈雷兹力图在自己的译本中再现《周易》文本的原始意义,他批评理雅各译本和霍道生译本对《周易》的阐释如此奇怪,读者根本不可能从中认识到《周易》最初的作者们所要表达的真实意思⑥。哈雷兹还批评霍道生对《周易》经文的翻译只不过是一些毫无意义的孤立的句子片段,而且也没有依据经文本身来阐释《周易》。更重要的是,哈雷兹指责霍道

---

① Charles de Harlez, "The Interpretation of the Yijing, Manchu Version and the Translation", *in Essays on the Yijing, Translation of Articles by Charles de Harlez*, translated by Eric Serejski, Frederick: Innovation and Information, Inc., 2016, p. 282.

② 李申:《周易经传译注》,湖南教育出版社2004年版,第211页。

③ Charles de Harlez, "Les Figures Symboliques du Yi-King", *Journal Asiatique*, mars-avril, Sér. 9, T. 9, 1897.

④ Ch. de Harlez, "Le Yih-King, texte primitif rétabli, traduit et commenté", *Mémoires de l'Académie Royale des Sciences, des Lettres et des Beaux-Arts de Belgique*, Tome XLVII, octobre 1888.

⑤ Ch. de Harlez, "Le Yih-King, texte primitif rétabli, traduit et commenté", *Mémoires de l'Académie Royale des Sciences, des Lettres et des Beaux-Arts de Belgique*, Tome XLVII, octobre 1888.

⑥ M. C. de Harlez, "Le texte originaire du Yih-King, sa nature et son interprétation", *Journal Asiatique*, Sér. 8, T. 9, avril-mai-juin 1887.

生译本中充斥着大量哲学内容,而经文本身却显得太简短,就像树叶完全消失在森林中一样①。

虽然哈雷兹对其他研究和翻译《周易》的欧洲学者持严厉的批判态度,但他却唯独推崇拉古贝里对《周易》的研究。拉古贝里将《周易》作为"中国文明西来说"的佐证,他认为《周易》原始文本中的词汇、音节及其他各种组成成分无不是对阿卡德语词汇和书籍的模仿②。"哈雷兹是在他看了所谓拉古贝里'革命理论'之后,而放弃了当时古波斯语的研究,转而对《易经》(《周易》)的研究。"③ 由此可见拉古贝里对哈雷兹影响之大,哈雷兹不仅接受了拉古贝里的观点,而且又有进一步的发展和充实。哈雷兹对《周易》哲学无端的指责和批判则反映了他对《周易》哲学严重的误解和偏见,而这种误解和偏见源于其所具有的西方文化优越感,而且他对拉古贝里所谓"革命理论"的继承和发扬则完全暴露了其固有的文化殖民心态,妄图利用《周易》将中国文明纳入整个西方文明体系,以证明西方列强在华实施文化殖民的合理性。

小 结

19世纪正当西方资本主义国家强势崛起之时,清王朝统治下的中国正日益走向没落,而且逐渐沦为了西方列强的殖民对象。为加强对中国的文化殖民统治,西方基督教先后推出了"孔子或耶稣"和"孔子加耶稣"的传教策略,而这两种传教策略的实施都需要了解中国文化及中国文化典籍。在文化殖民的驱动下,西方传教士和汉学家展开了对《周易》等儒家经典的译介与传播。

进入19世纪以后,基督教新教传教士和世俗汉学家取代耶稣会士成为了译介与传播《周易》的主体。19世纪初,英国新教传教士马礼逊首

---

① Charles de Harlez, "The Interpretation of the Yijing, Manchu Version and the Translation", in *Essays on the Yijing, Translation of Articles by Charles de Harlez*, translated by Eric Serejski, Frederick：Innovation and Information, Inc., 2016, p. 69.

② M. C. de Harlez, "Le texte originaire du Yih-King, sa nature et son interprétation", *Journal Asiatique*, Sér. 8, T. 9, avril-mai-juin 1887.

③ 林金水:《〈易经〉传入西方考略》,载《文史》(第29辑),中华书局1988年版,第375页。

第五章 "文化殖民"背景下《周易》在西方的译介与传播

先在其编撰的《华英字典》中英译了"卦"并详细阐释了"卦"的哲学含义,而且还翻译了部分卦爻辞和《易传》的内容。19世纪中后期,为适应在华传播基督教的需要,基督教内部展开了一场关于"God"究竟译为"神"还是译为"上帝"的争论,"神译派"和"帝译派"都援引《周易》以证明其合理性,《周易》也在这场"译名之争"中得到了广泛译介与传播。19世纪末出现了完整的《周易》英译本和法译本,这标志着西方世界对《周易》的译介与传播达到了一个前所未有的高潮。19世纪西方传教士和世俗汉学家对《周易》在西方的译介与传播发挥了重要的桥梁作用,但同时我们也要看到,他们的译介与传播活动是在西方国家对华文化殖民的大背景下进行的,我们在肯定他们对中西方文化交流做出贡献的同时,也不能忽略其明显的文化殖民色彩。

第六章 "文化反思"语境下《周易》在西方的译介与传播

第一节 中西方学者的文化反思

当人类文明进入20世纪,随着"西学东传"的潮流,西方文化以不可阻挡之势涌入中国,与此同时"中学西渐"也在悄然发生,中西方文化在相互交往与抵牾中形成了你中有我、我中有你的文化格局。在20世纪的上半叶,中西方学者不约而同地展开了一场对中西方文化的深刻反思,第一次世界大战让西方学者意识到西方文化面临着危机,他们转而向东方寻求拯救西方文化的"良药";但与此同时,中国学者却在新文化运动中掀起了一场轰轰烈烈的"疑古思潮",中国传统经学遭到了前所未有的质疑,"疑古派"学者主张还原儒家经典本来的历史面貌。中西方学者对各自本土文化的反思,构成了20世纪乃至21世纪初《周易》在西方世界译介与传播的两条主线:阐释《周易》义理,以揭示其哲学智慧;还原《周易》的本来面貌,以体现其历史本义。

一 西方文化反思与东方转向

20世纪初,西方社会在先进机器的推动下产生了巨大的社会生产力,创造出了空前丰富的物质文化财富,然而同时西方文化的弊端也逐渐凸显出来。西方文化是一种外向的文化,人们在无休止地追求外在物质文化的同时,也日益沦为了机器的奴隶,人们内心的精神世界也变得日益贫乏,"欧洲文明不像早期文明那样,先是慢慢变粗糙,然后僵化,最后崩溃"[①]。丰富的物质并没有让西方人的内心世界变得充实,在西方

[①] [德]卫礼贤:《中国心灵》,王宇洁等译,国际文化出版公司1998年版,第294页。

第六章 "文化反思"语境下《周易》在西方的译介与传播

知识分子文化圈内弥漫着一股浓烈的历史悲观主义情绪,德国哲学家斯宾格勒(Oswald Spengler)发出了"西方的没落"的警告,他在书中写道:"文化人类的整个金字塔消失了。它从顶端崩溃起,首先是世界城市,接着是地方性的城市,最后是乡村本身。"① 随着西方资本主义国家疯狂地对外扩张,不断地拓展海外殖民地,其内部的矛盾和冲突也愈演愈烈,最终导致了第一次世界大战的爆发。就在第一次世界大战前夕,西方其他有识之士也同样意识到了西方文化的没落,英国外交大臣爱德华·葛雷(Edward Gray)悲观地说道:"灯光正在整个欧洲熄灭。我们这一辈子是看不到它再亮起来了。"② 西方文化构建的物质文明在战火中毁于一旦,斯宾格勒所描述的"文化人类的崩溃"已然成为现实。德国传教士兼汉学家卫礼贤亲身经历了第一次世界大战给欧洲带来的可怕的灾难,他哀叹道:"当前,西方文化正在经受一场危机,这场危机在世界大战之后尤其表现出来。斯宾格勒谈论西方的没落绝不是偶然的,西方的没落已是当代的普遍感觉。"③ 面对西方的文化危机,西方学者在反思造成西方文化危机的根源,同时也在积极地寻求拯救西方文化的途径。20世纪东西方文化的相互渗透为西方学者反思西方文化提供了一面镜子,也为拯救西方文化带来了契机。

为拯救西方文化,重塑西方文明,西方学者将眼光转向东方,他们看到"中国智慧成为现代欧洲的拯救者"④。卫礼贤看到"我们在主要向外界和表面扩张的过程中迷失了自我,这也是事实,我们成了自己所召唤出来的幽灵的奴隶。因此,内心的专注对我们是必要的,它可以促使我们致力于对东方智慧的研究"⑤。与西方外向的文化形成对比,中国文化是一种内敛的文化,更注重对人内心精神的培养,卫礼贤希望人们通

---

① [德]奥斯瓦尔德·斯宾格勒:《西方的没落》,齐世荣、田农等译,群言出版社2016年版,第163页。
② 齐世荣:《德意志中心论是比较文化形态学的比较结果——评斯宾格勒著:〈西方的没落〉》,载[德]奥斯瓦尔德·斯宾格勒《西方的没落》,齐世荣、田农等译,群言出版社2016年版,第13页。
③ [德]卫礼贤:《东方思想对西方复兴的意义》,载卫礼贤著,蒋锐编译,孙立新译校《东方之光——卫礼贤论中国文化》,外语教学与研究出版社2007年版,第218页。
④ [德]卫礼贤:《中国心灵》,王宇洁等译,国际文化出版公司1998年版,第290页。
⑤ [德]卫礼贤:《关于〈易经〉》,载卫礼贤著,蒋锐编译,孙立新译校《东方之光——卫礼贤论中国文化》,外语教学与研究出版社2007年版,第61页。

过专注内心而抑制对外在物欲永无止境的追求，从而让西方人最终找回迷失的自我。瑞士心理学家荣格是东方文化的崇拜者，他从中国文化特别是从《周易》中看到了"偶然性"对于认识世界的重要作用，他为卫礼贤德文版《周易》转译的英译本撰写了长篇序言，在序言中他写道："我们必须承认偶然性是至关重要的……与偶然性的实际效果相比，对因果关系的理论考量显得苍白无力，渺若尘土。"① 因果关系是西方文化认识世界的基本定律，然而事物之间的因果关系并不是绝对的，必然有其偶然性，荣格推崇偶然性在认知世界中的重要作用，从根本上动摇了因果定律在西方文化中的权威性。

英国历史学家汤因比（Arnold Joseph Toynbee）创造性地将《周易》中的"阴阳"概念应用到对人类文明的探索中，人类文明的发展是一个从静态到动态，再由动态到静态不断轮换变化的过程，"中国社会的贤人用充满智慧的比喻，把这些变化称作'阴'和'阳'——'阴'表示静，'阳'表示动"②。汤因比认为人类文明终将在和平中走向统一，但西方文化却不能在人类走向统一的进程中发挥引领作用，他将希望寄托在了东方，"从两千年来保持统一的历史经验来看，中国有资格成为实现统一世界的新主轴"③。来自东方的文化智慧为没落的西方文化注入了新的活力，为整个人类文明的发展指引了前进的方向。中国文化典籍蕴含了丰富的东方文化智慧，西方学者在反思西方文化的同时，也在不辞辛劳地将中国文化典籍译介到西方，让东方文化智慧在西方社会广为传播。卫礼贤首次将《周易》翻译成德语，并且在欧洲不遗余力地译介与传播《周易》哲学智慧和东方文化，他期望从东方文化中开辟一条道路，在欧洲被战争摧毁的废墟上重建西方文明，让西方文明在东方文化智慧的引领下重新返回正轨。

---

① Carl Gustav Jung, "Forward", in Richard Wilhelm, *The I Ching or Book of Changes*, rendered into English by Cary F. Baynes, New Jersey: Princeton University Press, 1997, pp. xxii – xxiii.
② ［英］阿诺德·汤因比著，［英］D. C. 萨默维尔编：《历史研究》（上卷），郭小凌、王皖强等译，上海世纪出版集团2010年版，第56页。
③ ［日］池田大作、［英］阿·汤因比：《展望21世纪——汤因比与池田大作对话录》，苟春生、朱继征等译，国际文化出版公司1997年版，第284页。

第六章 "文化反思"语境下《周易》在西方的译介与传播

二 新文化运动与传统经学批判

20世纪初西方文化源源不断地涌入中国,对中国传统文化形成了强烈的冲击,当西方学者陶醉于东方文化之时,一场反封建、反礼教的"新文化运动"正在中华大地上风起云涌。新文化运动是中国近现代史上一场波澜壮阔的思想和文化启蒙运动,对中华民族救亡图存以及民主革命的胜利做出了不可磨灭的贡献。然而,在新文化运动中中国传统文化也遭到了彻底的反思和质疑,文化精英们喊出了"打倒孔家店"的口号,甚至提出"中国固有文化一无是处,汉字应当废除,国粹应当陈诸博物馆"①。在新文化运动中,一股"疑古思潮"也乘势泛起,"尊孔崇经"的学术传统被彻底否定,中国传统经学遭到了空前的批判。在这场前所未有的文化大批判中,"疑古派"学者首先向传统易学发难,《周易》成为了传统经学批判的焦点。

《周易》分为经文和《易传》两个部分,中国传统经学往往沿着"以传释经"的路径来解读《周易》经文,致力于阐发《周易》中的微言大义,揭示《周易》之自然和人文哲理,以此开启民智及教化民众。尽管在中国数千年的经学时代《易传》占有绝对的权威地位,但同时也不乏批评和反对的声音。北宋文学家欧阳修在《易童子问》中提出:"何独系辞焉,《文言》《说卦》而下,皆非圣人之作,而众说淆乱,亦非一人之言也。"② 主流经学将《易传》视为圣人孔子的著作,而欧阳修却批评《易传》是众人的"淆乱"之说,其目的在于恢复《周易》自尧舜以来皆用于"卜筮"的原貌。甚至易学大师朱熹也提出:"易本为卜筮设。"③《周易》经文源于"卜筮",而《易传》则是对经文的哲学阐释,《易传》中的哲理与《周易》经文既有契合之处,当然也有不少牵强附会之词。古人对《易传》的批判为20世纪"疑古派"学者颠覆"以传释经"的易学传统奠定了基础。

20世纪初,在新文化运动中迸发出一股强烈的"疑古思潮",传统

---

① 丁伟志、陈崧:《中西体用之间——晚清中西文化观述论》,中国社会科学出版社1995年版,第390页。
② (宋)欧阳永叔:《欧阳修全集》,中国书店1986年版,第568页。
③ (宋)朱熹著,(宋)黎靖德编,王星贤点校:《朱子语类》(四册),中华书局1986年版,第1633页。

的易学研究路径和方法遭到了严厉的批判，甚至"人更三圣，世历三古"等基本的传统易学观点也被彻底否定了，诚如近代历史学家顾颉刚所言："于易则破坏其伏羲神农的圣经的地位而建设其卜筮的地位"，旨在"为它们洗刷出原来的面目而已"，"辨明易十翼的不合于易上下经"①。"易十翼"亦即《易传》。高亨先生也曾指出："（《易传》的）作者对《易经》（《周易》古经）一书多加以引申枝蔓甚至歪曲附会的说释，以阐述他们的世界观，可以说《易传》是借旧瓶装新酒。"②《易传》重在阐发《周易》经文之哲理，后世学者更是从《周易》经传中引申出经世致用的道理，然而《周易》经文的"本来面目"也就在《易传》和后世学者的阐发中被淹没了。欲恢复《周易》经文的"本来面目"就必须将《周易》置于特定的历史语境中，联系《周易》得以产生的历史背景，摆脱《易传》对阐释《周易》经文的桎梏。20世纪中国一大批文化学者结合西周时期的政治、经济、历史、文化、民俗等社会状况，对《周易》经文进行了全面而深入的研究，以致力于恢复《周易》之原貌。20世纪中国学者对《周易》的研究为《周易》在西方世界的译介与传播提出了一个新的方向——将《周易》置于具体的历史环境，阐释《周易》的历史价值，而且随着现代历史学及考古学的发展，对现有史料的重新解读，以及新出土的易学文献无不为中西方学者重新阐释《周易》提供了新的契机。

第二节 卫礼贤/贝恩斯《周易》译本

卫礼贤原名理查德·威廉，其中文名为"卫希圣"，字礼贤。卫礼贤是德国新教传教士，1899年受同善会（General Evangelical Protestant Mission）派遣前往德国驻青岛的殖民地传教。卫礼贤在中国旅居长达25年之久，然而他却觉察到"中国压根儿不存在需要他去感化或者惩戒的异教徒，相反，倒有着悠久而发达的值得尊敬的精神文化"③。卫礼贤被博大精深的中国文化折服了，他不但没有给一个中国人施过洗礼，反而

---

① 顾颉刚：《自序》，载《古史辨》（第三册），上海古籍出版社1982年版，第1页。
② 高亨：《自序》，载《周易大传今注》，清华大学出版社2010年版，第3页。
③ 杨武能：《卫礼贤——伟大的"德意志中国人"》，《德国研究》2005年第3期。

第六章 "文化反思"语境下《周易》在西方的译介与传播

把自己改造成了一个地道的儒家弟子。卫礼贤毕其一生的心血将《周易》《论语》《道德经》等儒家经典翻译成德语译介到西方,努力在中西方之间架起一座相互沟通的"文化桥梁"。卫礼贤不仅首次将《周易》经传全文翻译成德语译介到西方,而且还开办一系列关于《周易》的讲座,以宣扬《周易》之哲学智慧,让《周易》走进了西方普通民众的心灵,为《周易》在西方的译介与传播做出了巨大的贡献。

一 译本缘起及影响

卫礼贤不仅学习中国文化,而且还广泛结交中国传统文化名人,他在青岛结识了前清京师大学堂总监劳乃宣,并且在劳乃宣的指导下研习《周易》。20世纪初中国传统文化在新文化运动中遭到空前的质疑,中国传统文化被作为封建社会遗留下来的糟粕而受到全面批判。为了挽救岌岌可危的中国传统文化,劳乃宣主动提出与卫礼贤合作翻译《周易》,希冀中国传统文化能够在异域之邦延续生命。"对于劳乃宣来说,协助卫礼贤翻译《易经》(《周易》)完全是有意识的,他是主动弘扬中国文化,他想在这个儒家文化自秦始皇焚书以来再度陷于灭顶之灾的危亡时代,保住祖先流传下来的精神财富,使华夏文明、圣人之道不至泯灭。"[①] 劳乃宣与卫礼贤之间的合作堪称中国文化典籍外译的典范,1913年卫礼贤在劳乃宣的协助下开始翻译《周易》,并于1923年完稿,共历时十年之久,其间付出的艰辛非同一般。卫礼贤在《青岛的故人们》一书中详细地记录了他和劳乃宣一起翻译和讨论《周易》的经过:"我们工作得非常认真,他用中文翻译内容,我做下笔记,然后我把它们翻译成德语。因此,我没有借助中文原本就译出了德语文本。他则进行对比,检查我的翻译是否在所有细节上都准确无误。而后,再审查德语文本,对文字进行修改和完善,同时作详细的讨论。我再写出三到四份译本,并补充上最重要的注释。"[②] 卫礼贤与劳乃宣严谨细致的治学态度确保了《周易》德文译本的质量,也为其后来的英语转译本在西方世界的广泛

[①] 孙保峰:《卫礼贤的〈易经〉翻译》,载孙立新、蒋锐主编《东西方之间——中外学者论卫礼贤》,山东大学出版社2004年版,第82页。
[②] [德]卫礼贤:《青岛的故人们》,王宇洁、罗敏等译,青岛出版社2007年,第124—125页。

传播奠定了基础。

1924年卫礼贤德文版《周易》译本在德国迪德利希斯出版社（Diederichs Verlag）出版，该译本受到了学界的广泛好评，在西方世界产生了广泛的影响，"从学者的案头文献，到普通人书架陈列，以至于当今时尚家具的展示厅内，处处可见"①。瑞士心理学家荣格将卫礼贤译本与理雅各译本做了比较，他指出："卫礼贤深刻地领悟到他的《周易》译本所具有的文化价值，在西方没有任何一个译本能够与之相提并论……理雅各译本没有起到任何作用让《周易》走进西方人的心灵，而卫礼贤却尽其所能开辟了一条理解《周易》象征主义的道路。"② 如果将理雅各译本视为面向西方学者的学术型译本，那么卫礼贤译本则是面向西方普通民众的通俗译本，正如卫礼贤德文版《周易》的英译者贝恩斯所说的那样，与《周易》其他译者不同的是，卫礼贤并没有把他的读者局限在学术界，他致力于让没有经验的读者也能读懂《周易》③。卫礼贤《周易》译本让《周易》在西方社会走下了神坛，改变了《周易》艰深晦涩而又神秘的形象，从而使《周易》成为一本普通民众能够看懂的"智慧之书"。理雅各《周易》译本与卫礼贤译本都是《周易》西传史上里程碑式的译著，"被誉为《易》学史上的《旧约全书》与《新约全书》，在西方《易》学史的长河中，相互辉映"④。卫礼贤德文版《周易》译本后来被作为转译成其他欧洲文字的权威蓝本，先后被译成英语、法语、西班牙语、荷兰语、意大利语在西方社会广为流传。

在卫礼贤德文版《周易》所有的转译本中，其英译本流传最广、影响最大。在瑞士心理学家荣格的建议下，贝恩斯女士（Cary F. Baynes）将卫礼贤德文版《周易》转译成英文。贝恩斯的翻译工作首先是在卫礼贤的亲自指导下进行的，然而未及完稿，卫礼贤于1930年去世，又由于第二次世界大战等因素的干扰，贝恩斯的翻译工作曾一度中断，后来贝

---

① 赵娟：《汉学视野中卫氏父子的〈周易〉译介与研究》，《周易研究》2010年第4期。
② Carl Gustav Jung, "Forward", in Richard Wilhelm, *The I Ching or Book of Changes*, rendered into English by Cary F. Baynes, New Jersey: Princeton University Press, 1997, p. xxi.
③ C. F. Baynes, "Translator's note", in Richard Wilhelm, *The I Ching or Book of Changes*, rendered into English by Cary F. Baynes, New Jersey: Princeton University Press, 1997, p. xl.
④ 赖贵三：《东西博雅道殊同——国际汉学与易学专题研究》，台北里仁书局2015年版，第209页。

第六章 "文化反思"语境下《周易》在西方的译介与传播

恩斯又在卫礼贤之子——著名汉学家卫德明——的协助下继续翻译，最终于1949年完稿，荣格为该英文版撰写了长篇序言。1950年受博林根基金会（Bolligen Foundation）资助，卫礼贤/贝恩斯《周易》译本分两卷在美国普林斯顿大学出版社首次出版；第二版以单卷本于1961年出版；第三版于1967年出版，增加了卫德明撰写的序言和索引目录，并由著名甲骨文专家董作宾题字[1]。卫礼贤/贝恩斯《周易》译本的出版"无疑成了西方世界接受《周易》的转折点"[2]，在西方世界产生了空前巨大的影响，有力地助推了《周易》在西方世界的广泛传播，到20世纪末该译本已经重印达27次之多，目前仍然在西方国家不断翻印销售，其影响力由此便一目了然。

二 译本的哲学阐释

卫礼贤/贝恩斯《周易》译本正文由三部分构成，即文本（Book Ⅰ：Text）、材料（Book Ⅱ：Material）和注疏（Book Ⅲ：Commentaries）。"文本"是《周易》古经和《大象传》的译文及阐释；"材料"是《说卦传》和《系辞传》的译文和阐释，以及卫礼贤自己撰写的《卦之结构》（the structure of the hexagrams）；"注疏"将除《系辞传》以外的《易传》各篇按六十四卦的次序拆分开，并给出每段的译文及阐释，每卦的内容按先后顺序分别是《序卦传》、《杂卦传》、卦辞、《象传》、《大象传》、爻辞及《小象传》。另外，乾卦和坤卦还有《文言传》的译文和阐释。以上编排结构不同于经传分离体例，也不完全同于传统通行本以传附经的体例。这种编排结构能够满足不同层次读者的需求，初学《周易》者阅读"文本"以了解其意，而对于期望深入探索《周易》哲学智慧的读者而言，他们必须进一步阅读"材料"和"注疏"，以明其理。相较于理雅各《周易》译本，卫礼贤在译本中将《易传》置于更加显著的位置，强调《易传》对《周易》学习者的指导作用。《易传》是对《周易》古经的哲学阐释，卫礼贤希冀西方读者从学习《周易》伊始便

---

[1] Hellmut Wilhelm, "Preface to the Third Edition", in Richard Wilhelm, *The I Ching or Book of Changes*, rendered into English by Cary F. Baynes, New Jersey：Princeton University Press, 1997, pp. xiii – xx.
[2] Steve Moore, "The I Ching in Time and Space", in Edward Harker, Steve Moore, and Lorraine Patsco, *I Ching：An Annotated Bibliography*, New York and London：Routledge, 2002, p. xiv.

能够遵从《易传》既定的哲学路径，以免误入歧途。因此，卫礼贤对《周易》的翻译及阐释采用了"以传释经"的方法，通过阐释《周易》经传之微言大义来揭示《周易》之哲学智慧，并用以指导人们的社会行为。以乾卦上九爻爻辞的翻译和阐释为例：

乾卦上九：亢龙有悔。

《小象传》："亢龙有悔"，盈不可久也。

《文言传》："亢龙有悔"，何谓也？子曰："贵而无位，高而无民，贤人在下位而无辅，是以动而有悔也。……"亢龙有悔"，穷之灾也。①

爻辞译文：Arrogant dragon will have cause to repent.

爻辞译文阐释：When a man seeks to climb so high that he loses touch with the rest of mankind, he becomes isolated and this necessarily leads to failure. This line warns against titanic aspirations that exceed one's power. A precipitous fall would follow.②

《小象传》译文："Arrogant dragon will have cause to repent." For what is at the full cannot last.

《小象传》译文阐释：By the law of change, whatever has reached its extreme must turn back.③

乾卦上九爻字面讲的是"亢进的龙将要有悔恨"，"亢龙"表示龙已经高飞至穷极的位置，如果继续前进则必然走向反面，但《周易》往往托象以明义，爻辞以"亢龙"为喻告诉人们盛极必衰、物极必反的哲学道理④。卫礼贤/贝恩斯的译文采用直译的方法再现了爻辞和《周易》之《小象传》原文的表层意义，但要理解原文深层的哲学寓

---

① 李申：《周易经传译注》，湖南教育出版社2004年版，第2—6页。
② Richard Wilhelm, *The I Ching or Book of Changes*, rendered into English by Cary F. Baynes, New Jersey: Princeton University Press, 1997, pp. 9–10.
③ Richard Wilhelm, *The I Ching or Book of Changes*, rendered into English by Cary F. Baynes, New Jersey: Princeton University Press, 1997, p. 375.
④ 任运忠：《周易文化导读》，中国纺织出版社2015年版，第20—21页。

第六章 "文化反思"语境下《周易》在西方的译介与传播

意,读者还必须阅读译文之后的阐释。译者根据《周易》之《文言传》"贵而无位,高而无民"对"亢龙有悔"的阐释,指出"如果一个人寻求攀登极高的位置,而脱离其他人,那么他势必会被孤立而必然遭遇失败"①,译文的阐释使"亢龙有悔"蕴含的人生哲学意义更加具体化和明晰化。译者进一步告诫读者"其追求不能超越其能力,不然急剧的衰落将紧随其后",这种告诫正是《周易》人生哲学在社会生活中的灵活运用。同时,译者又依据《小象传》"盈不可久也"对"亢龙有悔"的阐释,指出"根据变化的原则,任何事物达到极致就必然走向反面"②,原文隐含的哲学道理由此跃然纸上,使读者能够一目了然。又以坤卦初六爻为例:

> 坤卦初六爻:履霜,尖冰至。
> 《小象传》:履霜尖冰,阴始凝也,驯致其道,至尖冰也。③
> 爻辞译文:When there is hoarfrost underfoot, solid ice is not far off.
> 爻辞译文阐释:Just as the light-giving power represents life, so the dark power, the shadowy, represents death. When the first hoarfrost comes in the autumn, the power of darkness and cold is just at its beginning. After these first warnings, signs of death will gradually multiply, until, in obedience to immutable laws, stark winter with its ice is here. In life it is the same. After certain scarcely noticeable signs of decay have appeared, they go on increasing until final dissolution comes. But in life precautions can be taken by heeding the first signs of decay and checking them in time. ④
> 《小象传》译文:"When there is hoarfrost underfoot, solid ice is not far off." When the dark power begins to grow rigid and continues in this way, things reach the point of solid ice.

---

① Richard Wilhelm, *The I Ching or Book of Changes*, rendered into English by Cary F. Baynes, New Jersey: Princeton University Press, 1997, pp. 9 – 10.
② Richard Wilhelm, *The I Ching or Book of Changes*, rendered into English by Cary F. Baynes, New Jersey: Princeton University Press, 1997, p. 375.
③ 李申:《周易经传译注》,湖南教育出版社 2004 年版,第 10 页。
④ Richard Wilhelm, *The I Ching or Book of Changes*, rendered into English by Cary F. Baynes, New Jersey: Princeton University Press, 1997, p. 13.

《小象传》译文阐释：The first line contains a warning not to minimize the beginnings of evil, because, left to itself, evil increases as inevitably as the ice of winter follows on the hoarfrost of autumn.①

坤卦初六爻讲述了一种常见的自然现象：当人们踩到霜，就知道坚固的冰即将来临了。《小象传》解释了这种自然现象是阴气凝结所致，坤卦六爻全部为阴，初六爻位于全卦的初始位置，代表天地之气由阳转阴，阴气于此开始凝结，虽然此时阴气的力量只足以产生白霜，但随着阴气不断积聚，阴气的力量必然渐渐增长，尖冰也将随之而来。《小象传》不仅描述了"履霜，尖冰至"这一自然现象，更重要的是阐述了这种现象是阴阳之气发生变化的结果。爻辞原文简洁洗练，译者也采用简短的语言转述了"履霜，尖冰至"的现象，但不了解中国传统阴阳哲学的普通西方读者很难从简洁的译文中悟出现象背后的自然哲学原理，因此译者根据《小象传》的阐释指出："阳气代表生命，而阴气代表死亡。秋天初霜来临，阴冷之气刚开始产生。在最初的预警之后，死亡的迹象将逐渐增加，直到冰雪冬天的到来，这是不变的定律。"②译文阐释更加清晰地表达了《小象传》阐明的自然哲学原理，然而《周易》通常以天道推论人事，因此译文阐释又将自然哲学推及人类社会层面，指出："于生活而言亦无不如此，当一些几乎不明显的衰亡迹象出现后，它们会逐渐增长，直到最终死亡来临。"③从"霜"到"尖冰"是一个渐进的演变过程，也就是从量变到质变的过程，在这一过程中人们不应该消极被动地等待"尖冰"的来临，而是要积极地采取应对措施，避免灾难性的后果，因此译文阐释又进一步指出，人们在生活中在注意到衰亡的征兆才刚刚开始时，就应该采取预防措施及时加以制止。邪恶刚露出苗头就不能小觑，如任其发展，势必如秋之白霜演变为冬之尖冰。译文阐释清晰地表达了一种见微知著的人生智慧，以及防微杜渐的人生哲学。

---

① Richard Wilhelm, *The I Ching or Book of Changes*, rendered into English by Cary F. Baynes, New Jersey: Princeton University Press, 1997, p. 389.

② Hellmut Wilhelm, "Preface to the Third Edition", in Richard Wilhelm, *The I Ching or Book of Changes*, rendered into English by Cary F. Baynes, New Jersey: Princeton University Press, 1997, p. 13.

③ Hellmut Wilhelm, "Preface to the Third Edition", in Richard Wilhelm, *The I Ching or Book of Changes*, rendered into English by Cary F. Baynes, New Jersey: Princeton University Press, 1997, p. 13.

第六章 "文化反思"语境下《周易》在西方的译介与传播

卫礼贤/贝恩斯《周易》译本紧扣《易传》，采用"以传释经"的方式揭示《周易》的自然和人生哲学，并借用《周易》之哲学智慧指导人们的社会行为，从而真正体现了一种"学以致用"的现实主义精神。

三 "智慧之书"的译介

《周易》起源于中国远古时代的占筮活动，但经过《易传》的升华，《周易》上升到了哲学的高度，那么《周易》到底是"占筮之书"，还是充满了哲理的"智慧之书"呢？关于《周易》的定性始终是一个颇具争议的话题。尽管卫礼贤并不否认《周易》作为"占筮之书"（The Book of Oracle）的功用，但他并非将"占筮"视作一种高深莫测的"神谕"，而是"一套关于事物发展规律的、完全特定的、几乎可以说是哲学上的理论"①。相较于《周易》作为"占筮之书"的作用，卫礼贤更看重《周易》作为"智慧之书"（The Book of Wisdom）的作用②。卫礼贤将《周易》作为"智慧之书"是其翻译《周易》的一个基本出发点，他希望西方读者能够像他本人一样，从他的译本中享受到《周易》哲学智慧所带来的快乐，而不是用《周易》去预测一些琐碎的事情。卫礼贤在其译本导言中写道："任何人只要真正汲取了《周易》的精髓，他就能够充实生活阅历，丰富对生活真正的理解。"③贝恩斯在英译卫礼贤德文版《周易》时显然继承了卫礼贤的初衷，她认为如果西方读者能够摆脱习惯的思维模式，以一种全新的视角来审视这个世界，如果读者能够激发想象，深化心理洞察能力，那么她的译文才算得上忠实地再现了卫礼贤的《周易》译本④。在瑞士著名心理学家荣格为卫礼贤/贝恩斯《周易》译本撰写的序言中，荣格也是将《周易》作为"智慧之书"推介给西方读者的，他指出："《周易》并不能提供事实和力量，但对于热爱自知和

---

① [德] 卫礼贤：《关于〈易经〉》，载卫礼贤著，蒋锐编译，孙立新译校《东方之光——卫礼贤论中国文化》，外语教学与研究出版社2007年版，第43页。

② Richard Wilhelm, "Introduction", in Richard Wilhelm, *The I Ching or Book of Changes*, rendered into English by Cary F. Baynes, New Jersey: Princeton University Press, 1997, p. liv.

③ Richard Wilhelm, "Introduction", in Richard Wilhelm, *The I Ching or Book of Changes*, rendered into English by Cary F. Baynes, New Jersey: Princeton University Press, 1997, p. lxii.

④ C. F. Baynes, "Translator's note", in Richard Wilhelm, *The I Ching or Book of Changes*, rendered into English by Cary F. Baynes, New Jersey: Princeton University Press, 1997, p. xliii.

智慧的人来说,《周易》似乎是一本恰当的书。"① 无论是卫礼贤,还是贝恩斯以及荣格,他们都旨在向西方民众宣传《周易》中的哲学智慧,用以指导他们在社会生活中的行为实践,因此卫礼贤/贝恩斯《周易》译本具有浓厚的"实用"性质。

卫礼贤开创了《周易》在西方的"实用派"研究,重在"探讨宇宙的本源和人群社会中的种种问题"②。1922 年卫礼贤在《中国人的生活智慧》(Chinesische Lebensweisheit)一书中详细介绍了《周易》智慧的哲学基础以及对欧洲人的指导作用③。卫礼贤认为"运动"是《周易》哲学的出发点,"即从当前出发观察这些运动,从中把握过去与未来的事物"④。从《周易》的"运动"哲学中卫礼贤看到了中国智慧对欧洲文明的启示和借鉴意义,欧洲"大多数人在最重要的决定关头干脆一筹莫展,也没学会反思事物的苗头,最后甚至要用掷骰子的方式来决定最重要的事务。而与此相反,《易经》(《周易》)试图指导人们通过内心的专注及时发现发展的苗头,使人们能够对其施加影响以及使其适应世界发展的方向"⑤。欧洲文明有一种强烈的对外张力,这种外张力能够满足欧洲人对外征服的欲望,但同时他们在对外扩张的过程中往往迷失了自我,甚至看不清未来。卫礼贤希望《周易》哲学智慧能够唤醒迷失的欧洲人通过反观自省去把握事物前进的方向,并不断地调整自己的行为以回归正道。

尽管卫礼贤对东方智慧情有独钟,甚至将东方智慧作为挽救西方没落的"良药",但卫礼贤并不主张欧洲全盘东方化,西方不能完全照搬和复制东方的智慧,必须在系统改造后加以吸收和利用,从而实现东西方伟大智慧的有机融合。卫礼贤一生致力于东西方文化的

---

① Carl Gustav Jung, "Forward", in Richard Wilhelm, *The I Ching or Book of Changes*, rendered into English by Cary F. Baynes, New Jersey: Princeton University Press, 1997, p. xxxix.
② 韩子奇:《近年出土文物对欧美〈易〉学的影响》,载郑吉雄主编《周易经传文献新诠》,台湾大学出版中心 2010 年版,第 83 页。
③ [德] 卫礼贤著,孙立新校:《中国人的生活智慧》,蒋锐译,山东大学出版社 2010 年版。
④ [德] 卫礼贤:《关于〈易经〉》,载卫礼贤著,蒋锐编译,孙立新译校《东方之光——卫礼贤论中国文化》,外语教学与研究出版社 2007 年版,第 52 页。
⑤ [德] 卫礼贤:《关于〈易经〉》,载卫礼贤著,蒋锐编译,孙立新译校《东方之光——卫礼贤论中国文化》,外语教学与研究出版社 2007 年版,第 55 页。

第六章 "文化反思"语境下《周易》在西方的译介与传播

交流,他希望建立一种有益于全人类的新的世界文化,正是在这个意义上,卫礼贤将来自中国的《周易》哲学智慧上升为全人类的精神文化财富。

第三节 卫礼贤《周易》讲座

卫礼贤翻译《周易》是以清代官方易学著作《周易折中》和《御制日讲易经解义》为蓝本,在劳乃宣的指导下沿着中国传统易学研究路径进行的,反映了王弼、程颐、朱熹等易学大师的观点。尽管卫礼贤/贝恩斯《周易》译本在西方产生了重大影响,但该译本并不能完全代表卫礼贤的易学思想,卫礼贤对《周易》的阐释与传播还体现在他为西方社会举办的《周易》讲座中。

一 讲座概述

1926年至1929年间,卫礼贤在德国法兰克福大学开办了四场《周易》讲座,其讲稿随后整理成册出版,题为《〈易经〉讲座:永恒与变化》(Lectures on the I Ching: Constancy and Change),该书集中体现了卫礼贤的易学思想,其德文版于1931年在耶拿(Jena)出版,1979年以色列东方学家埃伯(Irene Eber)将其译成英文,并在波林根基金会资助下由普林斯顿大学出版社出版。这四场讲座的主题分别是:对立与统一(Opposition and Fellowship);《周易》之艺术精神(The Spirit of Art According to the Book of Changes);变化中的恒定(Constancy in Change);死亡与复生(Death and Renewal)。美国易学专家苏德恺(Kidder Smith)评论卫礼贤选取这四个主题其目的有二:"一是向现代西方人传达中国传统文化价值;二是揭示《周易》中所包含的普遍适用的智慧。"[①] 卫礼贤在讲座中提出了一个极其重要的问题:对于现代世界而言,无论是中国,还是西方,《周易》能够贡献些什么吗?苏德恺认为卫礼贤给出了

---

① Kidder Smith, "Reviewed Work: Lectures on the I Ching: Constancy and Change", *The Journal of Asian Studies*, Vol. 40, No. 4, August 1981.

肯定而正确的答案①。联系卫礼贤所处的时代不难看出，卫礼贤开办《周易》讲座旨在向西方社会提供镜鉴以反观自身，为西方文化注入来自东方的智慧，引导人们专注内心的精神世界。

在卫礼贤看来，西方人可以通过接受《周易》的心理洞察之道形成新的思维模式去解决旧的问题②。卫礼贤举办《周易》讲座及其随后出版《易经讲稿：永恒与变化》一书，其目的不仅在于阐明他对《周易》的见解，也不仅在于为西方人读懂《周易》提供参考，更重要的是针对20世纪20年代动荡的西方社会，为西方人提供反观自身的精神指南。范劲认为"卫礼贤对《易经》（《周易》）各卦象的阐释既是他的世界理解的投射，每一卦象也是自身的理念、自我镜像的外化，等于借助八卦符号设计了一个当代版的精神现象学，反过来说，中国的原初符号起到了简明而有效地凝聚这一理念或镜像之用，功莫大矣"③。卫礼贤在讲座中将西方人带进一个让人耳目一新的东方精神世界，同时他也给西方人提供了一个重新审视西方文明的哲学路径。

二 对立与统一

在"对立与统一"的讲座中，卫礼贤借助八卦之间的对立与统一关系阐述了这一对基本哲学矛盾在时间和空间中的循环运动，他指出："对立是肯定存在的，这样才能激发意识。然而，根据《易经》（《周易》），对立并不是持久不变的，而是处于不断变化的状态，对立的双方可以相互转化。"④ 因此，对立是相对的，而不是绝对的，对立在时间和空间中最终会走向统一。卫礼贤的最终目的并不在于阐述哲学概念，而是要将对立与统一的变化关系运用到社会现实中，他讲道："我们目前都生活在一个对立

---

① Kidder Smith, "Reviewed Work: Lectures on the I Ching: Constancy and Change", *The Journal of Asian Studies*, Vol. 40, No. 4, August 1981.

② Irene Eber, "Introduction", in Hellmut Wilhelm and Richard Wilhelm, *Understanding the I Ching: The Wilhelm Lectures on the Book of Changes*, translated by Cary F. Baynes and Irene Eber, New Jersey: Princeton University Press, 1995, p. 146.

③ 范劲：《卫礼贤之名——对一个边际文化符号的考察》，华东师范大学出版社 2011 年版，第 352 页。

④ Hellmut Wilhelm and Richard Wilhelm, *Understanding the I Ching: The Wilhelm Lectures on the Book of Changes*, translated by Cary F. Baynes and Irene Eber, New Jersey: Princeton University Press, 1995, p. 155.

第六章 "文化反思"语境下《周易》在西方的译介与传播

的时代,我们都希望这种对立变成统一,现在这一点很重要。"① 20 世纪初的西方世界对立无处不在,西方列强在对外扩张中的对立最终导致第一次世界大战的灾难。然而,对立是没有希望的,卫礼贤呼吁西方世界从对立走向统一,只有统一才是恢复并实现持久和平的唯一出路。

三 《周易》之艺术精神

在"《周易》之艺术精神"的讲座中,卫礼贤阐述了三个方面的内容:有形的歌与象(Song and Image Endowed with Form);音乐之精神(The Spirit of Music);人生艺术之精神(The Spirit of the Art of Living)。针对"歌与象",卫礼贤以贲卦为例阐述了中国传统的"文质"艺术观,即内容和形式的辩证关系,他指出:"只有当形式和内容、文与质相互贯通并完全表达其意时,文化才能繁荣,这才是艺术的最高境界。"② 也就是说,只有文和质处于和谐的状态,艺术才能实现真正的完美。接着卫礼贤通过对豫卦的分析阐述了音乐之精神,他认为"音乐艺术能够约束人们的情感,并使之和谐,人们的各种情感相互制约,以使内心放大成为一个围绕自身旋转的圆,这体现了一种'致中和'的精神,'中'是情感的可能,而'和'则是情感的和谐"③。卫礼贤最终将艺术引向对人生的讨论,这体现了他在《周易》译介过程中一以贯之的现实主义情结和人文关怀。如果音乐是一种可以感觉到的、借以调节人类情感的艺术,那么人生艺术则是一种行为艺术。

作为生活在社会现实中的个体,人的行为必然要符合整个人类社会的礼仪,卫礼贤以履卦为例分析了人们以"礼"为手段所产生的行为艺术。人们遵守社会礼仪并非是外在强制性的行为,而是人们发自内心从内向外的一种自觉行为,他认为人生艺术的最高境界是"以个体为基础

---

① Hellmut Wilhelm and Richard Wilhelm, *Understanding the I Ching: The Wilhelm Lectures on the Book of Changes*, translated by Cary F. Baynes and Irene Eber, New Jersey: Princeton University Press, 1995, p. 176.

② Hellmut Wilhelm and Richard Wilhelm, *Understanding the I Ching: The Wilhelm Lectures on the Book of Changes*, translated by Cary F. Baynes and Irene Eber, New Jersey: Princeton University Press, 1995, p. 201.

③ Hellmut Wilhelm and Richard Wilhelm, *Understanding the I Ching: The Wilhelm Lectures on the Book of Changes*, translated by Cary F. Baynes and Irene Eber, New Jersey: Princeton University Press, 1995, p. 211.

的艺术",即"将个性和谐地融入到命运关系中",人们以和谐的态度去面对命运,从而将他们的行为转化为进步①。从卫礼贤对以上三个艺术主题的阐述可以看出,其核心理念和关键词是"和谐",和谐的精神完全融合其艺术观。"和谐"是《周易》哲学的基本思想,人们从"和谐"的理念出发去认识世界并指导其社会行为。卫礼贤之所以将"和谐"的哲学思想运用到对人类艺术的认识和理解中,应该有其切实的现实考量。

四 变化中的恒定

在"变化中的恒定"的讲座中,卫礼贤利用井卦、需卦、小畜卦、大畜卦和艮卦阐述了"生生不息"的生命哲学,体现了对生命本质的探索。世界充满了各种物质,但物质只构成了世界的一半,而另一半是生命②。卫礼贤所指的生命并非物质层面的肉体,而是精神层面的生命。物质是有限的,而精神却是无限的,因此只有从精神的层面去认识生命,生命才能如"井"一般成为取之不竭的源泉。卫礼贤将生命视为一个从未满足,也永远不会满足的过程。生命总是在不断运动、不断前进,并获得新的内容。在生命的进程中,任何困难和不幸都会成为力量的源泉,那么人们在困难和不幸中如何去感知和把握生命力量之源呢?答案就是需卦给我们的启示:等待③。任何新生事物在出现之前都必须经历一段漫长的准备工作,这正是"小畜"的意义所在。

"等待"并非什么事都不做,更不是消极无为,而是去做这个阶段必须要做的事,即积蓄力量,等待时机,但更重要的是要如小畜卦《象传》所言"以懿文德",也就是蓄养文明之德。卫礼贤将"以懿文德"

---

① Hellmut Wilhelm and Richard Wilhelm, *Understanding the I Ching: The Wilhelm Lectures on the Book of Changes*, translated by Cary F. Baynes and Irene Eber, New Jersey: Princeton University Press, 1995, p. 231.

② Hellmut Wilhelm and Richard Wilhelm, *Understanding the I Ching: The Wilhelm Lectures on the Book of Changes*, translated by Cary F. Baynes and Irene Eber, New Jersey: Princeton University Press, 1995, p. 238.

③ Hellmut Wilhelm and Richard Wilhelm, *Understanding the I Ching: The Wilhelm Lectures on the Book of Changes*, translated by Cary F. Baynes and Irene Eber, New Jersey: Princeton University Press, 1995, pp. 249–250.

解释为"竭力净化我们内心的道德，修整我们内心的混乱"①。只有净化内心才能形成强大的精神力量去创造新的价值，同时也为迎接新生事物提供必要的前提。净化个人内心并不是为了独善其身，而是要尽可能地影响别人，卫礼贤指出："我们必须放射内心的光芒，联合那些能够相互理解的人们，敞开心扉，让我们本性的力量最大限度地为人所知。"②只有当人们内心的力量在不断积累的过程中变得足够强大，他们才能毅然告别过去并创造出新的生命价值，从而完成从"小畜"到"大畜"的转变，也就是将内心的塑造转变为可见的现实。生命总是在变化中不断持续，"生命永不停歇，也不会僵化，它像喷泉一样无休止地涨落，并且在涨落中持续"③。在持续的生命进程中，现实世界的各种纷繁喧嚣总是短暂易逝的，而只有内心精神世界的平静与安宁才是永恒不朽的。卫礼贤看到在20世纪初，无论是东方还是西方，整个世界都处于一种喧嚣与动荡不安的状态中，人们似乎失去了对生命内在本质的追求，而专注于对外在物质无休止的贪婪。卫礼贤呼吁人们舍外而求之于内，通过专注内心从而实现真正的生命价值。

五 死亡与复生

在"死亡与复生"的讲座中，卫礼贤继续探讨生命哲学，他论述了中国传统生命哲学中的生死观。"死亡"和"复生"是一个循环变化的运动过程，"生命在时间中开始，也必将在时间中结束。同样，结束的事物必然会重新开始，因而已经在时间中结束的生命必定会复生"④。卫礼贤利用《周易》进一步阐述了与生死观紧密联系的魂魄观，《周易》

---

① Hellmut Wilhelm and Richard Wilhelm, *Understanding the I Ching: The Wilhelm Lectures on the Book of Changes*, translated by Cary F. Baynes and Irene Eber, New Jersey: Princeton University Press, 1995, p. 255.

② Hellmut Wilhelm and Richard Wilhelm, *Understanding the I Ching: The Wilhelm Lectures on the Book of Changes*, translated by Cary F. Baynes and Irene Eber, New Jersey: Princeton University Press, 1995, p. 256.

③ Hellmut Wilhelm and Richard Wilhelm, *Understanding the I Ching: The Wilhelm Lectures on the Book of Changes*, translated by Cary F. Baynes and Irene Eber, New Jersey: Princeton University Press, 1995, p. 267.

④ Hellmut Wilhelm and Richard Wilhelm, *Understanding the I Ching: The Wilhelm Lectures on the Book of Changes*, translated by Cary F. Baynes and Irene Eber, New Jersey: Princeton University Press, 1995, p. 287.

之《系辞传》（上）曰："仰以观于天文，俯以察于地理，是故知幽明之故。原始反终，故知死生之说。精气为物，游魂为变，是故知鬼神之情状。"① 这句话揭示了生死是一个循环反复的过程，同时也指出生命体（living matter）是由"精"（seed）和"气"（power）相结合的产物，卫礼贤从这句话中同时也看到了与生命体本身不同的东西——魂，他将"魂"称为意识（consciousness），也就是精神现象，它与"气"相结合而产生了灵魂生命（life of soul）。然而，灵魂生命并非是"气"和"意识"的简单融合，而是在"气"和"意识"两极之间的循环运动。与"魂"相对应的是"魄"，"魄"更加靠近生命体，而"魂"则更加倾向于精神层面。当人的肉体生命存在时，"魂"和"魄"存乎于一种统一的状态；而当肉体生命消亡时，"魂"和"魄"则相互分离。在卫礼贤看来，尽管人的魂魄随着生命的死亡而瓦解，但它们并没有完全消失，而是被新的有机体所吸收，并为新生命提供养分②。在"生"与"死"的循环运动中，卫礼贤更加看重精神生命而非物质上的肉体生命，"死亡"指的是肉体生命的消亡，而"复生"则指的是精神生命在新生命中的延续，因此生命的意义更在于精神生命的建构。

在"生"与"死"的循环运动中，中国人往往视死而生，并称正常的死亡为"寿终正寝"，表现出一种豁达的生死观念。人们要延长生命，要真正实现生命的不朽，就必须战胜对死亡的恐惧，卫礼贤甚至认为"对死亡仍然感到恐惧的人根本没有资格去谈论死亡"③。那么人们如何去战胜对死亡的恐惧，延长生命，并进而实现生命的不朽呢？对此，卫礼贤向西方人介绍了中国道家的内丹修炼方法——冥想（meditation），他将其视为一种心理技巧（psychic technique），通过冥想"去激发普通生命中处于休眠状态的超感中心（psychic centers），正是因为这些超感中心不作为而导致生命的终止，而人们将注意力集中于这些超感中心就

---

① 李申：《周易经传译注》，湖南教育出版社2004年版，第200页。

② Hellmut Wilhelm and Richard Wilhelm, *Understanding the I Ching: The Wilhelm Lectures on the Book of Changes*, translated by Cary F. Baynes and Irene Eber, New Jersey: Princeton University Press, 1995, pp. 289 – 291.

③ Hellmut Wilhelm and Richard Wilhelm, *Understanding the I Ching: The Wilhelm Lectures on the Book of Changes*, translated by Cary F. Baynes and Irene Eber, New Jersey: Princeton University Press, 1995, p. 286.

第六章 "文化反思"语境下《周易》在西方的译介与传播

能激活它们"①。卫礼贤根据《周易》之《说卦传》"水火不相射"的道理看到了生命的秘密,他讲道:"水之于灵魂非常重要,要延长寿命,精神之火就必须渗透到水中。"生命之水即血液,肉体生命通过血液的更新而更新,冥想能够"使血液保持流动,从而唤醒生命中枢并使其开始运动起来,复生也由此开始"②。然而,延长肉体生命终究是有一定限度的,人们意欲实现生命的不朽,其意识必须离开肉体生命并与更高层次的精神相结合。人的肉体生命是个体的,而其精神生命却是全人类的,尽管个人的意识会紧随着肉体生命的覆灭而消亡,然而其精神却能在别人的生命中继续存在,并传承到新的生命中去,生命"复生"的意义也在于此。

第四节 卫德明对《周易》的哲学阐释

卫德明于1905年出生在中国,原名赫尔穆特·威廉,是卫礼贤的第三子。由于长期生活在中国,而且受其父卫礼贤耳濡目染,卫德明从小就对中国文化怀有深厚的感情,"在他一生中,中国文明成为他接近人类存在原型的特殊途径"③。卫德明研究《周易》有深厚的家学渊源,他后来也成为了著名的易学家。卫德明不仅协助贝恩斯将卫礼贤德文版《周易》翻译成英文,扩大了《周易》在西方世界的传播和影响,而且还沿袭了其父卫礼贤研究《周易》的哲学路径并有所超越,继续致力于在西方世界传播《周易》哲学思想。

一 卫德明易学研究著述概要

卫德明一生著述丰富,其内容覆盖中国文化、历史、哲学、文学等

---

① Hellmut Wilhelm and Richard Wilhelm, *Understanding the I Ching: The Wilhelm Lectures on the Book of Changes*, translated by Cary F. Baynes and Irene Eber, New Jersey: Princeton University Press, 1995, pp. 304 – 305.

② Hellmut Wilhelm and Richard Wilhelm, *Understanding the I Ching: The Wilhelm Lectures on the Book of Changes*, translated by Cary F. Baynes and Irene Eber, New Jersey: Princeton University Press, 1995, pp. 304 – 305.

③ Federick W. Mote, "Hellmut Wilhelm Remembered", *Oriens Extremus*, Vol. 35, No. 1/2, 1992.

方方面面，其中卫德明主要的易学著述有《变化：〈易经〉八讲》《〈易经〉中的天、地、人：七场爱诺思讲座》《西方传统中的〈易经〉选目》三部著作，以及系列学术研究论文。

（一）《变化：〈易经〉八讲》

1943年卫德明向在北京的德国人讲习《周易》，并于次年在北京将德文本讲稿集结成册出版，书名为 Die Wandlung：Acht Vorträge zum I-ging（Chou-i shu-yao），即《变化：〈易经〉八讲（〈易经〉述要）》；该书又于1958年在苏黎世再版，更名为 Die Wandlung：Acht Essays zum I-ging（《〈易经〉杂文八篇》）；1960年贝恩斯女士将该书译为英文，并在波林根基金会的资助下在纽约出版发行，题为 Change：Eight Lectures on the I Ching（《〈易经〉八讲》）；1995年普林斯顿大学出版社将该书与卫礼贤英文版的《〈易经〉讲座：永恒与变化》合并出版，题为 Understanding the I Ching：The Wihelm Lectures on the Book of Changes（《理解〈易经〉：卫氏父子〈易经〉讲座》。《变化：〈易经〉八讲（〈易经〉述要）》共涉及八个主题，分别是：（1）起源（Origins）；（2）变化观念（The Concept of Change）；（3）两个基本原理（The Two Fundamental Principles）；（4）单卦与重卦（The Trigrams and Hexagrams）；（5）乾卦和坤卦（The Hexagrams Ch'ien and K'un）；（6）十翼（The Ten Wings）；（7）后期《易经》史（The Later History of the Book of Changes）；（8）占筮之书（The Oracle Book）。

卫德明在北京给旅华的德国人举办《周易》讲座时，北京正处于日军占领之下，卫德明称那是一段所有创造力都被封冻、被黑暗统治的日子。卫德明受朋友威廉·哈斯（Wilhelm Haas）的委托，为居住在北京的一些德国人讲习《周易》，借以逃避世事之艰难。然而参加卫德明讲座的这些德国听众对《周易》的语言和意象几乎一无所知[①]，卫德明在讲座中围绕以上八个主题针对《周易》的基本概念、性质以及易学史做了简要概述，承袭了中国传统易学的主要观点，将深奥难懂的《周易》解释得浅显易懂，因此该书后来成为西方民众学习《周易》的入门文献。

[①] Hellmut Wilhelm, "Preface", in Hellmut Wilhelm and Richard Wilhelm, *Understanding the I Ching*：*The Wilhelm Lectures on the Book of Changes*, translated by Cary F. Baynes and Irene Eber, New Jersey：Princeton University Press, 1995, p. 3.

第六章 "文化反思"语境下《周易》在西方的译介与传播

(二)《〈易经〉中的天、地、人：七场爱诺思讲座》

1951年至1967年间，卫德明参加了在瑞士举办的"爱诺思圆桌会议"（The Eranos Conference in Ascona），前后共发表了七场《周易》主旨演讲。1972年卫德明将该七场演讲的德文讲稿集结成册在德国迪德利希斯出版社出版发行，题为 Sinn des I Ging（《〈易经〉的意义》），1977年同时在西雅图和伦敦两地由华盛顿出版社出版了该书的英文版，题为 Heaven, Earth, and Man in the Book of Changes: Seven Eranos Lectures（《〈易经〉中的天、地、人：七场爱诺思讲座》）。卫德明在爱诺思圆桌会议上的七场演讲主题分别是：(1) 时间观念（The Concept of Time）；(2) 创生原理（The Creative Principle）；(3) 人事及其意义（Human Events and Their Meaning）；(4) 作为形成阶段的自我之城（The 'Own City' as the Stage of Formation）；(5) 天地人之互动（The Interaction of Heaven, Earth and Man）(6) 精神之运动（Wanderings of the Spirit）；(7) 意象和观念的互动（The Interplay of Image and Concept）。

爱诺思圆桌会议是由瑞士爱诺思基金会（Eranos Foundation）组织的学术研讨会，"参会者是来自不同学科的学者；联结的共同思想纽带仅仅是对现代工业文明和毁灭性战争深怀的忧患意识，他们力图深度开发各种文化资源，以解决人类精神的重大问题"[1]。爱诺思圆桌会议为卫德明阐释《周易》哲学提供了一个良好的学术平台，以上七个主题契合了爱诺思圆桌会议的人文思想，同时卫德明又借助爱诺思圆桌会议，以《周易》哲学为着力点唤起西方学者对诸如人与自然、人类精神与命运等一系列基本问题的宏观思考，并致力于寻求解决这些基本问题的永恒之道。

(三)《西方传统中的〈易经〉选目》

1975年卫德明收集了西方150多篇易学著作和研究论文目录，并给其中大多数文献加上注释，由华盛顿大学比较研究与区域研究所出版发行，题为 The Book of Changes in the Western Tradition: A Selective Bibliography（《西方传统中的〈易经〉选目》）[2]。该书对后世系统整理和研究西

---

[1] 李学勤等：《国际汉学著作提要》，江西教育出版社1996年版，第246—247页。
[2] Edward Harker, Steve Moore, and Lorraine Patsco, I Ching: An Annotated Bibliography, New York and London: Routledge, 2002, p. 145.

方易学有重要价值，赵娟称其为"较早有意识地对西方《周易》介绍和研究进行文献梳理的专门著述"①，英国学者巴蕾特（T. H. Barrett）认为即使在后来更为完备的由海克尔（Edward Hacker）等人编著的《〈易经〉：一本附注解的书目》（I Ching: An Annotated Bibliography）出版后，卫德明编辑整理的《西方传统中的〈易经〉选目》也无法被完全超越，书中除英语文献之外还列出了大多数用其他欧洲语言撰写的易学文献目录，而且书中对各条目的注释至今仍有参考意义②。《西方传统中的〈易经〉选目》是第一部西方易学文献目录索引，后来海克尔等学者于1993年编撰出版并于2002年补充再版的《〈易经〉：一本附注解的书目》仅限于英语易学文献，而美籍华人学者成中英在埃尔顿·约翰逊（Elton Johnson）协助下，于1987年编撰发表的《西文〈易经〉文献目录》（A Bibliography of the I Ching in Western Languages）虽然有进一步延伸和拓展，但遗憾的是该目录只列出了文献条目，却并没有详细的注释。

（四）易学研究论文

卫德明在《〈易经〉中的天、地、人：七场爱诺思讲座》中收录的七篇演讲稿在集结成册出版前，都曾以单篇的形式在学术期刊上发表。除这七篇讲稿之外，卫德明发表的易学论文还包括：（1）《莱布尼茨和〈易经〉》（"Leibniz and the I-ching"，*Collectanea Commissionis Synodalis*，1943）；（2）《祭祀：观念和态度（〈周易〉之思想）》（"The Sacrifice: Ideas and Attitude. Thoughts from the Book of Changes"，*Harvest*，1957）；（3）《〈左传〉和〈国语〉中的〈易经〉筮例》（"I-ching Oracles in the Tso-chuan and the Kuo-yü"，*Journal of the American Oriental Society*，1959）；（4）《〈易经〉或〈变化之书〉第三版序言》（"Preface to the Third Edition"，in *The I-Ching or Book of Changes*，1967）；（5）《〈左传·僖公四年（公元前656年）〉中的筮例》（"On the Oracle Recorded in Tso-chuan, Hsi

---

① 赵娟：《汉学视野中卫氏父子的〈周易〉译介与研究》，《周易研究》2010年第4期。
② T. H. Barrett, "Reviewed Work: I Ching: An Annotated Bibliography by Edward Hacker, Steve Moore, and Lorraine Patsco", *Bulletin of the School of Oriental and African Studies*, Vol. 66, No. 1, 2003.

第六章 "文化反思"语境下《周易》在西方的译介与传播

4（656 B. C.）", *Journal of the American Oriental Society*, 1971）；（6）《论〈易经〉中的祭祀》（"On Sacrifice in the I Ching", *Spring*, 1972）。在以上第一篇论文中，卫德明以莱布尼茨二进制与《易经》六十四卦的对应关系试图阐释宇宙生成秩序的数理逻辑；第四篇是卫德明为卫礼贤/贝恩斯《周易》英译本（第三版）撰写的序言；其余四篇以祭祀或占筮为主题，这两项主题都与《周易》是"占筮之书"还是"哲理（智慧）之书"的定性问题密切相关。

二 《周易》"占筮"与"哲理"的双重性质

自《周易》传入西方始，对《周易》的定性一直是西方易学研究争论不休的话题。在"礼仪之争"中支持"文化适应"政策的一派，如传教士白晋等，认为《周易》是"哲理之书"；而反对"文化适应"政策的一派，如传教士颜珰等，则认为《周易》是充满迷信的"占筮之书"。近代英国传教士理雅各从维护基督教的立场出发也认为《周易》是"占筮之书"，而德国传教士卫礼贤从反省西方文明并拯救西方文明的目的出发，将《周易》定性为充满哲理的"智慧之书"。尽管卫德明的大多数易学观点是对其父卫礼贤易学研究的传承，但在《周易》一书的定性问题上二者却表现出明显的区别，卫德明认为《周易》具有"占筮之书"和"哲理之书"的双重性质。

《周易》本是"占筮之书"，在《左传》《国语》中有大量利用《周易》进行占筮活动的记载，对此，卫德明在其学术论文中有详细的论述。卫德明认为《周易》本为"占筮之书"（oracle book）是一个确定无疑的基本事实，这也是他研究《周易》的基本出发点。然而，卫德明将《周易》视为"占筮之书"与颜珰和理雅各等西方传教士维护基督教神学的立场有本质的区别，同时也与迷信思想毫无关联，他是从心理哲学的角度来阐释《周易》作为"占筮之书"的性质的。卫德明将"占筮"等同于西方世界向女巫（sybils）或先知（prophets）寻求预言的行为。从本质上讲"占筮"源于人们的一种心理态度（mental attitude），每个有抱负的人与生俱来地具有一种渴望更加了解自己的心理，人们想要主导自己的生活，而不是随波逐流，那么他们必须能够找准认识自我的环境，并且意识到从这个环境中可能产生的一切结果①。"占筮"表达了人们追求自我认识的心理诉求，即使在科学日益昌明的现代社会，人们试图通过"预言"的方式来认识自我的行为仍然相当普遍，卫德明将《周易》作为"占筮之书"并没有贬低《周易》的价值，而是引导西方民众从心理哲学的角度去重新认识和理解"占筮"，而不是习惯性地给它贴上"迷信"的标签。

卫德明详细考证了通行本《周易》的成书过程，《周易》并非出自一时和一人之手，从文王及周公系卦爻辞，再到孔子及其门徒作《易传》，《周易》的形成经历了漫长的一千年左右。在此一千年里，合著《周易》的这些圣贤塑造了中国及其文化，也正是在这段时期，中国哲学走向了成熟②。《周易》漫长的成书历程其实也是中国古代圣贤们的智慧不断注入《周易》的过程，正如卫德明所言："神谕并非是一夜诞生的，在神谕诞生前《周易》必然形成了合乎逻辑的宇宙观，确定无疑的生命意象系统，也就是认识世界的蓝图。"③ 所谓"神谕"无非是披上神秘外衣的人类哲学智慧，因此《周易》作为"占筮之书"，其性质与《周易》的哲理性并不矛盾。尽管中国古人数千年来将《周易》作为占筮的工具，但占筮者并非在于通过《周易》以祈神谕，而在于通过《周易》中蕴含的哲学智慧去参透天地，进而更加清楚地认识天地间的自我。

尽管卫德明认为《周易》具有"占筮之书"的性质，但事实上卫德明反对从神秘主义的角度去研究《周易》，1943年驻北平的德国人曾沉迷于"神秘主义"研究，以此来逃避日本法西斯的恐怖统治，但卫德明明确表示"不愿意鼓励这种倾向"④。他告诉人们，"这部看似神秘的经

---

① Hellmut Wilhelm and Richard Wilhelm, *Understanding the I Ching*: *The Wilhelm Lectures on the Book of Changes*, translated by Cary F. Baynes and Irene Eber, New Jersey: Princeton University Press, 1995, pp. 13 – 14.

② Hellmut Wilhelm and Richard Wilhelm, *Understanding the I Ching*: *The Wilhelm Lectures on the Book of Changes*, translated by Cary F. Baynes and Irene Eber, New Jersey: Princeton University Press, 1995, p. 19.

③ Hellmut Wilhelm and Richard Wilhelm, *Understanding the I Ching*: *The Wilhelm Lectures on the Book of Changes*, translated by Cary F. Baynes and Irene Eber, New Jersey: Princeton University Press, 1995, p. 15.

④ Hellmut Wilhelm, "Preface", in Hellmut Wilhelm and Richard Wilhelm, *Understanding the I Ching*: *The Wilhelm Lectures on the Book of Changes*, translated by Cary F. Baynes and Irene Eber, New Jersey: Princeton University Press, 1995, p. 3.

典想要叫人掌握自己的命运，而不是让自己屈从于神秘的意志"①。卫德明在他的讲座中强调，将个性发展视为首要任务的人根本不需要《周易》中的神谕，他需要在冷静的思索中吸收《周易》的智慧②。20世纪上半叶东西方都处于一个动荡不安的历史时期，更经历了两次惨绝人寰的世界大战，人们对自己乃至世界的前途和命运感到迷茫，特别是面对东西方法西斯的黑暗统治，一些学者试图利用"神秘主义"来寻问人类的未来，其实这只是逃避现实的无奈之举。卫德明一生经历了两次世界大战，他在中国受到日本法西斯的黑暗统治，又因为其妻子犹太人的身份而不能回到自己的祖国（德国），他一生颠沛流离，历尽坎坷，但他并没有屈服于命运的安排，而是积极地从《周易》中寻找古老的哲学智慧，鼓励人们作自己命运的主人，并主动地掌握人类未来命运的走向。

三 "易"之三义

"易"是《周易》的核心思想，但中国传统易学对"易"字的含义却没有定论，卫德明首先考查了"易"字的词源，"易"可能来源于"蜥蜴"（lizard）；也可能源于"赐"（或"锡"，command）③；还有可能是"日"（sun）和"月"（moon）的上下结构组合，并由此引申出阴阳的概念。在中国传统易学对"易"字纷繁复杂的解释中，卫德明选取了中国传统经学中"易一名三义"的说法，即易简（easy）、变易（changing）和不易（constant），他认为此三义相互协同从而揭示了世界的运行轨迹④。为阐述"易简"的道理，卫德明引用了大量《易传》中的内容，如"乾以易知，坤以简能。易则易知，简则易从"，"易简之善

---

① 赖贵三：《东西博雅道殊同——国际汉学与易学专题研究》，台北里仁书局2015年版，第157页。
② Hellmut Wilhelm and Richard Wilhelm, *Understanding the I Ching: The Wilhelm Lectures on the Book of Changes*, translated by Cary F. Baynes and Irene Eber, New Jersey: Princeton University Press, 1995, p. 121.
③ "赐"和"锡"通用，表示上级对下级或者长辈对晚辈的给予，含有"命令"的意味，如"赐命"，即"下达命令"的意思。
④ Hellmut Wilhelm and Richard Wilhelm, *Understanding the I Ching: The Wilhelm Lectures on the Book of Changes*, translated by Cary F. Baynes and Irene Eber, New Jersey: Princeton University Press, 1995, pp. 21–23.

配至德"①。《周易》以"易简"为出发点,通过人们日常生活中简单易懂的事物去探索繁复的大千世界,这也正是"大道至简"的意义所在。

"易简"是理解《周易》的入门通道,卫德明在"易简"的基础上阐释了"变易"的道理。万事万物无不处于永恒的"变易"之中,卫德明列举了自然界大量的"变易"现象,如"日辰之运行,浮云之流动,水流之迅逝,日昼之交替,四季之更迭"②。"变易"是中西方哲学研究的共同话题,为了帮助西方人理解《周易》之"变易",卫德明引用了古希腊哲学家赫拉克利特(Heraclitus)的名言"万物皆流"(Everything flows)③。赫拉克利特的整个哲学体系以"变易"为基础,并且诞生于公元前500年,这也正是《周易》大致形成的时间。卫德明在感叹中西方哲学这种"巧合"的同时,更多地注意到了二者的区别。赫拉克利特认为生命的运动变化是通过矛盾双方的斗争来实现的,而形成矛盾冲突的正是和谐的世界秩序——逻各斯(Logos,理性)。中国人的"变易"观认为矛盾的双方,运动变化,以及与支配变化的永恒规律其实是一个完全不可分割的整体④。西方人对"变易"的感知是单向的(one-dimensional),即"将来成为现在,现在成为过去";而中国人对"变易"的认识却是循环反复的(cyclic movement),"变易"的对立面不是静止(rest),也不是停止(standstill),而是回归(regression)。或者说,"变易"的对立面仍然是"变易",因为"静止"和"停止"本身就是"变易"的一个方面⑤。但值得注意的是,卫德明所讲的"循环反复"并不

---

① 李申:《周易经传译注》,湖南教育出版社2004年版,第198—202页。

② Hellmut Wilhelm and Richard Wilhelm, *Understanding the I Ching: The Wilhelm Lectures on the Book of Changes*, translated by Cary F. Baynes and Irene Eber, New Jersey: Princeton University Press, 1995, p. 26.

③ Hellmut Wilhelm and Richard Wilhelm, *Understanding the I Ching: The Wilhelm Lectures on the Book of Changes*, translated by Cary F. Baynes and Irene Eber, New Jersey: Princeton University Press, 1995, p. 20.

④ Hellmut Wilhelm and Richard Wilhelm, *Understanding the I Ching: The Wilhelm Lectures on the Book of Changes*, translated by Cary F. Baynes and Irene Eber, New Jersey: Princeton University Press, 1995, p. 20.

⑤ Hellmut Wilhelm and Richard Wilhelm, *Understanding the I Ching: The Wilhelm Lectures on the Book of Changes*, translated by Cary F. Baynes and Irene Eber, New Jersey: Princeton University Press, 1995, p. 26.

第六章 "文化反思"语境下《周易》在西方的译介与传播

是机械的循环运动,而是在"循环反复"中不断更新变化。

除"易简"、"变易"之外,"易"还有"不易"之义,"不易"与"易"看似矛盾,但却蕴含着深刻的哲理。无论大千世界和人类社会如何变易,支配其"变易"的规律和法则却是"不易"的。为了让西方人更加明白"变易"和"不易"的辩证关系,卫德明列举了一些浅显易懂的例子,如"人们从不怀疑明天太阳依然会升起,寒冬之后春天就会来临"[①]。卫德明将"不易"的道理称为"道"(tao),还大量引用《易传》中的内容来阐述"道"的内涵,如:"易与天地准,故能弥纶天地之道。仰以观于天文,俯以察于地理";"知周乎万物而道济天下,故不过"[②]。从卫德明的论述中可以得知,所谓"不易"其实是宇宙天地运行变化之"道"。天地间"大化流行"乃"变易",永远不会以人的意志而转移,但处于天地之间的人面对"变易"不能消极无为,而应该积极地认识"变易"背后之"不易",及时适应和顺应天地运行之"道",从而主动把握自己的命运。

四 推天道明人事

《四库全书总目提要》曰:"故《易》之为书,推天道以明人事者也。"[③] 卫德明认为《周易》具有"哲理之书"的性质,哲理即天道,也就是天地运行和人类社会发展的基本原理。卫德明治《易》不仅在于推阐天道,更在于指明人事,将自然哲理上升为人生哲理。他认为《周易》经文首先阐明的是人在宇宙中的位置和作用,确定人在世界结构中的地位,并指导人在特定历史环境中的行为[④]。因此,卫德明讲解《周易》的目的更在于引导人们利用《周易》更加清晰地认识自我乃至整个人类社会,进而在天道允许的范围内最大限度地发挥人的主观能动性。卫德明在爱诺思圆桌会议上发表的七场以《周易》为主旨的演讲代表了

[①] Hellmut Wilhelm and Richard Wilhelm, *Understanding the I Ching*: *The Wilhelm Lectures on the Book of Changes*, translated by Cary F. Baynes and Irene Eber, New Jersey: Princeton University Press, 1995, p. 30.

[②] 李申:《周易经传译注》,湖南教育出版社2004年版,第200页。

[③] (清)纪昀:《四库全书总目提要》,河北人民出版社2000年版,第50页。

[④] Hellmut Wilhelm, *Heaven, Earth, and Man in the Book of Changes*, Seattle and London: University of Washington Press, 1977, p. 52.

275

他最高的易学成就,这七场演讲的主题各不相同,但后来他将这七场演讲的讲稿集结成册出版时却命名为《〈易经〉中的天、地、人:七场爱诺思讲座》,书名体现了卫德明"推天道以明人事"的治《易》精神,也体现了他对人和人类社会的终极关怀。

《周易》古经大致产生于西周时期,尽管去今久远,但对于生活在现代社会的人而言,《周易》仍然具有现实的指导意义。卫德明认为《周易》不仅仅是西周早期各种情况和行动的指南,在其他时期和文化中《周易》也能得到成功的运用①,因此从这个意义上讲,《周易》具有超越时空的原型特质(archetypal character)。《周易》记载了诸多史实,这些史实一旦进入《周易》经文,就不再是孤立的历史事件,而是被赋予了跨越历史的普遍指导意义,在卫德明看来,"单个的历史事件能够为后来的重复事件起到指引作用"②。历史具有延续性,人是历史事件的主体,而《周易》记载的史实可以为生活在现实社会中的人提供行为依据。

《周易》之《系辞传》(上)曰:"圣人立象以尽意。"③ 圣人通过立象的方法来完整地表达意思。《系辞传》(上)又曰:"极其数,遂定天下之象。"④ 推究卦爻之数,以确定天下万物之象。"象"和"数"是《周易》哲学的基本阐释方法,即通过卦象和卦爻数去揭示天地万物之理。卫德明不仅看到了"象"和"数"之于"天道"的重要性,更将"象"和"数"引申到"人事"之中,他认为"数"有助于建立人类宇宙(human cosmos)秩序,"象"则是对人类宇宙的限制,而且完整地表达了人类宇宙。"象"并不仅仅是再造一些人们可以效仿的对象,更重要的是通过再造这些对象而确保人们能够正确行事,因而从这个意义上讲,"象"为人们行为处事设立了一个定向坐标(orienting coordinates)⑤。

---

① Hellmut Wilhelm, *Heaven, Earth, and Man in the Book of Changes*, Seattle and London: University of Washington Press, 1977, p. 5.

② Hellmut Wilhelm, *Heaven, Earth, and Man in the Book of Changes*, Seattle and London: University of Washington Press, 1977, p. 63.

③ 李申:《周易经传译注》,湖南教育出版社2004年版,第211页。

④ 李申:《周易经传译注》,湖南教育出版社2004年版,第207页。

⑤ Hellmut Wilhelm, *Heaven, Earth, and Man in the Book of Changes*, Seattle and London: University of Washington Press, 1977, p. 34.

第六章 "文化反思"语境下《周易》在西方的译介与传播

在题为"创生原理"(Creative Principle)的演讲中,卫德明详细论述了乾卦之象"天"。乾卦之《象传》曰:"万物资始,乃统天。"① 乾卦是《周易》六十四卦的第一卦,象征万物由此开始,而所有的一切都统率于天,天具有"创生之德"。卫德明又引用《周易》之《象传》"天行健,君子以自强不息"②,将天的"创生之德"演化为人的"创生意志",对此他阐释道:"君子奋发图强,永不停息;这进一步表明了他对强烈的创生意志的需求。"③ 卫德明还沿用《周易》之《文言传》的说法将乾卦"元(sublime)、亨(success)、利(furthering)、贞(perseverance)"四德解释为人的四项品质,即"仁(good)、义(beautiful)、礼(justice)、智(wisdom)"。乾卦六爻反映了"天"在创生过程的六个不同阶段,卫德明认为这六个阶段同时也反映了一个具有创生意志的人的命运④。人具有创生意志,但人的行为必须顺应"天时",只有把握恰当的"时机",人的创生意志才能得到完美的体现,也才能创造出新的价值;或者说,"时"是"创生"的先决条件,也是决定"创生"成败的关键。

"时"是《周易》研究中的基本哲学范畴,《周易》中有大量"明时"而"应时"的论述,如"亢龙有悔,与时偕极"⑤,"含章可贞,以时发也"⑥,"变通者,趋时者也"⑦。在题为"The Concept of Time"(时间观念)的演讲中,卫德明首先梳理了前代中西方哲学家创建的《周易》时间模型,如周敦颐之"太极图"(Thai-kih-thu),邵雍之"后天秩序"(Order of Later Heaven)与"先天秩序"(Order of Earlier Heaven),莱布尼茨之"前定和谐"(pre-established harmony),以及王夫之提出的"诚"(integrity),前人的这些尝试旨在勾勒出天地运行之"道",而卫德明更看重《周易》时间观对于"人事"的指导意义,将"天道"推演

---

① 李申:《周易经传译注》,湖南教育出版社2004年版,第2页。
② 李申:《周易经传译注》,湖南教育出版社2004年版,第2页。
③ Hellmut Wilhelm, *Heaven, Earth, and Man in the Book of Changes*, Seattle and London: University of Washington Press, 1977, p. 43.
④ Hellmut Wilhelm, *Heaven, Earth, and Man in the Book of Changes*, Seattle and London: University of Washington Press, 1977, pp. 42–43.
⑤ 李申:《周易经传译注》,湖南教育出版社2004年版,第6页。
⑥ 李申:《周易经传译注》,湖南教育出版社2004年版,第10页。
⑦ 李申:《周易经传译注》,湖南教育出版社2004年版,第213页。

至"人道"。他引用了众多《周易》经传中的内容来论述《周易》"与时偕行"的道理。如乾卦九三曰:"君子终日乾乾,夕惕若,厉无咎",历来易学家对乾卦九三爻的解释莫衷一是,卫德明采用了《周易》之《文言传》中的经典解释,"终日乾乾,与时偕行"①。君子终日勤奋不已,而且随着天时的变化而采取行动。卫德明进一步阐释道:"君子在夜晚的忧虑体现了一种责任意识,在任何情况下即使是具有创造性的天才也必须因时而动。"②"与时偕行"、"因时而动"的思想贯穿了卫德明的易学研究,他通过自己的讲座和著作让西方民众明白"时"是天地大化流行的进程,而处于天地之间的人则需参透"明时"而"应时"的人生哲学。

第五节 亚瑟·韦利对《周易》的解读

亚瑟·韦利是英国著名的东方学家和翻译家,他一生翻译了大量中国古诗、小说及其他文化典籍,如《一百七十首中国古诗选译》(*A Hundred and seventy Chinese Poems*,1918)、《诗经》(*The Book of Songs*,1937)、《论语》(*The Analects of Confucius*,1938)、《西游记》(*Monkey*,1942)等。韦利为东西方文化交流做出了卓越的贡献,他对中国文化典籍他有很深的研究,他"反对用去历史化的方式解读典籍,提倡把它们置于特定的历史语境中加以诠释"③。1933年韦利在《远东博物馆馆刊》(*Bulletin of the Museum of Far Eastern Antiquities*)第5期发表了题为"The Book of Changes"(《周易》)的长文,该文明显受到了中国"疑古思潮"的影响,并且吸收了20世纪上半叶中国《周易》研究的新成果,将《周易》经文置于西周特定的历史环境中,力图恢复《周易》经文作为"占筮之书"的原貌。

一 对《易传》释《易》的叛逆

1929年"疑古思潮"的领军人物顾颉刚在《燕京学报》发表了

---

① 李申:《周易经传译注》,湖南教育出版社2004年版,第6页。
② Hellmut Wilhelm, *Heaven, Earth, and Man in the Book of Changes*, Seattle and London: University of Washington Press, 1977, p. 24.
③ 林风、岳峰:《阿瑟·韦利汉学研究的语境批评法——以〈诗经〉和〈易经〉的诠释为例》,《哈尔滨师范大学社会科学学报》2017年第4期。

第六章 "文化反思"语境下《周易》在西方的译介与传播

《周易卦爻辞中的故事》一文,文中考证了《周易》经文记录的五则从商代至西周早期的历史故事,即"王亥丧牛羊于有易、康侯用锡马蕃庶、帝乙归妹、高宗伐鬼方、箕子明夷"[①],顾先生通过这些历史故事指出《周易》并非圣人之作,而是一本筮书;《周易》经文的产生可追溯至西周初叶,而《易传》各篇的著作时代最早不过战国时代,最晚可至西汉中叶,二者相距九百年左右,"在这九百年之中,时代变迁太快了,使得作传的人只能受支配于当时的潮流,而不能印合于经典的本义了"[②]。顾先生从史学的角度来研究《周易》,与《易传》释《易》的方法截然不同,该文不仅对中国传统易学研究造成了巨大的冲击,同时也对20世纪的西方易学研究产生了重大影响。

19世纪末至20世纪初,西方的《周易》权威译本基本上沿袭了中国传统经学的研究路径,对《周易》的解读始终未能脱离《易传》的束缚。尽管理雅各认为《周易》经文和《易传》的内容并不一致,而且其译本也采用了经传分离的体例,但理雅各对经文的阐释仍然是通过卦爻的承乘比应关系、阐释阴阳变化等传统易学研究手法来进行的,另一权威译本——卫礼贤/贝恩斯译本——对《周易》经文的解读则完全遵循了《易传》的解释,而韦利对《周易》经文的研究吸收了"疑古派"学者的研究成果,其对《周易》经文的诠释也明显带有中国"疑古思潮"的痕迹,表现出对《易传》释《易》的彻底叛逆。

以《周易》经文第三十六卦"明夷卦"的卦名为例,从卦象来看,明夷卦上卦为坤(☷),象征大地,下卦为离(☲),象征太阳和光明,因此《周易》之《彖传》和《象传》都把"明夷"解释为"明入地中",即光明没于地下之意;于人事而言,《彖传》以文王和箕子为例,说明在黑暗的世道中君子应当"自晦其明",隐其才智,采取韬光养晦的处世之道。"明夷卦"之尊位第五爻是一个阴爻,理雅各认为其象征一个"孱弱而又没有同情心的君主",寓意世道昏暗,他将"明夷"解释为"'Intelligence Wounded', that is injured or repressed"("智慧"受

---

① 顾颉刚:《周易卦爻辞中的故事》,《燕京学报》1929年第六期单行本。
② 顾颉刚:《周易卦爻辞中的故事》,《燕京学报》1929年第六期单行本。

到损伤、伤害或者压制)①。卫礼贤/贝恩斯将"明夷"解释为"Darkening of the Light"（光明暗淡）②。以上两个译本对"明夷"的解释与《易传》别无二致，而韦利则完全采用了20世纪初"疑古派"学者的观点。1930年李镜池发表《周易筮辞考》一文③，文中明确指出："'明夷'的意思，依我想，就是'鸣鶃'二字的假借。"④"鸣鶃"即一种水鸟，韦利采用英译的方法将"明夷"译为"ming-i"，并指出"毫无疑问'明夷'即一种鸟名"⑤。理雅各、卫礼贤/贝恩斯《周易》译本紧扣《易传》，从"明入地中"引申出经文的人文教化意义，而韦利将"明夷"释为鸟名，力图还原经文的本义，却与《易传》的阐释大相径庭。

"疑古派"学者将《周易》毫不留情地从"圣功王道"的神坛拉扯下来，力图还原《周易》经文作为"筮书"的原貌，但值得注意的是，他们并不否认《易传》作为哲学典籍的价值，只是认为《易传》对《周易》经文的阐释与经文真相不符。韦利显然接受了"疑古派"学者的观点，他明确指出《易传》是对《周易》经文的道德和宇宙论阐释，《周易》经文从最初纯粹的筮辞上升到道德和宇宙论层面经历了漫长的过程，这一过程直到汉代才完成⑥。《周易》经文和《易传》既有联系又有区别，二者产生于完全不同的时代，其功用自然相去甚远，韦利完全撇开了《易传》对《周易》经文的阐释而另辟蹊径，他将《周易》经文置于西周特定的历史文化背景中，从《周易》经文的辞章结构入手，采用训诂考证的方法，力图阐明《周易》经文在农耕文明中的本义。

二 农耕文明中的经文考

李镜池在《周易筮辞考》一文中详细分析了《周易》卦爻辞的著作体例，他将《周易》经文的结构分为六种不同的情况，但各自基本上是

---

① James Legge, *The I Ching*, New York: Dover Publications, 1963, p. 136.
② Richard Wilhelm, *The I Ching or Book of Changes*, rendered into English by Cary F. Baynes, New Jersey: Princeton University Press, 1997, p. 139.
③ 该文后来被收录到顾颉刚编撰的《古史辨》（第三册），韦利参考的即为该书。
④ 李镜池：《周易筮辞考》，载《周易探源》，中华书局1978年版，第45页。
⑤ Arthur Waley, "The Book of Changes", *Bulletin of the Museum of Far Eastern Antiquities*, Vol. 5, 1933.
⑥ Arthur Waley, "The Book of Changes", *Bulletin of the Museum of Far Eastern Antiquities*, Vol. 5, 1933.

第六章 "文化反思"语境下《周易》在西方的译介与传播

由记叙事情的叙辞和表示吉凶的占辞任意组合而成的[①]。《周易》经文明显有人为编撰的痕迹,编撰者既使用了前代已有的筮辞,同时也添加了一些新作。韦利吸收了李镜池的观点,他将《周易》经文称为叙辞(omen text)和占辞(divination text)的"混合物"(amalgam)。叙辞采用诗体的形式,而占辞除少数押韵以外,大部分都是用散体写成的。叙辞具有典型的农谚特征,内容通常包括以下三类:1)个人行为:无法解释的感觉和不由自主的动作;2)植物及禽兽;3)自然现象[②]。韦利还列举了英国以及古巴比伦的农谚与《周易》经文加以比较,以证明农谚在东西方人类社会发展进程中广泛存在。西周时期的农业生产工具和技术与前代相比有了显著提高,统治者对农业极为重视,农业成为西周得以立国的经济基础。人们在生活和农业生产过程中处处留意自身的行为,时时观察动植物及禽鸟的各种活动,并且有意识地总结生活和农业生产经验。人们将观察到的各种现象以农谚的形式记录下来,《周易》编撰者又将它们汇集到经文中而流传至今。这些农谚客观地反映了西周时期人们的生活和农业生产状况,成为当今反观西周社会面貌的一面镜子,因此韦利主张对这些农谚的解释应立足于西周特定的历史背景以揭示其本义,经文中一些看似令人迷惑不解的句子也就能迎刃而解了。

以晋卦卦辞为例:"康侯用锡马蕃庶,昼日三接。"[③]《周易》之《彖传》曰:"晋,进也。明出地上,顺而丽乎大明。柔进而上行,是以'康侯用锡马蕃庶,昼日三接'也。"《周易》之《象传》曰:"明出地上,晋。君子以自昭明德。"[④]《彖传》和《象传》都只是对晋卦卦象的阐释,晋卦上卦为离(☲),象征太阳和光明,下卦为坤(☷),象征大地,因此《彖传》和《象传》将整个卦象释为"明出地上",再从中引申出"自昭明德"的意义,即君子展现出美好的德行。然而,《彖传》和《象传》对卦辞"康侯用锡马蕃庶,昼日三接"的意义却只字未提,反而引申出一层浓厚的道德说教,确实让人迷惑不解。顾颉刚《周易卦

[①] 李镜池:《周易筮辞考》,载《周易探源》,中华书局1978年版,第22—23页。
[②] Arthur Waley, "The Book of Changes", *Bulletin of the Museum of Far Eastern Antiquities*, Vol. 5, 1933.
[③] 李申:《周易经传译注》,湖南教育出版社2004年版,第110页。
[④] 李申:《周易经传译注》,湖南教育出版社2004年版,第110页。

爻辞中的故事》一文考证康侯即"卫康叔",乃周武王之弟,"王有锡马,康侯善于畜牧,用以蕃庶"①。整个卦辞的意思是:"康侯用王赏赐的马繁衍,一日多次交配。"韦利完全吸收了顾先生的研究成果,将该句卦辞译为"The lord of K'ang caused his gift-horses to multiply exceedingly. He coupled (the stallion with the mares) three times in a morning."②。西周初年中国正处于从传统畜牧业向农业过渡的阶段,农耕成为西周的立国之本,但牲畜养殖在国家经济生活中仍然占有非常重要的地位。西周人当时已经掌握了用良种马大量繁殖马匹的技术,马匹不仅仅是重要的农业生产工具,更是国家征战不可替代的战备物资。韦利以顾先生的考证为基础翻译该句卦辞,在译文中撇开了《易传》所附会的道德说教,还原了卦辞的历史真相。

三 民俗考辨

《周易》经文中有大量关于西周社会生活和生产的内容,其中包括了大量社会民俗习惯,但随着时间的流逝,这些在当时习以为常的民俗却渐渐消失在历史长河中了,韦利试图还原在西周时期曾经流行的这些民俗习惯,并以此来解释《周易》经文的本义。以屯卦上六爻为例,屯卦上六曰:"乘马班如,泣血涟如。"③ 韦利将这句爻辞翻译为"If the horse she rides on is brindled, /Tears and blood will flow profusely.",他认为这句爻辞反映了当时已经得到广泛认可的原始婚姻习俗(primitive marriage institutions)④。韦利的观点与同时代中国学者的观点有些类似,李镜池认为该句爻辞是对中国原始先民"劫夺婚"风俗习惯的描写,"女子被劫,她不愿意,大哭大喊,哭得非常悲惨"⑤。"乘马班如,泣血涟如"是对"劫夺婚"生动的场景描写,"班如"即"盘桓不前的样子",女子骑在马上盘桓不前,哭得血泪涟涟。在英国,人们以"见到

---

① 顾颉刚:《周易卦爻辞中的故事》,《燕京学报》1929 年第六期单行本。
② Arthur Waley, "The Book of Changes", *Bulletin of the Museum of Far Eastern Antiquities*, Vol. 5, 1933.
③ 李申:《周易经传译注》,湖南教育出版社 2004 年版,第 16 页。
④ Arthur Waley, "The Book of Changes", *Bulletin of the Museum of Far Eastern Antiquities*, Vol. 5, 1933.
⑤ 李镜池:《周易通义》,中华书局 1981 年版,第 10 页。

第六章 "文化反思"语境下《周易》在西方的译介与传播

花斑马"为吉利之事①,韦利从这种英国民俗中受到启发,将"乘马班如"译为"the horse she rides on is brindled"(骑着花斑马),并将"乘马班如"作为一种预兆,由此得出"Tears and blood will flow profusely"(泣血涟如)的结果。尽管韦利和李镜池对该句爻辞的阐释并不完全一致,但二者都采用了一个相同的研究视角——从原始民俗的角度去解释该句爻辞的意义。

又以无妄卦六三爻为例,无妄卦六三曰:"无妄之灾:或系之牛,行人之得,邑人之灾。"九五曰:"无妄之疾,勿药有喜。"② 中国学者一般将这两句爻辞解释为"意外遭遇的灾害:行人将别人拴的牛牵走了,且据为己有,而邑中之人却要无端地受到责难;意外之疾病,不用吃药,疾病会自动痊愈"。然而,韦利对这两句爻辞的解释与中国学者完全不同,他将"无妄之灾"与人类古代的"替罪羊习俗"(scapegoat ritual)联系起来,认为"无妄"是一种疾病的名字,而且也是产生"无妄之疾"的鬼神的名字③。"替罪羊"一说来自《圣经》,亚伯拉罕准备杀死自己的儿子为上帝献祭,但上帝阻止了他的行为,改为以羊为祭品,因此羊被赋予了"代人受罪"的含义。

"替罪羊"的习俗在人类社会中广泛存在,英国人类学家弗雷泽(James George Frazer)指出,动物常常被人们作为驱走恶魔及带走疾病的工具,他还在其著作《金枝》(*The Golden Bough*)中详细地描述了印度的巴尔人、马兰人以及克米人将一只山羊或一头水牛赶出村子,以带走霍乱的习俗④。尽管"替罪羊"一词对中国人而言是舶来品,但韦利引用《礼记》证明类似"替罪羊"的习俗在中国却早已存在,《礼记·月令第六》曰:"命有司大难,旁磔,出土牛,以送寒气。"⑤ 季冬十二月,阴气凝重,因此有关官员举行盛大的驱除邪气的仪式,在四方之门

---

① Arthur Waley,"The Book of Changes", *Bulletin of the Museum of Far Eastern Antiquities*, Vol. 5, 1933.
② 李申:《周易经传译注》,湖南教育出版社2004年版,第81—82页。
③ Arthur Waley,"The Book of Changes", *Bulletin of the Museum of Far Eastern Antiquities*, Vol. 5, 1933.
④ [英]詹姆斯·乔治·弗雷泽:《金枝》,徐育新、汪培基等译,大众文艺出版社1998年版,第799页。
⑤ 《礼记·月令第六》,载《四书五经》编委会《四书五经》(第三册),线装书局2016年版,第734页。

宰牲祭祀并制作土牛,以送走寒气。受到印度人"替罪羊"习俗以及中国《礼记》的启发,韦利认为无妄卦六三爻和九五爻描写的是中国古代先民利用动物驱走灾祸或疾病的习俗,他将这两句爻辞译为:

> The pest *Wu-wang*,
> If you tie it to a bull,
> The passers-by will get
> The village people's pest.
> The disease *wu-wang*
> Needs no medicine for its cure. ①

韦利在译文中试图还原西周时期在中国盛行的类似"替罪羊"的习俗:人们用一种特殊的符号或者器物代表"无妄之灾"或者"无妄之疾",将它们捆绑在牛身上,然后将牛赶出村子。路上的行人把牛牵走了,村里的"无妄之灾"也就转嫁到了行人身上,村里人的"无妄之疾"不用治疗也就自愈了。

"替罪羊"的习俗对于生活在现代文明社会的人们而言,显得十分荒谬而不可思议,但在科学不甚发达的西周初年,这种习俗是完全可以理解的,村子里的人们以此表达趋吉避凶的强烈愿望,而对于路上的行人也是一种警示,不能因贪图小便宜而招来更大的灾祸。《周易》取材广泛,编撰者将当时的社会习俗写进了卦爻辞,但中国传统易学研究将这些习俗淹没在了庞杂的道德体系中。韦利将《周易》置于西周特定的历史环境中,拨开笼罩在卦爻辞上的层层道德迷雾,吸收了20世纪人类学研究的新成果,并结合对中国古籍的研究,向西方读者生动地再现了西周初年的中国民间习俗。

第六节 夏含夷对《周易》的研究与译介

夏含夷是美国芝加哥大学语言与文化系教授,美国当代著名的汉学

---

① Arthur Waley, "The Book of Changes", *Bulletin of the Museum of Far Eastern Antiquities*, Vol. 5, 1933.

第六章 "文化反思"语境下《周易》在西方的译介与传播

家。1974年夏含夷大学毕业后到中国台湾学习中国古代思想史,开始接触到《周易》并颇为用功学习,凡本文和注疏都要至少阅读三遍。1978年夏含夷回到美国学习甲骨文,甲骨文的卜辞与《周易》关系紧密,从而为他今后深入研究《周易》奠定了基础①。夏含夷先生认为在过去的2000多年里,《周易》和《圣经》是阅读最广且评注最多的世界文献②,他为研究《周易》倾注了大量时间和精力,而且也取得了丰硕的研究成果。1983年夏含夷撰写了博士毕业论文《〈周易〉的编纂》("The Composition of the 'Zhouyi'"),1996年又完成了第一部帛书《周易》英译本(I Ching: The Classic of Changes),2014年又将上博馆《周易》、王家台《归藏》、阜阳《周易》译介到西方,此外还有数十篇《周易》研究论文,内容广泛,涉及《周易》的创作年代、筮法、卦爻辞解读、经文结构、周易的性质等方方面面,为《周易》在西方世界的译介与传播做出了卓越的贡献。

一 语境批评法

20世纪初"疑古思潮"在中国学界风起云涌,传统的易学研究方法受到了前所未有的质疑和批判,"疑古派"学者无情地撕扯掉蒙在《周易》身上的一层"圣功王道",力图还原《周易》在特定历史环境中的原貌,也就是"试图将古汉语经文恢复到最接近其历史的来龙去脉,并对其深入分析以解释原文本义"③。这股"疑古思潮"不仅影响了中国20世纪的易学研究,而且也给西方学者研究《周易》提供了一个新的启示,夏含夷在其博士毕业论文《〈周易〉的编纂》中提出了"语境批评法(context criticism),即文学批评中的历史学方法,也就是在具体的历史时空语境中阐释研究文献"④。《周易》之《系辞传》(下)曰:

---

① [美]夏含夷:《自序》,载《古史异观》,上海古籍出版社2005年版,第1页。
② Edward L. Shaughnessy, I Ching: The Classic of Changes, New York: Ballantine Books, 1997, p. 1.
③ [美]夏含夷:《结婚、离婚与革命——〈周易〉的言外之意》,李衡眉、郭明勤译,《周易研究》1994年第2期。
④ Edward Louis Shaughnessy, "The Composition of the 'Zhouyi'", Standford University, Palo Alto, 1983, p. 14.

"《易》之为书也，广大悉备。"①《周易》强大的包容性赋予其强大的阐释力，人们对《周易》的阐释从来都不是固定不变的，而是随着时代的变迁而变化。《周易》诞生于西周，历经春秋战国、秦汉、唐宋等历代学者的阐释和注疏，至今形成了蔚为壮观的中国传统易学。从不同的历史语境出发，学者们对《周易》的理解和阐释迥然不同，夏含夷从商周时代特定的历史语境出发解读《周易》卦爻辞，还原《周易》本来的历史原貌，从而表现出与中国传统易学的巨大差异。

以归妹卦和渐卦为例可以管窥夏含夷先生易学研究中对历史语境的审视。归妹是商代对"嫁女"的称呼，传统经学往往从封建礼教的角度阐释女性应该在婚姻中遵守礼仪规范，凸显了一层浓厚的道德训教。然而20世纪中国"疑古派"学者否定卦爻辞中有任何道德训教的成分，而将其还原为一个个真实的历史故事。顾颉刚考证归妹卦六五爻"帝乙归妹"指的是"帝乙嫁女于周文王"的故事，然而这桩婚姻是不幸的政治联姻，后来文王又"继娶于莘（国之女），遂生武王"②。夏含夷吸收了顾颉刚的研究成果，而且进一步从归妹卦的爻辞中解读出文王与帝乙之女产生"婚变"的原因。归妹卦上六爻曰："女承筐，无实；士刲羊，无血。无攸利。"③夏先生将该句爻辞的解释与特定的历史线索联系起来，他发现"承筐"之古意暗示"女人的阴道"，因而"女承筐，无实"不能狭隘地从其字面意义理解，而必须深入挖掘其象征意义，即"嫡妻的筐里没有果实暗示她不能生育后代"④。这也是文王后来"继娶莘国之女"的直接原因，帝乙之女虽为正室，但因无子嗣而渐渐失宠；莘国之女虽为继娶的侧室，但因诞武王而得宠。归妹卦六五爻曰"其君之袂，不如其娣之袂良"⑤，意思是讲"正室的服饰不如侧室的服饰美好"。这在礼仪等级制度森严的商周时代是很难想象的，但联系到以上历史线索，这种看似违反常理的做法似乎也在情理之中。

---

① 李申：《周易经传译注》，湖南教育出版社2004年版，第224页。
② 顾颉刚：《帝乙归妹的故事》，载《古史辨》（第三册），上海古籍出版社1982年版，第13页。
③ 李申：《周易经传译注》，湖南教育出版社2004年版，第169页。
④ [美]夏含夷：《结婚、离婚与革命——〈周易〉的言外之意》，李衡眉、郭明勤译，《周易研究》1994年第2期。
⑤ 李申：《周易经传译注》，湖南教育出版社2004年版，第169页。

第六章 "文化反思"语境下《周易》在西方的译介与传播

渐卦是归妹卦的附卦,仍然以女性婚姻为主题,渐卦每句爻辞都以"鸿渐于……"开始,描写鸿雁渐次飞远,传统经学家从此引申出"女子出嫁应循礼渐行"的道理①。在中国传统文化中,"鸿雁"是婚姻和爱情的象征,但夏含夷将"鸿雁"置于西周特定的历史语境中却发现"鸿雁"有不同的寓意,他引用《诗经》中的《鸿雁》《九罭》《新台》三首诗证明"鸿雁"在西周时期象征"婚变或乱伦的主题"②。渐卦描写了"鸿渐于干,鸿渐于磐,鸿渐于陆,鸿渐于木,鸿渐于陵"的全过程,《周易》卦爻辞往往采用《诗经》中常用的起兴修辞手法,先言他物而后言人事,联系到西周时期的历史语境以及渐卦和归妹卦的附卦关系,渐卦本义当指"婚姻失败",而非后起的"循礼渐行"之义。夏含夷对《周易》卦爻辞的解释与中国传统经学多有不同,因而难免会引起争议,甚至遭人诟病,姑且不论其解释是否合理,他提出的"语境批评法"是在吸收中国"疑古派"学者思想基础上的创新和发展,为中西方易学研究以及对《周易》在西方的译介与传播提供了一个新的思路。

二 文献史料的综合运用

文献史料是"语境批评"不可或缺的基本资源,可分为传世文献史料和出土文献史料。传世文献和出土文献相互印证,互为补充,可以"利用出土文献来解决传世文献上的某一个老问题,或者利用传世文献来解读出土文献所提出的新问题"③。传世文献史料中的涉《易》资料浩如烟海,而20世纪随着考古学的发展,各种新发掘的文献史料也层出不穷,夏含夷综合应用各种文献史料,通过详细考证和比对,追溯《周易》的创作年代,力图恢复《周易》之历史原貌。

(一)甲骨数字卦

1977年在陕西岐山县周代宫殿遗址发掘出土甲骨残片17000余件,大量甲骨上刻有卜辞,这些甲骨远可追溯至周克商之前,近可追溯到周成王时代。1979年陕西扶风又出土了少量刻有卜辞的甲骨,这些甲骨可

---

① 黄寿祺、张善文:《周易译注》,上海古籍出版社2007年版,第310页。
② [美]夏含夷:《结婚、离婚与革命——〈周易〉的言外之意》,李衡眉、郭明勤译,《周易研究》1994年第2期。
③ [美]夏含夷:《自序》,载《兴与象:中国古代文化史论集》,上海古籍出版社2012年版,第1页。

追溯至西周中期。夏含夷根据以上两次考古发掘推论"至少在周穆王时代火卜仍然是周人的主流占卜方式"①。1978年中国著名历史学家张政烺将这些出土甲骨上的数字转换成阴阳爻,发现甲骨上的数字可以构成《周易》中的重卦,因此甲骨文中的这些数字卦应该视为易卦的前身②。继张政烺之后,中国古文字专家徐中舒对甲骨数字卦后面的文字进行了详细研究,他发现数字卦"8—1—7—6—6—7"(蛊卦)的原文"其文,既鱼",文同吝,既同堅,也就是"取"的意思,该数字卦原文可以写成"其吝,取鱼",其文体与《周易》经文极为近似。徐中舒因此得出结论:"周初太卜积累了大量数占(数字卦)档案,经过选编排比成为现在传世的《周易》卦爻辞(即上下经)并不是什么困难的事。"③夏含夷对张政烺和徐中舒两位中国学者的发现如获至宝,他据此推论占筮与火卜曾在周人中并行,而且至少到西周中期也未形成供周族官员占筮参考之用的《周易》④。考古发掘出土的新史料是确定《周易》创作年代最直接的证据,夏含夷以其敏锐的学术眼光及时捕捉到了20世纪70年代末80年代初最新的考古发掘和研究成果,并卓有成效地将其运用到了《周易》研究中。

(二)《左传》及《诗经》

夏含夷还从传世文献中寻找能够证明《周易》创作年代的证据,他详细考察了《左传》和《诗经》两本典籍。《左传》因载有最早将《周易》用于占筮的实例记录,自古以来就是中西方学者研究《周易》的重要资料。夏含夷重点参考了苏联汉学家休茨基对《左传》中筮例的研究成果,休茨基在其著作《周易研究》中列举了16则《周易》占筮实例⑤,其中

---

① Edward Louis Shaughnessy, "The Composition of the 'Zhouyi'", Standford University, Palo Alto, 1983, p. 28.
② 张政烺先生于1978年12月在吉林大学召开的考古学大会上首先提出这一重大发现,但作为研究成果正式发表却是在1980年,详见张政烺《试释周初青铜器铭文中的易卦》,《考古学报》1980年第4期。
③ 徐中舒:《数占法与周易的八卦》,载中国古文字研究会、山西省文物局、中华书局编辑部编《古文字研究》(第十辑),中华书局1983年版,第383页。
④ Edward Louis Shaughnessy, "The Composition of the 'Zhouyi'", Standford University, Palo Alto, 1983, pp. 29 - 30.
⑤ 李镜池认为《左传》中共有十二则《周易》占筮实例,见李镜池《周易探源》,中华书局1978年版,第407页。休茨基所列16条筮例中有部分筮例并未明确说明采用了《周易》作为筮书。

第六章 "文化反思"语境下《周易》在西方的译介与传播

最早的一则筮例发生在公元前627年,最晚的一则筮例发生在公元前487年。整个公元前7世纪绝大部分筮例只是将《周易》作为占筮之书,唯有公元前603年"王子伯廖预测郑公子曼满被杀"的筮例比较特殊①,该例不仅将《周易》作为占筮之书,而且还含有某种世界观②。《左传·宣公六年》曰:"郑公子曼满与王子伯廖语,欲为卿。伯廖告人曰:'无德而贪,其在《周易》丰(䷶)之离(䷝),弗过之矣。'间一岁,郑人杀之。"③"无德而贪"显然不是《周易》筮辞,而是对道德价值观的评判,"丰(䷶)之离(䷝)"其实就是丰卦上六的爻辞:"丰其屋,蔀其家,窥其户,阒其无人。三岁不觌,凶。"④伯廖并未直接说出曼满的结局,而是通过"丰(䷶)之离(䷝)"类推出曼满"必遭凶险",这种"根据卦辞爻辞进行类比推理"⑤的实践行为已经超出了《周易》作为占筮之书的功用,而上升到了哲学思维的高度。根据休茨基对《左传》中筮例的研究,夏含夷认为公元前7世纪中期传世本《周易》已经存在,而且他将公元前603年视为《周易》之功用的一个分水岭(watershed),在此之前《周易》仅作为"占筮之书"使用,而在此之后《周易》越来越被视为"智慧之书"⑥。

在考察了《左传》中的史料后,夏含夷又详细对比了《周易》经文和《诗经》的写作风格,从文学发展特别是用韵特征来考证《周易》经文的编撰时间。根据夏含夷的统计,《周易》386行爻辞中有118行押韵,约占《周易》爻辞总数的30%,64篇卦辞中有3篇押韵,押韵的卦爻辞合计约占《周易》卦爻辞总数的26.8%;另有61行爻辞以卦名结尾(如临卦),约占爻辞总数的16%,如果将这61行爻辞包含在内,那么押韵的爻辞几乎占爻辞总数的一半(46%)。《诗经》中《周颂》无韵,而《雅》和《风》用韵文写成。从用句结构来看,《诗经》采用四

---

① 休茨基将该筮例误记为公元前602年,实为公元前603年。
② Iulian K. Shchutskii, *Researches on the I Ching*, New Jersey: Princeton University Press, 1979, p. 193.
③ 《宣公六年》,载《四书五经》编委会《四书五经》(第四册),线装书局2016年版,第929页。
④ 李申:《周易经传译注》,湖南教育出版社2004年版,第172页。
⑤ 周山:《〈周易〉:人类最早的类比推理系统》,《社会科学》2009年第7期。
⑥ Edward Louis Shaughnessy, "The Composition of the 'Zhouyi'", Standford University, Palo Alto, 1983, pp. 30 – 32.

字句式，而《周易》经文中有142行爻辞至少包含了一个四字句①。李镜池根据《诗经》和西周金文的用韵特征指出，西周初年的作品极少用韵，到西周末年用韵已经很发达了，至春秋时代则完全采用韵文，而《周易》经文的编撰正处于从无韵到用韵转变的过渡阶段②。总体而言，《周易》约60%（59.88%）的爻辞至少具备了一项《诗经》的文学结构特征。夏含夷根据《周易》的用韵特征以及李镜池的研究成果推论，如果《周易》是在春秋时期编撰的，那么《周易》的用韵比例应该更高一些③。尽管李镜池的研究成果给夏含夷提供了重要的参考依据，但他对李镜池的观点并没有照单全收，李镜池将《诗经》中的《周颂》视为西周初年的作品④，而夏含夷则认为《周颂》应该成书于西周中期周穆王统治时期。根据《周颂》无韵、《周易》卦爻辞用韵的特征，夏含夷推论《周易》编撰时间不应早于西周中期周穆王时代⑤。传世文献是确定《周易》经文编撰年代的重要参照坐标，但从夏含夷和李镜池对《周颂》成书时间不同的观点来看，单一的史料不足以形成令人信服的结论，还必须寻找并综合运用可资参考的其他证据。

（三）青铜器铭文

青铜器铸造在西周时期达到鼎盛，青铜器曾广泛地应用于生活、生产、祭祀等活动中，甚至还有专门为记事铸造的青铜器。青铜器铭文是铸造或镌刻在青铜器上的文字，简称"金文"，"在中国，历史学家们通常将甲骨文和青铜器铭文看作传世文献的源头"⑥。纸质文献或竹简往往会在传抄中产生错误，而且极易损毁，但青铜器铭文却能够相对完好地保存下来，因而具有极高的史学研究价值。西周时期的青铜器铭文描述了当时的政治形势，而且这些铭文"实际上形成于西周的各个不同时

---

① Edward Louis Shaughnessy, "The Composition of the 'Zhouyi'", Standford University, Palo Alto, 1983, pp. 36 – 37.

② 李镜池：《周易探源》，中华书局1978年版，第141—143页。

③ Edward Louis Shaughnessy, "The Composition of the 'Zhouyi'", Standford University, Palo Alto, 1983, p. 37.

④ 李镜池：《周易探源》，中华书局1978年版，第141页。

⑤ Edward Louis Shaughnessy, "The Composition of the 'Zhouyi'", Standford University, Palo Alto, 1983, pp. 36 – 37. 周穆王是西周第五代君王，在位55年。

⑥ ［美］夏含夷：《中国历史与铭刻》，张淑一、蒋文等译，载《海外夷坚志——古史异观二集》，上海古籍出版社2016年版，第3页。

第六章　"文化反思"语境下《周易》在西方的译介与传播

期，因此它们也就反映了整个西周的发展变化，成为这一时期极好的历史资料"①。夏含夷曾随其导师倪德卫（David S. Nivison）学习金文，而其坚实的金文功底对其《周易》研究裨益良多，特别是在确定《周易》编撰年代的研究中发挥了重要作用。

通过对西周中后期青铜器铭文的研究，夏含夷发现"天子"一词始于周穆王时期有关王室礼仪的记载，在此之前的青铜器铭文中该词从未出现过，而"天子"一词却出现在了《周易》大有卦九三爻中："公用亨于天子……"这说明《周易》经文的编撰不会早于周穆王时期。同时，夏含夷还发现在记载西周晚期王室礼仪的青铜器铭文中常有"中庭"、"各庙"等用语，而《周易》记载王室礼仪的卦爻辞中也有大量关于"庭"和"庙"的文字，如夬卦卦辞："扬于王庭"；涣卦卦辞："王假有庙"②。另外，西周晚期记录战争的青铜器常有"折首"和"执嘬（讯）"二词，如周厉王时代的"多有鼎"铭文载："折首卅又六人，执讯二人"；周宣王时代的"兮甲盘"铭文载："折首执嘬（讯），休亡敓"；同时代的"虢季子白盘"铭文载："于洛之阳，折首五百，执嘬（讯）五十"③。《周易》记载战争的卦爻辞也有一致或近似的表达，如师卦六五爻曰："田有禽，利执言"④；离卦上九爻曰："王用出征，有嘉。折首……"⑤。"折首"即"斩首"，"执嘬（讯）与"执言"相同，指"抓活口"⑥。青铜器铭文与《周易》卦爻辞一致或近似的表述将《周易》经文的编撰时间指向西周晚期周宣王时代。

夏含夷认为众多古代文献最初只是口授相传，但当人们感觉未来的安定受到了威胁，社会遗产有可能会消失的时候，口授的传统就有必要付诸文字了⑦。西周晚期经历了国人暴动、周厉王逃亡、少数民族入侵

---

① ［美］夏含夷：《西周青铜器铭文》，载夏含夷主编，李学勤审定《中国古文字学导论》，本书翻译组译，中西书局2013年版，第64—65页。
② Edward Louis Shaughnessy, "The Composition of the 'Zhouyi'", Standford University, Palo Alto, 1983, pp. 39 – 41.
③ 马承源：《商周青铜器铭文选》（3），文物出版社1988年版，第283、305、308页。周厉王是西周第十代君王，在位37年，周宣王是西周第十一代君王，在位46年，周厉王和周宣王同属西周晚期君王。
④ 李申：《周易经传译注》，湖南教育出版社2004年版，第28页。
⑤ 李申：《周易经传译注》，湖南教育出版社2004年版，第97页。
⑥ 谢详荣：《周易见龙》（上卷），巴蜀书社2012年版，第377页。
⑦ Edward Louis Shaughnessy, "The Composition of the 'Zhouyi'", Standford University, Palo Alto, 1983, p. 46.

等一系列历史事件，西周王朝开始走向衰亡。公元前771年西周末代帝王周幽王被杀身亡，西周至此结束。次年，周平王迁都洛阳，开启东周时代，周王朝从此名存实亡。因此，西周晚期具备了编撰《周易》的历史背景，夏含夷最后得出结论：《周易》经文编撰于西周晚期周宣王时代①。

目前学界关于《周易》经文的编撰时间并无定论，大致有三种不同的观点，即：西周初年、西周晚期、春秋时代。夏含夷综合应用各种出土和传世史料排除了在西周初年和春秋时代编撰《周易》的可能性。他通过甲骨数字卦以探究易卦之来源，证明在西周中期易卦尚未成形；通过查阅《左传》以确立《周易》之功用，证明公元前7世纪中期《周易》已经在周王朝贵族中使用，并且从公元前6世纪初开始《周易》逐渐演变为"智慧之书"；他又参照《诗经》以考察《周易》之文体，证明《周易》的编撰时间当介于西周中期无韵的《周颂》与西周晚期用韵文写成的《雅》之间；更重要的是夏含夷发现《周易》卦爻辞用语与周宣王时代的青铜器铭文高度契合，经过详细而严密的论证后得出"《周易》经文编撰于西周晚期周宣王时代"的结论。当然，这个结论绝非定论，随着新史料的发掘和解读，夏含夷的结论很有可能被推翻，但这并不能否认夏含夷在《周易》西传史上的重大贡献，在夏含夷先生之前从未有西方学者如此详细地研究过《周易》经文的编撰时间。西方世界从夏含夷严密的论证中不仅了解了《周易》经文的编撰时间，同时也认识了西周的历史和文化。

三 出土《周易》文献英译本

20世纪随着现代考古学的发展，有一大批涉易文献陆续出土或者被重新发现，从而为中西方易学研究提供了新的史料。1973年在湖南省长沙马王堆汉墓出土了西汉初年的帛书《周易》；1977年在安徽省阜阳县双古堆出土了汉简《周易》；1993年在湖北省江陵王家台出土了秦简《归藏》；1994年上海博物馆从香港古董市场上购得战国楚竹书《周易》。新面世的《周易》文本不仅成为了中国国内学者的研究热点，而且也引起了西方汉

---

① Edward Louis Shaughnessy, "The Composition of the 'Zhouyi'", Standford University, Palo Alto, 1983, p. 49.

第六章 "文化反思"语境下《周易》在西方的译介与传播

学家们的广泛关注和研究。美国汉学家夏含夷先生不仅对以上四种《周易》文献进行了深入研究,而且还将其译成英文介绍到西方。

(一)帛书《周易》译本

帛书《周易》包括六十四卦经文,以及数篇传文,即《二三子问》(上下篇)、《系辞》、《易之义》、《要》、《缪和》、《昭力》。尽管早在1973年帛书《周易》就已经出土,但其编辑和整理却相对滞后,1984年《文物》第三期发表了帛书《周易》六十四卦经文,而传文直到1995年才最终全部公开。1996年夏含夷将帛书《周易》经传译成英文,次年在美国纽约贝兰亭出版社(Ballantine Books)出版发行,该译本同时采用了音译"I Ching"和意译"The Classic of Changes"两个题名。在译本正文前,夏含夷撰写了两篇易学研究论文,分别介绍了《周易》之源及其早期发展(The Origins and Early Development of the Yijing),以及马王堆帛书《周易》文稿(The Mawangdui Yijing Manuscript);另外还说明了其帛书本《周易》的翻译原则(Principles of Translation)和译本体例(Conventions of Presentation)。

在《〈周易〉之源及其早期发展》一文中,夏含夷意识到《周易》卦象及其经文,以及中国传统经学围绕卦象和经文所展开的系列阐释和注疏构成了整个中国哲学的基础,但哲学阐释不是夏含夷研究《周易》的重点,他仍然从历史语境出发重点介绍了《周易》的形成过程。考古发现商代使用龟卜(turtle-shell divination),而周代龟卜与占筮(milfoil divination)并行,毫无疑问《周易》爻辞来源于与龟卜相同的"思想语境"(intellectual context)。比如,占卜官很容易将龟甲上的裂纹和一座山峰联系起来,并联想到"危险";同样,占筮官也很可能将远飞的大雁与远征打仗而造成的分离联系起来,并结合占筮活动写下渐卦的爻辞[①]。《周易》来源于占筮,而最初也只是一本"占筮手册",这是夏含夷《周易》研究的基本观点,同时也是他英译帛书《周易》的出发点。

在《马王堆帛书〈周易〉》一文中夏含夷还详细介绍了帛书《周易》经传出土时的基本形态和主要内容,以及帛书《周易》经传与通行本《周易》经传的区别。帛书《周易》经文与通行本《周易》经文除有异

[①] Edward L. Shaughnessy, *I Ching*: *The Classic of Changes*, New York: Ballantine Books, 1997, pp. 10 – 12.

字以外，最大的区别莫过于卦序的不同。通行本《周易》卦序传入西方已逾300多年，而帛书《周易》卦序在夏含夷的译本中是第一次译介到西方，为帮助西方读者清晰地认识二者之间的差异，夏含夷制作了一张卦序和卦名对比图（见图10）：帛书《周易》卦名和卦序在上，相应的通行本《周易》卦名和卦序在下，中间使用同一个卦符连接，帛书《周易》和通行本《周易》不同的卦序通过这张图对比便一目了然。帛书《周易》传文除《系辞传》与通行本基本相同外，其余各篇均不见于通行本《周易》。夏含夷在译本前撰写的易学论文为西方学者研究帛书《周易》提供了基本的研究资料，从而开启了西方帛书易学研究的先河。

夏含夷帛书《周易》译本采用了英汉对照的形式，左边偶数页是经传原文，右边的奇数页是相应的英语译文。经文原文同时提供了帛书本和通行本两个不同的文本，两个文本均没有标注标点，读者必须自行断句。卦名的翻译采用了音译和直译相结合的方式，以帛书本《周易》第27卦"余卦（䷍）"卦名的翻译为例：27，YU，"EXCESS"䷍[①]。"27"是卦序，"YU"是"余"的音译，而"余"是"过余"的意思，因而直译为"EXCESS"，音译和直译相结合有助于西方读者了解卦名的本义而非其引申义。整体而言，译文保持了原文简洁的语言形式，以帛书本第十八卦"襦卦"上六爻为例：

襦卦上六爻：尚六入于穴有不楚客三人来敬之终吉

译文：Elevated Six:
    Entering into the cavity;
    There are unbidden guests,
    Threee men, who come;
     repect them;
      in the end auspicious. [②]

[①] Edward L. Shaughnessy, *I Ching: The Classic of Changes*, New York: Ballantine Books, 1997, p. 91.

[②] Edward L. Shaughnessy, *I Ching: The Classic of Changes*, New York: Ballantine Books, 1997, p. 73.

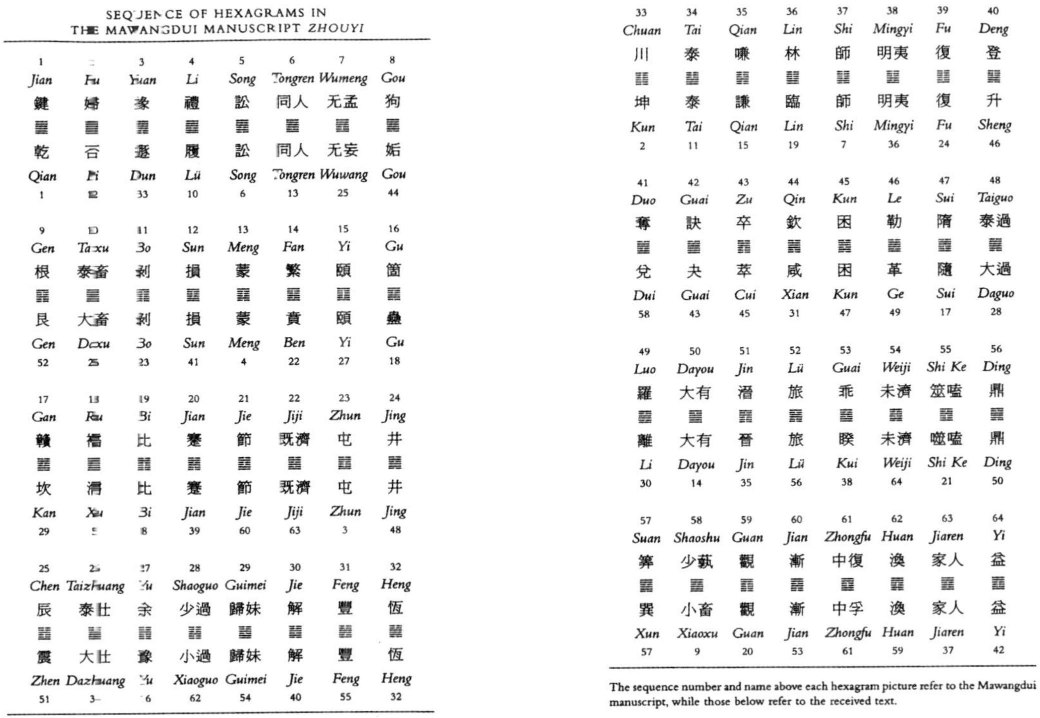

第六章 "文化反思"语境下《周易》在西方的译介与传播

图10 通行本《周易》与帛书《周易》卦序对比图①

---

① Edward L. Shaughnessy, *I Ching: The Classic of Changes*, New York: Ballantine Books, 1997, pp. 28-29.

根据译文不难发现原文的断句应为"尚六，入于穴，有不楚客，三人来，敬之，终吉"。夏含夷将爻辞分成三个部分，即象辞（image）、劝诫辞（injuction）和占断辞（prognostication/verificaiton）①。在襦卦上六爻中，"入于穴，有不楚客，三人来"是象辞，"敬之"是劝诫辞，而"终吉"是占断辞。译文的爻位、象辞、劝诫辞、占断辞分四个层级依次往右缩进排版，象辞的每个分句各占一行，译文用词精练，句式简洁，层次分明，译本从整体上再现了原文的行文风格。凡帛书本和通行本有异文之处，译者在注释中加以详细说明，如上文"不楚客"在通行本中为"不速之客"，"速"有"邀请、召唤、急迫"的意思，因此译者在注释中将其译为"to bid; to summon; to urge"②。从以上译文可以看出译者只是翻译了原文的字面意义，而且高度直译，几乎是按原文的语法顺序句句对译，在译文和注释中都没有对原文做过多的解释，这显然是译者将《周易》经文作为"占筮之书"的定位所决定的，尽量保持原文简洁而神秘的风格，更重要的是引导读者把握卦爻辞的本义，避免用后世产生的引申意义去理解《周易》经文。

在《易传》部分，译者只列出了帛书本《易传》原文和译文，凡帛书本传文和通行本传文相对应的篇章或段落，译者在括号中标出通行本传文；帛书本传文有缺失的地方，则用通行本传文加以补充，若无对应的通行本传文，则阙而不译。《易传》译文也采用了高度直译的翻译方法，并竭力再现原文的内涵意义，以帛书《系辞》为例：

原文：天尊（尊）地庳（卑），键（乾）川（坤）定矣。庳（卑）高已陈，贵贱立（位）矣。动静有常，刚柔断矣。

译文：Heaven being venerable and earth base, *Jian*, "The Key," and *Chuan*, "The Flow," are settled. The base and high already being arrayed, the noble and mean are established. Motion and rest having constancy, the hard and soft are divided. ③

---

① Edward L. Shaughnessy, *I Ching: The Classic of Changes*, New York: Ballantine Books, 1997, p. 35.

② Edward L. Shaughnessy, *I Ching: The Classic of Changes*, New York: Ballantine Books, 1997, p. 296.

③ Edward L. Shaughnessy, *I Ching: The Classic of Changes*, New York: Ballantine Books, 1997, pp. 188–189.

第六章 "文化反思"语境下《周易》在西方的译介与传播

原文全部采用四字结构，行文工整对仗，读起来简洁明快，朗朗上口。译者力图在译文中再现原文的语言风格，译文每句采用了相同的句式结构，用现在分词独立主格结构作状语，主句全部采用被动语态的主谓结构，句式简洁，结构整齐。原文从天地尊卑不同的属性对比引申出卑高、贵贱的儒家伦理思想，以及动静、刚柔的哲学概念，译文采用直译的方法，用"base/high"译"卑高"，"noble/mean"译"贵贱"，"motion/rest"译"动静"，"hard/soft"译"刚柔"，译文中的三对反义词不仅恰当地再现了原文的字面意义，同时也准确地揭示了原文的思想内涵。

《周易》是世界文献宝库中最伟大的典籍之一，夏含夷帛书《周易》英译本首次向西方世界展示了帛书《周易》的面貌，该译本不仅面向学者，也面向一般读者，夏含夷旨在将这部最古老而又最新的《周易》文本呈现给更广泛的读者，无疑他成功地做到了这一点[①]。夏含夷的帛书《周易》译本是帛书《周易》英译之滥觞，更是西方帛书易学之发端，随着中西方学术交流的蓬勃发展，越来越多的西方学者致力于帛书易学研究，而夏含夷的翻译文本在其中无疑发挥了重要的桥梁作用。

（二）上博馆《周易》译本

2014年哥伦比亚大学出版社（Columbia University Press）出版了夏含夷先生的新著 *Unearthing the Changes：Recently Discovered Manuscripts of the Yi Jing（I Ching）and Related Texts*（《发掘〈易〉：新近出土的〈周易〉文稿及相关文本》，以下简称《发掘〈易〉》），该书是夏含夷继帛书《周易》英译本后推出的又一本出土《周易》文献研究力作，他在书中第一次向西方世界展示了20世纪末除帛书《周易》以外的三大出土《周易》文本（上博馆《周易》、王家台《归藏》和阜阳《周易》[②]）的主要内容，并将其翻译成英文，这无疑是一项开创性的工作，是夏含夷先生对《周易》西传做出的又一重大贡献，对此，中国著名易学研究专家郑吉雄赞叹道："在可见的未来，在出土《易》的英译贡献上，恐已无人能出其右。"[③] 郑先生对夏含夷的赞誉绝非溢美之词，目前中西方学

[①] Kidder Smith, "Review: Contextualized Translation of the Yijing", *Philosophy East and West*, Vol. 49, No. 3, July 1999.
[②] 上博馆《周易》、王家台《归藏》和阜阳《周易》仅有经文，而无传文。
[③] 郑吉雄：《〈周易〉全球化：回顾与前瞻（二）》，《周易研究》2018年第2期。

者对出土《周易》的译介居功至伟者非夏含夷莫属，无论是译介的数量还是质量及其在中西方易学界的影响等，目前均无人超越夏含夷先生所取得的成就。夏含夷将上博馆《周易》、王家台《归藏》和阜阳《周易》文本译为英文传播到西方世界，不仅拓展了西方易学的研究范围，同时也促进了中西方易学界的学术交流。

借助考古发掘成果，从西周特定的历史语境出发研究《周易》是夏含夷一以贯之的基本方法。在其新著《发掘〈易〉》中，夏含夷首先回顾了20世纪以来中国一系列重大的易学考古发现，正是这些发现纠正了人们以前的一些错误认识。考古证明"筮"是中国古人重要的日常活动，人们在卜筮中提出的一系列问题并不是在客观地寻问未来，而是在祈祷未来出现某种特定的结果。学界曾认为"龟卜"是商代特有的占卜活动，但考古发现周代仍然在使用龟卜[①]。考古对于《周易》研究的重大作用是显而易见的，上博馆《周易》、王家台《归藏》、阜阳《周易》相继出土面世，这些重大发现为厘清《周易》文本的形成和发展历程提供了宝贵的原始资料，夏含夷将这些原始资料译成英文也将有助于中西方学者携手共同促进《周易》研究。

上博馆《周易》全称《上海博物馆藏战国楚竹书〈周易〉》，是目前已知最早的《周易》文本，因而极具学术价值。夏含夷在翻译上博馆《周易》之前对其进行了详细的学术研究，包括其发现过程、物理形态、文本内容及其与帛书本《周易》和通行本《周易》的差异等。上博馆《周易》是上海博物馆于1994年从香港文物市场上购得的，上博馆前馆长马承源先生推定其来自楚国迁陈郢以前贵族墓中的随葬品[②]。上博馆《周易》誊写在58片竹简上，每篇竹简长43.5厘米，而且每片竹简上写有42—44个字，共1806字，涉及34个不同的卦，全部内容仅有通行本《周易》的36%，因此夏含夷判断有84片完整的竹简遗失[③]。

上博馆《周易》经文结构与帛书本及通行本《周易》相同，均由卦

[①] Edward L. Shaughnessy, *Unearthing the Changes: Recently Discovered Manuscripts of the Yi Jing (I Ching) and Related Texts*, New York: Columbia University Press, 2014, p. 29.

[②] 朱源清、廖明春：《马承源先生谈上博简》，载《上博馆藏战国楚竹书研究》，上海书店出版社2002年版，第7页。

[③] Edward L. Shaughnessy, *Unearthing the Changes: Recently Discovered Manuscripts of the Yi Jing (I Ching) and Related Texts*, New York: Columbia University Press, 2014, p. 39.

第六章 "文化反思"语境下《周易》在西方的译介与传播

名、卦辞、爻题、爻辞构成，但却有大量异字（variant），夏含夷认为这些异字是由于汉字书写从"古文体"（ancient script）到"隶书体"（clerical script）的演变造成的，这些异字抑或是同一个字的不同书写形式，如"币"与"师"、"聿"与"律"、"赐"与"锡"等①。针对不同《周易》文本中的异字，夏含夷认为不能一概做"对"或"错"的评判，也不能采用固定不变的解读原则，最恰当的方法是保留不同文本中的异字，并且思考这些文本对原始《周易》不同的理解②。因此，夏含夷在译文中详细考察了上博馆《周易》与通行本《周易》及其他出土《周易》文本之间的异字，并给出这些异字的英文翻译，如上博馆《周易》亡忘卦六二爻"不畜之"（not rearing it）在通行本《周易》中为"不菑畬"（not breaking new ground or plowing old fields），而在马王堆帛书《周易》中为"不菑畬"（not breaking new ground in excess）③。汉字的变化不仅仅是字形的变化，字义也会发生改变。《周易》本身具有强大的包容性和开放性，人们在传抄《周易》的过程中对《周易》的解读也会随着时代的变迁和书写方式的改变而变化，而这些变化自然会映射到《周易》文本中并出现大量异字，通过这些异字又能反观不同历史时期人们对《周易》不同的解读，因此夏含夷提出的异字解读方法无疑是科学而合理的，西方读者也能够从夏含夷提供的译文注释中体会到《周易》文本的历史演变。

夏含夷对上博馆《周易》全面而细致的研究为其英译做了铺垫，也为西方读者能够读懂译文奠定了必备的学术基础。夏含夷在译本中采用了上博馆《周易》和通行本《周易》对照的方式，译本的左边偶数页是上博馆《周易》原文及其译文，右边奇数页是通行本对应卦的原文和译文，读者通过对比即可发现二者之间的区别。夏含夷对上博馆《周易》卦名的翻译同时采用了音译和直译相结合的方式，并且在括号中标明该卦所在的竹简编号，如"Song 讼，'Lawsuit'（Strips 4—5—6）"④。

---

① Edward L. Shaughnessy, *Unearthing the Changes: Recently Discovered Manuscripts of the Yi Jing (I Ching) and Related Texts*, New York: Columbia University Press, 2014, pp. 54–55.

② Edward L. Shaughnessy, *Unearthing the Changes: Recently Discovered Manuscripts of the Yi Jing (I Ching) and Related Texts*, New York: Columbia University Press, 2014, p. 66.

③ Edward L. Shaughnessy, *Unearthing the Changes: Recently Discovered Manuscripts of the Yi Jing (I Ching) and Related Texts*, New York: Columbia University Press, 2014, p. 94.

④ Edward L. Shaughnessy, *Unearthing the Changes: Recently Discovered Manuscripts of the Yi Jing (I Ching) and Related Texts*, New York: Columbia University Press, 2014, p. 76.

"讼"即"争讼"的意思，因此夏含夷将其直译为"Lawsuit"，并指出该卦的内容载于上博馆《周易》第4、5、6号竹简。对爻题的翻译全部采用英语单词，分别用"Six"和"Nine"译"6"和"9"，即卦爻的阴阳属性，爻位从初爻到第五爻分别用序数词译为"First, Second, Third, Fourth, Fifth"，而上爻用"Top"表示，如"初六"译为"First Six"，"九二"译为"Nine in the Second"，"上九"译为"Top Nine"等。夏含夷对卦爻辞的翻译力求简洁明了，在译文中直接揭示原文的本义，而不做过多的引申，以颐卦卦辞的翻译为例：

颐卦卦辞：贞/吉/观/颐/自/求/口/实。
译文：Determining：/ auspicious. / Look up /at the jaws, /oneself / seeking/ the mouth's /substance.①

"颐"篆文作"𦣞"，本义为"腮颊、下巴"②。"下巴"是咀嚼食物从而为身体提供营养的主要器官，因而"颐"又可以从其本义"下巴"引申出"颐养"的意思。《周易》之《象传》曰："'颐贞吉'，养正则吉也。'观颐'，观其所养也。'自求口实'，观其自养也。"③《象传》将"颐"解释为"养"，后世经学家也多遵从《象传》的解释，并体现"天地养万物，圣人养贤以及万民"的儒家精神，因此西方经典的《周易》译本，如卫礼贤/贝恩斯译文也将"颐"译为"the providing of nourishment"，即"提供滋养"的意思④。《周易》古经是西周时代的产物，而《象传》则是战国时代对《周易》卦辞的解释，儒家精神更是后起之义，夏含夷从西周时期的历史语境出发，旨在译文中再现原文的本义，因此他将"颐"译为"the jaws"，即"下巴"的意思。全句译文采用直译的翻译方法，甚至达到了字字对译的程度，但却没有任何生硬和牵强的痕

---

① Edward L. Shaughnessy, *Unearthing the Changes: Recently Discovered Manuscripts of the Yi Jing (I Ching) and Related Texts*, New York: Columbia University Press, 2014, p. 98. 原文和译文中的"/"为本书作者所加，以凸显原文和译文的对应关系。
② （汉）许慎撰，（清）段玉裁注：《说文解字》，中图书店2011年版，第1960页。
③ 李申：《周易经传译注》，湖南教育出版社2004年版，第86页。
④ Richard Wilhelm, *The I Ching or Book of Changes*, rendered into English by Cary F. Baynes, New Jersey: Princeton University Press, 1997, p. 107.

第六章 "文化反思"语境下《周易》在西方的译介与传播

迹,读者能够轻松地从简洁的译文中领会到原文的本义。

(三) 王家台《归藏》译本

1993年在湖北荆州王家台秦墓中出土了一批占筮竹简,竹简中的众多内容与传世古书中的《归藏》佚文相同,因此学者们推断从王家台秦墓出土的占筮竹简为失传已久的《归藏》,该考古发现"为几千年易学界关于《归藏》真伪争讼作了结案"①。夏含夷以其汉学家的学术眼光意识到了这批竹简重要的学术价值,他指出"如果王家台竹简确为《归藏》,那么以下事实就很清楚了:《归藏》不仅是真实的先秦文献,而且还可以将其作为替代《周易》的重要文献用以解释占筮的结果"②。夏含夷梳理了《归藏》的文本历史,考察了中国古书中引用的《归藏》佚文,并且研究了王家台《归藏》的内容和行文体例。

《归藏》最早见于《周礼》中的记载:"掌三《易》之法,一曰《连山》,二曰《归藏》,三曰《周易》。"③ 其后东汉学者郑玄、王允、桓谭等在其著述中均有所提及,但在西汉重要的国家图书目录《汉书·艺文志》中却没有关于《归藏》的记载,《隋书经籍志》又云:"归藏汉初已亡,案晋中经有之。"④ 夏含夷认为晋中经所涉《归藏》极有可能来自公元279年从汲冢中出土的文献。西晋郭璞著《山海经注》、张华著《博物志》以及北宋李昉等著《太平御览》均有《归藏》佚文。《旧唐书经籍志》有"《归藏》十三卷"⑤ 的记载,然而宋代《归藏》的大部分内容都已经亡失,因此后世学者多怀疑《归藏》的真实性,对《归藏》也鲜有关注,即使稍有关注也斥其为伪书,直至清代学者马国翰重新根据古书中的《归藏》佚文编成辑本《归藏》⑥。夏含夷以其扎实的汉语功底和高深的学术造诣,从卷帙浩繁的书海中清晰地勾勒出《归藏》在中国文献史上流转的历史线索,让西方读者能够清楚地了解《归藏》

---

① 林忠军:《王家台秦简〈归藏〉出土的易学价值》,《周易研究》2001年第2期。
② Edward L. Shaughnessy, *Unearthing the Changes: Recently Discovered Manuscripts of the Yi Jing (I Ching) and Related Texts*, New York: Columbia University Press, 2014, p. 143.
③ 杨天宇:《周礼译注》,上海古籍出版社2004年版,第350页。
④ (唐)长孙无忌:《隋书经籍志》(卷一),中华书局1985年版,第8—9页。
⑤ (晋)刘昫等:《旧唐书经籍志》(卷上),中华书局1985年版,第5页。
⑥ Edward L. Shaughnessy, *Unearthing the Changes: Recently Discovered Manuscripts of the Yi Jing (I Ching) and Related Texts*, New York: Columbia University Press, 2014, pp. 144-148.

从发现到失传，然后又重现于世的历史过程。

王家台出土《归藏》竹简共有两套，考古学者共整理出394块竹简残片，其中164块有编号，230块没有编号，如果除去相同的内容，共有54个不同的卦画和53个不同的卦名。①夏含夷列表详细比对了通行本《周易》、上博馆《周易》、马王堆帛书《周易》、阜阳《周易》（后文阐述）、王家台《归藏》、马国翰辑本《归藏》的卦名和卦序，读者可以从中清楚地辨别不同历史时期占筮文本卦名和卦序的异同②。王家台《归藏》是古人的占筮记录，其与通行本《周易》最明显的区别在于只有卦辞，而无爻辞，而且只有"吉"或"不吉"两类断辞。卦辞载有众多真实的历史人物及其故事，如"桀"、"武王"、"穆天子"等，同时还包含许多神话人物和传说，如"恒我（嫦娥）奔月"、"（后）羿射日"、"女过（女娲）"等。夏含夷将《归藏》译介到西方，西方读者不仅可以认识到《归藏》本身，而且还可以与《周易》比较研究，了解《周易》文本在历史长河中的发展变化，更重要的是西方读者还可以从中了解中国历史和文化，可谓功莫大焉。

夏含夷不仅翻译了目前已经公布的王家台《归藏》全部文本的内容，而且还翻译了古书中的《归藏》佚文。由于王家台《归藏》文本残损严重，部分内容的卦名和卦辞不能完全匹配，夏含夷将译文分为了三个部分：第一部分是王家台《归藏》中可以识别卦名和对应卦辞的译文（Identifiable Hexagram Statements），同时还包含了每一卦对应的古书佚文；第二部分是王家台《归藏》中不能归属到具体卦名下的卦辞译文［Miscellaneous Fragments from the Wangjiatai Manuscripts（and Corresponding Quotations）］，以及这些卦辞在古书中的佚文；第三部分完全是来自古书的《归藏》佚文（Miscellaneous Fragments from Medieval Quotations）。夏含夷还在译文注释中详细地列出了古书中《归藏》佚文的具体出处，译文示例如下：

（原文1）□曰昔者羿卜毕十日羿果毕之思十日并出以……

---

① 林忠军：《王家台秦简〈归藏〉出土的易学价值》，《周易研究》2001年第2期。
② Edward L. Shaughnessy, *Unearthing the Changes: Recently Discovered Manuscripts of the Yi Jing (I Ching) and Related Texts*, New York: Columbia University Press, 2014, pp. 167 – 169.

第六章 "文化反思"语境下《周易》在西方的译介与传播

(470)

...says: In the past Yi divined about netting the ten suns. Yi really did net them, hoping that the ten suns that came out together be taken...

(原文2) 昔者羿善射彈十日果毕之

In the past Yi was good at shooting, shot at the ten suns and really netted them.

(原文3) 借者起射羿而贼其家久有其奴

In the past Qi shot Yi and stole his family, for a long time having his slave.①

原文1出自王家台《归藏》第470号竹简,"□"和"……"表示原文中的残缺文字。原文2出自西晋郭璞著《山海经注》中的《归藏》佚文,原文3出自北齐杜台卿著《玉烛宝典》中的《归藏》佚文,佚文原文和译文采用了向右缩进的排版方式,以示与王家台《归藏》原文和译文区别。译文采用直译的翻译方法,句法顺序与原文基本保持一致。原文以叙事为主,译文注重再现原文的叙事内容,揭示原文的本义,对原文的内容不做任何延伸和阐释。"昔"本义为"过去",译文3中的"借"显然是"昔"的错词,因此夏含夷将其译为"in the past",准确地再现了原文的真实意义。"毕"在甲骨文中为"",形似一张开口向上且带有长柄的网,又据《说文》"毕,谓田猎之网也"②,由此可见"毕"本义为"网",因此夏含夷将其译为"net"。然而,"毕"还有"完毕、结束"的意义。从原文2的语义来看,联系前文"善射弹十日","毕之"应为"成功地射落",而非"really netted them"(果真用网捕获)。夏含夷在原文3译文的注释中称"'起'为错字,应为'启'"③。"启"即

---

① Edward L. Shaughnessy, *Unearthing the Changes: Recently Discovered Manuscripts of the Yi Jing (I Ching) and Related Texts*, New York: Columbia University Press, 2014, p. 176.
② (汉)许慎撰,(清)段玉裁注:《说文解字》,中图书店2011年版,第572页。
③ Edward L. Shaughnessy, *Unearthing the Changes: Recently Discovered Manuscripts of the Yi Jing (I Ching) and Related Texts*, New York: Columbia University Press, 2014, p. 309.

"夏启"，大禹之子，也是夏朝的开国之君，"夏启天下"之后夏朝又经历了"后羿夺权，寒浞夺位，少康中兴"等历史阶段。射杀后羿者并非"启"，而是"寒浞"。《路史·寒浞传》云"寒浞者，猗姓"①。因此原文3中"起"应为"猗"（yī）字之误或为通假字，实指"寒浞"，而非"启"（qǐ）。《归藏》文本古奥，原文不仅没有标点，而且多有残损及错字或通假字，文中常含有特殊的中国文化典故，英译这样一部非同寻常的文化典籍，其难度自然不言而喻，然而夏含夷不仅翻译了《归藏》全文，而且还进行了深入的学术研究，让这部中国文化典籍走进西方世界，纵然稍有瑕疵却也难能可贵。

（四）阜阳《周易》译本

1977年在安徽阜阳双古堆出土了西汉竹简《周易》，这次考古发现与马王堆帛书《周易》、上博馆《周易》及王家台《归藏》的出土都是20世纪末中国国内重大的考古发现。阜阳《周易》经文除少量异文以外，与通行本《周易》经文基本吻合，但与通行本《周易》不同的是，阜阳《周易》在经文后附了卜问具体事项的卜辞，"卜辞卜问的内容非常丰富，有卜问气象方面的，……，有卜人事方面的，……，有卜举事或有为是成是败的，……，卜问的事物涉及到当时社会的方方面面，包罗万象"②，这些内容对于研究西汉及之前的中国社会形态和社会生活具有重要的史学及文献价值。夏含夷梳理了阜阳《周易》出土和整理的整个过程，描述了出土竹简的物理形态，详细分析了阜阳《周易》的文本结构以及经文和卜辞之间的关系。

尽管阜阳《周易》损毁十分严重，但考古学者还是成功地清理出752块竹简残片，共3119字，其中经文有1110字，卜辞有2009字③。每卦以卦画开始，随后分别是卦名、卦辞+卜辞，爻辞+卜辞。卦辞和卜辞之间用"卜"字加以区别（有时也会省略），爻辞和卜辞之间用"·"区分。夏含夷发现经文和卜辞不仅表述方式极为相似，而且二者

---

① （宋）罗泌：《路史》（卷二十三），http://skqs.guoxuedashi.com/wen_590h/13226.html。
② 韩自强：《阜阳汉简〈周易〉研究：附〈儒家者言〉、〈春秋事语〉》，上海古籍出版社2004年版，第96页。
③ Edward L. Shaughnessy, *Unearthing the Changes: Recently Discovered Manuscripts of the Yi Jing (I Ching) and Related Texts*, New York: Columbia University Press, 2014, p.192.

第六章 "文化反思"语境下《周易》在西方的译介与传播

的内容和主题也有联系,因此卜辞能够为研究《周易》经文的形成提供一定的线索,他还推断通行本《周易》与阜阳《周易》文本中的内容来自相同的占筮语境。夏含夷还指出,阜阳《周易》让人们看到在公元2世纪时《周易》是如何作为"占筮之书"来使用的,而且更为重要的是,阜阳《周易》中的卜辞表明这部占筮手册是如何在占筮活动中产生的,通过占筮活动形成了现在的《周易》文本[1]。考古发现为研究《周易》文本的形成过程提供了最直接的历史线索,夏含夷以考古发现为依据层层剥开《周易》神秘的面纱,向西方世界展现了《周易》本来的历史面貌。

夏含夷翻译了阜阳《周易》的大部分内容,即残简中能够与通行本《周易》对应的53卦;余下11卦残简的内容不能与通行本对应,另有531块残简只记录了卜辞,但太过零碎缺少语境,因而都没有翻译[2]。阜阳《周易》残简损毁严重,即使能够与通行本《周易》对应的53卦往往也只是只言片语,因而夏含夷在阜阳《周易》文本中补充了通行本《周易》的内容,以便给读者提供一个完整的语境。示例如下:

    ☷ *Kun* 坤,"Compliant"(Hexagam 2)
    ……

    4. 大不习无
    六二直方大不习无不利
    ……

    5. 事上六龙战于野其
    ……

    4. … great; not repeated. There is nothing
    Six in the second: Straight, square and great; not repeated. There is nothing not beneficial.
    ……

---

[1] Edward L. Shaughnessy, *Unearthing the Changes: Recently Discovered Manuscripts of the Yi Jing (I Ching) and Related Texts*, New York: Columbia University Press, 2014, pp. 204–211.

[2] Edward L. Shaughnessy, *Unearthing the Changes: Recently Discovered Manuscripts of the Yi Jing (I Ching) and Related Texts*, New York: Columbia University Press, 2014, p. 213.

5....*service*. Top Six：The dragon battles in the wilds, its...①

译本采用英汉对照的形式，阜阳《周易》原文和译文都用粗体字表示，以示与通行本《周易》的内容区别；卜辞的译文（如上例中的"Service"）用加粗的斜体字表示，以示与经文区别。原文和译文旁边的阿拉伯数字（如上例中的"4、5"）表示阜阳《周易》竹简的编号。如上例所示：阜阳《周易》第4号竹简上有"大不习无"四字，如果不参照通行本《周易》中对应的文字，读者很难确定这四个字之间的语法关系，但其对应的通行本《周易》坤卦六二爻爻辞"直方大不习无不利"却提供了一个完整的语境，由此可以推断"大"和"不习"是并列关系，这四个字可以断句为"……大，不习，无……"，因此夏含夷将其译为"...great; not repeated. There is nothing..."，读者还可以从其对应的通行本《周易》译文中了解阜阳《周易》残简的完整意思。

第七节　孔理霭《周易》译本

孔理霭是美国杜克大学东亚语言与文学系的客座汉语教授，他先后在耶鲁大学和加州大学伯克利分校获得汉语学士、硕士和博士学位②。孔理霭曾于1980年到北京大学哲学系，以及1983年到南京大学中文系从事研究工作，在华期间他拜访了李镜池、高亨、王力、杨伯峻等大批中国易学专家和古汉语研究学者，孔理霭的在华经历对他今后从事《周易》研究并撰写博士毕业论文无疑是大有裨益的③。孔理霭的博士毕业论文题为"The Original Yijing: A Text, Phonetic Transcription, Translation, and Indexes, with Sample Glosses"（《原始易经：文本、注音、译文、索引及样本注释》），该文讨论了《周易》之源，卦爻辞的结构和语言，而且完整地翻译了《周易》六十四卦经文，并详细注解了乾卦和鼎卦。尽管该文并未正式出版，但却在中西方易学界广为流传并享有盛誉，英国

---

① Edward L. Shaughnessy, *Unearthing the Changes: Recently Discovered Manuscripts of the Yi Jing (I Ching) and Related Texts*, New York: Columbia University Press, 2014, p. 215.
② Richard Kunst, "Brief Biography", http://www.humancomp.org/misc/kunstbio.htm.
③ Richard Alan Kunst, "The Original Yijing: A Text, Phonetic Transcription, Translation, and Indexes, with Sample Glosses", University of California, Berkeley, 1985, pp. xii – xiii.

第六章 "文化反思"语境下《周易》在西方的译介与传播

学者卢大荣称孔理霭翻译《周易》采用了到目前为止"最彻底的学术方法",也是对这部青铜器时代典籍"最令人信服"的翻译①。孔理霭的这篇博士毕业论文是在中西方易学研究从传统注疏式经学转向历史语境研究的大背景下产生的,孔理霭对《周易》的研究、翻译及阐释都明显区别于传统的经学研究,而带有明显历史语境分析的特征。

一 原始《周易》

孔理霭将其博士毕业论文命名为"The Original Yijing"(原始《周易》),这说明在他看来,《周易》经过中国数千年传统经学的注疏和阐释已经失去了原有的本来面貌,已经不那么"原始"了,而这篇博士毕业论文正是要恢复《周易》原始的历史真相。《周易》经文是古人占筮过程中的使用手册,反映了西周的社会面貌,同时也体现了西周时期人们原始的系统思维。

(一)《周易》的原始性质

孔理霭首先在摘要和引言中阐明了《周易》的形成和发展过程,他认为原始的《周易》经文可以追溯到第一个千禧年之初,即殷商末年及西周时代,这也是中国有文字记载的最早的历史时期。那时占筮师们操弄蓍草以求神谕,而《周易》最初只是占筮师们口授相传的一本文集,其中有机地融合了兆辞、预言、俗语、逸事和自然知识,后来占筮师们又以卦和阴阳爻为框架,将这本口授文集编撰成占筮手册②,这种说法与中国传统经学中《周易》"人更三世,事历三古"的观点大相径庭。孔理霭认为《周易》并没有一个明确的作者,而是经过数个世纪不断累积的结果,也许在公元前 800 年左右正当西周走向衰亡的时候,某个编撰者先把《周易》经文写下来,然后便经历了大量修改和润色③。《周易》起源于占筮是一个不争的基本事实,然而传统经学赋予《周易》的道德和哲学意义却将这个事实掩盖了起来。随着现代考古学和文献学的

---

① Richard Rutt, *The Book of Changes (Zhouyi): A Bronze Age Document Translated with Introduction and Notes*, London and New York: Routledge Taylor and Francis Group, 2002, p. 81.

② Richard Alan Kunst, "Abstract", in "The Original Yijing: A Text, Phonetic Transcription, Translation, and Indexes, with Sample Glosses", University of California, Berkeley, 1985, p. 1.

③ Richard Alan Kunst, "The Original Yijing: A Text, Phonetic Transcription, Translation, and Indexes, with Sample Glosses", University of California, Berkeley, 1985, p. 4.

发展，特别是随着20世纪中国"疑古思潮"的兴起，《周易》作为"占筮之书"的事实又重新显露出来。

孔理霭博士毕业论文中的《周易》仅指《周易》古经而言，并不包括后世经学化的《易传》，他首先恢复《周易》古经作为"占筮之书"的原始性质，以奠定其研究和翻译《周易》的基础。

（二）经文中的西周社会

尽管学界对《周易》的编撰时间并没有一个统一的定论，但孔理霭认为目前绝大多数证据表明《周易》形成于西周时期，他力图从西周时期的社会结构、经济形式以及人们的思想形态揭示原始《周易》的真实面貌。于社会结构而言，西周是阶级社会，《周易》卦爻辞中的用语明显地体现了其阶级构成，如"君子"和"大人"指的是贵族，"小人"是自由平民，而"臣"和"妾"则指的是"奴隶"等。于经济形式而言，孔理霭认为西周首先是原始的游牧和狩猎社会，其次才是农业社会，体现在《周易》经文中有大量畜牧、渔猎、家畜养殖和阉割的描写，动物种类的数量远甚于植物，而且在祭祀中动物祭品远比谷物重要。就思想形态而言，孔理霭认为西周是一个巫术思想占统治地位的前理性（pre-intellectual）和前道德（pre-moral）时代，《周易》经文讲的是人们"做什么"或者"做过什么"，而随后的道德时代往往讲人们"应该做什么"[1]。孔理霭从西周时期的历史背景出发，将西周时期宏观的社会历史背景与《周易》文本的微观分析结合起来，二者相互印证，相得益彰，使读者能够在真实的历史背景中去认识《周易》经文的原始面貌。

（三）原始的系统思维

孔理霭认为尽管《周易》经文并非产生于一个哲学和科学的时代，但卦爻辞的结构特征却体现了一种原始的系统思维，《周易》经文有清晰的人为编撰的痕迹，具有明显的音韵基础（phonological basis）和语义基础（semantic basis），而绝不是一些词汇和短语的随意组合[2]。在音韵方面，尽管《周易》用韵并不如《诗经》频繁，但大部分经文却是用韵文写成的。据孔理霭统计，64卦经文中广泛用韵的有20卦，部分用韵的

---

[1] Richard Alan Kunst, "The Original Yijing: A Text, Phonetic Transcription, Translation, and Indexes, with Sample Glosses", University of California, Berkeley, 1985, pp. 10–13.

[2] Richard Alan Kunst, "The Original Yijing: A Text, Phonetic Transcription, Translation, and Indexes, with Sample Glosses", University of California, Berkeley, 1985, pp. 19–20.

第六章 "文化反思"语境下《周易》在西方的译介与传播

有29卦,完全不用韵或者仅仅疑似用韵的只有15卦①。用韵不仅增强了经文的文学色彩,便于记忆、诵读或者听起来悦耳,更重要的是韵文使卦爻辞构成了一个和谐的整体,从而达到增强语义的效果。

在语义方面,《周易》经文常常采用语义相对或互为补充的词语或概念,抑或将意义相近的词汇及概念组合在一起,而且卦爻辞文字还必须按某种重要的方式与卦符匹配②。《周易》经文有明显的主题分类,尽管并不是每一卦的卦名和卦爻辞都有紧密的联系,但孔理霭统计64卦中有58卦的卦爻辞内容是主要围绕卦名展开的,因此可以推论大多数卦名是编撰者有意从卦爻辞中挑选出来的醒目的文字,并将其作为便于识别卦的标签③。《周易》64卦是按"两两相偶,非覆即变(非综即错)"的原则来排列的,即每两卦一组,相邻两卦的卦符是相互颠倒的,或者相邻两卦同一爻位的阴阳属性完全相反,而且孔理霭还发现有些相邻两卦对应的爻位还使用了相同或类似的用语,如:夬卦九四爻"臀无肤,其行次且"与姤卦九三爻"臀无肤,其行次且";既济卦九三爻"高宗伐鬼方"与未既卦九四爻"震用伐鬼方"④。

卦爻辞中有众多表示"高"和"低"的词语,前者如"高、首、顶"等,后者如"足、趾、履"等,孔理霭通过统计发现表示"高"的词汇往往出现在高的爻位中,如上爻或第三爻(下卦最高位),而表示"低"的词汇往往出现在低的爻位中,如初爻或第四爻(上卦最低位)⑤。《周易》的卦符以及卦爻辞是一个复杂的结构系统,从以上事实可以看出,《周易》经文的结构系统不是在历史长河中偶然或自然形成的,而是编撰者根据一定的规律刻意编排的,孔理霭使用统计学的方法,通过对卦爻辞结构的微观分析,证明卦爻辞的编撰表现出明显的音韵和语义特征,而且卦符和卦爻辞之间存在着固定的联系,因此《周易》经文体

---

① Richard Alan Kunst, "The Original Yijing: A Text, Phonetic Transcription, Translation, and Indexes, with Sample Glosses", University of California, Berkeley, 1985, p. 51.
② Richard Alan Kunst, "The Original Yijing: A Text, Phonetic Transcription, Translation, and Indexes, with Sample Glosses", University of California, Berkeley, 1985, p. 20.
③ Richard Alan Kunst, "The Original Yijing: A Text, Phonetic Transcription, Translation, and Indexes, with Sample Glosses", University of California, Berkeley, 1985, p. 32.
④ Richard Alan Kunst, "The Original Yijing: A Text, Phonetic Transcription, Translation, and Indexes, with Sample Glosses", University of California, Berkeley, 1985, pp. 35 – 36.
⑤ Richard Alan Kunst, "The Original Yijing: A Text, Phonetic Transcription, Translation, and Indexes, with Sample Glosses", University of California, Berkeley, 1985, pp. 40 – 41.

现了西周时期人们原始的系统思维。

二　《周易》古经译文

孔理霭在其博士毕业论文中完整地翻译了《周易》古经全文，其译文分为两个部分，第一部分是原文、注音、字字对译（见图 11），而第二部分才是经文的完整译文（见图 12），以坤卦为例：

2. Kūn 坤 ䷁

2.0 坤元亨（享）$_A$ 利牝馬之貞君子

Kūn (*K′wən) yuán (hēng:) xiǎng (*χi̯ang) lì pìn mǎ zhī zhēn jūnzǐ

grand/treat/favorable/female animal/horse/MOD/determination/noble//

有攸往$_A$ 先迷後得主利西

yǒu yōu wǎng (*gi̯wang) xiān mí hòu dé zhǔ lì xī

have/place-which/go/first/lose way/later/get/host/favorable/west/

南得朋東北喪朋安貞吉

nán dé péng dōng běi sàng péng ān zhēn jí

south/get/friend/north/lose/friend/security/determination/auspicious

初六履霜$_A$ 堅冰至

2.1 lǚ shuāng (*si̯ang) jiān bīng zhì

step on/frost/solid/ice/arrive

六二直方$_A$ 大不習无不利

2.2 zhí fāng (*pi̯wang) dà bù xí (*dzi̯əp) wú bù lì (*li̯əd)

straight/square/big/not/doubled/no/not/favorable

六三含章（璋）$_A$ 可貞或從王

2.3 hán zhāng (*t̂i̯ang) kě zhēn huò cóng wáng (*gi̯wang)

hold in mouth/jade talisman/can be/determination/some/follow/king/

事无成有終

shì wú chéng (*d̂i̯ěng) yǒu zhōng (*t̂iông)

service/no/completion/there be/end

六四括囊$_A$ 无咎无譽

2.4 kuò náng (*nâng) wú jiù (*gi̯ôg) wú yù (*zi̯o)

bind/pouch/no/misfortune/no/honor

六五黄裳$_A$ 元吉

2.5 huáng cháng (*d̂i̯ang) yuán jí

yellow/skirt/very/auspicious

上六龍戰于野其血玄黄$_A$

2.6 lóng zhàn yú yě qí xuè xuán huáng (* g′wâng)

dragons/battle/in/open country/DEF/blood/dark/yellow-bright

用六利永貞

2.7 lì yǒng (*gi̯wǎng) zhēn

favorable/prolonged/determination

图 11　孔理霭《周易》坤卦原文及译文 1[①]

---

① Richard Alan Kunst, "The Original Yijing: A Text, Phonetic Transcription, Translation, and Indexes, with Sample Glosses", University of California, Berkeley, 1985, pp. 242 – 243.

第六章 "文化反思"语境下《周易》在西方的译介与传播

2. Kūn

2.0　Grand treat.
A determination favorable for a mare.
A noble who is going somewhere will first lose his way, and later find a host.
Favorable to the west and south--one will find a friend. To the east and north he will lose a friend.
Auspicious in a determination about security.

2.1　When one steps on the frost, the solid ice is coming.

2.2　Straight and square, big and not doubled up: there is nothing for for which this is unfavorable.

2.3　Hold a jade talisman in the mouth.
May be determined.
If someone pursues the service of the king, there will be no completion; there will be an end.

2.4　Bind up a pouch: there will be no misfortune, and no honor.

2.5　A yellow skirt: very auspicious.

2.6　Dragons battle in the open country. Their blood is dark and yellow-bright.

2.7　Favorable in a long-range determination.

图 12　孔理霭《周易》坤卦译文 2[①]

与同时代的其他译本相比，孔理霭译本最显著的特征在于其用现代汉语拼音标注了原文中每个字的读音，凡现代读音与古音相异的字则在括号中标出古音，如以上示例中"亨"古音为"*Xiang"，"习"古音为"*dziəp"，"王"古音为"*giwang"。孔理霭还在原文中用字母"A、B、C"等指出经文在古音中押韵的字，同一个韵部用同一个字母表示，如在以上示例中，"亨、往、霜、方、章、囊、裳、黄"在古音中同属一个韵部（ang 韵），因而用同一个字母"A"表示。如果同一卦中有多个韵部的押韵字，则依次用"B"或"C"等表示[②]。孔理霭对卦序和爻

[①] Richard Alan Kunst, "The Original Yijing: A Text, Phonetic Transcription, Translation, and Indexes, with Sample Glosses", University of California, Berkeley, 1985, p. 243.
[②] 李伟荣：《20 世纪中期以来〈易经〉在英语世界的译介与传播》，《燕山大学学报》（哲学社会科学版）2016 年第 3 期。

311

位的处理尤为特别,他用阿拉伯数字整数表示卦序,如"2."表示六十四卦中的第二卦"坤卦",用一位小数表示卦辞和爻位,如"2.0"表示坤卦卦辞,而"2.1 至 2.6"分别表示坤卦第一至第六爻,而"2.7"则表示"用六"。尽管这种表达方式简洁明了,从行文上能够保持原文简洁的风格,但却不能反映出每一爻的阴阳属性。如果考虑到孔理霭从西周特定的历史背景出发力图还原《周易》古经作为"占筮之书"的本义,而"阴阳"是后起的哲学概念,那么译文是否能够表达卦爻的阴阳属性就不重要了。或者说,译者有意舍弃了对阴阳属性的表达,在译者看来,作为"占筮之书"的《周易》古经根本没有阴阳的概念。

孔理霭在译文中竭力体现经文在西周时期的历史本义,而非传统经学意义上的道德、伦理或哲学意义。他发现经文中有大量的假借字(phonogram),又从假借字中派生出众多谐声字(homonym),因此古经中的某个字有可能并非其本字而是假借字,而且有可能对应若干个谐声字,如"兑"对应"悦、脱、蜕、说"等字,"孚"对应"俘","易"对应"赐、锡"等字。假借字对理解《周易》古经造成了巨大的困难,甚至会引起误解,因此孔理霭决定明确指出假借字对应的本字或谐声字,并在译文中根据本字或谐声字来翻译经文的本义①。以坤卦六三爻为例:

原文:六三,含章(璋)可贞
译文:Hold a jade talisman in the mouth.
May be determined. ②

孔理霭在原文中用括号指明"章"是"璋"的假借字,"璋"是一种特殊的玉石,在周代"璋"被赋予了一层神秘的文化意义,被视作重要的礼玉,《周礼·春官·大宗伯》中即有"以玉作六器,以礼天地四方……赤璋以礼南方……"③的记载。在所有的礼仪活动中,祭祀无疑

---

① Richard Alan Kunst, "The Original Yijing: A Text, Phonetic Transcription, Translation, and Indexes, with Sample Glosses", University of California, Berkeley, 1985, pp. 84 – 86.
② Richard Alan Kunst, "The Original Yijing: A Text, Phonetic Transcription, Translation, and Indexes, with Sample Glosses", University of California, Berkeley, 1985, p. 243.
③ (汉)郑玄注,(唐)贾公彦疏:《周礼注疏》,北京大学出版社 1999 年版,第 477—478 页。

第六章 "文化反思"语境下《周易》在西方的译介与传播

是最重要的,中国古代先民认为玉石具有通灵的神奇功能,因而将其制作成巫师或部落首领主持祭祀的法器。传统经学一般将"含章"解释为"蕴含彰美",体现了君子"含蓄而不外露"的美德,以突出道德教化功能,但孔理霭从西周特定的历史背景出发将《周易》古经视为"占筮之书",而占筮活动常常在祭祀中进行,经文是对占筮活动的记录,孔理霭对《周易》经文的翻译自然离不开对祭祀中占筮活动的解释,因此他在译文中将"章"还原为其本字"璋",译为"jade talisman"(玉石护身符),译文体现了西周时期的礼仪文化,以凸显《周易》古经作为"占筮之书"的历史本义。

三 《周易》古经阐释

孔理霭以乾卦和鼎卦为例展示了他对原始《周易》的阐释,他对《周易》古经的阐释深受中国"疑古派"学者的影响,完全舍弃了《易传》的传统注疏,转而从西周特定的历史背景出发阐释《周易》古经的历史本义。孔理霭首先列举了高亨、李镜池、闻一多、屈万里等中国"疑古派"学者的观点,同时还列举了理雅各、卫礼贤/贝恩斯、夏含夷等西方学者的观点,然后再从前人的研究成果中总结自己的观点。总体而言,孔理霭倾向于接受"疑古派"学者对《周易》古经的历史性阐释,而批判理雅各、卫礼贤/贝恩斯等西方学者用后世哲学或伦理思想阐释《周易》古经的做法。以孔理霭对"利贞"的阐释为例:

《周易》古经有大量使用"利贞"或"利……贞"的表述,如乾卦"元亨利贞"、坤卦"利牝马之贞"、屯卦"利居贞"等。历代注家对"利贞"的解释皆各执一词,而西方学者也慨莫能外。理雅各将"利贞"视为两个独立的字,因而解释为"advantageous, correct and firm",即"有利、正固"的意思[1];卫礼贤/贝恩斯将"利贞"视为一个词,解释为"furthering through perseverance",即"在坚守中发展"的意思[2];孔理霭将"利贞"作为一个词解释为"a favorable determination",即"有

---

[1] James Legge, *The I Ching*, New York: Dover Publications, 1963, p. 57.
[2] Richard Wilhelm, *The I Ching or Book of Changes*, rendered into English by Cary F. Baynes, New Jersey: Princeton University Press, 1997, p. 4.

利的占断"的意思①。理雅各和卫礼贤/贝恩斯对"利贞"的解释都来自中国传统经学,《子夏传》言"元亨利贞"为乾卦四德,曰:"有纯阳之性,自然能以阳气始生万物,而得元始、亨通,能使物性和谐各有其利,又能使物坚固贞正得终。"②无论将"利贞"释为"有利、正固"或是"在坚守中发展",二者皆来自对乾卦四德说的延伸和阐发,是后世经学家对《周易》的哲学和伦理升华,而非《周易》古经所固有的原始意义。

孔理霭致力于在其博士毕业论文中恢复《周易》的原始面貌,因而自然不会采纳传统经学对《周易》古经哲理性的解释,他转而汲取了中国现代学者对《周易》古经历史本义的阐释。高亨在《周易大传今注》中解释道:"利即利益之利;贞,占问。""利贞"即"有利之占问"③。高亨在《周易古经今注》中亦云:"筮遇此卦,举事有利,故曰'利贞'。"④孔理霭将"贞"与古人的占问活动联系起来,《周易》古经中的"贞"与殷商甲骨文中的"鼎"其实是一个字,表示"占卜"或"占筮"。无论是"占卜",还是"占筮",其目的都是通过占问神灵消除疑惑而取得决断,这与西周时期人们的认知水平和历史背景是完全吻合的。在"利贞"一词中,"利"是形容词,而"贞"是名词,因此孔理霭将"利贞"解释为"a favorable determination",即"有利的占断"。孔理霭对"利贞"的解释折射出中国"疑古派"学者对西方汉学家的重要影响,同时也反映了孔理霭阐释乾卦和鼎卦乃至阐释整个《周易》古经的基本立场——消除传统经学对《周易》古经的桎梏,以西周时期的历史背景为基础恢复原始《周易》古经之历史本义。

第八节 卢大荣对《周易》的译介

卢大荣是英国罗马天主教牧师和前圣公会主教,1954年他前往韩国传教并在韩国旅居20年之久。卢大荣在韩国传教期间对中国文化典籍产

---

① Richard Alan Kunst, "The Original Yijing: A Text, Phonetic Transcription, Translation, and Indexes, with Sample Glosses", University of California, Berkeley, 1985, p. 380.
② 黄寿祺、张善文:《周易译注》,上海古籍出版社2007年版,第1页。
③ 高亨:《周易大传今注》,清华大学出版社2010年版,第39页。
④ 高亨:《周易古经今注》,清华大学出版社2010年版,第123页。

生了浓厚的兴趣,并开始深入研究《周易》①。1996年卢大荣将《周易》译成英文,该译本是英国劳特利奇出版社(Routledge)杜伦东亚系列丛书(Durham East Asia Series)的第一批书籍之一,在伦敦和纽约出版发行,译本全名 The Book of Changes (Zhouyi): A Bronze Age Document Translated with Introduction and Notes,即《变易之书(周易):附引言和注释的青铜器时代的文献译本》。

一 青铜器时代的历史文献

《周易》卦爻辞大致成书于西周时代,其取材甚至可以追溯至殷商时期,殷商及西周是中国青铜器文明的鼎盛时代,因此正如卢大荣《周易》译本的副标题所示,卢大荣将《周易》定格为青铜器时代的历史文献,他认为对《周易》的阐释和解读应立足于青铜器时代的历史背景。卢大荣批评卫礼贤《周易》译本超越了青铜时代的历史背景,尽管卫礼贤主张对《周易》的阐释应以《周易》本身的内容和所处的时代为依据,但卫礼贤译本显然受制于后世兴起的哲学理论,而在《周易》古经产生的时代,这些哲学理论根本不为人所知,卢大荣坚信《周易》是青铜器时代筮官所用的占筮手册,内容涉及战争和人类的祭祀活动,并为统治者提供建议②。从卢大荣的分析可以看出,他将《周易》视为青铜器时代的文献,仅限于《周易》古经而言,并不包括《易传》各篇。

《易传》七种十篇并非一人一时之作,但大都形成于战国时代,汇集成册的今本《易传》直至汉代才渐次成形,"是一部历经战国秦汉始告完成的作品"③。中国在春秋时期已经开始使用铁器取代青铜器而逐渐进入到铁器时代,到战国中后期铁器工具在社会生产和生活中已经十分普遍了。铁器取代青铜器不仅是生产工具的改变,更重要的是铁器工具促进了社会生产力的迅速提升,而且伴随着社会财富的增长,人们的思维也在不断趋于成熟,逐渐从原始的神灵崇拜过渡到对自然和社会的理性思考。《周易》古经是青铜器时代的产物,是对中国古人"占筮"活

---

① "Richard Rutt", https://en.wikipedia.org/wiki/Richard_Rutt.
② Richard Rutt, "Preface", in *The Book of Changes (Zhouyi): A Bronze Age Document Translated with Introduction and Notes*, London and New York: Routledge Taylor and Francis Group, 2002, p. ix.
③ 高亨:《周易大传今注》,清华大学出版社2010年版,第6页;刘震:《孔子与〈易传〉的文本形成之管见》,《孔子研究》2011年第4期。

动的记载；而《易传》则是铁器时代的产物，是中国古人对自然和社会的哲学思辨，并反映了中国传统的道德伦理和社会政治思想，正是《易传》赋予了《周易》"智慧之书"的美誉。

《周易》古经和《易传》既有联系，也有区别，它们产生于不同的时代，而且内容和思想也不尽相同，因此卢大荣在其《周易》译本中采用了经传分离的原则，将《周易》古经和《易传》严格区别开来。在《周易》古经和《易传》译文之前，卢大荣用大量的篇幅介绍了西周的早期历史、气候及地貌、政治及社会结构、婚姻及性别、农业、战争、狩猎、城市及建筑、食物及饮酒、纺织及服装、颜色、印染及绘画、工艺、数学、日历及宗教、音乐、文字及文献，几乎囊括了西周社会生活和生产的方方面面。

西周王朝发源于中国西北部，那里地貌形态多样，既有冲积平原，也有高山丛林，密布的江河湖泊为农业生产提供了丰富的水源。西周的社会经济以农业为基础，其政治和社会结构类似于中世纪的欧洲封建社会。西周实行分封制度，国家权力掌握在世袭的贵族手中，社会底层以农户为主[1]。西周的整个社会历史形态是解读《周易》古经的基础，以古经中的"匪人"和"君子"为例，卢大荣认为应该将"匪人"解释为社会结构中除贵族和农户之外的另外一个阶层——奴隶，而不是后来道德评判意义上的"行为不正之人"；"君子"的本义是"国君之子"，后来泛指整个贵族统治阶层，然后又在此基础上引申出"品格高贵之人"的概念，直至最后演变成儒家思想中的"正人君子"形象[2]。西周时期有明显的男女社会分工，男性主要从事耕作、渔猎、战争等户外活动，而女性主要负责酿酒、养蚕、织布等户内活动。户外往往阳光明媚，而户内往往阴晦暗淡，西周时期男女不同的社会分工和工作场所产生了男女阴阳两极分化的概念，然而西周时期并没有哲学意义上的"阴阳"理论，而且表示"阴阳"哲学理论的太极图直到宋代才形成[3]。卢大荣始终主张对《周易》古经的阐释不能脱离当时的社会历史形态，因此在读者

---

[1] Richard Rutt, *The Book of Changes (Zhouyi): A Bronze Age Document Translated with Introduction and Notes*, London and New York: Routledge Taylor and Francis Group, 2002, pp. 8–9.

[2] Richard Rutt, *The Book of Changes (Zhouyi): A Bronze Age Document Translated with Introduction and Notes*, London and New York: Routledge Taylor and Francis Group, 2002, p. 9.

[3] Richard Rutt, *The Book of Changes (Zhouyi): A Bronze Age Document Translated with Introduction and Notes*, London and New York: Routledge Taylor and Francis Group, 2002, p. 10.

第六章　"文化反思"语境下《周易》在西方的译介与传播

阅读《周易》古经和《易传》译文之前,卢大荣首先将西方读者带回到古老的青铜器时代,让他们能够身临其境地感受《周易》古经得以产生的历史背景,从而为读者准确理解《周易》译文奠定必备的知识基础,同时也给读者解读《周易》预设了一个历史前提——青铜器时代的西周社会,以避免用后世兴起的哲学思想去阐释《周易》古经的历史本义。

二　《周易》古经译文

卢大荣翻译了《周易》六十四卦的经文,将《周易》置于中国青铜器时代特定的历史背景中,旨在还原《周易》古经的历史本义,译文简洁洗练,同时也再现了《周易》古经诗歌般优美的音韵风格。卢大荣借鉴了大量中西方学者的研究成果,在译文之外撰写了详尽的译文注释,以帮助西方读者最大限度地理解《周易》经文在青铜器时代的本义。

（一）还原历史本义

《周易》古经产生于青铜器时代,其卦爻辞起源于殷商时期的古汉字"甲骨文",汉字后来又经历了"甲骨文—金文—大篆—小篆—隶书—草书—楷书—行书"的演变过程。在汉字漫长的演变过程中,不仅汉字的字形在发生改变,汉字的字义也在不断变化。汉字随着时代的变迁而赋有了新义,而且中国经学家往往从自身所处的时代出发去阐释《周易》古经,赋予其新的时代意义和精神,这种以今释古的解经方法给古老的《周易》经文不断注入新鲜血液,使其"与时俱进"而亘古长青。但随着时间的流逝,《周易》古经在诞生之初的历史本义却渐渐消逝在了历史长河中,卢大荣从青铜器时代的历史背景出发,力图在其译文中再现《周易》古经在青铜器时代的历史本义。

以豫卦为例,卢大荣将"豫"译为"elephant"（大象）,而非"悦豫"（enthusiasm）、"欢豫"（joy）、"逸豫"（idleness）、"豫知"（anticipation）等经典解释[1],而且他将卦爻辞中的"鸣豫、盱豫、由豫、冥豫"分别译为"trumpeting elephant, watchful elephant, wary elephant, elephant in darkness"[2],译文与中国传统经学家的注释大相径庭。卢大荣

---

[1] Richard Rutt, *The Book of Changes (Zhouyi): A Bronze Age Document Translated with Introduction an Notes*, London and New York: Routledge Taylor and Francis Group, 2002, p.310.

[2] Richard Rutt, *The Book of Changes (Zhouyi): A Bronze Age Document Translated with Introduction an Notes*, London and New York: Routledge Taylor and Francis Group, 2002, p.239.

的译文并非毫无根据，他通过文献考证以及考古发现竭力在译文中还原《周易》古经之历史本义。据《说文》，"豫，象之大者"①。大象体型庞大，因而从"豫"又引申出"大"之意，然后再从"大"引申出"宽大、愉悦、安逸"之意，由此可见"象"为"豫"之本义，其他皆为引申意。卢大荣又从考古发掘中寻找证据，《周易》卦爻辞保留了部分殷商时期人们生活场景的描写，中国河南是殷商之民的集聚地，河南古称"豫"，现代考古发现河南有大量殷商时期的大象遗骸，并证明大象曾广泛用于生活、生产以及战争中。现代考古和文献考据相互印证，因此卢大荣将"豫"译为"elephant"（大象）准确地再现了"豫"之历史本义。

豫卦六二爻曰："介于石，不终日，贞，吉。"② 传统注家一般将"介于石"释为"坚贞如岩石"，将"不终日，贞，吉"释为"不到一天，贞问，吉利"，显然这样的解释前后是相互矛盾的。"坚贞如岩石"描写的是持久而永恒的人生品格，而这种品格持续还"不到一天"，怎么能得出"吉利"的结论呢？闻一多引《周礼·大司寇》曰："以嘉石平罢民。凡万民之有罪过而未丽于法，而害于州里者，桎梏而坐诸嘉石，役诸司空。"③ 嘉石制度是西周时期对罪行较轻而不足以重罚者的惩戒制度，受罚之人坐于嘉石之上反省思过，并处以劳役。闻一多认为"介于石"即"忦于石"或"困于石"，"忦"即"忧愁"的意思，"介于石"也就是"有受罚而困于石上之忧"，"然而坐石之期暂，至'不终日'，则是过小而罚轻，故又为吉占"④。20世纪中国易学逐渐突破了传统经学注疏的藩篱，立足于《周易》文本，通过详尽的文本考辨以及对商周社会历史背景和文化制度的深入考察，以期还原《周易》古经的历史原貌。

中国学者推陈出新的研究不仅促进了中国易学的发展，而且给《周易》西传提供了丰富的滋养，卢大荣吸收了闻一多的研究成果将"介于

---

① （汉）许慎撰，（清）段玉裁注：《说文解字》，中图书店2011年版，第1539页。
② 李申：《周易经传译注》，湖南教育出版社2004年版，第54页。
③ 闻一多：《周易义证类纂》，载《闻一多全集》（2），生活·读书·新知三联书店1982年版，第33—34页。
④ 闻一多：《周易义证类纂》，载《闻一多全集》（2），生活·读书·新知三联书店1982年版，第33—34页。

第六章 "文化反思"语境下《周易》在西方的译介与传播

石"译为"Pilloried on the stone"①,即"戴上枷锁坐在石头上受罚",然而受罚不到一天,说明惩罚并不严重,因此贞问的结果是吉利的。卢大荣的译文几乎完全照搬了闻一多的解释,这里也可以看出 20 世纪中国易学研究对《周易》西传的重要影响。

(二)再现古诗风韵

《周易》古经言辞简洁而古奥,常使用韵文而带有诗意,卢大荣认为韵文往往能阐明卦爻辞的意义,而散文却使得卦爻辞显得单调且毫无意义②,因此卢大荣英译《周易》古经不仅力图还原卦爻辞的历史本义,而且还尝试再现《周易》古经古朴的诗歌韵味。以需卦为例:

需卦:䷄
需:有孚,光。亨,贞吉。利涉大川。
初九,需于郊,利用恒,无咎。
九二,需于沙,小有言,终吉。
九三,需于泥,致寇至。
六四,需于血,出自穴。
九五,需于酒食,贞,吉。
上六,入于穴,有不速之客三人来,敬之,终吉。③

卢大荣译文:

Sacrificing captives.
Supereme offering.
Auspicious augury.
Favourable for fording a big river.
Base (9): Waiting at the suburban altar.
       Favourable for a heng ceremony.

---

① Richard Rutt, *The Book of Changes (Zhouyi): A Bronze Age Document Translated with Introduction and Notes*, London and New York: Routledge Taylor and Francis Group, 2002, p. 239.

② Richard Rutt, *The Book of Changes (Zhouyi): A Bronze Age Document Translated with Introduction and Notes*, London and New York: Routledge Taylor and Francis Group, 2002, p. 215.

③ 李申:《周易经传译注》,湖南教育出版社 2004 年版,第 20—22 页。

319

NO MISFORTUNE.

(9) 2：Waiting on the sands.
There will be some complaints.
Ultimately AUSPICIOUS.

(9) 3：Waiting in the mud.
Makes raiders come.

(6) 4：Waiting in blood.
From their holes they scud.

(9) 5：Waiting for wine and food.
Augury：AUSPICIOUS.

Top (6)：Entering a pithouse.
Some uninvited guests arriving；
treat them courteously.
Ultimately AUSPICIOUS. ①

原文运用了"复沓"的艺术表现手法，从初九到九五全部采用"需于……"的句型结构，突出了一种反复回环的音韵效果。九三爻中"泥"和"至"押尾韵，六四爻中"血"与"穴"也押尾韵。原文句式简短，以三言和四言为主，读起来简洁明快，朗朗上口，富有音韵感。卢大荣用英文单词"Base"表示初爻，用"Top"表示上爻，用阿拉伯数字（2，3，4，5）表示其他各爻的爻位，比较形象地表达了一卦六爻在卦符中的具体位置，让西方读者一目了然。卢大荣还直接用数字"6"和"9"指明各爻的阴阳属性，这比使用英文单词（divided/undivided 或者 six/nine）更加简洁②。

---

① Richard Rutt, *The Book of Changes* (*Zhouyi*)：*A Bronze Age Document Translated with Introduction and Notes*, London and New York：Routledge Taylor and Francis Group, 2002, p. 228.

② 理雅各译本用英文单词"divided/undivided"表示阴阳爻，突出了阴阳爻的符号形式，卫礼贤/贝恩斯译本采用"six/nine"表示阴阳爻，突出了阴阳爻所蕴含的数理，卢大荣译本用阿拉伯数字"6"和"9"表示阴阳爻，较之以上两个译本更加简洁明了，卢大荣在其译本的第一部分"《周易》之内容（The Contents of Zhouyi）以及占筮（Divination）"两个小节中详细介绍了"6"和"9"所代表的数理意义，因此读者对译文表示阴阳属性的"6"和"9"并不会感到陌生和突兀。详见 Richard Rutt, *The Book of Changes* (*Zhouyi*)：*A Bronze Age Document Translated with Introduction and Notes*, London and New York：Routledge Taylor and Francis Group, 2002, pp. 129, 162 – 164。

第六章 "文化反思"语境下《周易》在西方的译介与传播

《周易》卦爻辞由表示记事的"叙辞"和表示事理判断的"占断辞"构成,叙辞往往是用韵体写成的,而占断辞往往采用散体,因此卢大荣在译文中将叙辞和占断辞截然分开以示区别。叙辞用韵文翻译置于左边,占断辞用散体翻译并采用斜体字置于右边,而纯粹表示"吉、凶、吝、咎"的占断辞则全部采用大写字母拼写,这种特殊的排版方式能够让西方读者更加清晰地认识《周易》卦爻辞的艺术风韵。叙辞和占断辞的译文都采用简短的句式,从而再现了原文简洁的行文风格,从初九到九五译文采用"Waiting..."的句式,还原了原文复沓的艺术形式,九三爻译文中的"mud"与六四爻中的"blood"成半谐韵,"blood"与九五爻中的"food"成目韵,而且译文从九三到九五均以辅音/d/结尾。译文并没有完全复制原文的艺术形式,但却灵活地采用多种音韵手法从整体上再现了原文简洁而富有诗歌韵味的艺术风格。

(三)译文注释

卢大荣《周易》古经译文从整体上保持了卦爻辞简洁洗练的语言风格,因此译文本身所包含的信息量是很有限的。译文力图恢复《周易》卦爻辞的历史本义,然而读者只能从译文中知其然,不能知其所以然,为了让读者更加透彻地了解《周易》古经的意义,卢大荣给每卦译文附上了详细的注释,而且为了不破坏译文简洁的整体风格,译文和注释各自独立成篇。卢大荣依据《周易》六十四卦两两成对的原则,将卦爻辞译文注释分为32篇,两卦的主题内容相反或类似,抑或毫无关联,如乾坤两卦谈天地,乾卦是纯阳爻卦,而坤卦是纯阴爻卦;屯卦和蒙卦之间并无紧密的联系,而需卦和讼卦都与俘虏有关。

卢大荣的译文注释是对卦名以及卦爻辞的详细说明和阐释,并联系商周时期的历史背景深度分析卦爻辞的历史本义。以噬嗑卦九四爻译文和注释为例:

噬嗑卦九四爻:噬干肺,得金矢,利艰贞,吉。[①]
卢大荣译文:(9)4:Biting ham in the rind;
　　　　　　　　　a bronze arrow to find.

[①] 李申:《周易经传译注》,湖南教育出版社2004年版,第69页。

《周易》在西方的译介与传播研究

> Favourable in hardship augury.
> AUGURY AUSPICIOUS. ①
> 卢大荣注释：Ham means meat cured on the bone. The arrowhead suggests that the meat came from a beast killed during a hunt. ②

卢大荣将"噬干胏"译为"Biting ham in the rind"（啃带皮的火腿），但当西方读者读到"a bronze arrow to find"（发现铜箭头）时，难免会产生疑问，为什么啃"带皮的火腿"的时候会发现"铜箭头"呢？普通的西方读者如果对西周时代的历史背景不甚了解，就很难得出这个问题的答案。西周时期狩猎活动在社会生活中仍然相当普遍，人们将猎获的野兽制成干肉以供日后享用。如果在译文中加上繁芜的补充说明，势必破坏译文简洁的整体风格，因此卢大荣在注释中给出了清晰的说明，"铜箭头表明干胏来自狩猎中被杀死的野兽"，这种在译文之外加注释的翻译方法既再现了原文简洁的艺术风格，同时也解答了译文读者心中的疑虑，可谓一举两得。

卢大荣在注释中对卦爻辞的解释并非完全来自他本人的原创，而是借鉴了国内外众多学者的研究成果，如以上对噬嗑卦九四爻译文的注释即来自中国学者高亨所著《周易古经今注》中的阐释："噬乾胏而得金矢者，盖古人射兽，矢著兽骨，簇折而钳于骨肉中，未剔出，故噬胏而得金矢也。"③ 卢大荣的《周易》译文及其注释与中国传统的注疏式经学有明显的区别，其产生于20世纪中西方学者重新审视《周易》文本的时代背景下，属于《周易》研究的"现代学派"（Modern School）④。除高亨以外，卢大荣还引用了闻一多、夏含夷、韦利、孔理霭等大量中西方学者对《周易》古经的研究成果，这些学者无一例外都主张从特定的历史背景出发阐释《周易》古经的历史本义，还原古经的原貌。卢大荣

---

① Richard Rutt, *The Book of Changes (Zhouyi): A Bronze Age Document Translated with Introduction and Notes*, London and New York: Routledge Taylor and Francis Group, 2002, p. 244.
② Richard Rutt, *The Book of Changes (Zhouyi): A Bronze Age Document Translated with Introduction and Notes*, London and New York: Routledge Taylor and Francis Group, 2002, p. 315.
③ 高亨：《周易古经今注》，清华大学出版社2010年版，第186页。
④ Joel Biroco, "Book Review (Zhouyi: The Book of Changes)", *The Oracle: Journal of the I Ching Society*, Vol. 1, No. 6, winter/spring 1998.

第六章 "文化反思"语境下《周易》在西方的译介与传播

在《周易》译文注释中将众多前人的历史研究成果汇集起来,为西方读者了解《周易》古经的本来面貌打开了方便之门。

三 《易传》译文

《易传》是对《周易》古经的哲学阐释,尽管现代"疑古派"学者反对"以传释经"的传统,但并不否认《易传》的哲学价值。卢大荣将《易传》译成英语,促进了《周易》哲学在西方世界的译介与传播。《易传》中的哲学深邃至极,卢大荣采用了显化的手法直接在译文中将《易传》深奥的哲理呈现给读者,减少了西方读者的阅读和理解障碍,同时卢大荣还竭力在译文中再现《易传》诗体和散体并存的艺术风格。

(一)哲理的显化

《易传》是《周易》重要的组成部分,较之《周易》古经,《易传》产生的年代相对较晚,其并不是青铜器时代的产物,但卢大荣仍然在《周易》译本中详细介绍并翻译了《易传》,这似乎与译本的副标题"青铜器时代的文献"并不相符,对此卢大荣给出了三点说明:(1)青铜器时代之后中国人对《周易》的运用发生了变化,而《易传》标志着这些变化达到了高潮,人们要重新发掘青铜器时代的文献就必须理解这些变化;(2)译者在书中引用了《易传》的内容,而且对于译者的观点至关重要;(3)介绍《易传》有助于《周易》的初学者区分《周易》古经和大量嵌入在古经中的注疏[1]。卢大荣详细介绍了《易传》的类别、主要内容、形成时间以及经传编撰体例等内容。《易传》通过对卦爻符号及卦爻辞的解释演绎出博大精深的哲学体系,其涵盖宇宙造化、社会人伦、道德教育以及国家治理等方方面面,是儒家和道家哲学思想的活水源头。

从青铜器时代的历史背景出发,卢大荣将《周易》古经视为青铜器时代的"占筮之书",而《易传》则是后世出现的"智慧之书",他对古经和《易传》采用了完全不同的阐释和翻译。以"亨"为例可窥一斑,"亨"是《周易》古经和《易传》中常用的字,如"亨"、"元亨"、"大亨"、"小亨"、"光亨"等,"亨"本义即"享"的通假字,也就是祭祀

---

[1] Richard Rutt, *The Book of Changes (Zhouyi): A Bronze Age Document Translated with Introduction and Notes*, London and New York: Routledge Taylor and Francis Group, 2002, p. 363.

的意思①；古人举行祭祀活动的目的在于通达神灵，以求不通顺的事情可以通达顺畅，因而又从"祭祀"中引申出"亨通"之义②。《周易》古经是"占筮"活动的记录，占筮往往在祭祀中进行，故古经中的"亨"取其本义"祭祀"，因此卢大荣将古经中的"亨"译为"offering"；《易传》中的"亨"被赋予了一层哲学含义，指的是事物运行发展的状态——亨通顺畅，以至完善并获得成功，因而卢大荣将《易传》中的"亨"译为"success"。尽管中国主流传统经学及当代通行本《周易》都采用以传附经的体例，以便于从《易传》哲学的视角去阐释古经，但卢大荣的《周易》译本却采用了经传分离的体例，而且对古经和《易传》采用了不同的阐释和翻译原则，即从整体上还原古经作为"占筮之书"的历史本义及原貌，而《易传》各篇以独立的篇章形式译出，以凸显《易传》所蕴含的哲理。

卢大荣对每篇卦爻辞的翻译保持了原文古奥隐晦的语言风格，在卦爻辞译文之外撰写了长篇注释，但对《易传》却采用了显化的手法，直接在译文中阐明文中一些隐晦的内涵，或补充说明原文形式虽无但却实际隐藏的深层意义，以便于西方读者直接从《易传》译文中认识原文的意义。以泰卦《象传》为例：

原文：泰，小往大来，吉。亨。③
译文：TAI. The small depart (Earth trigram, "going" or upper), *the great come* (Heaven trigram, "coming" or lower); *auspicious*; *success*.④

泰卦（☷）上卦为坤（☷），是纯阴爻卦，代表地，上卦又称为外卦，表示"往"；下卦为乾（☰），是纯阳爻卦，代表天，下卦又称为内卦，表示"来"。在《周易》中阳为大，阴为小，因此泰卦的整个卦象称为"小往大来"，表示阴阳之气往来交互，通泰顺畅。卢大荣在圆括

---

① 高亨：《周易大传今注》，清华大学出版社2010年版，第39页。
② 谢详荣：《周易见龙》（上卷），巴蜀书社2012年版，第171页。
③ 李申：《周易经传译注》，湖南教育出版社2004年版，第38页。
④ Richard Rutt, *The Book of Changes (Zhouyi): A Bronze Age Document Translated with Introduction and Notes*, London and New York: Routledge Taylor and Francis Group, 2002, p. 374.

第六章 "文化反思"语境下《周易》在西方的译介与传播

号中分别标注出"小往"和"大来"的具体所指,使译文蕴含的内容更加清晰明了,减少了读者的阅读障碍,读者能够直观地认识到"小往"指的是表示"地"的上卦,而"大来"则是指表示"天"的下卦,以便于读者明白天地交而阴阳合,世间万物因此而顺遂亨通的哲学道理。又以大有卦《象传》为例:

> 原文:其德刚健而文明,应乎天而时行,是以元亨。①
> 译文:The power [of the lower trigram] is "strong" and the pattern [of the upper trigram] "bright", answering to heaven as occasions develop; hence *supreme success*.②

大有卦(☰)上卦为离(☲),离为日,代表"明",寓意文明;下卦为乾(☰),乾为天,天道运行刚健不已。因而大有卦的整个卦象是"'刚健而又文明',即人有刚健文明之德。其次,离为明察,乾为天。然则大有之卦象又是人明察于天道"③。原文形式上并未指明"刚健"和"文明"的所指,但从大有卦的卦象分析,"刚健"是指下卦"乾"而言,"文明"是指上卦"离"而言,如果仅翻译"刚健"(The power is strong)和"文明"(The pattern is bright),普通的西方读者很难从译文中领悟到"刚健"和"文明"具体的指称对象,更遑论从中推导出深邃的哲理,因此卢大荣在方括号中对此加以补充说明,以显化原文语言形式之下的深层含义,为西方读者领悟原文蕴含的哲理提供便捷。《周易》六十四个重卦均由上下两个单卦构成,每个单卦有不同的卦象,单卦的上下位置和卦象决定了重卦的整体卦象和寓意,并通过卦象的寓意演化出高深的自然和社会哲学。《易传》是《周易》古经的哲理化,但这些哲理隐藏在了神秘的卦爻辞之中,然而卢大荣在译文中采用了显化的翻译方法,让这些深邃的哲理跃然于字里行间。

(二)诗文与散体的融合

《易传》各篇产生于不同的历史时代,出自众人之手,就其写作风

---

① 李申:《周易经传译注》,湖南教育出版社2004年版,第47页。
② Richard Rutt, *The Book of Changes (Zhouyi): A Bronze Age Document Translated with Introduction and Notes*, London and New York: Routledge Taylor and Francis Group, 2002, p. 375.
③ 高亨:《周易大传今注》,清华大学出版社2010年版,第129页。

格而言，卢大荣称"《易传》十篇从高雅的诗文（poetic prose）到不加修饰的随笔（jotting），其文体风格迥然各异"①。子曰："言之无文，行而不远。"在中国传统经学中，《易传》之所以成为解读《周易》古经最经典以至最权威的著作，除了其精致入微的哲学阐释外，也得益于其高超的艺术表现形式，其"最为突出的文学语言特色，莫过于其中大量骈偶、排比、谐韵句式的广泛运用"②。各种艺术修辞手法的使用增添了《易传》的诗文色彩，同时《易传》中有些篇章也采用了朴实无华的散体，卢大荣英译《易传》时融合了诗文和散体两种文学表现形式，尽量保留原文的艺术特色。以否卦《象传》为例：

原文：天地不交而万物不通也，上下不交而天下无邦也。内阴而外阳，柔而外刚，内小人而外君子，小人道长，君子道消也。③

译文：When Heaven and Earth do not interact,
　　　　the myriad entities are not activated.
　　When upper and lower do not interact,
　　　　under heaven there is no good government.
　　The lower is *yin*, the upper is *yang*;
　　the lower is broken, the upper is whole;
　　the lower is a small man, the upper a prince.
　　Hence: a small man's *dao* will wax;
　　　　a prince's *dao* will wane. ④

否卦（䷋）上卦为乾（☰），代表天；下卦为坤（☷），代表地。天之阳气往上升腾，而地之阴气向下沉降，否卦的卦象寓意天地不交，阴阳不合，万物因此闭塞不通。于社会层面而言，否卦讲小人之邪气蔓延，

---

① Richard Rutt, *The Book of Changes (Zhouyi): A Bronze Age Document Translated with Introduction and Notes*, London and New York: Routledge Taylor and Francis Group, 2002, p. 365.
② 张善文：《〈易传〉的骈偶、排比、谐韵句式初探》，《福建师范大学学报》（哲学社会科学版）1984年第3期。
③ 李申：《周易经传译注》，湖南教育出版社2004年版，第41页。
④ Richard Rutt, *The Book of Changes (Zhouyi): A Bronze Age Document Translated with Introduction and Notes*, London and New York: Routledge Taylor and Francis Group, 2002, p. 375.

第六章 "文化反思"语境下《周易》在西方的译介与传播

而君子之正气消退。原文采用了骈偶的修辞手法,呈现出明显的诗文色彩,句式整齐对仗,"天地/上下,内/外,阴/阳,刚/柔,君子/小人,道长/道消"两两相对形成了鲜明的对比,从而将否卦蕴含的自然和社会哲理生动形象地展现了出来。卢大荣采用相同的句型结构翻译原文的骈偶句,整个译文呈诗行的形式排列,主要采用英语中的简单句式,而复合句的从句和主句分别用两行译出,从整体上保持了原文对仗和简洁的诗文语言风格。除诗文以外,《易传》中还有大量散体式的描写和论述,以豫卦《象传》为例:

原文:豫,刚应而志行,顺以动,豫。豫顺以动,故天地知之。①
译文:YU. One whole line corresponds [to all the others] and the intention will go forward. "Compliant" and "moving" make Yu. Yu is "Compliant" and "moving", like heaven and earth. ②

上文并不如骈偶句对仗工整,诗文色彩也不突出,而是用朴实的语言阐述卦象的哲学寓意,因此译文也没有采用特殊的修辞手法和语言手段,而是用散体去揭示原文蕴含的意义。豫卦(☷)只有九四爻是阳爻,"刚"是阳爻的基本属性,因此卢大荣用阳爻"whole line"翻译"刚"。原文字面并没有指明"刚应"的具体对象,卢大荣在译文中对此加以补充说明,即豫卦中"阳爻"(the whole line)与其他诸阴爻(all the others)之间的对应关系,阴阳相应合,因而能"志行"(intention will go forward),译文准确地再现了原文的意义。豫卦上卦为震(☳),其属性为"动"(moving);下卦为坤(☷),其属性为"顺"(compliant),因而译文"'Compliant' and 'moving' make Yu"准确地揭示了豫卦的卦象寓意。这段译文保留了原文散体的语言形式,重在传达原文的意义。卢大荣针对《易传》各篇各段不同的语言艺术特色,其译文也采用了不同的风格,总体而言《象传》上下篇《小象传》《系辞》上下篇《文言传》《说卦传》《序卦传》采用诗文和散体相融合的方式,而《大

---

① 李申:《周易经传译注》,湖南教育出版社2004年版,第53页。
② Richard Rutt, *The Book of Changes (Zhouyi): A Bronze Age Document Translated with Introduction and Notes*, London and New York: Routledge Taylor and Francis Group, 2002, p. 375.

象传》和《杂卦传》则主要采用诗文的表现形式。

第九节　闵福德对《周易》的译介

　　闵福德是当代西方著名的汉学家和中国文学翻译家,他曾将大量中国典籍和文学作品翻译成英语,如《红楼梦》(后四十回)(1982,1986)、《孙子兵法》(2002)、《聊斋志异》(2006)、《周易》(2014)、《道德经》(2018)、《中国现代诗一百首》(1987),以及金庸著现代武侠小说《鹿鼎记》(1997,1999,2002)等[①]。闵福德翻译《周易》无疑取得了巨大的成功,也因此给他带来了一系列好评和殊荣。2015年闵福德《周易》译本获国际笔会福克纳文学奖提名[②];2016年11月闵福德因其英译《周易》而获得了澳大利亚国家级"卓越翻译奖"(Medal for Excellence in Translation),该奖专家委员会认为闵福德的译本"是一个对中国早期经籍具有决定意义的译本"[③]。美国汉学家艾周思(Joseph A. Adler)评价闵福德《周易》译本给人留下了深刻的印象,该译本长达900多页,闵福德为阐释这部中国最神秘而又晦涩的经典采用了大量汉学资料[④]。李伟荣称"闵福德新推出的《易经》(《周易》)是一部相当成功的译本,必将引起世界范围内的'《易经》(《周易》)热',乃至'中国文化热'"[⑤]。卢玉卿和张凤华认为闵福德《周易》译本"更全面地、更加中国化地演绎了《易经》(《周易》)的全貌及其解释的发展历程"[⑥]。20世纪初以来西方易学出现了两条并行的主线:阐释《周易》义理,以揭示其哲学内涵;还原《周易》古经本义,以揭示其历史价值。闵福德正是在这样的时代背景下将整个译本分为了"智慧之书"(Book of Wisdom)与"青铜器时代的占筮之书"(Bronze Age Oracle)两

[①] 闵福德更多译著信息参见"About John", https://www.johnminford.com/about。
[②] 崔莹:《英国学者12年译完〈易经〉》, https://cul.qq.com/a/20150714/025742.htm。
[③] 国际汉学研究:《恭贺闵福德教授获2016"卓越翻译奖"》,载朱振武、[英]闵福德《拿出"最好的中国"——朱振武访谈闵福德》,《东方翻译》2017年第1期。
[④] Joseph A. Adler, "Review: John Minford, trans., I Ching (Yijing): The Book of Change", Dao, Vol. 14, No. 1, March 2015.
[⑤] 李伟荣:《汉学家闵福德与〈易经〉研究》,《中国文化研究》2016年夏之卷。
[⑥] 卢玉卿、张凤华:《闵福德〈易经〉英译述评》,《中国翻译》2017年第2期。

第六章 "文化反思"语境下《周易》在西方的译介与传播

个部分,从而将中国传统经学中作为"哲学典籍"的《周易》与青铜器时代作为"占筮之书"的《周易》同时呈现给西方读者,译本既致力于阐释《周易》博大精深的哲学智慧,同时又竭力还原《周易》在青铜器时代的历史本义。

一 闵福德认识和翻译《周易》的历程

闵福德青年时代就与《周易》结下了不解之缘,20世纪60—70年代卫礼贤/贝恩斯《周易》译本在西方世界风靡一时,闵福德与《周易》结缘便是从卫礼贤/贝恩斯译本开始的。其时正值西方社会的年轻人掀起了一场反传统主流文化的"嬉皮士运动"(Hippie Movement),来自中国的神秘的《周易》"受到了这场运动中嬉皮士的代表人物的热烈追捧"[1],"从而成为新的、来自远东的玄学热的对象"[2]。闵福德回忆道:"我第一次接触《易经》(《周易》),读的是卫礼贤的译本。那时我是个年轻的'嬉皮士',很迷信也很虔诚,把它当成占卜的书,毫不质疑。"[3] 由此可见,青年时代的闵福德和众多"嬉皮士"一样只不过将《周易》视为追捧玄学的对象而已,然而随着时间的流逝,闵福德对《周易》的认知也在发生变化。2014年当闵福德《周易》译本最终出版时,闵福德已经认识到《周易》给人们打开了一条通往"自我修养"(self-cultivation)的路径[4],是人们的"精神源泉"(spiritual resource)[5]。闵福德对《周易》的认识经历了从纯粹的"占卜之书"到"精神源泉"的转变,体现了他对《周易》的认识逐渐深入而趋于成熟的心路历程。

闵福德一生取得的汉学和翻译成就除了他自身的努力以外,还得益于他的两位导师——霍克斯(David Hawkes)和柳存仁,他们对闵福德翻译《周易》给予了直接的指导和鼓励。霍克斯先生既是闵福德的岳父,同时也是闵福德在牛津大学求学期间的老师,翁婿二人还一起合作

---

[1] 吴礼敬、韩子奇:《英语世界认识〈易经〉的三个阶段》,《翻译界》2018年第2期。
[2] [德]吴素乐:《卫礼贤——传教士、翻译家和文化诠释者》,任仲伟译,《国际汉学》2005年第1期。
[3] 崔莹:《英国学者12年译完〈易经〉》,https://cul.qq.com/a/20150714/025742.htm。
[4] John Minford, "Introduction", in *I Ching (Yijing): The Book of Change*, New York: Viking Penguin, 2014, p. xxi.
[5] John Minford, *I Ching (Yijing): The Book of Change*, New York: Viking Penguin, 2014, p. 3.

翻译了《红楼梦》(霍克斯译前80回，闵福德译后40回)。霍克斯特别强调《周易》"善变"(chameleon quality)的特性，就在霍克斯去世前不久，他还向闵福德强调："无论你怎么做，一定要让你的读者明白，《周易》中的每一个句子都有无穷无尽的解读方式，而这正是《周易》的奥秘所在。"① 霍克斯的临终嘱托对闵福德有明显的指导作用，他在译本序言中告诉读者"阅读《周易》是一个互动的过程，需要读者积极的参与，《周易》和读者融为一体，或者说，《周易》就是读者本身"②。自古"《诗》无达诂，《易》无达占"，不同读者对《周易》会有不同的参悟和解读，闵福德翻译《周易》尽量采用了直译的翻译方法，尽管他在译本中为读者提供了大量的阐释，但他更希望读者去领悟属于自己的《周易》。

霍克斯将闵福德带上了翻译之路，而柳存仁则将闵福德带进了中国文化，闵福德回忆道："他（柳存仁）是活生生的中国文化百科全书，是他引领我认识中国文化的博大精深。"③ 柳存仁是闵福德在澳大利亚国立大学攻读博士学位时的论文指导老师，是享誉世界的汉学家，尤其以道家研究见长，著有《和风堂文集》及其续篇《道家与道术》，以及《道教史探源》等著作。《周易》是儒家和道家共奉的元典，古往今来，无论儒家还是道家都对《周易》作过详尽的注疏，尽管闵福德声明并不专注于一家之说，但他更注重清代道家全真教宗师刘一明（悟元子）对《周易》的阐释，他在其译本中也着重参考了刘一明所著的《易理阐真——道家真传》，强调道家内丹思想。

柳存仁对闵福德翻译《周易》的影响是显而易见的，在译本的版权页和目录页之间清晰地印有"In Memory of *Liu Ts'un-yan*（1917—2009）*Teacher and Friend*"，即"致师友柳存仁（1917—2009）"，这不仅仅表示闵福德对恩师的怀念，也缘于柳存仁对闵福德的鼓励和指导。闵福德在《周易》译本中写道："他（柳存仁）会从门下面塞给我一些小纸条，写

---

① John Minford, "Introduction", in *I Ching*（*Yijing*）: *The Book of Change*, New York: Viking Penguin, 2014, p. xxviii.
② John Minford, "Introduction", in *I Ching*（*Yijing*）: *The Book of Change*, New York: Viking Penguin, 2014, p. xxiv.
③ 《闵福德的中国文化情》，http://www.ouhk.edu.hk/wcsprd/Satellite?pagename=OUHK/tcGenericPage2010&c=C_ETPU&cid=191155146600&lang=chi&BODY=tcGenericPage。

第六章 "文化反思"语境下《周易》在西方的译介与传播

有《周易》中的句子,简短地鼓励我坚持研究——贞固。"① 受其导师柳存仁影响,闵福德尤为推崇道家思想,他对《周易》的阐释具有浓厚的道家色彩,这不能说没有良好的师承渊源。

良好的师承和导师的鼓励为闵福德翻译《周易》打下了根基,但其成功却更多来自闵福德自己漫长的努力和锲而不舍的追求。任何一部成功的译作都不可能一蹴而就,而必然要经历长期的历练和沉淀,李伟荣考证闵福德在 2009 年曾撰文"嘉 The Triumph: A Heritage of Sorts",文中有《周易》"离卦"译文②;闵福德还参与编辑整理了杨宗翰校注并英译的《鸿雪因缘图记》手稿,2010 年发表了其中涉及《周易》的《梦乡谈易》一文③,"试译《易经》(《周易》)和相关文献的经历为闵福德正式翻译《易经》(《周易》)夯实了基础"④。2002 年闵福德受企鹅出版社(Penguin Books)之邀翻译完整版的《周易》,但直到 2014 年 11 月才最终完稿出版。从闵福德漫长的翻译过程读者可以真切地感受到他为翻译《周易》而倾注的心血,同时也能体会到他对传播中国文化的执着和坚守。从 2002 年签订合同到 2014 年完稿付梓,闵福德翻译《周易》共耗时 12 年之久,其间付出了巨大的艰辛和努力,但自古天道酬勤,闵福德《周易》译本获得的广泛认可和赞誉是对他 12 年辛勤付出最好的回报。

二 "智慧"与"占筮"共存

中国数千年的经学史赋予了《周易》"群经之首"的地位,多少文人学者或阐发《周易》之微言大义,或挖掘《周易》象数之理,抑或梳理易理之流变,林林总总,不一而足,总之,主流的传统经学将《周易》视为"智慧之书"。然而,《周易》来源于"占筮"却是无可争辩

---

① John Minford, *I Ching* (*Yijing*): *The Book of Change*, New York: Viking Penguin, 2014, p. 3.
② John Minford, "嘉 The Triumph: A Heritage of Sorts", *China Heritage Quarterly*, No. 19, September 2009.
③ Wanggiyan & Lincing, "完顏麟慶", translated and annotated by Yang Tsung-han 楊宗翰, Edited by John Minford with Rachel May, Mengxiang Discoursing on the I Ching 夢鄉談易, in *Tracks in the Snow* 鴻雪姻緣圖記 (Episode 44), http://www.chinaheritagequarterly.org/scholarship.php?searchterm=021_lincing.inc&issue=021.
④ 李伟荣:《汉学家闵福德与〈易经〉研究》,《中国文化研究》2016 年夏之卷。

的历史事实,与"孔孟"齐名的宋代理学大师朱熹毫不讳言:"八卦之书,本为占筮。方伏羲画卦时,止有奇偶之画,何尝有许多说话!文王重卦作繇辞,周公作爻辞,亦只是为占筮设。"① 那么《周易》究竟是"智慧之书",还是"占筮之书"?其实无论是"智慧之书",还是"占筮之书",都只不过是《周易》之为书的两个方面,二者相互依存,缺一不可。《周易》经文来源于"占筮",而"智慧之书"则是对"占筮"的理性阐发,因此如离开"占筮",所谓"智慧"也就成了无本之木或空中楼阁。然而经过《易传》的阐发,《周易》早已不再是单纯的"占筮之书",而成为"中华文化的源头活水,人文精神的大智慧"②。《周易》若只作为"占筮之书",而没有"智慧"的升华,是断不可能具有经学意义的,更不可能具有傲视群经的文化地位。"智慧"和"占筮"共存于《周易》,读懂《周易》不可偏执于任何一边,只有将二者有机地结合起来才能参透《周易》的本质及其义理。

  闵福德是闻名于世的汉学家,他清楚地认识到了《周易》作为"智慧之书"和"占筮之书"的双重属性。他在其译本序言中开宗明义地讲道,"中国典籍《周易》,即变易之书,其根在于古时候的占筮行为",并明确指出"早期的《周易》占筮辞还不是'智慧之书'"③。最初人们将《周易》作为"占筮之书",然而随着《易传》各篇的出现,《周易》逐渐向"智慧之书"转变。闵福德详细阐述了《周易》从"占筮之书"到"智慧之书"的转变过程,"追溯至公元前2—3世纪,围绕《周易》原始文本类似哲学的注疏越来越多,它们一起被称为'十翼'(《易传》)……此后两千多年里《周易》一直作为'智慧和道德之书'(Book of Wisdom and Power)占据着人们精神空间的中心位置"④。为了让读者认识《周易》作为"智慧之书"的概念,闵福德还在术语表中详细解释了《周易》中的哲学术语,如阴阳(Yin and Yang)、气(Ener-

---

① (宋)朱熹著,(宋)黎靖德编,王星贤点校:《朱子语类》(四册),中华书局1986年版,第1622页。
② 张立文:《中华文化精髓的〈周易〉智慧》,《社会科学战线》2013年第7期。
③ John Minford, "Introduction", in *I Ching* (*Yijing*): *The Book of Change*, New York: Viking Penguin, 2014, pp. ix – xii.
④ John Minford, "Introduction", in *I Ching* (*Yijing*): *The Book of Change*, New York: Viking Penguin, 2014, p. xiii.

第六章 "文化反思"语境下《周易》在西方的译介与传播

gy)、和(Harmony)、变易(Change)、孚(Good Faith)、修道(Self-cultivation)等,共计63条之多。

究竟将《周易》作为"智慧之书",还是作为"占筮之书"来翻译,这是闵福德动笔翻译前必须思考的基本问题。20世纪随着中国现代"疑古派"学者的质疑,并伴随着西方学者的推波助澜,作为"智慧之书"的《周易》遭到了广泛的怀疑,中西方的"疑古派"学者依据存世和出土文献证明《周易》原本为"占筮之书",将《周易》置于特定的历史背景还原《周易》之本义,并借以探寻《周易》经文所反映的社会历史面貌,试图剥离《周易》与传统经学注疏之间的联系。然而闵福德却发现那些"疑古派"学者"革命性的材料"缺失了一些重要的东西,如伏羲"仰观俯察"对宇宙起源和奥秘的思考,他"始作八卦"对宇宙的探索,以及后世哲学注家的启发性思考等,总之,《周易》基本的精神属性(spiritual quality)全都消失殆尽。闵福德认为那些现代"疑古派"学者对《周易》的研究尽管不乏亮点,但却显得枯燥而琐碎[1]。基于对现代"疑古派"学者《周易》研究成果客观而理性的分析,闵福德决定在其译本中采用两套独立的翻译和阐释系统,即"智慧之书"(Book of Wisdom)与青铜器时代的"占筮之书"(Bronze Age Oracle),让"智慧"和"占筮"在《周易》译本中共存。

闵福德《周易》"一本双译"的文本结构"在传统易学之外开辟一条新的《易经》(《周易》)翻译之路,和传统易学基础上的《易经》(《周易》)翻译形成互补之势"[2]。"智慧之书"是译本的第一部分,这部分翻译了《周易》古经,《易传》中的《彖传》《象传》以及部分《文言传》《说卦传》及《系辞传》的内容,并结合中国古今学者的传统注疏阐释译文,以揭示《周易》作为"智慧之书"的哲学内涵。"占筮之书"是译本的第二部分,这部分只翻译了《周易》古经,并结合郭沫若、李镜池、高亨、夏含夷、孔理霭等现代中西方学者的《周易》研究成果,阐释《周易》古经在特定历史背景中的历史本义,以恢复《周

---

[1] John Minford, "Introduction", in *I Ching (Yijing): The Book of Change*, New York: Viking Penguin, 2014, p.xxvi.
[2] 王晓农:《闵福德〈易经〉英译与〈易经〉外译的两个系统——兼论中华古籍外译的当代化取向》,《燕山大学学报》(哲学社会科学版)2017年第2期。

易》古经之原貌。读者对比前后两部分译文和阐释系统，即可发现二者之间明显的差异和区别，以屯卦卦名及卦辞的译文和阐释为例：

	原文	"智慧之书"译文	"占筮之书"译文
卦名	屯	Zhun Difficult Birth	D'wen Sprout
卦辞	元，亨，利贞。勿用有攸往，利建侯。①	Supreme Fortune. Profitable. Steadfast. A Destination Is of no avail. It profits To establish Lieutenants, *Oportet elevare principes.* ②	Supreme Fortune. Sacrifice Received. Profitable Augury. Destination Serves no purpose Profits To licence lords. ③

闵福德对卦名的翻译同时采用了译音和译意两种方式，在译本第一部分"智慧之书"中闵福德将"屯"译为"Zhun, Difficult Birth"，而在译本第二部分"占筮之书"中译为"D'wen, Sprout"。"屯（Zhun）"和"屯（D'wen）"不仅读音不同，而且字义也有很大的区别，"屯（D'wen）"的甲骨文是"𠀔"，金文是"𠀎"，形如一粒种子新生出嫩芽破土而出的样子，依其本义闵福德将其译为"Sprout"，即"发芽"的意义。然而，又据《说文》"屯（Zhun），难也。象草木之初生，屯然而难。"④，草木初生之嫩芽欲破土而出的过程并非一帆风顺，而必然历经艰难险阻，因此"屯（Zhun）"又引申出"初生艰难"之义，闵福德依其引申义在"智慧之书"中将其译为"Zhun, Difficult Birth"。

屯卦卦辞曰："元，亨，利贞。勿用有攸往，利建侯。"如果将《周易》作为"占筮之书"，这句卦辞可以理解为："在草木初生之时举行了

---

① 李申：《周易经传译注》，湖南教育出版社 2004 年版，第 14 页。
② John Minford, *I Ching*（*Yijing*）: *The Book of Change*, New York: Viking Penguin, 2014, p. 47.
③ John Minford, *I Ching*（*Yijing*）: *The Book of Change*, New York: Viking Penguin, 2014, p. 520.
④ （汉）许慎撰，（清）段玉裁注：《说文解字》，中图书店 2011 年版，第 69 页。

第六章 "文化反思"语境下《周易》在西方的译介与传播

一场大的祭祀活动,占卦的结果是有利的,不能远行,利于建立诸侯国。""占筮之书"是对历史上占筮活动的记录,但如果将《周易》作为"智慧之书"则更突出一层人生智慧和政治智慧,屯卦卦辞可以理解为:"万物初生之时当坚守正道,固其根本才能克服困难而茁壮成长。对国家而言,在国家初创时期困难重重,不宜对外轻举妄动,而是要对内建立巩固的国家体系。"① 由此可见,作为"智慧之书"的《周易》与作为"占筮之书"的《周易》对原文的理解是截然不同的,如"贞"本义为"占卜",因此闵福德将其译为"Augury";而智慧层面的"贞"引申为"坚贞、固本",因此闵福德又将其译为"Steadfast"。闵福德对"智慧之书"的翻译旨在解释原文的引申意义,突出原文中蕴含的哲学智慧;而"占筮之书"则旨在再现原文的历史本义,还原其最初的历史原貌。

在产生《周易》经文的中国青铜器时代,人们对社会和自然的认知还不够成熟,人们凡遇疑惑而不能自解便求问于神灵,借助"占筮"以求释惑。人们将占问的时间、事由、结果等记录下来,后经编撰逐渐形成了《周易》古经文本,所涉内容上至宗庙祭祀、行军打仗等国家大事,下至商旅、嫁娶、求医、耕作等生活琐事。因此,对现代学者而言,这本"占筮之书"反而成为了解中国青铜器时代的"历史之书"。闵福德翻译的"占筮之书"所指的时间是从西周早期到春秋战国晚期,他并非是要教会现代西方读者去求神问卜,而是要"阐明早期的中国社会和文化"②。比如,闵福德在"占筮之书"中对屯卦卦辞"利建侯"的阐释则着重阐述了当时的历史面貌:"'建侯'(licence lords)是给忠诚的大臣们分封爵位并赐予土地,以此来加强他们的忠诚观念——在联盟转瞬即逝而又混乱的春秋战国时代,'建侯'是一个需要着重考虑的因素。"③ 闵福德介绍了西周王朝的"分封制",让西方读者大致了解中国早期的国家政治制度,这对于西方读者认识中国历史是大有裨益的。

"占筮之书"对"建侯"的阐释凸显了一层"历史意义",然而闵福

---

① 任运忠:《周易文化导读》,中国纺织出版社2015年版,第26页。
② John Minford, "Introduction", in *I Ching (Yijing): The Book of Change*, New York: Viking Penguin, 2014, p. xxvi.
③ John Minford, *I Ching (Yijing): The Book of Change*, New York: Viking Penguin, 2014, p. 520.

335

德在"智慧之书"中对"利建侯"的阐释却大相径庭,他首先参照陈鼓应引黄庆萱《周易读本》将"建侯"解释为"培养好习惯,建立道德的据点;结交好朋友,建立事业的据点"①,又引用刘一明《易理阐真——道家真传》将"建侯"解释为"心若一正,根本坚固,元气不散"②。相对于"占筮之书"的历史意义,"智慧之书"凸显了一层教化意义。《周易》来源于"占筮",却升华于"智慧"。中国主流的传统经学侧重阐发《周易》智慧,而忽视甚至否定"易本占筮"的历史事实;现代"疑古派"学者将《周易》定性为"占筮之书",侧重挖掘《周易》的历史价值,完全割裂《周易》与传统经学"智慧"的关联。闵福德从传统经学中博采《周易》之智慧,又借助现代"疑古派"学者的研究成果阐发《周易》作为"占筮之书"的历史本义,"智慧"和"占筮"在闵福德《周易》译本中共存,从而开辟了一条在西方世界译介与传播《周易》的崭新路径。

三 "学术"与"运用"并行

闵福德《周易》译本附有浓郁的学术气息,同时也具备朴实的运用价值,"学术"和"运用"在闵福德《周易》译本中并行不悖,其学术性为读者运用《周易》之智慧奠定了基础,而其"运用性"则是"学术性"的最终归属,教会读者运用《周易》的智慧去反观自身,在喧嚣的尘世中获取一片内心的宁静。

(一) 学术性

正如"智慧"与"占筮"在闵福德《周易》译本中共存,"学术"与"运用"也在译本中并行。尽管闵福德一再强调他翻译的《周易》不是"学术型翻译"(academic translation)③,也不是为"汉学家"或"学者"而译④,但这本厚达900多页的《周易》译本却充盈着浓郁的学术

---

① John Minford, *I Ching (Yijing): The Book of Change*, New York: Viking Penguin, 2014, p. 48; 陈鼓应、赵建伟:《周易今注今译》,商务印书馆2005年版,第56页。
② John Minford, *I Ching (Yijing): The Book of Change*, New York: Viking Penguin, 2014, p. 48; (清) 刘一明:《易理阐真——道家真传》,金城出版社2004年版,第58页。
③ John Minford, *I Ching (Yijing): The Book of Change*, New York: Viking Penguin, 2014, p. 7.
④ John Minford, "Introduction", in *I Ching (Yijing): The Book of Change*, New York: Viking Penguin, 2014, p. xxviii.

第六章 "文化反思"语境下《周易》在西方的译介与传播

气息,具体体现在其丰富的副文本、简洁的译文风格以及详尽的经传阐释中。

1. 副文本

闵福德《周易》译本的学术性首先表现在译文之外丰富的副文本中。译本正文前的长篇学术序言论述了《周易》作为"占筮之书"的本源,然后详细论证了《周易》从"占筮之书"向"智慧之书"的转变过程。闵福德还在序言中概述了《周易》在西方的译介史,着重介绍了雷孝思拉丁文译本、理雅各英译本,以及卫礼贤/贝恩斯英译本,这三个译本无一例外都含有丰富的"学术"信息。闵福德在序言中旁征博引,注释达64条之多,不仅注明引文详细的来源信息,而且还对引文加以必要的补充说明。

在序言之后,闵福德介绍了伏羲八卦次序图(Fu Xi's Sequence of the Eight Trigrams)、伏羲六十四卦次序图(Fu Xi's Sequence of the Sixty-Four Hexagrams),以及北宋理学家周敦颐对太极图(Taiji Diagram)的阐释。易图以阴阳的不同变化与组合生成八卦,演绎出六十四卦,以至模拟"大化流行",推演"自然至理",反映了新儒学及道家宇宙观。易图是《周易》研究不可或缺的内容,易学家通过易图来解释宇宙生成及演化规律,从宋代开始逐渐形成了中国传统易学研究中重要的"图书学派"[①]。闵福德在译本中引证易图以阐明易理,凸显了译本的学术性。

在译本正文之后闵福德还为读者提供了详尽的术语表(glossary)和索引(index),解释了中国思想史及各派《周易》注疏中的关键词和核心概念,注明各个术语在译本中的出处。闵福德还在网站上提供了其《周易》译本的网络注释[②],详细说明译本各个章节的参考书目信息。译本内外的副文本不但体现了译本的学术性,同时也反映了译者严谨的学术精神。

2. 译文风格

闵福德《周易》译本的学术性还体现在极为简洁的译文风格上,以否卦九五爻为例:

[①] 朱伯崑:《易学哲学史》(第二卷),华夏出版社1995年版,第9页。
[②] John Minford,"I Ching Notes",https://www.johnminford.com/_files/ugd/3ce1a7_55ec4f64427244b487e09a0ccc02cada.pdf.

原文	"智慧之书"译文	"占筮之书"译文
休否，	Obstruction Is ended.	Wife no more
大人吉。	This is Auspicious For the Great Man.	Auspicious For the big man
其亡 其亡，	But what if he should perish?	All is lost， Lost！
系于 苞桑。①	Then bind him To the Leafy Mulberry Tree. ②	Tie it to a leafy Mulberry Tree. ③

从上例可以看出，无论在"智慧之书"还是"占筮之书"中，译文都十分简短，后者的译文几乎达到了与原文字字句句对译的程度，而且与英文的表达习惯也有很大的出入。毫无疑问，译文是在刻意再现原文简洁的语言风格，特别是"其亡其亡"的译文"All is lost, lost"明显是对原文重叠修辞手法的模仿。极其简洁的译文必然增加了读者的阅读难度，而且明显是译者有意而为之，对此闵福德解释道："我使用简单而朴质的语言，部分原因是为了抓住'青铜器时代'简略而又神秘的文本特征，部分原因是为了与后来冗长的经文注疏区别。"④ 译文对原文风格的再现和模仿无疑是比较成功的，但同时也增加了译文的学术性，一般读者如果没有一定的相关学术知识储备只能理解原文的字面意义，却很难直接从译文中认识到原文的隐含意义，因此很有必要进一步对译文加以阐释。

3. 经传阐释

无论在"智慧之书"还是在"占筮之书"中，闵福德无不引经据典详尽地阐释《周易》经传之义理或解释其本义。中国传统易学自古有"两派六宗"之别，各家各派对《周易》的注疏可谓汗牛充栋，而现代中西方学者对《周易》经传的各种阐释也不计其数。在浩如烟海的易学

---

① 李申：《周易经传评注》，湖南教育出版社2004年版，第41页。

② John Minford, *I Ching (Yijing): The Book of Change*, New York: Viking Penguin, 2014, pp. 120–121.

③ John Minford, *I Ching (Yijing): The Book of Change*, New York: Viking Penguin, 2014, p. 561.

④ John Minford, *I Ching (Yijing): The Book of Change*, New York: Viking Penguin, 2014, p. 502.

著作中，闵福德摒弃门户之见，博采众家之长，在译本中综合古代先贤及中西方现代学者的观点，呈现给读者丰富的《周易》经传阐释。根据闵福德提供的参考书目①，译本中引述的中国先贤上自先秦老庄，魏晋王弼，两宋程颐、周敦颐、朱熹等，下至明清王夫之、刘一明、智旭等，既有道家宗师，也有儒学先哲，还有佛家高僧；引述的中西方现当代学者有李镜池、高亨、闻一多等"疑古派"学者，还有葛瑞汉（Angus Charles Graham）、翟理思（Herbert Allen Giles）、夏含夷、孔理霭、卢大荣等西方汉学家和翻译家，以及中国道家文化学者陈鼓应、经济学家闵建蜀等；闵福德参考的西方《周易》译本主要有理雅各译本、卫礼贤/贝恩斯译本。闵福德游刃于古今中外各家各派的易学思想中，他在《周易》经传的阐释中旁征博引不仅反映了其自身深厚的学术修养，更为读者能够读懂《周易》译本奠定了必备的学术基础。

（二）运用性

在古今中外纷繁复杂的《周易》注疏中，闵福德对各家学者的引述是有选择性的，即选择"对当今读者最有用的内容"②。虽然闵福德《周易》译本充盈着浓郁的学术气息，但他并非为"学术"而"学术"，其终极追求更在于"运用"。

1. 以学术为基础运用"智慧"

闵福德对《周易》经传的阐释引述最多的是清代道家宗师刘一明、当代道家文化学者陈鼓应，以及经济学家闵建蜀的观点，他认为这三位学者"将《周易》应用于生活，以帮助读者在内心和外在生活中做出决断"③。闵福德自己也时常利用《周易》来解决生活中的疑虑和困惑，"过去四十年来，他面对一些重大决定时都会参考它（《周易》），从而了解自己的处境，思考未来的方向"④。因此，对于闵福德及其《周易》译本的读者而言，《周易》更是一本生活指南，"运用性"更胜于"学术

---

① John Minford, "I Ching Notes", https：//www.johnminford.com/_files/ugd/3ce1a7_55ec4f64427244b487e09a0ccc02cada.pdf.

② John Minford, "Introduction", in *I Ching（Yijing）：The Book of Change*, New York：Viking Penguin, 2014, p. xvii.

③ John Minford, *I Ching（Yijing）：The Book of Change*, New York：Viking Penguin, 2014, p. 7.

④ 《闵福德的中国文化情》，http：//www.ouhk.edu.hk/wcsprd/Satellite? pagename = OUHK/tcGenericPage2010&c = C_ETPU&cid = 191155146600&lang = chi&BODY = tcGenericPage。

性"。然而,"学术"与"运用"并不矛盾,二者可以相得益彰,普通的西方读者若无一定的学术基础断难管窥《周易》之堂奥,如若空谈学术而不付之于运用,《周易》译本也就失去了其真实存在的价值,闵福德《周易》译本中所有学术性的内容无不是为读者读懂并正确运用《周易》而作。

在"学术"与"运用"之间,闵福德更偏重于"运用",但人们必须正确地使用《周易》,而不是任意滥用《周易》。闵福德在《周易》译本正文前撰写了一篇题为《如何咨询〈周易〉》("How to Consult the I Ching")的运用性短文,文中闵福德介绍了蓍草卦和金钱卦两种占筮方法的使用,并详细说明了占筮的具体步骤:求问—起卦—观卦—解卦—(变卦)—(解变卦)—冥想—结论。在此,闵福德并非是要教会西方读者如何利用《周易》去"算命",而是要让生活在现代社会的读者"有可能际遇一种古老的认识和体验世界的方式"①。自古"易无达占",不同解读者对同一个易卦会做出完全不同,甚至截然相反的解读,自然也会得出迥然各异的结论,因此如果将《周易》作为一本"算命"的书,《周易》是没有任何运用价值的。2015年,当闵福德接受"腾讯文化"采访时,他指出《周易》"从一开始就被西方读者认为是一部帮助人们思考的'智慧之书',而不是一部算命的书"②。《周易》最实在的运用在其"智慧",而非其子虚乌有的"算命"功能。

2. 以《周易》为"镜"反观内心

在闵福德看来,对《周易》"智慧"的运用莫过于将《周易》作为明心见性的镜鉴,充分发挥《周易》反观自照的"镜子"功能,他在《周易》译本中讲道:"《周易》的作用就是一面镜子,你读《周易》越多,你对《周易》的思考就会越多,《周易》的内容就越有可能从你的意识中走出来。"③ 2017年闵福德在接受《联合早报》采访时再次强调《周易》是"自我认识的宝贵资源,一面通向生命旅途的镜子"④。其实,

---

① John Minford, *I Ching*(*Yijing*):*The Book of Change*, New York:Viking Penguin, 2014, p. 501.
② 崔莹:《英国学者12年译完〈易经〉》,https://cul.qq.com/a/20150714/025742.htm。
③ John Minford, "How to Consult the I Ching", in *I Ching*(*Yijing*):*The Book of Change*, New York:Viking Penguin, 2014, p. xliv.
④ 张曦娜:《学识力量体现文学收获 访国际汉学家闵福德》,https://www.zaobao.com/zlifestyle/culture/story20171113-810529。

第六章 "文化反思"语境下《周易》在西方的译介与传播

利用《周易》占筮的整个过程并不是在求诸神灵以开启神谕，而是一个求诸自我，反观内心，进而清楚认识自我的过程。人在孩提时代是至真至纯的，但随着年岁的增长，各种凡事俗务遂蒙蔽其心而不能自明，清代道家宗师刘一明曰："然欲革其己之不明，须要己先能明，己既能明，则信于革，而己之不明可革矣。是以革之道，己日乃孚也。"① 人们要革除心中的"不明"，首先要能够"自明"，即清楚地认识自己，但"自明"须以"孚"为前提，也就是要内心真诚。

闵福德深受刘一明的影响，其《周易》译本突出了道家修心养性的自修（self-cultivation）思想，他强调阅读《周易》必然报以至诚（utmost Sincerity）之心，排除一切虚假和自欺行为，只有在此前提下，人们才能与《周易》对话，获得来自"心灵深处的回应"②。闵福德将孚（Good Faith）、心（Heart-and-Mind）、明（Illumination）、内丹（Inner Alchemy）、诚（Sincerity）、静（stillness）等术语和道家心学融合到《周易》经传的阐释之中，引导读者以至诚之心去领悟《周易》的智慧，反观内心以求自明。以闵福德对否卦九五爻的阐释为例：

休否，大人吉。其亡其亡，系于苞桑。③

否卦教人如何应对人间正道闭塞不通的局面，九五爻接近否卦顶部，预示闭塞不通的局面几于极限，但否极泰来，这种不利的局面就要休止了，但此时那些具有大德大才的"大人"们更应当怀有"就要灭亡了啊，就要灭亡了啊"的忧患意识，而且矢志不渝地坚守正道，如此便可获得吉利，而且就像系于丛生的桑树一样安全稳固。闵福德在"占筮之书"中对否卦九五爻的阐释侧重其语言特征以及文化和历史意义，原文"其亡其亡"使用了重叠的修辞手法，而"亡"与"桑"押韵；桑树常常作为中国早期民间传说的主题，如"扶桑树"的神话传说；《楚辞》和《诗经》中常有描写桑树的诗句；丝绸在商代已经用于纺织，蚕和桑

---

① （清）刘一明：《易理阐真——道家真传》，金城出版社2004年版，第176页。
② John Minford, "Introduction", in *I Ching*（*Yijing*）: *The Book of Change*, New York: Viking Penguin, 2014, pp. xxiv–xxv.
③ 李申：《周易经传译注》，湖南教育出版社2004年版，第42页。

树被当作圣物，而桑林也被视为神圣之地①。闵福德在"占筮之书"中对原文的语言分析和文化阐释可谓详尽细致，而在"智慧之书"中的阐释则更突出一层守心持正的教化意义。

在"智慧之书"中闵福德着重引述了刘一明《易理阐真——道家真传》对原文的阐释："守道心而去人心，不求否休而自休。……其亡其亡，系于苞桑，未亡而防亡，方泰虑不泰，阴气焉得而入之？"②"道心"是先天的本心，而"人心"是后天累积的凡事俗务之心，当人间正道遭遇闭塞不通之时，人们更应当抛弃后天"人心"之羁绊而返本归元，恪守与生俱来的"道心"，而且常备"未亡而防亡"的戒惧之心，如此，人间正道得以坚守和伸张，其闭塞不通的局面自然就会休止。

闵福德引用刘一明的阐释给其《周易》译本蒙上了一层鲜明的道家心学色彩，以引导西方读者虽置身浮躁喧嚣的尘世之中，内心却能超然于尘世之外，始终保持一份本真之初心。尽管闵福德将《周易》同时作为"智慧之书"和"占筮之书"，但其对"智慧之书"的阐释和发挥明显甚于"占筮之书"，前者的篇幅几乎是后者的两倍之多。即使对于"占筮之书"，闵福德也重在阐释《周易》在商周特定历史环境中的文化意义，将其作为"文化之书"和"历史之书"，而绝非将其作为"算命之书"，闵福德《周易》译本不仅有助于西方读者正确理解和使用《周易》，同时也有助于西方世界了解中国历史和文化。

小　结

20世纪初当西方学者在反思西方文化危机并寻求东方智慧的同时，中国学者也在反思中国传统文化，在新文化运动中掀起的"疑古思潮"彻底否定了"以传释经"的传统经学思想，力图恢复儒家经典的历史原貌。中西方学者的文化反思直接构成了20世纪初以来《周易》在西方世界译介与传播的两条主线：阐释《周易》义理，以揭示其哲学智慧；

---

① John Minford, *I Ching* (*Yijing*): *The Book of Change*, New York: Viking Penguin, 2014, pp. 561－562.

② John Minford, *I Ching* (*Yijing*): *The Book of Change*, New York: Viking Penguin, 2014, p. 121；（清）刘一明：《易理阐真——道家真传》，金城出版社2004年版，第78页。

第六章 "文化反思"语境下《周易》在西方的译介与传播

还原《周易》的本来面貌,以体现其历史本义。

卫礼贤父子是东方文化的崇拜者,他们不仅翻译《周易》,而且还开办讲座,致力于挖掘《周易》之哲学智慧,阐释《周易》之义理,希望西方民众能够从《周易》中汲取智慧重塑迷失的精神世界。同时,韦利、夏含夷、孔理霭等一批受中国"疑古思潮"影响的西方汉学家抛弃了"以传释经"的传统经学思想,致力于剥离《周易》"圣功王道"的外衣,将《周易》古经置于西周乃至整个青铜器时代特定的历史背景下,力图恢复《周易》之历史本义。卢大荣和闵福德则将以上两条主线连接起来,将《周易》之哲学智慧及历史本义同时呈现给西方读者。20世纪初以来,中西方学者的文化反思促成了中西方文化交流的繁荣景象,《周易》之哲学智慧及历史本义也在西方世界得以广泛译介与传播。

结　　语

典籍的对外译介与传播是一项跨文化的交流活动，《周易》在西方的译介与传播同中西方文化交流一样源远流长。跨越不同的历史文化语境，承载着中西方文化交流的历史重任，《周易》在西方的译介与传播已经有约400年的历史。回顾历史不仅仅是为了重拾对过往的记忆，同时也为了以史为鉴，展望未来。

一　历史回顾

《周易》随着中西方文化交流而传入西方，《周易》在西方世界的译介与传播经历了曲折而漫长的历史，现代考古证明早在古希腊时代《周易》中的卦象、河图、洛书等文化元素就已经传播到西方，但《周易》作为儒家经典译介并传播到西方却始于16世纪末来华的天主教耶稣会士。文化交流的发生和发展总是在一定的历史文化语境中进行的，典籍的对外译介与传播也必然会受到历史文化语境的制约，自16世纪末始，《周易》的西传经历了五个历史文化语境：文化适应、礼仪之争、启蒙运动、文化殖民、文化反思。《周易》在西方世界的译介与传播在"文化适应"的语境中萌芽，兴起于"礼仪之争"和"启蒙运动"之中，在"文化殖民"背景下达到了前所未有的高潮，而在"文化反思"的语境下呈现出一派繁荣的景象。

16世纪下半叶为适应在华传教的需要，西方耶稣会因地制宜地制定了"适应"儒家文化需要的传教政策——文化适应政策。16世纪末意大利耶稣会士利玛窦在"文化适应"的语境下发掘基督教教义与儒家文化的契合，他在自己的著述中大量引用《周易》，并加以基督教神学解读，为后世《周易》在西方世界的译介与传播奠定了基础。17—18世纪《周易》在西方世界的译介与传播仍然带有"文化适应"的色彩,但来自"礼仪之争"的影响则更加明显,"礼仪之争"双方的唇枪舌剑反而助推了《周易》在西方世界的传播,促使《周易》在西方从狭隘的宗教领域走进了世俗社会的广阔空间。18世纪在欧洲反封建专制和教会统治的"启蒙运动"中,启蒙思想家汲取了《周易》理性主义、自然秩序及唯物论思想,为启蒙运动带来了思想源泉。相较于同时代的西方传教士,启蒙思想家明显摆脱了宗教神学的束缚,对《周易》多了一些理性的思考,同时还出现了专业汉学研究的倾向。

19世纪随着西方资本主义国家的兴起,故步自封的中国渐渐沦为了西方列强的殖民地,为加强对中国的殖民统治,西方列强在中国推行"文化殖民"政策。在"文化殖民"的引导下,西方传教士和汉学家出版了众多高质量的《周易》经传全译本,而且对《周易》的历史、文化和思想展开了更加广泛和深入的研究。客观地讲,从译介的规模和质量来看,19世纪西方传教士和汉学家为《周易》的西传做出了重大的贡献,但同时其"文化殖民"的色彩也是显而易见的,一些传教士和汉学家甚至利用《周易》宣扬"中国文明西来说"。20世纪初以来,中西方学者开展了对东西方文化的深刻反思,西方学者谋求从东方文化中寻找拯救西方文化危机的智慧,而中国学者却展开了对传统经学的大批判。整个20世纪至今,西方世界对《周易》的译介与传播是在"文化反思"的语境下进行的,一些西方学者致力于在《周易》中挖掘东方哲学智慧,也有西方学者受到中国传统经学批判的影响,接受了中国"疑古派"学者的《周易》研究成果,致力于恢复《周易》的历史本义,还有学者将《周易》之"哲学智慧"与"历史本义"同时呈现给西方读者。

二 展望未来

人类文化的交流汇成了人类文明奔流不息的历史长河,作为"群经之首"的《周易》传入西方迄今已有约400年的历史,过去的历史文化语境为《周易》在西方世界的译介与传播烙上了深刻的历史印迹,而在新的历史文化语境中,《周易》的西传必将再次出发,去完成它在新时代的历史和文化使命。目前人类已经全面进入了一个文化全球化加速发展的时代,在全球化的进程中,中西方文化交流既有对话和融合,也有抵牾和冲突，文化全球化的加速发展构成了新的历史文化语境。

在过去的数个世纪里，中国学者也曾参与《周易》在西方世界的译介与传播，如刘子华、沈仲涛、汪榕培、傅惠生等老一辈学者都曾为《周易》的西传做出过巨大的努力，而且也出版过高质量的《周易》译本。然而总体而言，在过去约400年的历史文化语境中，《周易》在西方世界的译介与传播却是由西方学者主导的，无论他们秉持何种历史文化观，他们对《周易》的解读和诠释始终是站在"他者"的立场来进行的，其无意的疏漏或有意的"误读"在所难免，尽管他们对《周易》的译介与传播有全人类文化关怀的成分，但更重要的是为了满足西方文化对内自身发展以及对外文化输出的需要。《周易》首先是中华民族的文化典籍，然后才是世界文化宝库中的瑰宝，其根在中国的文化土壤里，其源在中国人的精神灵魂中。在文化全球化加速发展的历史文化语境中，中国本土学者应该树立文化自信，增强文化自觉，牢牢把握《周易》对外译介与传播的主导权。

中国学者应当之无愧地成为《周易》对外译介与传播的主体，但并不排斥与西方学者的合作。事实上，在过去的历史文化语境中，中西方学者的通力合作已经为当今中西方学者再次联手树立了可资效仿的榜样，德国传教士兼汉学家卫礼贤与中国学者劳乃宣合作，产生了《周易》西传史上第一部德译本——卫礼贤译本，该译本后来被转译成英文在西方世界广为传播，其影响力至今仍无法逾越。前人的成功经验为新时代《周易》对外译介与传播带来了启示，在文化全球化加速发展的历史文化语境中，中外学者的通力合作是《周易》对外译介与传播的必然选择。具体而言，应该是精通外语的中国易学家和国外汉学家的合作，在双方充分沟通和交流的前提下，中国易学家在《周易》对外译介与传播中发挥主导作用，把握《周易》文化精髓并阐释《周易》哲学义理和历史本义，国外汉学家依据西方读者的文化心理和审美期待，充分发挥其语言优势创建外文文本，双方各取所长，实现优势互补。

在文化全球化加速发展的时代背景下，《周易》在西方世界的译介与传播应当坚持"学术化"和"大众化"并行的双轨路线。《周易》经传成文去今久远、言辞古奥，《周易》外译远不只是简单的文字转换，同时还有文化溯源、历史考辨、文字训诂、义理阐释等，这些内容必然

结　语

会给《周易》在西方世界的译介与传播附上浓厚的学术气息。正是前辈学者严谨的学术精神，以及孜孜不倦的学术追求造就了与中国易学并驾齐驱的西方易学。在文化全球化加速发展的时代大潮中，中国易学必然要走出国门与西方易学汇通，因此《周易》在西方世界"学术化"的译介与传播是必不可少的。中国实施了文化"走出去"的战略，而"走出去"不仅仅是让中国文化迈出国门，更重要的是"走进去"，让中国文化深入西方社会，走进西方民众的精神世界。古往今来，西方从来都不缺了解并精通中国文化的学术专家，但普通西方民众对中国文化却不甚了了，更遑论让中国文化"走进"他们的心灵深处呢？《周易》在西方世界的译介与传播于"学术化"的路线之外，还必须另辟"大众化"的路线，"大众化"的译介与传播应该采用平易的语言，通过编写简易读本、开发有声读物、制作影视作品等符合普通民众审美期待的方式，深入浅出地传递《周易》的文化意义，让《周易》的文化精髓走进西方民众的内心深处。

　　历史文化语境赋予了《周易》不同的时代意义，在过去约400年的历史文化语境中，《周易》在西方世界的译介与传播无不带有明显的时代烙印。当人类文明进入文化全球化加速发展的新时代，《周易》在西方的译介与传播将承载着新时代的历史文化使命，让古老的《周易》绽放出更加迷人的光彩，照亮人类文明前进的道路，以其博大精深的人文智慧引领新时代的人类社会。

参考文献

一 马恩经典著作

［德］马克思：《剩余价值理论》（第一册），人民出版社1975年版。

二 中文专著

（春秋）墨子编撰，东篱子解译：《墨子全鉴》，中国纺织出版社2016年版。

（春秋）左丘明撰，蒋冀骋标点：《左传》，岳麓书社1988年版。

（春秋）左丘明撰，焦杰校点：《国语》，辽宁教育出版社1997年版。

（汉）班固撰，（唐）颜师古注：《汉书》（第六册），中华书局1962年版。

（汉）司马迁撰，韩兆琦主译：《史记》，中华书局2008年版。

（汉）宋衷注，（清）秦嘉谟等辑：《世本八种》，商务印书馆1957年版。

（汉）许慎撰，（清）段玉裁注：《说文解字》，中图书店2011年版。

（汉）许慎撰，（清）段玉裁注：《说文解字注》，上海古籍出版社1981年版。

（汉）郑玄注，（唐）贾公彦疏：《周礼注疏》，北京大学出版社1999年版。

（汉）郑玄注，常秉义编：《易纬》，新疆人民出版社2000年版。

（魏）王弼注，（唐）孔颖达疏：《周易正义》，北京大学出版社1999年版。

（魏）王弼注，楼宇烈校释：《老子道德经注校释》，中华书局2008年版。

（晋）刘昫等：《旧唐书经籍志》（卷上），中华书局1985年版。

（唐）长孙无忌：《隋书经籍志》（卷一），中华书局1985年版。

（唐）房玄龄注，（明）刘绩补注，刘晓艺点校：《管子》，上海古籍出版社2015年版。

（唐）景净：《大秦景教流行中国碑颂》，载［德］基歇尔《中国图说》，张西平等译，大象出版社2010年版。

（宋）陈骙、李性学著，王利器校点：《文则/文章精义》，人民文学出版社1960年版。

（宋）程颢、程颐：《天地篇》，载《二程集》（第三册），中华书局1981年版。

（宋）程颢、程颐：《元丰己未吕与叔东见二先生语》，载《二程集》（第三册），中华书局1981年版。

（宋）程颐：《程氏易传》（卷四），载梁韦玹《程氏易传导读》，齐鲁书社2003年版。

（宋）欧阳永叔：《欧阳修全集》，中国书店1986年版。

（宋）邵雍著，阎修篆辑：《皇极经世书今说》，华夏出版社2006年版。

（宋）杨万里著，王琦珍整理：《〈周易宏纲〉序》，载《杨万里诗文集》（中），江西人民出版社2006年版。

（宋）张载撰，张锡琛点校：《横渠易说·说卦》，载《张载集》，中华书局1978年版。

（宋）张载撰，张锡琛点校：《横渠易说·系辞上》，载《张载集》，中华书局1978年版。

（宋）周敦颐著，陈克明点校：《周敦颐集》，中华书局1990年版。

（宋）周敦颐撰，梁绍辉、徐苏铭等点校：《周敦颐集》，岳麓书社2007年版。

（宋）朱熹：《论语集注》（卷八），载《四书章句集注》，中华书局1983年版。

（宋）朱熹著，（宋）黎靖德编，王星贤点校：《太极天地上》，载《朱子语类》（第一册），中华书局1986年版。

（宋）朱熹著，（宋）黎靖德编，王星贤点校：《朱子语类》（第五册），中华书局1986年版。

（宋）朱熹著，（宋）黎靖德编，王星贤点校：《朱子语类》（第四册），中华书局 1986 年版。
（宋）朱熹著，苏勇校注：《周易本义》，北京大学出版社 1992 年版。
（宋）朱熹撰，朱杰人、严佐之、刘永翔主编：《朱子全书》（第一册），上海古籍出版社 2002 年版。
（明）冯应京：《二十五言序》，载［意］利玛窦著，朱维铮主编《利玛窦中文著译集》，复旦大学出版社 2001 年版。
（明）冯应京：《天主实义序》，载［意］利玛窦著，［法］梅谦立注，谭杰校勘《天主实义今注》，商务印书馆 2014 年版。
（明）王应麟：《利子碑记》，载徐光启《增订徐文定公集》，徐顺兴印刷所 1933 年版。
（明）杨廷筠：《七克序》，载［西］庞迪我《七克》，上海土山湾印书馆 1931 年版。
（明）左唐：《尊崇道经寺记》，载徐宗泽《中国天主教传教史概论》，上海世纪出版集团 2010 年版。
（清）纪昀：《四库全书总目提要》，河北人民出版社 2000 年版。
（清）李光地撰，李一忻点校：《周易折中》，九州出版社 2002 年版。
（清）刘昌：《重建清真寺记》，载徐宗泽《中国天主教传教史概论》，上海世纪出版集团 2010 年版。
（清）刘一明：《易理阐真——道家真传》，金城出版社 2004 年版。
《礼记·月令第六》，载《四书五经》编委会《四书五经》（第三册），线装书局 2016 年版。
《宣公六年》，载《四书五经》编委会《四书五经》（第四册），线装书局 2016 年版。
蔡桂林：《东方际遇：中国犹太人千年历史揭秘》，文化艺术出版社 2006 年版。
陈鼓应、赵建伟：《周易今注今译》，商务印书馆 2005 年版。
邓球柏：《白话易经》，人民出版社 2012 年版。
邓球柏：《导论》，载《白话易经》，人民出版社 2012 年版。
丁伟志、陈崧：《中西体用之间——晚清中西文化观述论》，中国社会科学出版社 1995 年版。
杜小安：《基督教与中国文化的融合》，中华书局 2010 年版。

范劲:《卫礼贤之名——对一个边际文化符码的考察》,华东师范大学出版社 2011 年版。

《梵蒂冈图书馆中文文献》,编号 Borg. Cinese. 317(2),见韩琦《再论白晋的〈易经〉研究——从梵蒂冈教廷图书馆所藏手稿分析其研究背景、目的及反响》,载荣新江、李孝聪编《中外关系史:新史料与新问题》,科学出版社 2004 年版。

《梵蒂冈图书馆中文文献》,编号 Borg. Cinese. 317(4),见韩琦《再论白晋的〈易经〉研究——从梵蒂冈教廷图书馆所藏手稿分析其研究背景、目的及反响》,载荣新江、李孝聪编《中外关系史:新史料与新问题》,科学出版社 2004 年版。

方豪:《中国天主教史人物传》,宗教文化出版社 2007 年版。

方豪:《中西交通史》(下),上海世纪出版集团 2015 年版。

高亨:《周易大传今注》,清华大学出版社 2010 年版。

高亨:《周易古经今注》,清华大学出版社 2010 年版。

高亨:《自序》,载《周易大传今注》,清华大学出版社 2010 年版。

顾长声:《传教士与近代中国》,上海人民出版社 2013 年版。

顾颉刚:《帝乙归妹的故事》,载《古史辨》(第三册),上海古籍出版社 1982 年版。

顾颉刚:《自序》,载《古史辨》(第三册),上海古籍出版社 1982 年版。

顾卫民:《中国与罗马教廷关系史略》,东方出版社 2000 年版。

郭汉城:《绪论》,载《西儒卫礼贤易论举要》,社会科学文献出版社 2014 年版。

韩琦:《白晋的〈易经〉研究和康熙时代的"西学中源"说》,载《科学技术史研究五十年(1957—2007)——中国科学院自然科学史研究所五十年论文选》,中国科学院自然科学史研究所 2007 年版。

韩琦:《中国科学技术的西传及其影响》,河北人民出版社 1999 年版。

韩子奇:《近年出土文物对欧美〈易〉学的影响》,载郑吉雄主编《周易经传文献新诠》,台湾大学出版中心 2010 年版。

韩自强:《阜阳汉简〈周易〉研究:附〈儒家者言〉、〈春秋事语〉》,上海古籍出版社 2004 年版。

何高济:《中译本序》,载[葡]曾德昭《大中国志》,何高济译,商务印书馆2012年版。

洪迪:《〈周易〉三读》,东方出版中心2014年版。

胡珠生:《宋恕集》,中华书局1993年版。

黄寿祺、张善文:《前言》,载《周易译注》,上海古籍出版社2007年版。

黄寿祺、张善文:《周易译注》,上海古籍出版社2007年版。

黄新宪:《基督教教育与中国社会变迁》,福建教育出版社1996年版。

黄玉顺:《绪论》,载《易经古歌考释》(修订本),上海古籍出版社2014年版。

黄玉顺:《易经古歌考释》(修订本),上海古籍出版社2014年版。

《基督教词典》编写组:《基督教词典》,北京语言学院出版社1994年版。

金景芳:《原序》,载金景芳、吕绍纲著,吕绍纲修订《周易全解》(修订本),上海古籍出版社2005年版。

金景芳、吕绍刚:《周易讲座》,吉林大学出版社1987年版。

赖贵三:《东西博雅道殊同——国际汉学与易学专题研究》,台北里仁书局2015年版。

李镜池:《序》,载《周易探源》,中华书局1978年版。

李镜池:《周易筮辞考》,载《周易探源》,中华书局1978年版。

李镜池:《周易探源》,中华书局1978年版。

李镜池:《周易通义》,中华书局1981年版。

李申:《译者说明》,载《周易经传译注》,湖南教育出版社2004年版。

李申:《周易经传译注》,湖南教育出版社2004年版。

李天纲:《中国礼仪之争:历史·文献和意义》,上海古籍出版社1998年版。

李伟荣:《英语世界的〈易经〉研究》,中国社会科学出版社2016年版。

李学勤等:《国际汉学著作提要》,江西教育出版社1996年版。

林金水:《〈易经〉传入西方考略》,载《文史》(第29辑),中华书局1988年版。

刘耘华:《诠释的圆环——明末清初传教士对儒家经典的解释及其本土回应》,北京大学出版社2005年版。

刘正:《中国易学》,中央编译出版社2015年版。

龙云：《钱德明：18世纪中法间的文化使者》，北京大学出版社2015年版。

马承源：《商周青铜器铭文选》(3)，文物出版社1988年版。

马祖毅、任荣珍：《汉籍外译史》，湖北教育出版社2003年版。

莫东寅：《汉学发达史》，大象出版社2006年版。

任运忠：《绪论》，载《周易文化导读》，中国纺织出版社2015年版。

任运忠：《周易文化导读》，中国纺织出版社2015年版。

孙保峰：《卫礼贤的〈易经〉翻译》，载孙立新、蒋锐主编《东西方之间——中外学者论卫礼贤》，山东大学出版社2004年版。

孙立新、蒋锐：《东西方之间——中外学者论卫礼贤》，山东大学出版社2004年版。

孙尚扬、［比］钟鸣旦：《1840年前的中国基督教》，学苑出版社2004年版。

王加丰：《"地理大发现"的双重背景》，载黄邦和、萨那等主编《通向现代世界的500年——哥伦布以来东西两半球汇合的世界影响》，北京大学出版社1994年版。

王晓农：《〈易经〉英译的符号学研究》，中国社会科学出版社2016年版。

闻一多：《周易义证类纂》，载《闻一多全集》(2)，生活·读书·新知三联书店1982年版。

吴伯娅：《耶稣会士白晋对〈易经〉的研究》，载《中西初识二编——明清之际中国和西方国家的文化交流之二》，大象出版社2002年版。

吴旻、韩琦：《欧洲所藏雍正乾隆朝天主教文献汇编》，上海人民出版社2008年版。

谢详荣：《周易见龙》（上卷），巴蜀书社2012年版。

徐中舒：《数占法与周易的八卦》，载中国古文字研究会、山西省文物局、中华书局编辑部编《古文字研究》（第十辑），中华书局1983年版。

徐宗泽：《明清间耶稣会士译著提要》，上海世纪出版集团2010年版。

徐宗泽：《中国天主教传教史概论》，上海世纪出版集团2010年版。

许明龙：《东传西渐——中西文化交流史散论》，中国社会科学出版社

2015 年版。

许明龙：《前言》，载《欧洲十八世纪中国热》，外语教学与研究出版社 2007 年版。

许明龙：《欧洲十八世纪中国热》，外语教学与研究出版社 2007 年版。

许明龙：《中西文化交流先驱——从利玛窦到郎世宁》，东方出版社 1993 年版。

严建强：《十八世纪中国文化在西欧的传播及其反应》，中国美术学院出版社 2002 年版。

阎宗临著，阎守诚编：《传教士与法国早期汉学》，大象出版社 2003 年版。

杨宏声：《本土与域外——超越的周易文化》，上海社会科学院出版社 1995 年版。

杨天宇：《周礼译注》，上海古籍出版社 2004 年版。

于洪波：《魁奈经济表研究》，新华出版社 2007 年版。

岳峰：《儒经西传中的翻译与文化意象的变化》，福建人民出版社 2006 年版。

张岱年：《中国古典哲学概念范畴要论》，中华书局 2017 年版。

张国刚、吴莉苇：《启蒙时代欧洲的中国观：一个历史的巡礼与反思》，上海古籍出版社 2006 年版。

张国刚、吴莉苇等：《明清传教士与欧洲汉学》，中国社会科学出版社 2001 年版。

张其成：《前言》，载《易学大辞典》，华夏出版社 1992 年版。

张永奋、白桦：《意大利汉学史》，学苑出版社 2016 年版。

郑安德：《明末清初耶稣会思想文献汇编》（第一卷），北京大学出版社 2003 年版。

中国第一历史档案馆：《康熙朝汉文朱批奏折汇编》（第三册），档案出版社 1985 年版。

中国第一历史档案馆：《康熙朝汉文朱批奏折汇编》（第八册），档案出版社 1985 年版。

中国第一历史档案馆：《康熙朝满文朱批奏折全译》，中国社会科学出版社 1996 年版。

朱伯崑：《易学哲学史》（第二卷），华夏出版社1995年版。

朱谦之：《中国思想对于欧洲文化之影响》，山西人民出版社2014年版。

朱雁冰：《耶稣会与明清之际中西文化交流》，浙江大学出版社2014年版。

朱源清、廖明春：《马承源先生谈上博简》，载《上博馆藏战国楚竹书研究》，上海书店出版社2002年版。

［法］白晋：《古今敬天鉴》，载郑安德主编《明末清初耶稣会思想文献汇编》（第十九册），北京大学出版社2003年版。

［美］成中英：《欧美〈易经〉研究总论》，载《中华易学大辞典》编辑委员会编《中华易学大辞典》，上海古籍出版社2008年版。

［美］林乐知：《消变明教论》，《教会新报》1869年12月4日、11日、25日，1870年1月1日、8日，载顾长声《传教士与近代中国》，上海人民出版社2013年版。

［美］夏含夷：《自序》，载《古史异观》，上海古籍出版社2005年版。

［美］夏含夷：《自序》，载《兴与象：中国古代文化史论集》，上海古籍出版社2012年。

［意］利玛窦：《二十五言》，载利玛窦著，朱维铮主编《利玛窦中文著译集》，复旦大学出版社2001年版。

［意］利玛窦：《乾坤体义》，载利玛窦著，朱维铮主编《利玛窦中文著译集》，复旦大学出版社2001年版。

［意］利玛窦：《天主实义》，载利玛窦著，朱维铮主编《利玛窦中文著译集》，复旦大学出版社2001年版。

［意］利玛窦著，［法］梅谦立注，谭杰校勘：《天主实义今注》，商务印书馆2014年版。

［意］利玛窦著，朱维铮主编：《利玛窦中文著译集》，复旦大学出版社2001年版。

［意］罗明坚：《天主圣教实录》，载郑安德主编《明末清初耶稣会思想文献汇编》（第一册），北京大学出版社2003年版。

［意］德礼贤：《中国天主教传教史》，商务印书馆1933年版。

三 中文译著

《旧约》，载《圣经》（"神"版），中国基督教协会2009年版。

《新约》，载《圣经》（"神"版），中国基督教协会2009年版。

安文铸、关珠等编译：《莱布尼茨和中国》，福建人民出版社1993年版。

何高济：《中译者前言》，载［葡］安文思《中国新史》，何高济译，大象出版社2004年版。

齐世荣：《德意志中心论是比较文化形态学的比较结果——评斯宾格勒著：〈西方的没落〉》，载［德］奥斯瓦尔德·斯宾格勒《西方的没落》，齐世荣、田农等译，群言出版社2016年版。

谈敏：《〈中华帝国的专制制度〉中译本序言》，载［法］弗朗斯瓦·魁奈《中华帝国的专制制度》，谈敏译，商务印书馆1992年版。

［丹麦］龙伯格著，张西平审校：《清代来华传教士马若瑟研究》，李真、骆洁译，大象出版社2009年版。

［德］奥斯瓦尔德·斯宾格勒：《西方的没落》，齐世荣、田农等译，群言出版社2016年版。

［德］彼得·克劳斯·哈特曼：《耶稣会简史》，谷裕译，宗教文化出版社2003年版。

［德］赫尔德：《中国》，载［德］黑格尔、［德］康德、［德］韦伯等著，何兆武、柳御林主编《中国印象——世界名人论中国文化》（上），广西师范大学出版社2001年版。

［德］基歇尔：《中国图说》，张西平等译，大象出版社2010年版。

［德］卡尔·莱昂哈德·赖因霍尔德：《对启蒙的思考》，载［美］詹姆斯·施密特编《启蒙运动与现代性：18世纪与20世纪的对话》，徐向东、卢华萍译，上海人民出版社2005年版。

［德］柯兰霓：《耶稣会士白晋的生平与著作》，李岩译，大象出版社2009年版。

［德］莱布尼茨：《创世的秘密——致不伦瑞克-吕内堡-沃尔芬比特尔鲁道夫·奥古斯特公爵的新年贺信》，朱雁冰译，载朱雁冰《耶稣会与明清之际中西文化交流》，浙江大学出版社2014年版。

［德］莱布尼茨：《莱布尼茨致白晋的一封信（1703年5月18日寄自柏林）》，孙永平译，载孙小礼《莱布尼茨与中国文化》，首都师范大学出版社2006年版。

［德］莱布尼茨：《莱布尼茨致读者》，［法］梅谦立、杨保筠译，载

《中国近事：为了照亮我们这个时代的历史》，大象出版社2005年版。

［德］莱布尼茨：《论中国哲学——致尼古拉·戴·雷蒙的信》，朱雁冰译，载朱雁冰《耶稣会与明清之际中西文化交流》，浙江大学出版社2014年版。

［德］莱布尼茨：《只用两个记号0和1的二进制算术的阐释——和对它的用途以及它所给出的中国古代伏羲图的意义的评述》，孙永平译，载孙小礼《莱布尼茨与中国文化》，首都师范大学出版社2006年版。

［德］利奇温：《十八世纪中国与欧洲文化的接触》，朱杰勤译，商务印书馆1962年版。

［德］卫礼贤：《东方思想对西方复兴的意义》，载卫礼贤著，蒋锐编译，孙立新译校《东方之光——卫礼贤论中国文化》，外语教学与研究出版社2007年版。

［德］卫礼贤：《关于〈易经〉》，载卫礼贤著，蒋锐编译，孙立新译校《东方之光——卫礼贤论中国文化》，外语教学与研究出版社2007年版。

［德］卫礼贤：《青岛的故人们》，王宇洁、罗敏等译，青岛出版社2007年版。

［德］卫礼贤：《中国心灵》，王宇洁等译，国际文化出版公司1998年版。

［德］卫礼贤著，孙立新校：《中国人的生活智慧》，蒋锐译，山东大学出版社2010年版。

［法］皮埃尔·西蒙·拉普拉斯：《宇宙体系论》，李珩译，上海译文出版社2001年版。

［法］安田朴：《中国文化西传欧洲史》，耿昇译，商务印书馆2013年版。

［法］白晋：《法国国家图书馆新收藏之法文手稿17240》，载［德］柯兰霓《耶稣会士白晋的生平与著作》，李岩译，大象出版社2009年版。

［法］伯希和编，［日］高田时雄校订：《梵蒂冈图书馆所藏汉籍目录》，郭可译，中华书局2006年版。

［法］戴密微：《法国汉学研究史》，载戴仁编《法国当代中国学》，耿昇译，中国社会科学出版社1998年版。

［法］戴密微：《入华耶稣会士与西方中国学的创建》，载［法］谢和耐、戴密微等《明清间耶稣会士入华与中西汇通》，耿昇译，东方出

版社2011年版。

［法］狄德罗：《哲学思想录》，王玉、陈基发编译，载《狄德罗文集》，中国社会出版社1997年版。

［法］狄德罗：《中国人的哲学》，载包尊信编《中国哲学》（第十三辑），王光译，人民出版社1985年版。

［法］费赖之：《在华耶稣会士列传及书目》，冯承钧译，中华书局1995年版。

［法］弗朗索瓦·魁奈：《魁奈〈经济表〉及著作选》，晏智杰译，华夏出版社2017年版。

［法］弗朗斯瓦·魁奈：《中华帝国的专制制度》，谈敏译，商务印书馆1992年版。

［法］弗雷烈：《弗雷烈致冯秉正神父》，载［法］维吉尔·毕诺《中国对法国哲学思想形成的影响》，耿昇译，商务印书馆2013年版。

［法］弗雷烈：《弗雷烈致雷孝思神父》，载［法］维吉尔·毕诺《中国对法国哲学思想形成的影响》，耿昇译，商务印书馆2013年版。

［法］弗雷烈：《弗雷烈致马若瑟神父》，载［法］维吉尔·毕诺《中国对法国哲学思想形成的影响》，耿昇译，商务印书馆2013年版。

［法］弗雷烈：《弗雷烈致宋君荣神父》，载［法］维吉尔·毕诺《中国对法国哲学思想形成的影响》，耿昇译，商务印书馆2013年版。

［法］伏尔泰：《风俗论》（下册），谢戊申、邱公南等译，商务印书馆2000年版。

［法］蓝莉：《请中国作证：杜赫德的〈中华帝国全志〉》，许明龙译，商务印书馆2015年版。

［法］李明：《中国近事报道（1687—1692）》，郭强等译，大象出版社2004年版。

［法］裴化行：《天主教十六世纪在华传教志》，萧濬华译，商务印书馆1936年版。

［法］维吉尔·毕诺：《中国对法国哲学思想形成的影响》，耿昇译，商务印书馆2013年版。

［法］谢和耐：《中国与基督教——中西文化的首次撞击》，耿昇译，商务印书馆2013年版。

［法］谢和耐、戴密微等：《明清间耶稣会士入华与中西汇通》，耿昇译，东方出版社2011年版。

［古罗马］维吉尔：《田园诗》，载［法］戈岱司编《希腊拉丁作家远东古文献辑录》，耿昇译，中华书局1987年版。

［古希腊］亚里士多德著，苗力田主编：《亚里士多德全集》（第二卷），中国人民大学出版社1991年版。

［美］丁韪良：《花甲忆记——一位美国传教士眼中的晚清帝国》，沈弘、恽文捷等译，广西师范大学出版社2004年版。

［美］苏尔、诺尔编：《中国礼仪之争：西文文献一百篇（1645—1941）》，沈保义、顾卫民等译，上海古籍出版社2001年版。

［美］魏若望：《耶稣会士傅圣泽神甫传：索隐派思想在中国及欧洲》，吴莉苇译，大象出版社2006年版。

［美］夏含夷：《西周青铜器铭文》，载夏含夷主编，李学勤审定《中国古文字学导论》，本书翻译组译，中西书局2013年版。

［美］夏含夷：《中国历史与铭刻》，张淑一、蒋文等译，载《海外夷坚志——古史异观二集》，上海古籍出版社2016年版。

［葡］安文思：《中国新史》，何高济译，大象出版社2004年版。

［葡］费尔南·门德斯·平托：《葡萄牙人在华见闻录》，王锁英译，海南出版社1998年版。

［葡］曾德昭：《大中国志》，何高济译，商务印书馆2012年版。

［日］白河次郎、国府种德：《支那文明史》，竞化书局译，竞化书局1903年版。

［日］池田大作、［英］阿·汤因比：《展望21世纪——汤因比与池田大作对话录》，苟春生、朱继征等译，国际文化出版公司1997年版。

［日］五来欣造：《儒教对于德国政治思想的影响》，刘白闵、刘燕谷译，商务印书馆1938年版。

［西］闵明我：《上帝许给的土地——闵明我行记和礼仪之争》，何高济、吴翊梅译，大象出版社2009年版。

［意］圣多马斯·阿奎纳：《神学大全》（第一册），高旭东、陈家华译，台南碧岳学社、中华道明会2008年版。

［意］菲利普·米尼尼：《利玛窦——凤凰阁》，王苏娜译，大象出版社

2012年版。

［意］利玛窦：《利玛窦书信集》（上），罗渔译，台北辅仁大学出版社1986年版。

［意］利玛窦：《利玛窦书信集》（下），罗渔译，台北辅仁大学出版社1986年版。

［意］利玛窦、［法］金尼阁：《利玛窦中国札记》，何高济、王遵仲、李申译，中华书局2010年版。

［英］阿诺德·汤因比著，［英］D. C. 萨默维尔编：《历史研究》（上卷），郭小凌、王皖强等译，上海世纪出版集团2010年版。

［英］艾莉莎·马礼逊：《马礼逊回忆录》（1），北京外国语大学中国海外汉学研究中心翻译组译，大象出版社2008年版。

［英］李约瑟：《中国科学技术史（第四卷）·天学》（第一分册），《中国科学技术史》翻译小组译，科学出版社1975年版。

［英］麦克斯·缪勒：《比较神话学》，金泽译，上海文艺出版社1989年版。

［英］汤森：《马礼逊——在华传教士的先驱》，吴相译，大象出版社2002年版。

［英］詹姆斯·乔治·弗雷泽：《金枝》，徐育新、汪培基等译，大众文艺出版社1998年版。

四　中文期刊

包汉毅：《〈周易〉误译根源与翻译范式创新——以卫礼贤翻译为例》，《周易研究》2018年第5期。

陈东成：《〈易经〉古歌翻译的审美再现》，《中国翻译》2018年第3期。

陈东成：《〈周易〉复译策略研究》，《周易研究》2016年第4期。

陈曙光、李娟仙：《西方国家如何通过文化殖民掌控他国》，《红旗文稿》2017年第17期。

陈欣雨：《白晋易学研究中的伏羲考》，《国学学刊》2016年第1期。

符金宇：《"重写者"利玛窦——〈二十五言〉重写手段与策略分析》，《解放军外国语学院学报》2011年第1期。

耿昇：《法国学者近年来对中学西渐的研究（专著部分中）》，《中国史研究动态》1995 年第 5 期。

顾颉刚：《周易卦爻辞中的故事》，《燕京学报》1929 年第六期单行本。

管恩森：《传教士视阈下的汉籍传译——以理雅各英译〈周易〉为例》，《周易研究》2012 年第 3 期。

郭汉城：《〈易经〉西传史略》，《闽江学院学报》2015 年第 4 期。

国际汉学研究：《恭贺闵福德教授获 2016 "卓越翻译奖"》，载朱振武、［英］闵福德《拿出"最好的中国"——朱振武访谈闵福德》，《东方翻译》2017 年第 1 期。

黄德鲁：《国内外英译〈周易〉的现状与几点建议》，《安阳大学学报》2003 年第 2 期。

黄琼英：《〈周易〉乾卦卦辞英译再探》，《曲靖师范学院学报》2011 年第 1 期。

赖贵三：《十七至十九世纪法国易学发展史略》（上），《巴黎视野》2011 年第 15 期。

赖贵三：《十七至十九世纪法国易学发展史略》（下），《巴黎视野》2011 年第 16 期。

蓝仁哲：《〈易经〉在欧洲的传播——兼评利雅格和卫礼贤的〈易经〉译本》，《四川外语学院学报》1991 年第 2 期。

黎凯旋：《美国易经考古记》，《中华易学》1988 年第 1 期。

李娟、沈士梅：《荣格的〈易经〉心理学思想探微》，《周易研究》2011 年第 5 期。

李伟荣：《20 世纪中期以来〈易经〉在英语世界的译介与传播》，《燕山大学学报》（哲学社会科学版）2016 年第 3 期。

李伟荣：《汉学家闵福德与〈易经〉研究》，《中国文化研究》2016 年夏之卷。

李伟荣：《麦丽芝牧师与英语世界第一部〈易经〉译本：一个历史视角》，《中外文化与文论》2013 年第 3 期。

李贻荫、王平：《〈易经〉两种英译的比较》，《外语与外语教学》1993 年第 4 期。

李贻荫、王平：《〈易经〉四种英译的比较研究——欢呼新中国成立后国人自译的"汪任译本"出版》，《外语与外语教学》1995 年第 2 期。

李贻荫、张次兵：《〈易经〉四种英译的比较研究（续）——欢呼新中国成立后国人自译的"汪任译本"出版》，《外语与外语教学》1995年第4期。

林风、岳峰：《阿瑟·韦利汉学研究的语境批评法——以〈诗经〉和〈易经〉的诠释为例》，《哈尔滨师范大学社会科学学报》2017年第4期。

林忠军：《王家台秦简〈归藏〉出土的易学价值》，《周易研究》2001年第2期。

刘震：《孔子与〈易传〉的文本形成之管见》，《孔子研究》2011年第4期。

卢玉卿、张凤华：《闵福德〈易经〉英译述评》，《中国翻译》2017年第2期。

陆扬：《荣格释〈易经〉》，《中国比较文学》1998年第3期。

倪蕊琴：《〈易经〉的俄文译者和评论家——俄罗斯文化转型的一个动向》，《中国比较文学》1994年第1期。

潘凤娟：《翻译"圣人"：马若瑟与十字的索隐回转》，《国际比较文学》2018年第1期。

庞乃明：《晚明所见利玛窦名称字号琐谈》，《西北师大学报》（社会科学版）2011年第1期。

彭贤：《荣格与〈易经〉》，《周易研究》2003年第2期。

齐秦：《魁奈〈经济表〉思想起源初探》，《齐鲁学刊》1991年第2期。

任运忠、曾绪：《〈易经〉卦爻辞辨及其英译》，《周易研究》2009年第3期。

任运忠：《19世纪末20世纪初〈易经〉在西方的译介与研究》，《孔子研究》2018年第5期。

任运忠：《〈易经〉的文学性及其在译文中的重构》，《四川教育学院学报》2007年第1期。

任运忠：《〈易经〉英译现状及重译〈易经〉的构想》，《内江师范学院学报》2006年第5期。

任运忠：《〈周易〉卦爻辞的符号学翻译研究》，《名作欣赏》2012年第20期。

任运忠：《理雅各、卫礼贤/贝恩斯〈周易〉译本比较》，《西南科技大学学报》（哲学社会科学版）2008 年第 2 期。

沈延发：《〈周易〉——国外研究者点滴信息简介》，《周易研究》1992 年第 4 期。

宋锡同、胡东东：《"推天道以明人事"：邵雍先天易学旨趣》，《周易研究》2011 年第 2 期。

孙承晟：《明末传华的水晶球宇宙体系及其影响》，《自然科学史研究》2011 年第 2 期。

孙小礼：《莱布尼茨对中国文化的两大发现》，《北京大学学报》（哲学社会科学版）1995 年第 3 期。

谈敏：《〈经济表〉与〈周易〉》，《周易研究》1991 年第 3 期。

谈敏：《重农学派经济学说的中国渊源》，《经济研究》1990 年第 6 期。

谭树林：《Matteo Ricci 之中文名字"利玛窦"新释》，《北京行政学院学报》2015 年第 6 期。

唐上意：《论刘永福的矛盾性格和身份演变》，《广东民族学院学报》1983 年第 1 期。

汪新建、俞容龄：《荣格与〈易经〉：沟通东西方文化的心理学尝试》，《南京师大学报》（社会科学版）2006 年第 1 期。

王宏超：《中国索隐派与西方易学研究的兴起》，《云梦学刊》2013 年第 3 期。

王佳娣：《明末清初来华传教士对〈易经〉的译介及索隐派的汉学研究》，《湖南第一师范学院学报》2010 年第 1 期。

王体：《从文化传播视角评述〈易经〉的英译》，《殷都学刊》2014 年第 4 期。

王晓农：《论〈易经〉英译文本批评的四重复合模式——兼谈先秦典籍外译文本批评》，《中国文化研究》2017 年冬之卷。

王晓农：《闵福德〈易经〉英译与〈易经〉外译的两个系统——兼论中华古籍外译的当代化取向》，《燕山大学学报》（哲学社会科学版）2017 年第 2 期。

王忠华：《百科全书式的天才——莱布尼茨》，《数学通讯》1998 年第 3 期。

邬昆如：《卫理贤（R. Wilhelm）德译〈易经〉"吉凶"概念之探讨》，《周易研究》2000年第2期。

吴钧：《从理雅各的英译〈易经〉试谈〈易经〉的翻译》，《周易研究》2013年第1期。

吴钧：《论〈易经〉的语言特色及其英译策略》，《湖南大学学报》（社会科学版）2019年第3期。

吴礼敬、韩子奇：《英语世界认识〈易经〉的三个阶段》，《翻译界》2018年第2期。

向鹏：《〈周易〉三个英译本中吉凶判词的翻译研究》，《中国翻译》2014年第5期。

熊谊华、王丽耘：《生生之谓易——〈易经〉英译事业的描写性研究》，《周易研究》2015年第2期。

徐梵澄：《〈周易〉西行——关于〈周易〉的德译与英译》，《国际汉学》2004年第2期。

杨宏声：《明清之际在华耶稣会士之〈易〉说》，《周易研究》2003年第6期。

杨宏声：《易学西传探微》，《上海社会科学院学术季刊》1993年第3期。

杨平：《〈易经〉在西方翻译与诠释的流派》，《外语界》2017年第3期。

杨平：《耶稣会传教士〈易经〉的索隐法诠释》，《周易研究》2013年第4期。

杨平：《易经在西方的翻译与传播》，《外语教学与研究》2015年第6期。

杨武能：《卫礼贤——伟大的"德意志中国人"》，《德国研究》2005年第3期。

叶艳：《基于四个英译本的〈周易〉复译动因研究》，《周易研究》2016年第3期。

岳峰：《〈易经〉英译风格探微》，《湖南大学学报》（社会科学版）2001年第2期。

岳峰：《试析〈周易〉英译的失与误》，《山东科技大学学报》（社会科学版）2001年第1期。

张国刚：《明清传教士的当代中国史——以 16—18 世纪在华耶稣会士作品为中心的考察》，《社会科学战线》2004 年第 2 期。

张国刚、吴莉苇：《礼仪之争对中国经籍西传的影响》，《中国社会科学》2003 年第 4 期。

张继文：《西方〈周易〉译介史论》，《开封大学学报》2012 年第 1 期。

张立文：《中华文化精髓的〈周易〉智慧》，《社会科学战线》2013 年第 7 期。

张丽丽：《卫德明易学宇宙论思想研究》，《周易研究》2017 年第 2 期。

张培云、陈欣雨：《白晋研〈易〉方法论析》，《四川师范大学学报》（社会科学版）2016 年第 3 期。

张善文：《〈易传〉的骈偶、排比、谐韵句式初探》，《福建师范大学学报》（哲学社会科学版）1984 年第 3 期。

张西平：《〈易经〉在西方的早期传播》，《中国文化研究》1998 年冬之卷。

张西平：《梵蒂冈图书馆藏白晋读〈易经〉文献初探》，《文献》2003 年第 3 期。

张西平：《中西文化的一次对话：清初传教士与〈易经〉研究》，《历史研究》2006 年第 3 期。

张政烺：《试释周初青铜器铭文中的易卦》，《考古学报》1980 年第 4 期。

赵娟：《汉学视野中卫氏父子的〈周易〉译介与研究》，《周易研究》2010 年第 4 期。

赵娟：《问题与视角：西方易学的三种研究路径》，《周易研究》2011 年第 4 期。

赵毅：《丁韪良的"孔子加耶稣"》，《美国研究》1987 年第 2 期。

郑吉雄：《〈周易〉全球化：回顾与前瞻（二）》，《周易研究》2018 年第 2 期。

周山：《〈周易〉：人类最早的类比推理系统》，《社会科学》2009 年第 7 期。

朱静：《罗马天主教与中国礼仪之争》，《复旦学报》（社会科学版）1997 年第 3 期。

朱雁冰:《〈中国哲人孔子〉中的孔子形象》,《复旦学报》(社会科学版) 1990 年第 3 期。

[比] 钟鸣旦:《利玛窦:因人成己》,代国庆译,《学术研究》2012 年第 8 期。

[德] 柯蓝妮:《颜珰在中国礼仪之争中的角色》,王潇楠译,《国际汉学》2010 年第 1 期。

[德] 莱布尼茨等:《〈莱布尼茨中国书信集〉选译》,杨紫烟译,《国际汉学》2016 年第 1 期。

[德] 吴素乐:《卫礼贤——传教士、翻译家和文化诠释者》,任仲伟译,《国际汉学》2005 年第 1 期。

[法] 白晋:《易考》,载张培云、陈欣雨《白晋研〈易〉方法论析》,《四川师范大学学报》(社会科学版) 2016 年第 3 期。

[法] 白晋:《易稿》,载张培云、陈欣雨《白晋研〈易〉方法论析》,《四川师范大学学报》(社会科学版) 2016 年第 3 期。

[法] 白晋:《易钥》,载陈欣雨《白晋易学研究中的伏羲考》,《国学学刊》2016 年第 1 期。

[法] 梅谦立:《〈易经〉在西方的第一次介绍和翻译》,陈岗译,《国际汉学》2010 年第 2 期。

[法] 魏德明:《龙华民与中国神学的谱系学——译名之争、龙华民论文与中国自然神学的发现》,沈秀臻等译,《基督教学术》2015 年第 14 辑。

[美] 夏含夷:《结婚、离婚与革命——〈周易〉的言外之意》,李衡眉、郭明勤译,《周易研究》1994 年第 2 期。

[意] 龙华民:《关于中国宗教不同意见的论文》,载李天纲《龙华民对中国宗教本质的论述及其影响》,《学术月刊》2017 年第 5 期。

五 学位论文

林风:《生生之谓易:哲学诠释学视域下西方〈易经〉译介研究》,博士学位论文,福建师范大学,2017 年。

吴礼敬:《英语世界〈易经〉诠释的范式转变》,博士学位论文,北京外国语大学,2017 年。

张丽丽：《卫德明易学哲学思想研究——本体宇宙论视角下的天地人》，博士学位论文，山东大学，2017年。

六　中文报纸

李学勤：《经学的冠冕是易学——〈易道宇宙观中华古老的象数逻辑〉序》，《光明日报》2014年8月5日第016版。

张西平：《欧洲的传教士汉学何时发展成为专业汉学？》，《文汇报》2016年4月22日第W06版。

七　中文网站

（宋）罗泌：《路史》（卷二十三），http://skqs.guoxuedashi.com/wen_590h/13226.html。

《闵福德的中国文化情》，http://www.ouhk.edu.hk/wcsprd/Satellite?pagename=OUHK/tcGenericPage2010&c=C_ETPU&cid=191155146600&lang=chi&BODY=tcGenericPage。

崔莹：《英国学者12年译完〈易经〉》，https://cul.qq.com/a/20150714/025742.htm。

张曦娜：《学识力量体现文学收获　访国际汉学家闵福德》，https://www.zaobao.com/zlifestyle/culture/story20171113-810529。

八　外文专著

Auctore P. Angelo Zottoli, "Mutationum Liber", in *Cursus Litteraturae Sinicae* (Volumen Tertium), Chang Hai: Ex Typographia Missionis Cathonicae, 1880.

A. Terrien de Lacouperie, "Introduction", in *The Oldest Book of the Chinese, The Yh-King, and Its Authors*, London: D. Nutt, 1892.

A. Terrien de Lacouperie, *Early History of the Chinese Civilisation*, London: E. Vaton, 1880.

A. Terrien de Lacouperie, *The Oldest Book of the Chinese, The Yh-King, and Its Authors*, London: D. Nutt, 1892.

Charles de Harlez, "The Interpretation of the Yijing, Manchu Version and the Translation", in *Essays on the Yijing, Translation of Articles by Charles de*

Harlez, translated by Eric Serejski, Frederick: Innovation and Information, Inc. , 2016.

Charles de Harlez, *Le Yih-King*, *Traduit d'après les interpreètes chinois avec la version mandchoue*, Paris: E. Leroux, 1897.

C. F. Baynes, "Translator's note", in Richard Wilhelm, *The I Ching or Book of Changes*, rendered into English by Cary F. Baynes, New Jersey: Princeton University Press, 1997.

David E. Mungello, *Leibniz and Confucianism*, *The Search for Accord*, Honolulu: The University Press of Hawaii, 1977.

Du Halde, *Description of the Empire of China and Chinese-Tartary*, *Together with the Kingdoms of Korea, and Tibet: Containing the Geography and History (Natural as well as Civil) of those Countries* (V.1), London: T. Gardner, 1738.

D. E. Mungello, *Curious Land: Jesuit Accommodation and the Origins of Sinology*, Honolulu: University of Hawaii Press, 1989.

D. E. Mungello, *The Great Encounter of China and the West*, *1500 – 1800*, Lantham: Rowman and Littlefiled Publisher, Inc. , 1999.

Edward Harker, Steve Moore, and Lorraine Patsco, *I Ching: An Annotated Bibliography*, New York and London: Routledge, 2002.

Edward L. Shaughnessy, *I Ching: The Classic of Changes*, New York: Ballantine Books, 1997.

Edward L. Shaughnessy, *Unearthing the Changes: Recently Discovered Manuscripts of the Yi Jing (I Ching) and Related Texts*, New York: Columbia University Press, 2014.

Epictetus, "Encheiridion", in Steven M. Cahn, *Classics of Western Philosophy* (Fourth Edition), Indianapolis and Cambridge: Hackett Publishing Company, Inc. , 1995.

Franklin Perkins, *Leibniz and China: A Commerce Light*, Cambridge: Cambridge University Press, 2004.

F. Max Müller, "Preface to the Sacred Books of the East", in *The Upanishads*, Oxford: The Clarendon Press, 1879.

参考文献

George Minamiki, S. J., *The Chinese Rites Controversy from Its Beginning to Modern Times*, Chicago: Loyola University Press, 1985.

Gottfried Wihelm Leibniz, *Writings on China*, translated with an Introduction, Notes, and Commentaries by Daniel J. Cook and Henry Rosemont, Jr., Chicago and La Salle: Open Court Publishing Company, 1994.

Helen Legge, *James Legge: Missionary and Scholar*, London: The Religious Tract Society, 1905.

Hellmut Wilhelm and Richard Wilhelm, *Understanding the I Ching: The Wilhelm Lectures on the Book of Changes*, translated by Cary F. Baynes and Irene Eber, New Jersey: Princeton University Press, 1995.

Hellmut Wilhelm, "Preface to the Third Edition", in Richard Wilhelm, *The I Ching or Book of Changes*, rendered into English by Cary F. Baynes, New Jersey: Princeton University Press, 1997.

Hellmut Wilhelm, "Preface", in Hellmut Wilhelm and Richard Wilhelm, *Understanding the I Ching: The Wilhelm Lectures on the Book of Changes*, translated by Cary F. Baynes and Irene Eber, New Jersey: Princeton University Press, 1995.

Hellmut Wilhelm, *Heaven, Earth, and Man in the Book of Changes*, Seattle and London: University of Washington Press, 1977.

Irene Eber, "Introduction", in Hellmut Wilhelm and Richard Wilhelm, *Understanding the I Ching: The Wilhelm Lectures on the Book of Changes*, translated by Cary F. Baynes and Irene Eber, New Jersey: Princeton University Press, 1995.

Iulian K. Shchutskii, *Researches on the I Ching*, New Jersey: Princeton University Press, 1979.

Jacob Bryant, *A New System, or, an Analysis of Ancient Methology*, London: P. Elmsly, 1773.

James Legge, *The Yi King*, Oxford: Clarendon Press, 1882.

James Legge, "Confucius and His Disciples", in *Confucian Analects, and The Great Learning, and The Doctrine of the Mean*, London: Trübner & Co., 1861.

James Legge, "Introduction", in *The I Ching*, New York: Dover Publications, 1963.

James Legge, "Introduction", in *The Notions of the Chinese Concerning God and Spirits*, Hongkong: Hongkong Register Office, 1852.

James Legge, "Preface", in *Confucian Analects*, *The Great Learning*, *and The Doctrine of the Mean*, London: Trübner and Co., 1861.

James Legge, "Preface", in *The I Ching*, New York: Dover Publications, 1963.

James Legge, *Confucianism in Relation to Christianity*, London: Trübner and Co., 1877.

James Legge, *The I Ching*, New York: Dover Publications, 1963.

James Legge, *The Notions of the Chinese Concerning God and Spirits*, Hongkong: Hongkong Register Office, 1852.

John Minford, "How to Consult the I Ching", in *I Ching (Yijing): The Book of Change*, New York: Viking Penguin, 2014.

John Minford, "Introduction", in *I Ching (Yijing): The Book of Change*, New York: Viking Penguin, 2014.

John Minford, *I Ching (Yijing): The Book of Change*, New York: Viking Penguin, 2014.

John W. Witek, S. J., *Controversial Ideas in China and in Europe: A Biography of Jean-François Foucquet, S. J. (1665-1741)*, Roma: Institutum Historicum S. I., 1982.

Judy Pearsall and Patrick Hanks, et al., *The New Oxford English-Chinese Dictionary*, Shanghai: Shanghai Foreign Language Education Press, 2007.

Carl Gustav Jung, "Forward", in Richard Wilhelm, *The I Ching or Book of Changes*, rendered into English by Cary F. Baynes, New Jersey: Princeton University Press, 1997.

Knud Lundboek, *Joseph de Prémare (1666-1736), S. J. Chinese Philology and figurism*, Aarhus C: Aarhus University Press, 1991.

Martin Palmer, Jay Ramsay and Zhao Xiaomin, *I Ching: The Shamanic Oracle of Change*, San Francisco: Thortsons, 1995.

Martino Martini, *Histoire de la Chine*, Paris: Chez Claude Barbin, 1692.

Martino Martini, *Sinicae Historiae Decas Prima*, Amstelaedaml: Apud Joannem Blaev, 1659.

Martino Martini, *Sinicae historiae decas prima*, Monachii: Typis Lucae Straubii, impensis Joannis Wagneri civis and bibliopolae Monacensis, cum privilegio Caesareo, 1658.

M. Claude Visdelouand Evêque de Claudiopolis, "Notice du livre chinois nommé Y-king, ou liver canonique des changemens, avec des notes", dans Antoine Gaubil, *Le Chou-king*, *un des livres sacrés des Chinois*, *Qui renferme les Fondements de leur ancientne Historie*, *les Principes de leur Gouvernement and de leur Morale*, Paris: N. M. Tilliard, 1770.

Norman J. Girardot, *The Victorian Translation of China: James Legge's Oriental Pilgrimage*, Berkley, Los Angeles and London: University of California Press, 2002.

Paul A. Rule, *K'ung-tzu or Confucius? The Jesuit Interpretation of Confucianism*, Sydney: Allen and Unwin Australia Pty. Ltd. , 1986.

Peter Duus, "Science and Salvation in China: The Life and Work of W. A. P. Martin (1827 – 1916)", in Kwang-ching Liu, *American Missionaries in China*, Cambridge: Harvard University Press, 1966.

Philippe Couplet, "Proemialis Declaratio", in *Confucius Sinarum Philosophus*, Parisiis: Danielem Horthemels, 1687.

P. Gaubil, *Traité de l'Astronomie Chinoise*, Paris: Rollin Père, 1732.

P. L. F. Philaster, *Le Yi: King*, Paris: Ernest Leroux, 1885.

P. L. F. Philaster, "Introduction", in *Le Yi: King*, Paris: Ernest Leroux, 1885.

P. Regis, *Y-king Antiquissimus Sinarum Liber Quem Ex Latina Interpretatione*, Stuttgartiae et Tubingae: Sumptibus J. G. Cottage, 1834.

Rev. Canon McClatchie, "Introduction", in *A Translation of the Confucian 易经 or the Classic of Changes with Notes and Appendix*, Shanghai: American Presbyterian Mission Press, 1876.

Rev. Canon McClatchie, "Plates", in *A Translation of the Confucian 易经 or* the Classic of Changes with Notes and Appendix, Shanghai: American Presbyterian Mission Press, 1876.

Rev. Canon McClatchie, "Preface", in A Translation of the Confucian 易经 or the Classic of Changes with Notes and Appendix, Shanghai: American Presbyterian Mission Press, 1876.

Rev. Canon McClatchie, A Translation of the Confucian 易经 or the Classic of Changes with Notes and Appendix, Shanghai: American Presbyterian Mission Press, 1876.

Rev. Robert Morrison, A Dictionary of the Chinese Language (V.1), Macao: The Honoralbe East India Company's Press, 1815.

Rev. Robert Morrison, A Dictionary of the Chinese Language (V.2), Macao: The Honoralbe East India Company's Press, 1822.

Rev. Robert Morrison, A Dictionary of the Chinese Language (V.3), Macao: The Honoralbe East India Company's Press, 1823.

Richard J. Smith, The I Ching: A Biography, Princeton and Oxfordshire: Princeton University Press, 2012.

Richard Rutt, The Book of Changes (Zhouyi): A Bronze Age Document Translated with Introduction and Notes, London and New York: Routledge Taylor and Francis Group, 2002.

Richard Rutt, "Preface", in The Book of Changes (Zhouyi): A Bronze Age Document Translated with Introduction and Notes, London and New York: Routledge Taylor and Francis Group, 2002.

Richard Wilhelm, The I Ching or Book of Changes, rendered into English by Cary F. Baynes, New Jersey: Princeton University Press, 1997.

Richard Wilhelm, "Introduction", in Richard Wilhelm, The I Ching or Book of Changes, rendered into English by Cary F. Baynes, New Jersey: Princeton University Press, 1997.

Steve Moore, "The I Ching in Time and Space", in Edward Harker, Steve Moore, and Lorraine Patsco, I Ching: An Annotated Bibliography, New York and London: Routledge, 2002.

Steven M. Cahn, Classics of Western Philosophy (Fourth Edition), Indianapolis/Cambridge: Hackett Publishing Company, Inc. , 1995.

Susan Bassnett and André Lefevere, *Constructing Cultures—Essays on Literary Translation*, Shanghai: Shanghai Foreign Language Education Press, 2001.

Thomas W. Kingsmill, "In Memoriam", in *Journal of the China Branch of the Royal Asiatic Society*, Vol. 20, Shanghai, Hongkong, Yokohama and Singapore: Kelly and Walsh, Limited, 1885.

Walter H. Medhurst, *A Dissertation on the Theology of the Chinese, with a View to the Elucidation of the Most Appropriate Term for Expressing the Deity*, in the Chinese language, Shanghae: The Mission Press, 1847.

Walter H. Medhurst, *An Inquiry into the Proper Mode of Rendering the Word God in Translating the Sacred Scriptures into the Chinese Language*, Shanghae: The Mission Press, 1848.

Walter Lowrie, *Memoirs of the Rev. Walter M. Lowrie, Missionary to China*, New York: Robert Carter and Brothers, Philadelphia: William S. Martien, 1850.

Yu Dong, *Catalogo delle opere cinesi missionarie della Biblioteca Apostolica Vaticana (XVI – XVIII SEC.)*, Città Del Vaticano: Biblioteca Apostolica Vaticana, 1996.

九　外文期刊

Arthur Waley, "The Book of Changes", *Bulletin of the Museum of Far Eastern Antiquities*, Vol. 5, 1933.

Charles de Harlez, "Les Figures Symboliques du Yi-King", *Journal Asiatique*, Sér. 9, T. 9, mars-avril 1897.

Charles de Harlez, "The Ancient Chinese Books of Divination", *The Asiatic Quarterly Review*, Vol. VIII, No. 15, May 1894.

Christopher Spalatin, "Matteo Ricci's Use of Epictetus' Encheiridion", *Gregorianum*, Vol. 56, No. 3, 1975.

Ch. de Harlez, "Le Yih-King, texte primitif rétabli, traduit et commenté", *Mémoires de l'Académie Royale des Sciences, des Lettres et des Beaux-Arts de Belgique*, Tome XLVII, octobre 1888.

Claudia von Collani, "The First Encounter of the West with the Yijing Instruction to and Edition of Letters and Latin Translations by French Jesuits from the 18th Century", *Monumenta Serica*, Vol. 55, 2007.

Federick W. Mote, "Hellmut Wilhelm Remembered", *Oriens Extremus*, Vol. 35, No. 1/2, 1992.

H. M. Mackenzie, "Memorial Notice of Prof. Terrien de Lacouperie", *The Babylonian and Oriental Record*, Vol. 7, No. 11, September 1893 to August 1894.

Joel Biroco, "Book Review (Zhouyi: The Book of Changes)", *The Oracle: Journal of the I Ching Society*, Vol. 1, No. 6, winter/spring 1998.

John Minford, "嘉 The Triumph: A Heritage of Sorts", *China Heritage Quarterly*, No. 19, September 2009.

Joseph A. Adler, "Review: John Minford, trans., I Ching (Yijing): The Book of Change", *Dao*, Vol. 14, No. 1, March 2015.

Karl Friedrich August Gützlaff, "Chinese Classics", *The Chinese Repository*, Vol. 3, No. 3, July 1834.

Kidder Smith, "Review: Contextualized Translation of the Yijing", *Philosophy East and West*, Vol. 49, No. 3, July 1999.

Kidder Smith, "Reviewed Work: Lectures on the I Ching: Constancy and Change", *The Journal of Asian Studies*, Vol. 40, No. 4, August 1981.

M. C. de Harlez, "Le texte originaire du Yih-King, sa nature et son interprétation", *Journal Asiatique*, Sér. 8, T. 9, avril-mai-juin 1887.

M. C. de Harlez, "Le Yi-King du VIIe siècle avant J. – C. (le Tchien-tsiu et le Tso-tchuen)", *Journal Asiatique*, Sér. 9, T. 1, janvier-février 1893.

Rev. Canon McClatchie, "Phallic Worship", *The China Review*, Vol. 4, No. 4, February 1876.

Rev. Canon McClatchie, "The Symbols of the Yih-king", *The China Review*, Vol. 1, No. 3, November 1872.

Robert K. Douglas, "Correspondence, the Yih King", *The Academy*, Vol. 22, No. 544, October 1882.

Schuyler Cammann, "Chinese Hexagrams, Trigrams, and the Binary System",

Proceedings of the American Philosophical Society, Vol. 135, No. 4, December 1991.

Terrien de Lacouperie, "The 'Yh King'", *The Athenaeum*, No. 2863, September 9, 1882.

Terrien de Lacouperie, "The 'Yh King'", *The Athenaeum*, No. 2830, January 21, 1882.

Thomas W. Kingsmill, "The Sacred Books of China", *The China Review*, Vol. 11, No. 2, September 1882.

T. H. Barrett, "Reviewed Work: I Ching: An Annotated Bibliography by Edward Hacker, Steve Moore, and Lorraine Patsco", *Bulletin of the School of Oriental and African Studies*, Vol. 66, No. 1, 2003.

Walter Macon Lowrie, "Remarks on the Words and Phrases Best Suited to Express the Names of God in Chinese", *Chinese Repository*, Vol. 15, No. 12, December 1846.

William Milne, "Chinese Metaphysics", *The Indo-Chinese Gleaner*, Vol. 3, No. 9, July 1819.

William Milne, "Chinese Terms to Express The Deity", *The Indo-Chinese Gleaner*, Vol. 3, No. 16, April 1821.

"The Month", *The Church Missionary Intelligencer and Record*, Vol. X, July 1885.

"The Sacred Books of the East. -Vol. XVI, The Sacred Books of China: The Texts of Confuciunism, Translated by James Legge. -Part II. The Yi King", *The Athenaeum*, No. 2862, September 1882.

十　外文学位

Edward Louis Shaughnessy, "The Composition of the 'Zhouyi'", Standford University, Palo Alto, 1983.

Richard Alan Kunst, "Abstract", in "The Original Yijing: A Text, Phonetic Transcription, Translation, and Indexes, with Sample Glosses", University of California, Berkeley, 1985.

Richard Alan Kunst, "The Original Yijing: A Text, Phonetic Transcription,

Translation, and Indexes, with Sample Glosses", University of California, Berkeley, 1985.

十一　外文网站

"About John", https：//www.johnminford.com/about.

"Charles-Joseph de Harlez de Deulin", https：//en.wikipedia.org/wiki/Charles-Joseph_de_Harlez_de_Deulin.

"Comparative Mythology", https：//en.wikipedia.org/wiki/Comparative_mythology.

"Paul-Louis-Félix Philastre", https：//en.m.wikipedia.org/wiki/Paul-Louis-F%C3%A9lix_Philastre.

"Richard Rutt", https：//en.wikipedia.org/wiki/Richard_Rutt.

"The Yijing on the Web", https：//www.biroco.com/yijing/links.htm.

Aleister Crowley, *The I Ching*: *A New Translation of the Book of Changes*, https：//www.doc88.com/p-946596942865.html.

John Minford, "I Ching Notes", https：//www.johnminford.com/_files/ugd/3ce1a7_55ec4f64427244b487e09a0ccc02cada.pdf.

Richard J. Smith, "Jesuit Interpretations of the Yijing (Classic of Changes) in Historical and Comparative Perspective", http：//www.ikgf.uni-erlangen.de/content/articles/Richard_J_Smith_-_Jesuits_and_Yijing.pdf.

Richard Kunst, "Brief Biography", http：//www.humancomp.org/misc/kunstbio.htm.

Wanggiyan & Lincing, "完顏麟慶", translated and annotated by Yang Tsung-han 楊宗翰, Edited by John Minford with Rachel May, Mengxiang Discoursing on the I Ching 夢薌談易, in *Tracks in the Snow* 鴻雪姻緣圖記（Episode 44）, http：//www.chinaheritagequarterly.org/scholarship.php?searchterm=021_lincing.inc&issue=021。

附录　中外人名对照表

A

爱德华·葛雷（Edward Gray）
阿桂委瓦（Claudio Acquaviva）
阿莱斯特·克劳利（Aleister Crowley）
阿隆索·桑切斯（P. Alonso Sanchez）
埃伯（Irene Eber）
埃尔顿·约翰逊（Elton Johnson）
艾周思（Joseph A. Adler）
爱比克泰德（Epictetus）
安文思（Gabriel de Magalhaes）
奥古斯丁（Saint Aurelius Augustinus）
奥古斯特（Rudolf August）

B

巴蕾特（T. H. Barrett）
巴斯奈特（Susan Bassnett）
白晋（Joachim Bouvet）
柏拉图（Plato）
贝恩斯（Cary F. Baynes）
贝克尔（Raymond de Becker）
本笃十四世（Prospero Lorenzo Lambertini）
伯希和（Paul Pelliot）
博多（Nicolas Baudeau）

C

查尔斯·德·哈雷兹（Charles de Harlez）

D

戴密微（Paul Demiéville）
道格拉斯（Robert Kennaway Douglas）
德尼·狄德罗（Denis Diderot）
丁韪良（William Alexander Parsons Martin）
杜赫德（Jean-Baptiste Du Halde）
多马斯·阿奎纳（Thomas Aquinas）
铎罗（Charles Thomas Maillard de Tournon）

E

俄狄浦斯（Oedipus）
俄耳浦斯（Orpheus）
恩培多克勒（Empedocles）

F

法比奥·德·法比（Fabio de Fabii）
范礼安（Alessandro Valignano）
方济各·沙勿略（Francis Xavier）
方岚生（Franklin Perkins）
费赖之（Aloys Pfister）
冯秉正（Joseph-Francois-Marie-Anne de Moyriac de Mailla）
弗朗索瓦·魁奈（François Quesnay）
弗雷泽（James George Frazer）
伏尔泰（François-Marie Arouet）
傅圣泽（Jean-François Foucquet）

G

该隐（Cain）
戈特弗里德·威廉·莱布尼茨（Gottfried Wilhelm Leibniz）
葛瑞汉（Angus Charles Graham）
龚当信（Cyrile Contancin）
郭实腊（Karl Friedrich August Gützlaff）

H

海克尔（Edward Hacker）
何塞·德·阿科斯塔（José de Acosta）
荷马（Homer）
赫尔德（Johann Gottfried von Herder）
赫耳墨斯（Hermes）
赫拉克利特（Heraclitus）
霍道生（Paul-Louis-Félix Philastre）
霍克斯（David Hawkes）

J

基歇尔（Athanasius Kircher）
吉瑞德（Norman J. Girardot）
金尼阁（Nicolas Trigault）
金斯密（Thomas W. Kingsmill）

K

坎曼（Schuyler Cammann）
柯兰霓（Claudia von Collani）
克拉维乌斯（Christoph Clavius）
克雷芒十一世（Giovanni Francesco Albani）
克利西波斯（Chrysippus）
孔理霭（Richard Alan Kunst）

L

拉古贝里（Albert Étienne Jean-Baptiste Terrien de Lacouperie）
拉普拉斯（Pierre-Simon Laplace）
勒费弗尔（André Lefevere）
雷蒙（Rémond）

雷慕沙（Jean-Pierre Abel-Rémusat）
雷孝思（Jean-Baptiste Régis）
黎玉范（Juan Bautista Morales）
李明（Louis le Comte）
李约瑟（Joseph Needham）
理雅各（James Legge）
利安当（Antonio Caballero de Santa María）
利奥十三世（Vincenzo Gioacchino）
利玛窦（Matteo Ricci）
利奇温（Adolf Reichwein）
林乐知（Young John Allen）
林理彰（Richard John Lynn）
刘应（Claude de Visdelou）
龙伯格（Knud Lundbaek）
龙华民（Niccolò Longobardi）
娄理华（Walter Macon Lowrie）
卢大荣（Richard Rutt）
陆保禄（Paul A. Rule）
罗明坚（Michael Ruggieri, S. J.）
骆保禄（Jean-Paul Gozani）

M

马可·奥勒留（Marcus Aurelius）
马可·波罗（Marco Polo）
马礼逊（Robert Morrison）
马若瑟（Joseph de Prémare）
马塞利（ELudovico Maselli）
麦都思（Walter H. Medhurst）
麦格基（Rev. Canon McClatchie）
梅谦立（Thierry Meynard）
孟德卫（D. E. Mungello）
弥赛亚（Messiah）
米开朗基罗·坦布里尼（Michelangelo Tamburini, S. J.）
米拉波（Victor de Riqueti, Marquis de Mirabeau）
米怜（William Milne）
闵福德（John Minford）
闵明我（Claudio Filippo Grimaldi）
缪勒（Friedrich Max Müller）
摩西（Mose）
墨丘利（Mercury）

N

尼古拉·弗雷烈（Nicolas Fréret）
倪德卫（David S. Nivison）
宁录（Nimrod）
诺亚（Noah）

P

彭马田（Martin Palmer）
浦乐道（John Blofeld）

Q

钱德明（Joseph-Marie Amiot）

R

荣格（Carl Gustav Jung）
芮弗勒（Sam Reifler）

S

闪（Shem）
斯宾格勒（Oswald Spengler）
司马富（Richard J. Smith）
斯帕拉廷（Christopher Spalatin）
宋君荣（Antoine Gaubil）
苏西业（E. Souciet）

T

汤尚贤（Pierre-Vincent de Tartre）
汤因比（Arnold Joseph Toynbee）

W

瓦尔·德雷毛（J. P. Val d'Eremao）
威廉·哈斯（Wilhelm Haas）
维吉尔（Vigile）
卫德明（Hellmut Wilhelm）
卫方济（Franciscus Noel）
卫匡国（Martino Martini）
卫礼贤（Richard Wilhelm）
魏若望（John W. Witek）
文惠廉（William J. Boone）

X

希罗多德（Herodotus）

夏含夷（Edward L. Shaughnessy）
夏娃（Eve）
休茨基（Iulian K. Shchutskii）

Y

亚伯拉罕（Abraham）
亚当（Adam）
亚里士多德（Aristotle）
亚历山大七世（Fabio Chigi）
亚瑟·韦利（Arthur Waley）
颜珰（Charles Maigrot）
依纳爵·罗耀拉（Ignacio de Loyola）
以马内利（Emmanuel）
以诺（Enoch）
殷弘绪（François-Xavier d'Entrecolles）
英诺森十二世（Antonio Pignatelli）
英诺森十世（Giovanni Battista Pamphili）

Z

曾德昭（Álvaro Semedo）
翟理思（Herbert Allen Giles）
朱利斯·莫尔（Julius Mohl）

后　　记

我初识《周易》缘于在四川大学本科求学期间旁听的一门《周易讲座》选修课，但彼时的我懵懂年少，难以窥其堂奥，只觉得《周易》高深莫测，甚至玄之又玄，因此我大学毕业后数年内对《周易》总是敬而远之。2003年我进入电子科技大学攻读硕士学位，师从冯斗先生学习翻译。入学伊始，冯先生见我对中国传统文化颇感兴趣，便嘱我今后可从事《周易》对外译介研究。在冯先生的引荐下我有幸拜到了易学前辈谢祥荣老先生门下，此后便一直在谢老的指导下学习《周易》。谢老是我的易学启蒙老师，他引导我一步步踏入了中国易学的广阔天地，同时我又在冯先生的指导下走上了《周易》对外译介的研究之路。两位恩师不仅开启了我的学术研究生涯，而且一直伴随着我的学术成长之路，我在学术研究中取得的每一次进步都离不开两位恩师的殷切鼓励和悉心指导。在是书《〈周易〉在西方的译介与传播研究》即将付梓之际，两位恩师的谆谆教导犹在耳畔萦绕，感激之情甚是难以言表。

本书是国家社科基金年度项目"《周易》在西方的译介与传播研究"（15BYY027）的最终研究成果，该课题于2015年6月立项，并于2020年12月顺利结题，后又综合各方意见修改书稿。从课题立项到完成书稿共耗时6年有余，其间曾有立项时短暂的惊喜，但随之而来的就是作为学术工作者的责任和担当。《周易》传入西方已有约400年的历史，梳理《周易》在西方的译介与传播对当前中国文化"走出去"具有重要的实践意义。作为课题负责人，我倍感责任重大，为顺利完成课题，我几乎耗尽了教学工作之余的所有空余时间，将自己淹没在浩瀚的历史文献中，从近400年的历史长河中寻找《周易》在西方译介与传播的历史轨迹。学术研究饱含了挑战和艰辛，但同时也充满了收获和喜悦。如果本书能为中国文化"走出去"贡献一点绵薄之力，那么这 6 年所付出的汗水和心血都是值得的。

本课题得以顺利结题以及研究成果得以顺利出版都离不开学界广大师友的鼓励和帮助。在本课题研究过程中，作者多次向北京外国语大学海外汉学研究中心的张西平教授请教，张教授总是及时详细地给予回复，为本课题研究提出了具体建议和指导；西南交通大学外国语学院俞森林教授为本课题研究提供了珍贵的文献资料，并耐心细致地指导我解决课题研究中遇到的困惑和难点；湖南大学外国语学院李伟荣教授不仅给我分享了难得的研究资源，而且一直对本课题研究给予关心和鼓励。本书完稿之初，我曾恭请易学前辈谢祥荣老先生斧正，谢老在鲐背之年不仅为本书提出了许多中肯的意见，而且还亲笔为本书赋诗一首："羲皇画卦别蒙野，五帝参天象数连。羑里微言存大义，万物有灵是真诠。感而遂通一句话，道尽古今玄中玄。允执厥中传道统，毋矜大论与巧言。"诗中既概述了谢老一生学易的感悟和心得，同时也饱含了谢老对吾等后辈的鼓励和教诲。主管部门曾将本书稿呈送五位匿名评审专家评阅，五位专家肯定了本课题研究所取得的成绩，同时也提出了十分宝贵的意见。在此，我谨向上述前辈和专家学者致以诚挚的谢意。本书付梓得到了中国社会科学出版社刘艳编辑的大力支持和帮助，作者在此谨致谢忱。

最后，我还要特别感谢默默奉献的家人们，他们给予了我无尽的宽容和理解，正是有他们的宽容和理解，我才能在繁忙的教学工作之余从容地进行课题研究，本书也才能最终得以面世。

任运忠
2021 年 10 月于涪城青义龙山